가정예배·소그룹 성경 공부

날마다 풀어보는 52 주 성경 통독 여행

말벗

윤금철 작가

청강 윤금철 작가는 신학과 국문학을 전공했으며
현재 수필가, 시인, 서예가, 선교사 등으로 활동중이다.
필자는 신학을 공부하면서 어떻게 하면 많은 사람들에게
성경의 이해를 돕고 통독하게 할 수 있을까 고민하다가
이번에 『날마다 풀어보는 52주 성경 통독 여행』이란 새로운 책을 펴냈다.

저서 : 『퍼즐을 풀며 성경도 배우는 신구약 성경 퍼즐』
시집 : 『들꽃이라는 이유로』

날마다 풀어보는 52주 성경 통독 여행

초판 인쇄 / 2024년 1월 30일
초판 발행 / 2024년 2월 7일
지은이 / 윤금철
펴낸곳 / 도서출판 말벗
펴낸이 / 박관홍
신고일 / 2007년 11월 2일
주소 / 서울 노원구 덕릉로 127길 25 상가동 2층 204-384호
전화 / 02)774-5600
팩스 / 02)720-7500
메일 / malbut1@naver.com

ISBN 979-11-88286-42-3 (03230)
www.malbut.co.kr

| 머 리 말 |

"성경은 능히 너로 하여금 그리스도 예수 안에 있는 믿음으로 말미암아 구원에 이르는 지혜가 있게 하느니라. 모든 성경은 하나님의 감동으로 된 것으로 교훈과 책망과 바르게 함과 의로 교육하기에 유익하니 이는 하나님의 사람으로 온전하게 하며 모든 선한 일을 행할 능력을 갖추게 하려 함이다." (딤후 3:15-16)

하나님께 두 번째로 『날마다 풀어보는 52 주 성경 통독여행』 을 출판하게 하심을 영광과 감사를 드린다.

지금 우리가 살아가고 있는 이 시대는 최첨단 세상으로 하루가 다르게 변화하고 있다. 세상이 발전할수록 우리 그리스도인들은 영적 고갈을 더 느끼는 것 같다. 3 년의 코로나 팬데믹 시대에 많은 사람들이 교회를 떠났고 이로 인해 작은 규모의 교회들은 사라져 갔고 대형교회의 예배 방식도 하나 둘 바뀌어 갔다.

팬데믹 시기를 지나온 우리에게 어떤 말씀이 필요한지를 기도해 오다 이 책을 집필하게 되었고, 누구나 손쉽게 그 날 그 날 말씀을 읽고 묵상하며 문제를 풀어 갈 때 하나님의 은혜가 찾아들 것이라 생각한다.

이 책은 부족한 종이 하나님께 누구나 하나님의 약속의 말씀과 축복의 말씀을 이해하며, 성경을 통독하고 문제를 풀 수 있도록 지혜를 간구했다. 초신자(初信者)는 물론 평신도, 신학생, 가정예배, 소그룹 성경 공부를 하는 데 도움이 될 것이고 특히 초신자들이 성경을 이해하는 데 도움이 될 것이라 생각된다.

이 책을 통하여 말씀 한 구절구절을 통해 하나님과 인격적 만남이 이루어지는 그리스도인들이 많아지기를 간절히 기도한다.

2023 년 연말에 대룡산장에서

윤금철 선교사 드림

성경 문제를 풀기 전 성경 맥 읽어보기

성경은 하나님의 말씀으로 지구상에서 가장 많이 팔린 책이다. 무엇 때문에 베스트셀러가 되었고 누구나 읽어야 할 필독서가 되었나?

우리가 믿는 제12신조 제1조에 "신구약 성경은 하나님의 말씀이니 신앙과 본분에 대하여 정확무오한 유일의 법칙이다"라 하였고, 예수님께서 성경에 대하여 "너희가 성경에서 영생을 얻는 줄 생각하고 성경을 연구하거니와 이 성경이 곧 내게 대하여 증언하는 것이니라."(요 5:39)고 하였다.

사도 바울은 "이러므로 하나님께 끊임없이 감사함은 너희가 우리에게 들은 바 하나님의 말씀을 받을 때에 사람의 말로 받지 아니하고 하나님의 말씀으로 받음이니 진실로 그러하도다. 이 말씀이 또한 너의 믿는 자 가운데에서 역사하느니라."(살전 2:13)고 분명히 말하였듯이 성경을 기록한 저자들은 하나님의 인도하심에 따라 이 성경을 기록한 것이다. 그렇기 때문에 성경은 모든 사람들이 그리스도인다운 삶을 살 수 있게 무장시키고 이 세상을 살아가는 활력을 불어주는 힘이다.

"모든 성경은 하나님의 감동으로 된 것으로 교훈과 책망과 바르게 함과 의로 교육하기에 유익하니 이는 하나님의 사람으로 온전하게 하며 모든 선한 일을 행할 능력을 갖추게 하려 함이라."(딤후 3:16-17), "하나님의 말씀은 살아 있고 활력이 있어 좌우에 날선 어떤 검보다 예리하여 혼과 영, 관절과 골수를 찔러 쪼개기까지 하며 또 마음의 생각과 뜻을 판단하나니."(히 4:12)라고 하였으니 그리스도인은 언제나 하나님의 말씀과 함께 생활해야 한다.

1. 성경의 기록

모든 사람이 죄인임을 깨닫기 위해 기록을 함으로써 죄인 된 인간이 예수 그리스도를 믿으면 구원을 얻고 영생복락을 누린다는 것을 알게 하며 구원받은 성도들은 믿음의 힘을 얻어 다시는 범죄를 저지르지 않게 가르치기 위해 기록되었다. 성경을 기록한 목적은 크게 네 가지로 나눌 수 있다.

① 계시

하나님께서 자기를 나타내 보이심으로 사람들이 알기 원하시는 것을 드러낸다. 영적으로 죽어버린 인간을 살리시려고(엡 2:1), 아들을 보내어 자기를 계시한 것이다. (마 11:27, 요 1:1-14)

② 구원

허물과 죄로 죽었던 인생이 구원과 영생을 얻기 위해서는 믿음으로 예수 그리스도를 신뢰하는 길밖에 없다고 인도하고 있다. (요 20:31, 딤후 3:15-17)

③ 실천

인간으로 하여금 피할 수 없는 죄인임을 깨달아 어떻게 살아야 하며 무엇을 피해야 하는지 보여준다. (갈 3:22, 엡 5:24, 롬 7:7, 요 17:17)

④ 신앙 성장

인간은 나약하여 언제 마귀의 유혹에 빠져 잘못될지 모른다. 성경 말씀으로 무장하는 삶을 살면 생생한 활력도 얻어 어떠한 마귀의 시험도 이겨 승리하는 삶을 살며 은혜도 공급받는다. (벧전 2:2, 히 5:12-13)

2. 성경의 구성

성경은 '구약과 신약'으로 구분했다. 구약은 39권, 신약은 27권으로 총 66권으로 이뤄졌다. 구약은 메시야가 오실 것에 대한 예언으로, 신약은 메시야가 오신 것에 대한 성취로 이뤄졌다. 구약 929장 2만3138절, 신약 260장 7957절로 총 1189장 3만1095절로 구성되어 있다.

3. 성경의 구분

구약은 율법서 · 역사서 · 시가서 · 선지서(대선지서 · 소선지서), 신약은 복음서 · 역사서 · 서신서 · 예언서로 나뉘어져 있다.

구약 39권	그리스도의 구원 사역에 대한 약속과 예표	모세5경(율법서)	창세기, 출애굽기, 레위기, 민수기, 신명기
		역사서	여호수아, 사사기, 룻기, 사무엘 상하, 열왕기 상하, 역대기 상하, 에스라, 느헤미야, 에스더
		시가와 잠언	욥기, 시편, 잠언, 전도서, 아가
		대선지서	이사야, 예레미야, 예레미야 애가, 에스겔, 다니엘
		소선지서	호세아, 요엘, 아모스, 오바댜, 요나, 미가, 나훔, 하박국, 스바냐, 학개, 스가랴, 말라기
신약 27권	그리스도의 삶과 구원 사역의 심취	복음서	마태, 마가, 누가, 요한
		교회역사	사도행전
		교회에 보내는 서신	로마서, 고린도 전후서, 갈라디아서, 에베소서, 빌립보서, 골로새서
		개인에게 보내는 목회서신	데살로니가 전후서, 디모데 전후서, 디도서, 빌레몬서
		일반 서신	히브리서, 야고보서, 베드로 전후서, 요한1서, 요한2서, 요한 3서, 유다서
		계시/묵시	요한 계시록

4. 성경의 기록 연대

구약은 주전(기원전 BC) 약 1500년 동안, 신약은 주후(기원후 AD) 약 100년 동안 기록되었으니 성경은 약 1600년 동안 기록된 소중한 책이다.

성경은 주의 종들이 성령의 능력으로 감동된 상태에서 교훈과 책망과 바르게 함과 의로 교육하였기에 유익하여 기록하였다고 성경에 분명히 기록하였다.

기록자는 누가 외에는 모두 유대인으로 약 40인에 의하여 기록되었다.

이렇게 기록된 성경을 읽고 묵상하면 우리의 신앙 인격에 놀라운 성장을 가져오나 현실에서 가장 가까이 해야 할 성경을 너무 멀리하기 때문에 우리가 사탄의 종노릇을 하며 피폐한 마음 상태에 놓이게 된다.

바쁘다는 핑계로 신성하고 엄숙한 성경을 멀리하는 성도들에게 퍼즐을 풀면서 살아계신 하나님을 만나고 하나님이 사람의 몸을 입고 오신 예수 그리스도를 만나야 하며, 성령님의 능력을 받아야 우리는 주 안에서 분별력 있고 인격적인 성도로서 살아갈 수 있다.

1. 창세기 (GENESIS)

1. 내용

우주 만물의 시작과 기원, 만물을 지으신 하나님께서 죄악으로 인해 영원한 파멸 가운데 놓여 있음에도 방치하지 않고 인류를 구원하시고자 하는 놀랍고 오묘한 섭리를 펼치시는 하나님의 계획이 담겨 있다.

2. 배경

페르시아만에서 시작해 티그리스와 유프라테스 강을 중심으로 한 메소보다미아 지역과 요단강을 중심으로 한 팔레스타인 전역과 나일강 유역 일대의 광활한 지대를 무대로 썼다.

3. 흐름과 내용 구성

태초의 역사와 족장들의 역사 두 개로 나뉘어졌으며 태초의 시작도 창조, 인간의 범죄와 타락, 홍수와 심판, 민족 형성, 아브라함, 이삭, 야곱, 요셉의 시대로 이뤄졌다.

4. 목적

만물의 창조자이신 하나님만이 유일한 구원자시오, 경배의 대상임을 가르치고 이스라엘 백성이 출애굽한 이후부터 모세가 느보산에서 죽음을 맞이하기 전에 기록된 것으로 본다.

5. 본서에 나타난 하나님의 섭리

창세기는 우주 만물의 근원을 밝히는 책이지만 동시에 타락하고 죄를 지은 인간(하나님의 명령을 어긴 죄)을 구원하시는 하나님의 구속 역사가 담겨 있다.

비록 죄로 인하여 하나님의 나라에 함께할 수 없지만 역사 속의 인물들을 통해 온 세상을 구원하시는 역사, 메시야의 출현 모형, 아브라함이 하나님의 약속을 굳게 믿어 의로운 사람이 되어 상급을 받았다. 이처럼 예수 그리스도가 십자가에 피 흘려 죽으시고 부활하시어 우리를 구원의 길로 인도해 주시겠다는 약속을 믿고 따르면 하늘나라의 백성이 되게 하시겠다는 언약을 통해 구원 역사의 여명을 밝혀준다.

우주 만물을 창조하신 하나님

오늘의 성경 말씀을 읽으시고 묵상한 후 풀어보시면 유익합니다.

하나님께서 우주 만물을 창조하신 것을 성도님께서 마음속으로 받아들이신다면 성도님은 하나님의 자녀가 된 것이다.
날마다 변화된 삶으로 하나님께서 기쁘시게 하는 성도가 되시기 바란다.

1. 다음 ( ) 안에 들어갈 말은 무엇인가? (창 1:2)
   "땅이 혼돈하고 ( ) 하며 흑암이 깊음 위에 있고 하나님의 ( ) 은 수면 위에 ( ) 하시니라.

2. 하나님께서 최초로 창조한 것은 무엇입니까? (창 1:3)
   1) 물 2) 빛 3) 새 4) 씨 맺는 채소

3. 하나님께서 하나님의 형상대로 사랑을 창조하시고 사명을 부여하셨다. 사명이 아닌 것은? (창 1:27-28)
   1) 생육하라 2) 번성하라 3) 모든 생물을 다스리라 4) 복을 주라

4. 다음 ( ) 안에 들어갈 말은 무엇인가? (창 2:7)
   "여호와 하나님이 땅의 흙으로 사람을 지으시고 ( ) 를 코에 불어 넣으시니 사람이 생령이 되니라."

5. 하나님께서 만물을 창조하시고 제 7 일에 하신 일은 ? (창 2:1-3)

1) 하나님께서 궁창을 만드셨다 .　　2) 씨 맺는 채소와 열매 맺는 나무를 만드셨다 .

3) 안식일을 제정하셨다 .　　4) 빛을 만드셨다 .

6. 여호와 하나님이 보기에 아름답고 먹기에 좋은 나무를 만드셨는데 , 이 두 종류의 나무는 무엇입니까 ? (창 2:9)

7. 앗수르 동쪽으로 흐른 강은 '힛데겔' 안대 넷째 강의 이름은 무엇인가 ? (창 2:14)

1) 유브라데　2) 비손　3) 기혼　4) 하윌라

8. 여호와 하나님은 사람을 이끌어 에덴동산에 두시고 어떤 일을 하라고 하셨나 ? (창 2:15)

| 실천 사항 |

▶ 오늘의 말씀을 읽으시고 나에게 유익한 말씀이 무엇인지 깨달아봅시다 .

▶ 오늘 말씀으로 나의 삶에 적용하며 행동으로 옮겼는지 실천한 것을 적어봅시다 .

▶ 오늘 하나님이 보시기에 합당한 삶을 살았으면 감사한 것을 적어 봅시다 .

▶ 오늘의 기도 제목을 적어 봅시다 .

사람의 불순종과 타락 , 심판

오늘의 성경 말씀을 읽으시고 묵상한 후 풀어보시면 유익합니다 .

사탄 (뱀) 의 거짓 유혹에 속아 아담과 하와가 선악과를 따먹음으로 죄를 범하여 에덴동산에서 쫓겨났으며 , 죄를 선택한 인생들에게 흙으로 돌아가는 죽음과 함께 남자는 평생 수고하고 여자는 출산의 고통을 주셨습니다 . 하나님의 사랑을 기억하자 .

9. 사탄은 유혹의 도구로 피조물인 이 짐승을 사용하였다 . 이 짐승은 ? (창 3:1)
   1) 악어 2) 여우 3) 염소 4) 뱀

10. 하나님께서 금한 열매를 먹은 여자에게는 여호와 하나님께서 어떤 고통을 주셨나 ? (창 3:16)
   1) 두통 2) 식욕 저하 3) 임신 4) 장애

11. 하와라는 이름에 담긴 뜻은 무엇인가 ? (창 3:20)

12. 다음 ( ) 안에 들어갈 말은 무엇인가 ? (창 3:15)
   "여자의 후손은 네 ( ) 를 상하게 할 것이요 . 너는 그의 ( ) 를 상하게 할 것이니라 ."

13. 여호와 하나님은 아담과 그의 아내를 위하여 어떤 옷을 지어 입히셨나 ? (창 3:21)
   1) 나뭇잎 옷 2) 털옷 3) 풀로 엮은 옷 4) 가죽옷

14. "내가 너로 하여금 여자와 원수가 되게 하고 너의 후손도 여자의 후손과 원수가 되게 하리라" 는 성구는 3 장 몇 절인가 ?

1) 6 절　　2) 15 절　　3) 9 절　　4) 18 절

15. 하나님께서 사람을 쫓아내시고 에덴동산 동쪽에 (　　) 들과 두루 도는 불칼을 두어 생명나무를 지키게 하셨다 . (창 3:24)

1) 경비　　2) 남자　　3) 장군　　4) 그룹

16. 하와의 이름을 누가 지어주었나 ? (창 3:20)

| 실천 사항 |

▶ 오늘의 말씀을 읽으시고 나에게 유익한 말씀이 무엇인지 깨달아봅시다 .

▶ 오늘 말씀으로 나의 삶에 적용하며 행동으로 옮겼는지 실천한 것을 적어봅시다 .

▶ 오늘 하나님이 보시기에 합당한 삶을 살았으면 감사한 것을 적어 봅시다 .

▶ 오늘의 기도 제목을 적어 봅시다 .

믿음으로 드리는 예배

오늘의 성경 말씀을 읽으시고 묵상한 후 풀어보시면 유익합니다.

나는 어떤 마음으로 하나님께 예배를 드리고 있습니까. 내가 드리는 예배가 가인과 같은 마음으로 드리나, 아니면 아벨과 같은 마음으로 드리나요. 내가 죄인임을 고백하고 속죄의 예물을 드려야 한다.

17. 가인이 이 사람을 죽여 인류의 첫 살인자가 되었는데 누구인가? (창 4:8)
 1) 노아 2) 아벨 3) 셈 4) 야벳

18. 아벨은 양 치는 자였는데 가인은 무엇을 하는 자인가? (창 4:2)
 1) 어업 2) 임업 3) 농사 4) 양봉

19. 다음 ( ) 안에 들어갈 말은 무엇인가? (창 4:2)
 "네가 ( )을 행하면 어찌 낯을 들지 못하겠느냐. ( )을 행하지 아니하면 죄가 문에 엎드려 있느니라."

20. 여호와께서 네 아우가 어디 있느냐고 물으시니 내가 알지 못하나이다. 내가 내 아우를 지키는 사람이냐고 한 사람은? (창 4:9)
 1) 셈 2) 가인 3) 아담 4) 야벳

21. 가인이 하나님께 저지른 범죄는 무엇인가? (창 4:8-9)
 1) 살인과 도둑질 2) 살인과 협박 3) 살인과 거짓말 4) 살인과 폭행

22. 가인은 저주를 받아 밭을 갈아도 땅이 다시는 ( ) 을 네게 주지 않는다 . 이것은 ? (창 4:12)

1) 채소 2) 열매 3) 효력 4) 감자

23. 여호와께서 가인을 죽이는 자에게는 벌을 몇 배를 주신다고 하셨는가 ? (창 4:15)

1) 오 2) 칠 3) 육 4) 팔

24. 하나님께서는 회개하는 자를 용서하시고 회개하지 않고 거짓을 일삼는 자에게는 ( ) 을 주신다 . 이것은 ? (창 4:13)

1) 핍박 2) 구원 3) 사랑 4) 죄벌

| 실천 사항 |

▶ 오늘의 말씀을 읽으시고 나에게 유익한 말씀이 무엇인지 깨달아봅시다 .

▶ 오늘 말씀으로 나의 삶에 적용하며 행동으로 옮겼는지 실천한 것을 적어봅시다 .

▶ 오늘 하나님이 보시기에 합당한 삶을 살았으면 감사한 것을 적어 봅시다 .

▶ 오늘의 기도 제목을 적어 봅시다 .

20 . . . (제1주 목요일) **오늘의 말씀: 창 4:16-5장**

가인과 아벨의 족보

오늘의 성경 말씀을 읽으시고 묵상한 후 풀어보시면 유익합니다.

가인의 족보를 보면 하나님 없이 살아가는 것이 보인다. 하나님의 사랑 안에 거하지 않고 살아가는 사람들은 세상일과 물질과 명예와 쾌락에 빠져 살아갑니다. 하나님을 주인으로 모시고 살아가는 삶은 행복하다.

25. 가인이 에덴 동쪽 놋 땅에 거주하며 아내에게 낳은 아들은? (창 4: 17)
   1) 므후야엘 2) 셋 3) 라멕 4) 에녹

26. 아다의 아들로 가축 치는 자의 조상이 된 자는? (창 4:20)
   1) 라멕 2) 야발 3) 유발 4) 두발 가인

27. 아다의 둘째 아들로 수금과 퉁소를 잡는 자의 조상이 된 자는? (창 4:20)
   1) 유발 2) 두발 가인 3) 라멕 4) 야발

28. 가인을 해친 벌이 칠 배이면 라멕을 해치는 벌은 몇 배라고 하였나? (창 4:24)
   1) 66 배 2) 88 배 3) 77 배 4) 99 배

29. 아담에게 아벨 대신 다른 씨를 주셔서 낳은 아들은? (창 4:26)
   1) 하나 2) 에노스 3) 셋 4) 게난

30. 사람들이 비로소 여호와의 이름을 부를 때는 셋이 누구를 낳았을 때인가?
(창 4:26)

1) 아벨 2) 마하랄렐 3) 에노스 4) 게난

31. 에녹의 아들로 가장 오래 살았던 사람은 누구인가? (창 5:27)

1) 므두셀라 2) 두발 가인 3) 에노스 4) 아다

32. 다음 ( ) 안에 들어갈 말은 무엇인가? (창 5:32)

"노아는 오백 세 된 후에 ( ) 과 ( ) 과 ( ) 을 낳았더라."

| 실천 사항 |

▶ 오늘의 말씀을 읽으시고 나에게 유익한 말씀이 무엇인지 깨달아봅시다.

▶ 오늘 말씀으로 나의 삶에 적용하며 행동으로 옮겼는지 실천한 것을 적어봅시다.

▶ 오늘 하나님이 보시기에 합당한 삶을 살았으면 감사한 것을 적어 봅시다.

▶ 오늘의 기도 제목을 적어 봅시다.

선택된 노아와 홍수 심판

오늘의 성경 말씀을 읽으시고 묵상한 후 풀어보시면 유익합니다.

노아는 하나님과 동행하였으며 당대의 완전한 자라 한다. 하나님의 아들은 하나님을 믿고 따르는 사람이다. 지금 내가 믿는 믿음이 주님의 재림 때에 일어날 심판과 구원 어느 쪽인가?

33. 다음 ( ) 안에 들어갈 말은 무엇인가? (창 6:5)

"여호와께서 사람의 ( )이 세상에 ( )함과 그의 마음으로 생각하는 모든 ( )이 항상 ( )할 뿐임을 보시고"

34. 노아의 방주의 길이(장)와 넓이(광), 그리고 높이(고)의 규격이 올바른 것은? (창 6:15)

1) 300 - 30 - 30 (규빗) 2) 300 - 50 - 30 (규빗)
3) 400 - 40 -40 (규빗) 4) 400 - 50 - 30 (규빗)

35. 방주의 제작 과정에 관한 설명이다. 아닌 것은? (창 6:14)

1) 고페르 나무로 만든다 2) 역청을 칠한다
3) 칸을 만든다 4) 무화과 잎을 가린다

36. 노아의 가족들이 모두 방주에 들어간 후 며칠 만에 홍수가 시작되었나? (창 7:7-10)

1) 6 일 2) 7 일 3) 8 일 4) 10 일

37. 홍수가 땅에 난 때는 노아의 나이가 몇 세이고, 홍수는 며칠 동안 계속되었나? (창 7:6,17)

38. 일곱 째 달 열이렛날에 방주가 다다른 곳은? (창 8:4)
1) 그리심 산　2) 아라랏 산　3) 에발 산　4) 세일 산

39. 노아의 방주에서 구원을 받은 사람은 몇 명인가? (창 7:13)
1) 6 명　2) 7 명　3) 8 명　4) 9 명

40. 하나님의 언약은 이 사람에게만 해당되는 것이 아니라 이후 모든 후손에게 미친다. 하나님과 언약을 한 사람은? (창 9:9)
1) 함　2) 야벳　3) 셈　4) 노아

| 실천 사항 |

▶ 오늘의 말씀을 읽으시고 나에게 유익한 말씀이 무엇인지 깨달아봅시다.

▶ 오늘 말씀으로 나의 삶에 적용하며 행동으로 옮겼는지 실천한 것을 적어봅시다.

▶ 오늘 하나님이 보시기에 합당한 삶을 살았으면 감사한 것을 적어 봅시다.

▶ 오늘의 기도 제목을 적어 봅시다.

바벨탑이 주는 교훈

오늘의 성경 말씀을 읽으시고 묵상한 후 풀어보시면 유익합니다.

저주받은 함의 후손인 니므롯은 강력한 영웅호걸로 나라를 세우고 바벨 땅에 탑을 쌓지만 하나님께서 진노하시어 언어를 혼란케 하시고 탑 건설을 중지시키고 인류를 언어별로 흩어놓으셨다.

41. 엘람과 앗수르와 아르박삿과 룻과 아람은 누구의 아들입니까? (창 10:22)

42. 여호와 앞에서 용감한 사냥꾼이라 한 첫 용사는? (창 10:8-9)
    1) 구스 2) 니므롯 3) 욕단 4) 에벨

43. 니므롯이 나라를 세우고 바벨탑을 세운 곳은? (창 10:10)
    1) 아라랏 산 2) 그리심 산 3) 시날 평지 4) 에발 산

44. 여호와께서 온 땅의 언어를 혼잡하게 한 말의 뜻은 무엇인가? (창 11:9)
    1) 에덴 2) 가나안 3) 기혼 4) 바벨

45. 아브람과 나홀과 하란을 낳은 사람은 누구인가? (창 11:27)
    1) 셀라 2) 스룩 3) 에벨 4) 데라

46. 데라는 아브람과 손자 롯과 아브람의 아내 사래를 데리고 우르를 떠나 어느 땅으로 가고자 했는가? (창 11:31)
    1) 시날 평야 2) 기혼 3) 시돈 4) 가나안 땅

47. 아비 데라보다 일찍 갈대아인의 우르에서 죽은 사람은 ? (창 11:28)

1) 나홀　　2) 하란　　3) 라반　　4) 야벳

48. 데라는 205 세를 살고 어디에서 죽었나 ? (창 11:32)

1) 시날 평야　　2) 갈대아 우르　　3) 하란　　4) 가나안 땅

| 실천 사항 |

▶ 오늘의 말씀을 읽으시고 나에게 유익한 말씀이 무엇인지 깨달아봅시다 .

▶ 오늘 말씀으로 나의 삶에 적용하며 행동으로 옮겼는지 실천한 것을 적어봅시다 .

▶ 오늘 하나님이 보시기에 합당한 삶을 살았으면 감사한 것을 적어 봅시다 .

▶ 오늘의 기도 제목을 적어 봅시다 .

소명받은 아브람

오늘의 성경 말씀을 읽으시고 묵상한 후 풀어보시면 유익합니다.

하나님께서는 지극히 평범한 아브람을 부르셔서 놀라운 구원의 역사를 진행시켰다. 부르심에 순종한다면 큰 민족을 이루고 창대케 하신다는 언약을 실수에도 불구하고 그와 맺은 약속을 이행하시는 하나님 은혜를 느낄 수 있다.

49. 여호와께서 아브람에게 내가 네게 보여줄 땅으로 가면 큰 만족을 이루고 (　　　) 을 주어 창대하게 하리라. 이것은? (창 12:1)
 1) 행운　2) 기쁨　3) 복　4) 평안

50. 아브람이 75세 때 아내 사래와 조카 (　　) 와 하란을 떠났나? (창 12:4)
 1) 나홀　2) 롯　3) 야벳　4) 스룩

51. 여호와께서 아브람에게 주시고자 한 땅은? (창 12:6)
 1) 시날 평지　2) 구스　3) 가데스　4) 가나안

52. 아브람이 여호와께서 이 땅을 네 자손에게 주신다고 하셔서 그가 제단을 쌓고 여호와 이름을 불렀다. 제단을 (　　) 번 쌓았나? (창 12:7-8)
 1) 한 번　2) 두 번　3) 세 번　4) 네 번

53. 아브람이 고향을 떠나 가나안으로 가면서 제단을 쌓았는데 두 번째 제단을 쌓은 곳은? (창 12:8)
 1) 시날 평지　2) 미디안　3) 가데스　4) 벧엘 아이

54. 여호와께서 아브람을 축복하는 자에게는 복을 내리고 저주하는 자에게는 (　　) 을 내린다 하셨나? (창 12:2)

1) 상　2) 핍박　3) 사랑　4) 저주

55. 기근으로 애굽 땅에 간 아브람은 그의 아내 사래를 애굽 사람들에게 뭐라고 했나? (창 12: 13)

1) 아내　2) 동생　3) 누이　4) 처제

56. 여호와께서 아브람의 아내 사래 사건으로 바로의 집에 (　　) 을 내렸나? (창 12:17)

1) 재앙　2) 축복　3) 상　4) 죽음

| 실천 사항 |

▶ 오늘의 말씀을 읽으시고 나에게 유익한 말씀이 무엇인지 깨달아봅시다.

▶ 오늘 말씀으로 나의 삶에 적용하며 행동으로 옮겼는지 실천한 것을 적어봅시다.

▶ 오늘 하나님이 보시기에 합당한 삶을 살았으면 감사한 것을 적어 봅시다.

▶ 오늘의 기도 제목을 적어 봅시다.

믿음으로 얻은 의(義)

오늘의 성경 말씀을 읽으시고 묵상한 후 풀어보시면 유익합니다.

육신적 안목과 욕심에 이끌렸던 롯과 양보하는 아브람의 삶에서 대조적인 것을 보여준다. 하나님을 믿는 믿음에서 나오는 양보는 하나님의 인도하심을 받는 축복의 길이 되고 어리석은 선택을 한 롯은 영적인 안목이 없어 파멸로 갔다.

57. 아브람과 롯이 함께 살지 못하고 헤어진 이유가 아닌 것은?(창 13)

1) 조카와 분쟁을 원치 않아　　2) 자기만족을 이루기 위해

3) 하나님의 축복으로 재산이 많아　　4) 아브람 목자와 롯 목자가 다투어

58. 다음(　　) 안에 들어갈 말은 무엇인가?(창 13:17)

"너는 일어나 그 땅을(　　　)과(　　　)으로 두루 다녀보라. 내가 그것을 네게 주리라."

59. 소돔 왕과 고모라 왕이 싯딤 골짜기로 달아날 때에 이 구덩이에 빠졌다. 이 구덩이는?(창 14:10)

1) 빗물　　2) 역청　　3) 오물　　4) 쓰레기

60. 아브람이 조카 롯이 잡혀 갔을 때 집에서 훈련시킨 318 명을 델리고 어디서 롯을 구출했나?(창 14:16)

1) 아이　　2) 가네스　　3) 호바　　4) 시날

61. 살렘 왕 멜기세덱은 어떤 사람인가 ? (창 14:18)

1) 선지자 2) 제사장 3) 심판주 4) 기묘자

62. 성경에 십일조를 처음 바친 사람은 누구인가 ? (창 14:20)

1) 아벨 2) 야벳 3) 아브람 4) 에노스

63. 다음 ( ) 안에 들어갈 말은 무엇인가 ? (창 15:1)

"아브람아 두려워하지 말라 . 나는 네 ( ) 요 너의 지극히 큰 ( ) 이니라 ."

64. 여호와는 아브람에게 이방에서 객이 되어 그들에게 몇 년 동안 네 자손이 괴롭힘을 당한다고 했나 ? (창 15:13)

1) 100 년 2) 200 년 3) 300 년 4) 400 년

| 실천 사항 |

▶ 오늘의 말씀을 읽으시고 나에게 유익한 말씀이 무엇인지 깨달아봅시다 .

▶ 오늘 말씀으로 나의 삶에 적용하며 행동으로 옮겼는지 실천한 것을 적어봅시다 .

▶ 오늘 하나님이 보시기에 합당한 삶을 살았으면 감사한 것을 적어 봅시다 .

▶ 오늘의 기도 제목을 적어 봅시다 .

믿음의 여정

오늘의 성경 말씀을 읽으시고 묵상한 후 풀어보시면 유익합니다.

성도는 언제나 하나님의 면전에서 살아야 하며, 말씀 가운데서 행하여야 한다. 완전한 삶이란 죄와 불순종이 전혀 없는 삶이 아니다. 우리는 믿음으로 기다라기보다는 이성적인 판단을 하고 행동할 때가 있다. 하나님에 의지하고 말씀대로 살자.

65. 사래의 여종인 하갈은 어느 나라 사람인가? (창 16:1)

1) 블레셋　2) 소돔　3) 소알　4) 애굽

66. 여호와를 믿지 못하고 사래는 자기 여종을 아브람에게 주어 아들을 낳게 했다. 이 아들의 이름은? (창 16:11-15)

1) 이삭　2) 아벨　3) 이스마엘　4) 유발

67. 여호와 하나님께서 도망가는 하갈에게 찾아와서 누구를 통해 큰 민족을 이루신다고 하였는가? (창 16:10)

1) 아벨　2) 이스마엘　3) 이삭　4) 유발

68. 이스마엘 이름의 뜻은? (창 16:11)

1) 여호와께서 복을 주신다　2) 여호와께서 기쁨을 주신다
3) 여호와께서 벌을 주신다　4) 여호와께서 네 고통을 들으셨다

69. 하나님께서 아브람에게 여러 민족의 아버지가 될 것이라며 내 이름을 ( )라 부르라고 했다. 무엇인가? (창 17:5)

70. 남자는 다 할례를 받으라 . 이것은 나와 너희 사이의 표징이다 . 이것은 ?
(창 17:11)

1) 축복　2) 사랑　3) 언약　4) 재앙

71. 아브라함은 몇 세에 할례를 받았는가 ? (창 17:24)

1) 77 세　2) 88 세　3) 99 세　4) 100 세

72. 하나님께서 사라에게도 아들을 주시겠다고 하며 그의 이름을 (　　) 라 했는가 ? (창 17:19)

1) 르우벤　2) 요셉　3) 시므온　4) 이삭

| 실천 사항 |

▶ 오늘의 말씀을 읽으시고 나에게 유익한 말씀이 무엇인지 깨달아봅시다 .

▶ 오늘 말씀으로 나의 삶에 적용하며 행동으로 옮겼는지 실천한 것을 적어봅시다 .

▶ 오늘 하나님이 보시기에 합당한 삶을 살았으면 감사한 것을 적어 봅시다 .

▶ 오늘의 기도 제목을 적어 봅시다 .

아브라함의 중보기도

오늘의 성경 말씀을 읽으시고 묵상한 후 풀어보시면 유익합니다.

아브라함은 늘 담대한 기도, 겸손한 기도, 간절한 기도를 드리며 하나님에게 가까이 나아갔다. 성도는 하나님과 사이에 거리감와 장애가 없어야 되고, 자기희생을 하고 타인을 위해서도 기도해야 한다.

73. 소돔과 고모라에 대한 심판을 앞두고 아브라함은 하나님께 몇 번의 기도를 드렸다. (창 18:22-23)

 1) 4 번 2) 5 번 3) 6 번 4) 7 번

74. 소돔에는 의인 ( ) 명이 없어서 멸망당했나? (창 19:25)

 1) 5 명 2) 10 명 3) 15 명 4) 20 명

75. 다음 ( ) 안에 들어갈 말은 무엇인가? (창 18:19)

 "내가 그로 하여금 그 자식과 권속에게 명하여 여호와의 도를 지켜 ( ) 와 ( ) 를 행하게 하려고"

76. 다음 ( ) 안에 들어갈 말은 무엇인가? (창 19:1)

 "저녁때에 그 두 천사가 ( ) 안에 이르니 마침 롯이 소돔 성문에 앉아 있다가 그들을 보고 일어나 ( ) 하고 땅에 엎드려 절하여"

77. 소돔에서 나온 롯은 일가족과 함께 어디로 피했나? (창 19:22)

 1) 들판 2) 고모라 3) 산속 4) 소알

78. 소돔과 고모라는 (　　) 으로 멸망당했나 ? (창 19:24)
   1) 물　　2) 산사태　　3) 유황과 불　　4) 화산 폭발

79. 롯의 아내는 피하는 도중에 뒤를 돌아보아 어떻게 되었나 ? (창 19:26)

80. 롯의 큰딸이 아버지와 동침 후 아들을 낳았는데 이 사람은 누구인가 ? (창 19:37)
   1) 벤암미　　2) 야곱　　3) 모압　　4) 르우엘

| 실천 사항 |

▶ 오늘의 말씀을 읽으시고 나에게 유익한 말씀이 무엇인지 깨달아봅시다 .

▶ 오늘 말씀으로 나의 삶에 적용하며 행동으로 옮겼는지 실천한 것을 적어봅시다 .

▶ 오늘 하나님이 보시기에 합당한 삶을 살았으면 감사한 것을 적어 봅시다 .

▶ 오늘의 기도 제목을 적어 봅시다 .

약속의 성취

오늘의 성경 말씀을 읽으시고 묵상한 후 풀어보시면 유익합니다.

하나님은 그의 택한 백성들이 연약하여 실수하고 죄를 범할지라도 버리지 않으시고 지키며 보호해 주신다. 성도는 어떤 상황에서도 하나님을 신뢰하고 아브라함 같이 하나님의 약속을 굳게 믿는 신앙을 소유해야 한다.

81. 아비멜렉에게 사라를 자기 누이라고 했는데 어느 나라 왕인가? (창 20:2)
   1) 그랄　　2) 시돈　　3) 아말렉　　4) 에돔

82. 아브라함이 이삭을 낳았을 때 그의 나이는 몇 살인가? (창 21:5)
   1) 99 세　　2) 100 세　　3) 101 세　　4) 102 세

83. 이스마엘이 장성하여 광야에서 무엇하는 자가 되었는가? (창 21:20)
   1) 통소 만드는 자　　2) 옹기 굽는 자　　3) 구리 장인　　4) 활 쏘는 자

84. 아브라함이 브엘세바에 이 나무를 심고 여호와 이름을 불렀다. 이방인 앞에서 찬양하며 감사했음을 보여준 이 나무는? (창 21:33)
   1) 에벳　　2) 엑셀　　3) 에셀　　4) 에반

85. '맹세의 우물' 이란 뜻을 가진 이곳은 어디에 있는가? (창 21:31)
   1) 헤브론　　2) 단　　3) 브엘세바　　4) 벧엘

86. 아브라함이 이삭을 번제로 드리려고 올라간 산은 ? (창 22:2)

1) 호렙산　　2) 에발산　　3) 그리심산　　4) 모리아 산

87. 다음 (　　) 안에 들어갈 말은 무엇인가 ? (창 22:17)

"내가 네게 큰 (　　) 을 주고 네 (　　) 가 크게 번성하여 하늘의 (　　) 과 같고 바닷가의 (　　) 와 같게 하리니"

88. 아브라함이 은 사벡 세겔에 헷 족속 소말의 아들 에브론에게 사서 그의 아내 사라를 장사 지낸 굴 이름은 ? (창 23:19)

| 실천 사항 |

▶ 오늘의 말씀을 읽으시고 나에게 유익한 말씀이 무엇인지 깨달아봅시다 .

▶ 오늘 말씀으로 나의 삶에 적용하며 행동으로 옮겼는지 실천한 것을 적어봅시다 .

▶ 오늘 하나님이 보시기에 합당한 삶을 살았으면 감사한 것을 적어 봅시다 .

▶ 오늘의 기도 제목을 적어 봅시다 .

혼인과 하나님의 섭리

오늘의 성경 말씀을 읽으시고 묵상한 후 풀어보시면 유익합니다.

결혼은 인간의 중대사이다. 인간이 스스로 결정하는 것 같으나 그 결산에는 하나님의 예정이 포함되어 있다. 무슨 일에 있어서 하나님의 뜻을 따라야 하고 특히 성도의 결혼은 하나님의 섭리 안에서 믿음과 순종으로 이루어져야 한다.

89. 아브라함은 이삭의 신부감을 동족 중에서 구하기 위해 종에게 손을 이곳에 넣고 맹세하게 했다. 이곳은? (창 24:2)

1) 가슴　2) 겨드랑이　3) 허벅지　4) 배

90. 아브라함의 종이 이삭의 신붓감을 찾으러 갈 때 이것에 10 필을 끌고 떠났는데 이것은? (창 24:10)

1) 염소　2) 말　3) 나귀　4) 낙타

91. 아브라함의 종은 기도 끝에 하나님이 예비하신 신붓감이 이 사람임을 알았는데 이 사람은? (창 24:15)

1) 라헬　2) 아나　3) 바스맛　4) 리브가

92. 리브가의 오라버니는 누구인가? (창 24:29)

1) 나홀　2) 브두엘　3) 라반　4) 데라

93. 아브라함의 종은 하룻밤을 유숙한 후 아침에 떠나려고 하였으나 리브가의 어머니는 적어도 며칠 정도 머물라 했나? (창 24:55)

1) 3 일　　2) 5 일　　3) 7 일　　4) 10 일

94. 라반과 브두엘과 어머니가 아브라함에게 떠나는 리브가에게 어떤 축복을 하였나? (창 24:60)

1) 열국의 어머니　　2) 만인의 왕비　　3) 재상의 아내　　4) 천만인의 어머니

95. 리브가가 이삭을 보고 무엇을 가지고 자기의 얼굴을 가렸는가? (창 24:65)

1) 거울　　2) 모자　　3) 옷　　4) 너울

96. 이삭과 이스마엘은 아브라함이 몇 세 때 죽어 막벨라 굴에 장사를 지냈나? (창 25:7-9)

1) 150 세　　2) 175 세　　3) 190 세　　4) 195 세

| 실천 사항 |

▶ 오늘의 말씀을 읽으시고 나에게 유익한 말씀이 무엇인지 깨달아봅시다.

▶ 오늘 말씀으로 나의 삶에 적용하며 행동으로 옮겼는지 실천한 것을 적어봅시다.

▶ 오늘 하나님이 보시기에 합당한 삶을 살았으면 감사한 것을 적어 봅시다.

▶ 오늘의 기도 제목을 적어 봅시다.

의인의 형통

오늘의 성경 말씀을 읽으시고 묵상한 후 풀어보시면 유익합니다.

이삭을 통해 하나님께서 어떻게 복을 주시는지 알 수 있다. 그랄에 머물라는 명령에 순종하여 복을 받았다. 순종하면 복을 받는데 불순종하면 영적인 복에서 제외되니 믿음으로 순종하여 복 받는 성도가 되자.

97. 이삭과 리브가의 쌍둥이 아들의 장자로 몸이 붉고 전신이 털옷 같이 된 자는 누구인가? (창 25:25)

1) 야곱 2) 미디안 3) 욕산 4) 에서

98. 야곱이란 이름에 담긴 뜻은 무엇인가? (창 25:26)

99. 에서의 최대 관심사는 먹을거리였다. 장자의 명분 따위는 관심이 없어 동생 야곱에게 장자권을 뭐하고 바꾸었나? (창 25:34)

1) 물 2) 곡식 3) 팥죽 4) 밀

100. 에서의 별명은 무엇인가? (창 25:30)

1) 고멜 2) 에돔 3) 엘람 4) 구스

101. 여호와 하나님께서 이삭에게 "내가 네게 지시한 땅에서 거주하라" 며 축복을 약속했다. 축복이 아닌 것은? (창 26:2-3)

1) 동행의 약속 2) 곡식 걱정 없는 약속

3) 자손 번성의 약속 4) 땅의 약속

102. 그랄의 목자와 이삭의 목자와 다투어 우물을 또 팠더니 그들이 다투지 아니하여 이 우물의 이름을 이렇게 불렀다. (창 26:22)

1) 에섹 2) 싯나 3) 르호봇 4) 마므레

103. 다음 ( ) 안에 들어갈 말은 무엇인가? (창 27:29)

"만민이 너를 섬기고 열국이 네게 ( ) 하리니 네가 형제들의 ( ) 가 되고 네 어머니의 아들들이 네게 굴복하며 너를 ( ) 하는 자는 저주를 받고 너를 ( ) 하는 자는 복을 받기를 원하노라."

104. 장자 상속권도 가로채고 축복도 가로챈 사람은 누구인가? (창 27: 19)

1) 에서 2) 레위 3) 야곱 4) 유다

| 실천 사항 |

▶ 오늘의 말씀을 읽으시고 나에게 유익한 말씀이 무엇인지 깨달아봅시다.

▶ 오늘 말씀으로 나의 삶에 적용하며 행동으로 옮겼는지 실천한 것을 적어봅시다.

▶ 오늘 하나님이 보시기에 합당한 삶을 살았으면 감사한 것을 적어 봅시다.

▶ 오늘의 기도 제목을 적어 봅시다.

하나님의 사람 야곱

오늘의 성경 말씀을 읽으시고 묵상한 후 풀어보시면 유익합니다.

야곱은 형의 분노를 피해 부모를 떠나게 되지만 그에게는 후손과 기업에 대한 약속이 주어져 있다. 반드시 그 약속은 성취로 연결되기에 성도는 어떠한 환경에서도 하나님의 인도하심과 보호하심을 깨닫고 감사하며 살아야 한다.

105. 이삭은 분노를 피해 야곱을 어디로 보냈는가? (창 28:5)

1) 헤브론 2) 블레셋 3) 밧단아람 4) 애굽

106. 야곱이 하란으로 향하다 꿈에 하나님의 사자가 하늘로 오르락내리락하는 것을 보고 깨어 베개로 삼았던 돌로 기둥을 세우고 기름을 부은 곳은? (창 28:12-19)

1) 애굽 2) 구스 3) 가데스 4) 벧엘

107. 야곱이 하나님께서 내게 주신 모든 것에서 십분의 일(십일조)을 하나님께 서원한 곳은? (창 28:22)

1) 벧엘 2) 가데스 3) 애굽 4) 구스

108. 외삼촌 라반에게 두 딸이 있는데 누구누구인가? (창 29:16)

109. 야곱의 넷째 아들로 "내가 이제는 여호와를 찬송하리로다" 의 뜻을 가진 이름은? (창 29:35)

1) 르우벤 2) 유다 3) 레위 4) 시므온

110. 라헬이 아들을 낳지 못하자 그녀의 몸종 빌하를 통해 얻은 아들로 "하나님이 내 억울함을 푸시려고 내 호소를 들으셨다." 의 뜻을 가진 아들은? (창 30:6)

1) 갓　　2) 요셉　　3) 단　　4) 시므온

111. 라반이 양털을 깎으러 갔을 때 라헬은 가정의 수호신인 아버지의 이것을 훔쳐 나왔다. 이것은? (창 31:19)

1) 귀걸이　　2) 지팡이　　3) 드라빔　　4) 열쇠

112. 압복 나루에서 야곱이 하나님의 사자로부터 받은 축복으로 네가 하나님과 및 사람들과 겨뤄 이겼음이다. 무엇인가? (창 32:28)

1) 땅의 약속　　2) 이스라엘이란 이름을 받음

3) 자손 번성의 약속　　4) 축복의 약속

| 실천 사항 |

▶ 오늘의 말씀을 읽으시고 나에게 유익한 말씀이 무엇인지 깨달아봅시다.

▶ 오늘 말씀으로 나의 삶에 적용하며 행동으로 옮겼는지 실천한 것을 적어봅시다.

▶ 오늘 하나님이 보시기에 합당한 삶을 살았으면 감사한 것을 적어 봅시다.

▶ 오늘의 기도 제목을 적어 봅시다.

약속의 땅으로 인도하시는 하나님

오늘의 성경 말씀을 읽으시고 묵상한 후 풀어보시면 유익합니다.

야곱은 하나님의 은혜로 형 에서와 화해하였다. 죄인은 야곱처럼 늘 불안과 공포 속에 살지만 하나님과의 진정한 회개와 만남을 이루게 되면 기쁨과 소망 속에 새 삶을 살게 된다. 잘못을 시인하며 용서를 구할 때 하나님의 영광을 드러낸다.

113. 하몰의 아들 이 사람이 레아의 딸 디나를 사랑하여 그녀를 강간하고 욕보였다. 이 사람은? (창 34:2)

1) 유발 2) 야벳 3) 세겜 4) 데라

114. 디나의 오라버니 시므온과 레위가 복수하기 위해 무엇을 받으라고 했나? (창 34:14)

1) 세례 2) 할례 3) 침례 4) 목례

115. 야곱은 이방 신상들과 귀고리들을 세겜 근처의 이 나무 밑에 묻었다. 이 나무는? (창 35:4)

1) 참나무 2) 떡갈나무 3) 상수리나무 4) 버드나무

116. 다음 ( ) 안에 들어갈 말은 무엇인가? (창 35:11)

"나는 전능한 하나님이라 (　　　) 하고 번성하라. 한 백성과 백성들의 (　　　) 가 네게서 나오고 왕들이 네 (　　　) 에서 나오리라."

117. 야곱의 아들 르우벤이 그의 아버지 첩 누구와 동침하는 죄를 저질렀나?
(창 35:22)
1) 실바　2) 레아　3) 라헬　4) 빌하

118. 야곱의 부인들과 자녀들이 제대로 연결된 것은? (창 35:23-26)
1) 실바 - 갓　2) 빌하 - 유다　3) 레아 - 단　4) 라헬 - 르우벤

119. 라헬이 해산하다 죽게 되자 슬픔의 아들이라 칭한 자는 누구인가? (창 35:18)
1) 갓　2) 베냐민　3) 단　4) 르우벤

120. 에서는 (　　　　) 민족의 조상이 되었는가? (창 36:43)
1) 암몬　2) 모압　3) 에돔　4) 아말렉

| 실천 사항 |

▶ 오늘의 말씀을 읽으시고 나에게 유익한 말씀이 무엇인지 깨달아봅시다.

▶ 오늘 말씀으로 나의 삶에 적용하며 행동으로 옮겼는지 실천한 것을 적어봅시다.

▶ 오늘 하나님이 보시기에 합당한 삶을 살았으면 감사한 것을 적어 봅시다.

▶ 오늘의 기도 제목을 적어 봅시다.

꿈의 사람 요셉

오늘의 성경 말씀을 읽으시고 묵상한 후 풀어보시면 유익합니다 .

그리스도인의 삶에는 하나님께서 주시는 꿈과 비전이 있어야 한다 . 요셉이 그런 사람이지만 형들의 시기와 미움 , 11 년간의 종살이와 억울한 옥살이로 고생했지만 하나님 앞에 부끄럽지 않은 삶으로 귀하게 쓰임을 받게 된다 .

121. 이스라엘이 노년에 얻은 아들로 다른 아들보다 사랑하고 채색옷을 지어 입혀 다른 아들들에게 질투를 받게 한 아들은 ? (창 37:3)

1) 베냐민 2) 시므온 3) 요셉 4) 레위

122. 야곱의 아들 중에서 요셉을 죽이지 말자고 형제들을 설득한 사람은 누구인가 ? (창 37:26)

1) 시므온 2) 유다 3) 베냐민 4) 오난

123. 유다의 며느리로 엘의 아내인 다말은 남편이 죽자 이 사람과 성관계를 하고 자식을 낳았다 . 이 사람과 자식은 ? (창 38:18, 29-30)

124. 요셉을 이스마엘 사람들의 손에서 사 자기 집에 총무로 삼은 바로의 친위대장은 누구인가 ? (창 39:1-4)

1) 스룩 2) 야벳 3) 셀라 4) 보디발

125. 요셉은 누구의 모함으로 왕의 감옥에 갇혔나 ? (창 39:20)

1) 관원장 2) 보디발 아내 3) 친위대장 4) 하인

126. 바로가 요셉을 총리로 삼고 요셉의 이름을 이렇게 불렀다. 그 이름은?
(창 41:45)

127. 요셉의 두 아들을 낳은 여자로 온의 제사장의 딸인 이 사람은? (창 41:45-51)
1) 에스더 2) 에스라 3) 아스낫 4) 사르밧

128. 하나님이 "나를 내가 수고한 땅에서 번성하게 하셨다" 라는 요셉의 둘째 아들은 누구인가? (창 41:52)
1) 므낫세 2) 베냐민 3) 에브라임 4) 시므온

| 실천 사항 |

▶ 오늘의 말씀을 읽으시고 나에게 유익한 말씀이 무엇인지 깨달아봅시다.

▶ 오늘 말씀으로 나의 삶에 적용하며 행동으로 옮겼는지 실천한 것을 적어봅시다.

▶ 오늘 하나님이 보시기에 합당한 삶을 살았으면 감사한 것을 적어 봅시다.

▶ 오늘의 기도 제목을 적어 봅시다.

요셉과 하나님의 섭리

오늘의 성경 말씀을 읽으시고 묵상한 후 풀어보시면 유익합니다.

요셉처럼 성도들은 하나님의 음성을 따르며 진실한 순종의 삶을 살 때에 하나님은 우리가 기대할 수 있는 것보다 더욱 큰 상급을 준비하고 계신다. 하나님은 약속하신 대로 큰 민족을 이루게 하시기 위해 야곱의 가족을 초청하셨다.

129. 요셉은 막내 아우를 데리고 오라고 하기 위해 형제 중 누구를 볼모로 잡아두었나? (창 42:24)

1) 르우벤 2) 시므온 3) 베냐민 4) 유다

130. 요셉은 형제들을 모르는 체하고 이렇게 몰아붙였다. 뭐라고 그랬나? (창 42:9)

1) 사냥꾼 2) 정탐꾼 3) 몰이꾼 4) 선발대

131. 은잔은 누구의 자루에서 발견되었는가? (창 44:12)

1) 베냐민 2) 시므온 3) 유다 4) 르우벤

132. 베냐민의 자루에서 은잔이 나왔을 때 베냐민을 대신해 종이 되겠다고 한 사람은? (창 44:33)

1) 르우벤 2) 시므온 3) 레위 4) 유다

133. 요셉이 형제들에게 나를 당신들보다 이곳으로 보낸 이는 당신들이 아니고 누구라고 했는가? (창 45:8)

134. 요셉이 감정을 억제하지 못했던 것은 이 사람의 회개와 호소 때문이었다. 이 사람은 누구인가? (창 44:18-34)

1) 베냐민　2) 르우벤　3) 유다　4) 시므온

135. 요셉이 45 장에서 애굽으로 달려온 이야기를 할 때 '하나님' 이란 말을 몇 번 했나요? (창 45:5-8)

1) 두 번　2) 세 번　3) 네 번　4) 다섯 번

136. 이스라엘 (야곱) 은 승리의 기쁨을 맛보듯이 이 말을 하며 요셉을 만나러 가겠다고 굳게 결심했다. 이 말은? (창 45:28)

| 실천 사항 |

▶ 오늘의 말씀을 읽으시고 나에게 유익한 말씀이 무엇인지 깨달아봅시다.

▶ 오늘 말씀으로 나의 삶에 적용하며 행동으로 옮겼는지 실천한 것을 적어봅시다.

▶ 오늘 하나님이 보시기에 합당한 삶을 살았으면 감사한 것을 적어 봅시다.

▶ 오늘의 기도 제목을 적어 봅시다.

야곱의 유언과 요셉이 받은 축복

오늘의 성경 말씀을 읽으시고 묵상한 후 풀어보시면 유익합니다.

흉년을 맞아 애굽으로 온 야곱 가족들의 삶과 자신을 조상의 묘지에 장사해 달라는 야곱. 12 아들을 한 사람씩 축복 기도를 베풀고 요셉에게는 자손의 번성과 하나님의 보호와 인도하심의 축복을 베풀었다.

137. 이스라엘이 가나안을 떠나는 것이 하나님의 뜻인지를 알기 위해 브엘세바에 이르러 하나님께 이것을 드렸다. 이것은? (창 46:1)

1) 번제　2) 요제　3) 거제　4) 희생제사

138. 아브라함에게 그 자손이 별과 같이 바다의 모래같이 많은 것을 약속한 하나님이 야곱에게 자식을 얼마나 주셨나? (창 46: 27)

1) 50 명　2) 60 명　3) 70 명　4) 80 명

139. 요셉은 애굽의 토지법에 따라 얼마를 세금으로 내게 하였는가? (창 47:26)

1) 3 분의 1　2) 4 분의 1　3) 5 분의 1　4) 10 분의 1

140. 야곱은 애굽 땅에서 죽게 되자 어디에 묻어 달라고 했는가? (창 47:30)

1) 다베라　2) 라암셋　3) 미디안　4) 가나안

141. 야곱이 축복 중 레위 지파에서 제외되자 므낫세와 이 사람을 축복하고 열두 아들의 반열에 올렸다. 누구인가? (창 48:19)

1) 시므온　2) 에브라임　3) 스블론　4) 베냐민

142. 야곱의 축복 중 통치자의 지팡이가 그 발 사이에서 떠나지 않을 것이라 하여 메시아의 영광을 축복받은 자는 ? (창 49: 10)

1) 잇사갈　　2) 단　　3) 유다　　4) 베냐민

143. 다음 (　　) 안에 공통으로 들어갈 말은 무엇인가 ? (창 49: 25)

"그가 네게 (　　　　) 을 주실 것이라 위로 하늘의 (　　　　) 과 아래로 깊은 샘의 (　　　　) 과 태의 (　　　　) 이로다 ."

144. 야곱이 죽자 향으로 처리하는데 40 일이 걸렸으며 애굽 사람들이 그를 위하여 며칠 동안 곡을 했나 ? (창 50:3)

1) 50 일　　2) 60 일　　3) 70 일　　4) 80 일

| 실천 사항 |

▶ 오늘의 말씀을 읽으시고 나에게 유익한 말씀이 무엇인지 깨달아봅시다 .

▶ 오늘 말씀으로 나의 삶에 적용하며 행동으로 옮겼는지 실천한 것을 적어봅시다 .

▶ 오늘 하나님이 보시기에 합당한 삶을 살았으면 감사한 것을 적어 봅시다 .

▶ 오늘의 기도 제목을 적어 봅시다 .

[창세기 해답편]

1) 공허, 영, 운행 2) 2 3) 4 4) 생기 5) 3 6) 생명나무, 선악을 알게 하는 나무 7) 1 8) 경작하고 지키는 일 9) 4 10) 3 11) 모든 산 자의 어머니 12) 머리, 발꿈치 13) 4 14) 2 15) 4 16) 아담 17) 2 18) 3 19) 선, 선 20) 2 21) 3 22) 3 23) 2 24) 4 25) 4 26) 2 27) 1 28) 3 29) 3 30) 3 31) 1 32) 셈, 함, 야벳 33) 죄악, 가득, 계획, 악 34) 2 35) 4 36) 2 37) 600 세, 40 일 38) 2 39) 3 40) 4 41) 셈 42) 2 43) 3 44) 4 45) 4 46) 4 47) 2 48) 3 49) 3 50) 2 51) 4 52) 2 53) 4 54) 4 55) 3 56) 1 57) 2 58) 종, 휭 59) 2 60) 3 61) 2 62) 3 63) 방패, 상급 64) 3 65) 4 66) 3 67) 2 68) 4 69) 아브라함 70) 3 71) 3 72) 4 73) 3 74) 2 75) 의, 공도 76) 소돔, 영접 77) 4 78) 3 79) 소금 기둥 80) 3 81) 1 82) 2 83) 4 84) 3 85) 3 86) 4 87) 복, 씨, 별, 모래 88) 막벨라, 굴 89) 3 90) 4 91) 4 92) 3 93) 10 94) 4 95) 4 96) 2 97) 4 98) 발꿈치를 잡았다 99) 3 100) 2 101) 2 102) 3 103) 굴복, 주, 저주, 축복 104) 3 105) 3 106) 4 107) 1 108) 레아, 라헬 109) 2 110) 3 111) 3 112) 2 113) 3 114) 2 115) 3 116) 생육, 총회, 허리 117) 4 118) 1 119) 2 120) 3 121) 3 122) 2 123) 유다, 베레스, 세라 124) 4 125) 2 126) 사브낫바네라 127) 3 128) 3 129) 2 130) 2 131) 1 132) 4 133) 하나님 134) 3 135) 2 136) 족하도다 137) 4 138) 3 139) 3 140) 4 141) 2 142) 3 143) 복 144) 3

2. 출애굽기 (出埃及記, EXODUS)

1. 내용

하나님께서 자기 백성을 억압과 절망에서 구원해내셨음을 보여준다. 하나님의 은혜로 많은 무리를 이뤘지만 애굽 땅에서 당하는 혹독한 고난과 노예 생활에서 벗어나 하나님의 백성으로 살아가도록 언약을 맺고 제사 제도의 정립 및 성막 완공을 소개한다.

2. 배경

이스라엘 백성의 생활 무대인 애굽과 미디안, 출애굽 구원 역사의 분기점인 홍해와 시내 산 중심의 시내 반도, 율법과 계명을 수여받은 시내 산이다.

3. 흐름과 내용 구성

크게 구원의 이야기(이스라엘의 비참한 노예생활, 모세의 소명, 10대 재앙, 출애굽, 광야 생활)와 가르침과 훈련(시내 산 언약, 성막 규례와 완성)으로 이어진다.

4. 목적

이스라엘이 독립된 국가로서 체계화된 것은 그것을 선택하고 구원하신 하나님의 은혜임을 보여주며, 선민 이스라엘은 하나님을 중심으로 살아가야 하는 신앙 공동체임을 가르친다.

5. 본서에 나타난 하나님의 섭리

아브라함, 이삭, 야곱에게 가나안을 그들 후손에게 주겠다고 언약을 맺으시고 출애굽 사건을 통해 그 약속을 성취하셨다.

유월절 어린 양과 홍해를 건너는 것, 십계명 등 율법, 모세의 생애를 통한 예수 그리스도의 예표, 그리스도를 통한 구속, 하나님은 당신만이 세상에서 유일무이하게 경배받기에 합당한 분이심을 보여주셨다.

40년 광야 생활 동안 낮에는 구름 기둥, 밤에는 불기둥으로 백성을 인도하신 것은 그분의 뒤를 따르는 것만이 생명의 땅으로 들어갈 수 있고, 하나님을 중심으로 살아가야 하는 신앙 공동체임을 가르치고 있다.

모세의 소명

오늘의 성경 말씀을 읽으시고 묵상한 후 풀어보시면 유익합니다.

모세에게 이스라엘 백성을 애굽에서 인도하며 가나안 땅으로 인도하는 사명을 주셨다. 모세는 하나님께서 자기와 함께하신다는 것을 깨닫고 그 땅에서 내려왔다. 우리들도 모세와 같이 하나님을 만나기 위해 주어진 사명을 잘 이겨내는 삶을 살자.

1. 흉년과 기근을 피하여 애굽으로 온 야곱의 혈족과 요셉까지 몇 명인가? (출 1:5)
   1) 50 명 2) 60 명 3) 70 명 4) 100 명

2. 하나님을 두려워하여 히브리인 아들을 죽이라는 애굽 왕의 명령을 거역한 히브리 산파는 누구누구인가? (출 1:15-16)

3. 모세는 어느 지파 사람인가? (출 2:1)
   1) 시므온 2) 스블론 3) 베냐민 4) 레위

4. 모세는 이 상자에 담겨 나일강에 띄워 보내졌다. 이 상자는 무엇인가? (출 2:3)
   1) 대나무 2) 종이 3) 갈대 4) 우슬초

5. 모세의 장인인 미디안 제사장이 3장에서는 이드로라고 부르는데 2장에서는 뭐라고 부르는가? (출 2:18)
   1) 므낫세 2) 게르솜 3) 르우엘 4) 기드온

6. 여호와께서 어디 가운데서 모세를 부르셨나요? (출 3:4)
   1) 상수리나무　　2) 떡갈나무　　3) 버드나무　　4) 떨기나무

7. 하나님은 모세에게 "지존자요 불변자요 영원하시며 전지전능한 분"이시라며 '나는 무엇'이라고 말씀하셨나요? (출 3:14)

8. 나일강은 애굽인들에게 생명의 원천이 되는 것인데 당신의 백성을 해방시키지 않으면 이것으로 변하게 하여 멸망시킨다고 했는데 무엇인가? (출 4:9)
   1) 지팡이 이적　　2) 나병 이적　　3) 피 이적　　4) 뱀 이적

| 실천 사항 |

▶ 오늘의 말씀을 읽으시고 나에게 유익한 말씀이 무엇인지 깨달아봅시다.

▶ 오늘 말씀으로 나의 삶에 적용하며 행동으로 옮겼는지 실천한 것을 적어봅시다.

▶ 오늘 하나님이 보시기에 합당한 삶을 살았으면 감사한 것을 적어 봅시다.

▶ 오늘의 기도 제목을 적어 봅시다.

하나님의 언약

오늘의 성경 말씀을 읽으시고 묵상한 후 풀어보시면 유익합니다.

아브라함과 이삭과 야곱에게 약속한 그대로 반드시 가나안 땅을 주시겠다고 말씀하신다. 이스라엘을 해방시키기 위해 모세와 아론을 보내 약속을 성취시키는 하나님은 약속에 신실한 분이다. 하나님은 자신의 백성과 언약을 결코 잊지 않으신다.

9. 이스라엘 백성들은 벽돌을 찍기 위해 짚 대신 무엇을 사용했나? (출 5:12)
   1) 대나무 잎　2) 야자 잎　3) 곡초 그루터기　4) 갈대 줄기

10. 모세의 부모님의 이름은 무엇인가? (출 6:20)
    1) 이다말, 요게벳　2) 아므람, 요게벳
    3) 웃시엘, 다말　4) 아비후, 미리암

11. 다음 중 아론의 아들이 아닌 사람은? (출 6:23)
    1) 아므람　2) 나답　3) 아비후　4) 엘르아살

12. 하나님께서 애굽의 바로에게 열 가지 재앙을 내리셨다. 이 중에 열 가지 재앙이 아닌 것은? (출 7-11장)
    1) 악성 종기　2) 우박　3) 흑암　4) 비

13. 애굽과 요술사들이 모세처럼 이적을 따라하지 못한 것은 무엇인가? (출 8:18)
    1) 파리　2) 개구리　3) 이　4) 뱀

14. 이 재앙이 닥치자 바로가 모세와 아론을 불러 "너희는 가서 이 땅에서 너희 하나님께 제사를 드리라"고 한 이 재앙은? (출 8:20-25)

1) 피　　2) 이　　3) 개구리　　4) 파리

15. 애굽 왕 바로에게 내린 일곱 번째 재앙은? (출 9:19)

1) 우박　　2) 가축 죽음　　3) 악성 종기　　4) 메뚜기

16. 모세가 애굽 땅에서 지팡이를 들었더니 여호와께서 바람을 일으켜 메뚜기 떼를 불러들였다. 이 바람은? (출 10:13)

1) 동풍　　2) 서풍　　3) 남풍　　4) 북풍

| 실천 사항 |

▶ 오늘의 말씀을 읽으시고 나에게 유익한 말씀이 무엇인지 깨달아봅시다.

▶ 오늘 말씀으로 나의 삶에 적용하며 행동으로 옮겼는지 실천한 것을 적어봅시다.

▶ 오늘 하나님이 보시기에 합당한 삶을 살았으면 감사한 것을 적어 봅시다.

▶ 오늘의 기도 제목을 적어 봅시다.

유월절은 구속과 해방의 날

오늘의 성경 말씀을 읽으시고 묵상한 후 풀어보시면 유익합니다.

유월절은 하나님의 구속과 사랑이 드러난 절기이기에 주의 은혜에 감사하는 마음을 가져야 한다. 해방과 대속의 위대성이 있으며 오늘날에는 예수 그리스도의 피를 믿고 그를 영접하는 모든 사람에게 동등한 구원의 은총을 주신다.

17. 마지막 재앙은 무엇인가? (출 11:29)
 1) 개구리 2) 초태생으로 죽은 것 3) 가축 죽음 4) 이

18. 다음 중 유월절에 먹는 음식으로 짝지어진 것은? (출 12:8)
 1) 누룩 없는 떡과 쇠고기 2) 누룩 없는 떡과 쓴 나물과 양고기
 3) 누룩 있는 떡과 쓴 나물과 양고기 4) 누룩 있는 떡과 쇠고기

19. 이스라엘 자손이 애굽에서 거주한 지 몇 년 만에 나왔나? (출 12:40)
 1) 330 년 2) 430 년 3) 530 년 4) 630 년

20. 여호와께서는 이스라엘 백성들을 인도하시며 낮에는 무슨 기둥, 밤에는 무슨 기둥으로 인도하셨나? (출 13:21)

21. 이스라엘 자손이 애굽 땅에서 나올 때 가지고 나온 유골은 누구 것입니까? (출 13:19)
 1) 아브라함 2) 야곱 3) 요셉 4) 이삭

22. 모세가 바다 위로 손을 내밀자 여호와께서 큰 동풍으로 바닷물을 물러가게 하니 물이 갈라져 바다가 어떻게 되었나? (출 14:21)

23. 다음 (　　) 안에 들어갈 말은 무엇인가? (출 15:2)

"여호와는 나의 (　　　　) 이요 노래시며 나의 (　　　　) 이시로다. 그는 나의 하나님이시니 내가 그를 (　　　　) 할 것이요. 내 아버지의 (　　　　) 이시니 내가 그를 높이리로다."

24. 마라에 쓴 물에 하나님께서 어떤 조치를 알려줘 단물로 변하게 하였나? (출 15:25)

1) 설탕물을 넣었다　　2) 다른 물과 섞게 했다.

3) 숯을 넣었다　　4) 한 나무를 물에 던졌다

| 실천 사항 |

▶ 오늘의 말씀을 읽으시고 나에게 유익한 말씀이 무엇인지 깨달아봅시다.

▶ 오늘 말씀으로 나의 삶에 적용하며 행동으로 옮겼는지 실천한 것을 적어봅시다.

▶ 오늘 하나님이 보시기에 합당한 삶을 살았으면 감사한 것을 적어 봅시다.

▶ 오늘의 기도 제목을 적어 봅시다.

양식이 없어 원망하고 불평하는 백성들

오늘의 성경 말씀을 읽으시고 묵상한 후 풀어보시면 유익합니다.

이스라엘 백성은 양식이 없어 하나님을 원망한다. 그럼에도 양식을 주실 것을 약속한다. 우리도 허물이 많음에도 불구하고 오직 하나님의 은혜로 구원받음을 감사하며 삶이 때로 어렵다 하여 주를 원망하지 말고 오히려 감사하는 성도의 삶을 살아야 한다.

25. 이스라엘 백성들에게 만나를 비같이 내리게 한 곳은? (출 16:1-5)
 1) 엘림 2) 홍해 3) 신광야 4) 엘림

26. 이스라엘 백성들에게 만나는 한 사람에게 얼마씩을 거두라고 했는가? (출 16:16)
 1) 1 오멜 2) 2 오멜 3) 3 오멜 4) 4 오멜

27. 애굽에서 나오며 물 때문에 이스라엘 자손들이 다투었던 장소는 어디인가? (출 17:7)

28. 므리바에서 백성들은 하나님을 시험했다. 무엇인가? (출 17:7)
 1) 하나님의 사랑 2) 하나님의 현존
 3) 하나님의 이적 4) 하나님의 능력

29. 아말렉과 전쟁 중 모세의 손을 들어줘 아말렉을 패배하게 한 사람은? (출 17:12)

30. 모세가 아말렉과 그 백성을 멸절하고 그곳에 제단을 쌓고 이렇게 불렀다. 이것은? (출 17:15)

1) 여호와 샬롬　2) 여호와 라파　3) 여호와 닛시　4) 야호와 사자

31. "하나님이 나를 도우사 바로의 칼에서 구원하셨다"는 뜻을 가진 모세의 작은 아들은 누구인가? (출 18:4)

1) 엘리에셀　2) 게르솜　3) 나답　4) 갈렙

32. 하나님을 두려워하며 진실하고 불의한 이익을 탐하지 않는 자 중에서 천부장, 백부장 등을 뽑았다. 이들의 역할은? (출 18:21-22)

1) 군인 장교　2) 지파 대표　3) 재판관　4) 제사장

| 실천 사항 |

▶ 오늘의 말씀을 읽으시고 나에게 유익한 말씀이 무엇인지 깨달아봅시다.

▶ 오늘 말씀으로 나의 삶에 적용하며 행동으로 옮겼는지 실천한 것을 적어봅시다.

▶ 오늘 하나님이 보시기에 합당한 삶을 살았으면 감사한 것을 적어 봅시다.

▶ 오늘의 기도 제목을 적어 봅시다.

제사장 나라의 거룩한 백성

오늘의 성경 말씀을 읽으시고 묵상한 후 풀어보시면 유익합니다.

언약의 축복은 이스라엘이 하나님의 소유가 되고 제사장 나라가 되고 거룩한 백성이 되는 것이다. 이스라엘과 이방 민족이 구별된 삶으로 하나님을 섬기듯 언약을 준수하며 하나님이 주시는 축복을 받아 누리는 성도가 되어 세상을 변화시키는 역할을 감당해야 한다.

33. 다음 (　　) 안에 들어갈 말은 무엇인가? (출 19:5)
"세계가 다 내게 속하였으니 너희가 내 말을 잘 듣고 내 (　　　　) 을 지키면 너희는 모든 민족 중에서 내 (　　　　) 가 되겠고, 너희가 내게 대하여 (　　　　) 나라가 되며 (　　　　) 백성이 되리라."

34. 하나님께서 이스라엘 백성을 업어 인도하셨다. 하나님은 어떤 동물에 비유되었나? (출 19:4)
1) 비둘기　　2) 독수리　　3) 꿩　　4) 솔개

35. 백성들을 성결하게 하고 옷을 빨고 기다리게 하라는 여호와 하나님께서 어느 산에 강림할 것이라고 했는가? (출 19:10-11)
1) 느보산　　2) 에발산　　3) 시내산　　4) 그리심산

36. 여호와 하나님께서 셋째 날 경계를 정했는데 그 경계를 침범하면 침범하는 자는 이렇게 된다고 하였다. (출 19:12)
1) 해방　　2) 부상　　3) 실격　　4) 죽음

37. 모세는 정결하게 한 후 이것을 가까이하지 말라고 하였다. 이것은 무엇인가? (출 19:15)

1) 부모　2) 남자　3) 여자　4) 술객

38. 여호와께서 시내 산에서 강림하실 때 연기가 자욱하니 어디 가운데서 강림하셨나? (출 19:18)

1) 물　2) 불　3) 천둥　4) 번개

39. 여호와께서 가까이 하는 이들에게 몸을 성결하게 하라고 하셨다. 이들은 누구인가? (출 19:22)

1) 제사장　2) 백성　3) 모압 여자　4) 사마리아인

40. 나팔 소리가 커질 때 하나님께서 무엇으로 대답하셨나? (출 19:19)

| 실천 사항 |

▶ 오늘의 말씀을 읽으시고 나에게 유익한 말씀이 무엇인지 깨달아봅시다.

▶ 오늘 말씀으로 나의 삶에 적용하며 행동으로 옮겼는지 실천한 것을 적어봅시다.

▶ 오늘 하나님이 보시기에 합당한 삶을 살았으면 감사한 것을 적어 봅시다.

▶ 오늘의 기도 제목을 적어 봅시다.

하나님의 계명

오늘의 성경 말씀을 읽으시고 묵상한 후 풀어보시면 유익합니다.

하나님은 자신과 관계된 계명들을 통해 성도의 의무는 하나님을 경배하는 일이라고 밝히신다. 하나님의 계명은 하나님을 위할 뿐만 아니라 우리가 그의 복을 받도록 하시는 하나님의 사랑의 약속들이다. 이것은 신약의 복음서로 완성되며 산상수훈에 들어 있다.

41. 다음 (　　) 안에 들어갈 말은 무엇인가? (출 20:6)
"나를 사랑하고 내 (　　　　)을 지키는 자에게는 (　　　　　　)대까지 (　　　　　)를 베푸느니라."

42. 십계명 중 제4계명은 무엇인가? (출 20:8)

43. 상전이 종의 귀를 뚫는 이유는 무엇인가? (출 21:6)
1) 벌을 주기 위해　　2) 풍토병 환자 표시
3) 탈주하지 못하도록 함　　4) 종신토록 그 주인에게 속하는 표시

44. 다음 중 틀린 것은 무엇인가? (출 22:18-20)
1) 무당은 살려두지 말라　　2) 짐승과 행음하는 자는 죽여라
3) 다른 신에 제사 드리는 자는 죽여라　　4) 과부나 고아를 죽여라

45. 다음 중 고대 이스라엘의 3대 절기에 속하지 않는 것은 어느 것인가? (출 23:14-17)
1) 수장절　　2) 무교절　　3) 속죄절　　4) 맥추절

46. 다음 (　　) 안에 들어갈 말은 무엇인가? (출 23:33)

"그들이 네 땅에 머무르지 못할 것은 그들이 너를 내게 (　　　　) 하게 할까 두려움이라. 네가 그 (　　　) 들을 섬기면 그것이 너의 (　　　　) 가 되리라."

47. 모세는 시내산에 올라갈 때 이 사람들을 데리고 가 경배를 했다. 아닌 사람은 누구인가? (출 24:1)

1) 아론　　2) 나답　　3) 장로 70 명　　4) 비느하스

48. 모세는 시내산에서 얼마 동안 머물렀나? (출 24:18)

1) 20 일　　2) 30 일　　3) 40 일　　4) 50 일

| 실천 사항 |

▶ 오늘의 말씀을 읽으시고 나에게 유익한 말씀이 무엇인지 깨달아봅시다.

▶ 오늘 말씀으로 나의 삶에 적용하며 행동으로 옮겼는지 실천한 것을 적어봅시다.

▶ 오늘 하나님이 보시기에 합당한 삶을 살았으면 감사한 것을 적어 봅시다.

▶ 오늘의 기도 제목을 적어 봅시다.

성막의 설계도를 주신 하나님

오늘의 성경 말씀을 읽으시고 묵상한 후 풀어보시면 유익합니다.

성막은 하나님께서 예배드리는 예배 처소로 하나님이 임재하시고 백성들과 함께 계시는 주님의 거처이다. 오늘날 교회와 같다. 하나님께서 직접 설계도를 주신 것이며 기구와 재료들을 일일이 명했는데 성막은 하늘 성전의 모형이다.

49. 다음은 언약궤와 관계된 것들이다. 다음 중 아닌 것은? (출 25:10-22)

1) 순금 2) 속죄소 3) 증거판 4) 흉패

50. 이것은 법궤 또는 언약궤라고도 하는데 하나님의 은혜의 보좌로 사죄의 은총이 임재하는 곳이다. 다른 말은 무엇인가? (출 25:10)

1) 증거궤 2) 속죄궤 3) 성막궤 4) 진설궤

51. 등잔대 위에 등잔 몇 개를 만들어 비추게 하였나? (출 25:37)

1) 5 개 2) 7 개 3) 8 개 4) 10 개

52. 등잔대 줄기에는 이 꽃 형상의 잔과 꽃받침이 있게 했는데 무슨 꽃인가? (출 25:34)

53. 성막의 덮개는 붉게 물들인 숫양의 가죽으로 만들었는데 위 덮개는 무엇으로 만들었나? (출 26:14)

1) 염소 가죽 2) 암양 가죽 3) 소 가죽 4) 해달 가죽

54. 증거궤는 성막의 어느 곳에 안치해 두었나? (출 26:33-34)

55. 제단의 모퉁이에는 이것이 있다. 이것은 예수님의 이름의 권세를 뜻하는데 이것은 무엇인가? (출 27:2)

1) 고리　　2) 널판　　3) 뿔　　4) 열쇠

56. 증거궤 앞 휘장 밖에서 여호와의 등불을 보살핀 사람은 누구인가? (출 27:21)

| 실천 사항 |

▶ 오늘의 말씀을 읽으시고 나에게 유익한 말씀이 무엇인지 깨달아봅시다.

▶ 오늘 말씀으로 나의 삶에 적용하며 행동으로 옮겼는지 실천한 것을 적어봅시다.

▶ 오늘 하나님이 보시기에 합당한 삶을 살았으면 감사한 것을 적어 봅시다.

▶ 오늘의 기도 제목을 적어 봅시다.

제사장을 세우시는 하나님

오늘의 성경 말씀을 읽으시고 묵상한 후 풀어보시면 유익합니다.

죄인인 자는 하나님을 만날 수 없기에 제사장을 세워 성결케 하시고 하나님과 사람 중간에서 사람들을 주님께 인도하셨다. 제사장 직분은 하나님께서 위임하신 직분으로 거룩한 직분이다. 의복이나 직분은 하나님께서 위임하신 직분으로 거룩한 직분이다. 의복이나 관은 영화롭고 아름다움을 나타내기 위한 것이다.

57. 금실, 청색, 자색, 홍색실과 가늘게 꼰 베실로 무엇을 만들라고 했는가? (출 28:6)
   1) 우림　2) 둠밈　3) 에봇　4) 옷걸이

58. 호마노에는 누구의 이름들을 새겼는가? (출 28:9)

59. 제사장이 성소에 들어갈 때 가슴에 붙여 여호와 앞에서 영원한 기념을 삼는 것이다. 무엇인가? (출 28:15)
   1) 우림　2) 둠밈　3) 판결 흉패　4) 증거판

60. 성패는 순금으로 만들어 도장을 새기는 방법으로 이것을 새겨 청색 끈으로 관 정면에 고정시킨다. 무슨 글인가? (출 28:36)

61. 판결 흉패에 넣어 여호와 앞에 들어갈 때 가슴에 붙이게 한 이것은? (출 28:30)
   1) 순금　2) 에봇　3) 증거판　4) 우림과 둠밈

62. 아론의 위임식 때 숫양의 이것을 가져다가 여호와 앞에 흔들어 요제를 삼으라 했는데 이것은 무엇인가? (출 29:26)

1) 머리　2) 꼬리　3) 다리　4) 가슴

63. 제사장의 위임식은 며칠 동안 행하여졌나? (출 29:37)

1) 5 일　2) 6 일　3) 7 일　4) 10 일

64. 번제는 매년 1년 된 어린 양 두 마리로 언제 드리라고 했나? (출 29:38)

1) 아침 , 낮　2) 아침 , 저녁　3) 낮 , 저녁　4) 정오

| 실천 사항 |

▶ 오늘의 말씀을 읽으시고 나에게 유익한 말씀이 무엇인지 깨달아봅시다 .

▶ 오늘 말씀으로 나의 삶에 적용하며 행동으로 옮겼는지 실천한 것을 적어봅시다 .

▶ 오늘 하나님이 보시기에 합당한 삶을 살았으면 감사한 것을 적어 봅시다 .

▶ 오늘의 기도 제목을 적어 봅시다 .

분향단과 안식일

오늘의 성경 말씀을 읽으시고 묵상한 후 풀어보시면 유익합니다.

분향단에 모든 것들은 다 영적 의미가 담겨 있다. 이 모든 것들은 하나님을 상징하고 하나님께 올려드리는 재료들이다. 분향단의 향이 꺼지지 않고 사른 것처럼 성도는 끊임없이 기도를 해야 하고 안식일을 온전하게 지키며 주신 계명을 실천해야 한다.

65. 이것은 시은좌란 뜻으로 항상 성막이나 성전의 지성소에 있는 거룩한 기물의 황금 덮개를 가리킨다. 이것은? (출 30:6)

66. 법궤 앞에서 분향할 때 하나님이 죄를 사하시고 이것 위에서 만나신다. 이것은? (출 30:6, 민 7:89 참고)
 1) 증거판 2) 바위 3) 속죄소 4) 나무

67. 스무 살 이상 된 성인 남성은 성소에 속전을 얼마나 바쳐야 되는가? (출 30:13-14)
 1) 반 세겔 2) 한 세겔 3) 두 세겔 4) 세 세겔

68. 물두멍은 무엇으로 만들어졌나? (출 30:18)
 1) 금 2) 은 3) 철 4) 놋

69. 이것을 사람 몸에 붓지도 말고 이 방법대로 만들지도 말라. 이것은 무엇인가? (출 30:31-32)

70. 향은 소합향, 나감향, 풍자향의 향품을 갖은 분량으로 섞어 이것을 쳐 성결케 하는 데 이것은 무엇인가? (출 30:34-35)

1) 설탕 2) 기름 3) 소금 4) 향유

71. 여호와께서 브살렐을 부르시어 지혜와 총명과 지식과 여러 가지 재주로 회막은 만들게 하시며 이것을 충만케 했다. 이것은 무엇인가? (출 31:2-3)

72. 하나님과 이스라엘 사이에 대대의 표징인 이것은 무엇인가? (출 31:13)

1) 증거판 2) 무지개 3) 안식일 4) 에봇

| 실천 사항 |

▶ 오늘의 말씀을 읽으시고 나에게 유익한 말씀이 무엇인지 깨달아봅시다.

▶ 오늘 말씀으로 나의 삶에 적용하며 행동으로 옮겼는지 실천한 것을 적어봅시다.

▶ 오늘 하나님이 보시기에 합당한 삶을 살았으면 감사한 것을 적어 봅시다.

▶ 오늘의 기도 제목을 적어 봅시다.

금송아지를 만들어 하나님을 배반한 이스라엘 백성

오늘의 성경 말씀을 읽으시고 묵상한 후 풀어보시면 유익합니다 .

모세가 시내산에서 내려오지 않자 이스라엘 백성들은 금송아지를 만들어 하나님을 진노시킨다 . 모세가 중보 기도를 드린 후 다시 시내산에 올라가 두 번째 돌판을 받는다 . 모세가 없었다면 이스라엘의 운명이 어떻게 되었을지 생각해 보라 .

73. 모세가 시내산에서 내려오지 않자 백성들은 아론에게 재촉하며 금송아지를 만들었는데 이 금송아지는 무슨 뜻인가? (출 32:1-6)

1) 우리에게 숭배받을 신 2) 우리에게 만나를 주실 신
3) 우리를 인도하실 신 4) 우리를 보호하는 신

74. 모세가 산에서 가지고 내려온 증거판에 글씨가 새겨졌는데 이 글자는 누가 쓰고 새겼나? (출 32:15-16)

75. 모세가 금송아지 주변에서 춤추고 노래하는 것을 보고 크게 노하여 증거판을 어디로 던져 깨뜨렸나? (출 32:18-19)

1) 바위 2) 나무 3) 산 아래 4) 자갈밭

76. 모세가 시내산에 올라가 있는 동안 이스라엘 백성은 금송아지를 만들고 우상 숭배하였다. 이 사건으로 죽은 사람의 수는 몇 명인가? (출 32:28)

1) 1000 명 2) 2000 명 3) 3000 명 4) 4000 명

77. 다음 ( ) 안에 들어갈 말은 무엇인가? (출 33:19)

"나는 은혜 베풀 자에게 ( ) 를 베풀고 긍휼히 여길 자에게 ( ) 를 베푸느니라."

78. 여호와께서 사자를 보내어 쫓아낼 족속이 아닌 것은? (출 33:2)

1) 하위 족속 2) 브리스 족속 3) 헷 족속 4) 암몬 족속

79. 다음 ( ) 안에 들어갈 말은 무엇인가? (출 34:7)

"인자를 ( ) 까지 베풀며 악과 과실과 죄를 ( ) 하리라. 그러나 ( ) 은 면제하지는 아니하고 아버지의 ( ) 을 자손 삼사 대까지 보응하리라."

80. 다음 ( ) 안에 들어갈 말은 무엇인가? (출 34:22)

"칠칠절 곧 맥추의 ( ) 을 지키고 세말에는 ( ) 을 지키라."

| 실천 사항 |

▶ 오늘의 말씀을 읽으시고 나에게 유익한 말씀이 무엇인지 깨달아봅시다.

▶ 오늘 말씀으로 나의 삶에 적용하며 행동으로 옮겼는지 실천한 것을 적어봅시다.

▶ 오늘 하나님이 보시기에 합당한 삶을 살았으면 감사한 것을 적어 봅시다.

▶ 오늘의 기도 제목을 적어 봅시다.

성막 제작

오늘의 성경 말씀을 읽으시고 묵상한 후 풀어보시면 유익합니다.

성막 제작에 필요한 재료를 남녀 귀천의 구별 없이 모두가 가진 것을 드렸다. 하나님은 억지로 내게 하시는 분이 아니다. 하나님께서는 즐겨내는 자를 기뻐하시고 자원하는 마음을 사랑하신다. 하나님께 즉각 순종하는 이스라엘 백성의 태도를 본받자.

81. 다음 ( ) 안에 들어갈 말은 무엇인가? (출 35:2)

"엿새 동안은 일하고 일곱째 날은 너희를 위한 거룩한 날이니 여호와께 엄숙한 ( ) 이라 누구든지 이 날에 일하는 자는 죽일지니."

82. 모세는 성막 짓는 일에 브살렐과 단지파 아이사막의 아들 이 사람을 시켜 성막 공사에 최선을 다했다. 이 사람은? (출 35:34)

83. 금 갈고리 50개를 만들어 그 갈고리로 휘장을 연결하였는데 다른 휘장은 어떤 갈고리로 만들어 휘장을 연결하여 한 막이 되게 하였나? (출 36:18)

1) 철 2) 은 3) 구리 4) 놋

84. 하나님의 법궤는 무엇으로 만들어졌나? (출 37:1)

1) 살구나무 2) 금 3) 조각목 4) 은

85. 이것은 분향단과 진설병을 항상 비침으로써 하나님은 곧 빛이심을 증거한다. 이것은 무엇인가? (출 37:23)

86. 하나님과 인간관계에 매우 중요한 부분을 차지하는 이것은 성소에 들어가 봉사하는 사람은 이곳에서 제사를 지낸다. 이것은? (출 38:1)

87. 물두멍의 재료는 회막 문에서 시중드는 여자들의 이것으로 만들어졌다. 이것은? (출 38:8)

1) 거울 2) 놋 3) 금 4) 은

88. 이것은 성막 안에 놓여 있는 큰 그릇인데 성막에 들어갈 때 제사장들이 손을 씻는 그릇이다. 무엇인가? (출 38:8)

| 실천 사항 |

▶ 오늘의 말씀을 읽으시고 나에게 유익한 말씀이 무엇인지 깨달아봅시다.

▶ 오늘 말씀으로 나의 삶에 적용하며 행동으로 옮겼는지 실천한 것을 적어봅시다.

▶ 오늘 하나님이 보시기에 합당한 삶을 살았으면 감사한 것을 적어 봅시다.

▶ 오늘의 기도 제목을 적어 봅시다.

성막 봉헌과 하나님의 영광

오늘의 성경 말씀을 읽으시고 묵상한 후 풀어보시면 유익합니다.

모세는 성막 세움에 주의 명령대로 따랐다. 성막 기구들이 용도가 다르듯 성도들도 각자에게 부여된 믿음의 분량대로 충실하도록 힘써야 한다. 성막이 완공되자 마침내 주님이 임재하셨는데 하나님의 영광이 얼마나 가득했던지 모세가 들어갈 수 없었다.

89. 금실과 청색 자색 홍색 실과 가늘게 꼰 베실로 만들어진 것은 무엇인가? (출 39:2)

1) 우림 2) 에봇 3) 둠밈 4) 흉패

90. 성장과 성결을 나타내는 것으로 12 지파의 이름을 새긴 보석은 어느 것인가? (출 39:6)

1) 홍보석 2) 호마노 3) 홍마노 4) 백마노

91. 판결의 열쇠와 같은 역할을 하는 이것은? (출 39:8)

1) 둠밈 2) 흉패 3) 에봇 4) 우림

92. 모세가 성막을 최종적으로 언제 세웠는가? (출 40:17)

93. 아론의 아들들은 특별히 하나님께 제사직이라는 무엇을 받았는가? (출 40:14-15)

1) 은혜 2) 소명 3) 세례 4) 방언

94. 제사장들은 가장 먼저 무엇으로 씻어 자신을 깨끗하게 하는가? (출 40:12)

95. 제사장들의 이것을 특별하게 만들어졌다. 이것을 입어야만 직무를 수행할 수 있었는데 무엇인가? (출 40:13)

96. 낮에는 여호와의 구름이 성막 위에 있고 밤에는 이것이 그 구름 가운데에 있음을 이스라엘 온 족속이 행진하는 길에서 그들의 눈으로 보았는데 이것은 무엇인가? (출 40:38)

1) 별 2) 번개 3) 오로라 4) 불

| 실천 사항 |

▶ 오늘의 말씀을 읽으시고 나에게 유익한 말씀이 무엇인지 깨달아봅시다.

▶ 오늘 말씀으로 나의 삶에 적용하며 행동으로 옮겼는지 실천한 것을 적어봅시다.

▶ 오늘 하나님이 보시기에 합당한 삶을 살았으면 감사한 것을 적어 봅시다.

▶ 오늘의 기도 제목을 적어 봅시다.

[출애굽기 해답편]

1) 3 2) 십브라, 브아 3) 4 4) 3 5) 3 6) 4 7) 나는 스스로 있는 자 8) 3 9) 3 10) 2 11) 1 12) 4 13) 3 14) 4 15) 1 16) 1 17) 2 18) 2 19) 2 20) 구름 기둥, 불 기둥 21) 3 22) 마른 땅 23) 힘, 구원, 찬송, 하나님 24) 4 25) 3 26) 1 27) 맛사(므리바) 28) 2 29) 아론, 훌 30) 3 31) 1 32) 3 33) 언약, 소유, 제사장, 거룩한 34) 2 35) 3 36) 4 37) 3 38) 2 39) 1 40) 음성 41) 계명, 천, 은혜 42) 안식일을 기억하여 거룩하게 지켜라 43) 4 44) 4 45) 3 46) 범죄, 신, 올무 47) 4 48) 3 49) 4 50) 1 51) 2 52) 살구꽃 53) 4 54) 지성소 55) 3 56) 아론과 그 아들들 57) 3 58) 이스라엘 아들들 59) 3 60) 여호와께 성결 61) 4 62) 4 63) 3 64) 2 65) 속죄소 66) 3 67) 1 68) 4 69) 관유(향기름) 70) 3 71) 하나님의 영 72) 3 73) 3 74) 하나님 75) 3 76) 3 77) 은혜, 긍휼 78) 4 79) 천대, 용서, 벌, 악행 80) 초실절, 수상절 81) 안식일 82) 오홀리압 83) 4 84) 3 85) 등잔 86) 번제단 87) 1 88) 물두멍 89) 2 90) 2 91) 2 92) 둘째 해, 첫째 달, 초하루 93) 2 94) 물 95) 의복 96) 4

3. 레위기 (LEVITICUS)

1. 내용

모세 오경의 세 번째 책으로 성막에서 수행되는 각종 제사 및 일상사에서 지켜야 할 성결한 삶에 대한 율례가 기록되었고, 시내 산 언약과 율법을 통해 구원받은 백성들이 거룩하신 하나님 앞에서 거룩한 삶을 이끄는 내용이다.

2. 배경

시내 산 아랫자락에서 이스라엘 백성이 체류하며 하나님으로부터 율법을 받는 동안으로 회막을 완공한 출애굽 이후부터 시내 산을 떠난 시기로 추정된다.

3. 흐름과 내용 구성

레위기는 제사의 세부 규정(5대 제사, 제사장 위임식, 각종 정결례, 속죄일 규례)과 도덕법과 절기(도덕법, 절기와 종교법)로 이뤄졌다.

4. 목적

"여호와께서 모세에게 말씀하여 이르시되"라고 시작되는 이 말씀은 죄악으로 가득 찬 세상에서 살아가는 인간에게 하나님 앞에서 죄사함을 받고 거룩하고 성결한 삶을 살아가라고 가르치고 있다.

"너희는 거룩하라. 이는 나 여호와 너희 하나님이 거룩함이니라."(레 19:2)는 현대를 살아가는 성도들에게 거룩한 백성이 되는 불변의 신앙 원칙을 기록한 것이 특징이다.

5. 본서에 나타난 하나님의 섭리

레위기는 모든 제사법이나 성결법의 핵심이 피제사에 있음을 보여줌으로써 죄를 지으면 죽을 수밖에 없고, 죄를 용서받고 구원을 얻어 성결하게 되려면 대속물의 피가 요구된다(히 9:22). 예수 그리스도의 십자가 죽음을 통해 죄를 용서받을 수 있는 대속의 원리를 예표한다(롬 5:6-21). 이것은 신약에서 보여주는 예수 그리스도의 구원의 비밀이 담겨져 있다(히 6:19, 히 9:4, 히 9:12).

하나님은 영이시니 영과 진리로 예배를 드리자

오늘의 성경 말씀을 읽으시고 묵상한 후 풀어보시면 유익합니다.

레위기는 1-10 장은 제사법, 11-26 장은 성결법에 대해 기록된 법전입니다. 하나님은 인간의 위선적인 예배나 억지로 드리는 예배는 원치 않으신다. 성도들이 회개하며 감사하는 예배를 기뻐하시기에 예배를 통해 하나님을 찬양해야 한다.

1. 레위기에 나오는 5대 제사에 포함되지 않는 것은 무엇인가? (레 1–7장)
   1) 번제 2) 속건제 3) 소제 4) 요제

2. 제물을 불에 태워 그 향기로 하나님을 기쁘게 해드리는 제사는? (레1–7장)
   1) 속건제 2) 번제 3) 속죄제 4) 화목제

3. 번제의 예물로 드릴 수 없는 동물은 무엇인가? (레 1:3–14)
   1) 암염소 2) 숫양 3) 수송아지 4) 비둘기

4. 누룩을 넣지 않고 철판에 지진 일종의 부침개는? (레 7:12)
   1) 꿀빵 2) 구운 전병 3) 무교 전병 4) 화제물

5. 하나님과 인간 분쟁을 종식하고 화평과 친교가 연합이 이뤄졌음을 감사하며 드리는 제사, 일명 감사제는 무엇인가? (레 3:1–17)
   1) 속건제 2) 소제 3) 화목제 4) 속죄제

6. 여호와의 계명 중 하나라도 잘못하거나 죄를 속하기 위해 하나님께 드리는 희생 제사는? (레 4장)

1) 번제 2) 속죄제 3) 소제 4) 요제

7. 다음 ( ) 안에 들어갈 말은 무엇인가? (레 3:17)

"너희는 ( ) 과 ( ) 를 먹지 말라. 이는 너희의 모든 처소에서 너희 대대로 지킬 영원한 ( ) 니라."

8. 모든 소제물에는 꿀과 누룩 같은 첨가물은 넣어서는 안 되지만 이것은 반드시 넣어야 한다. 이것은? (레 2:11-13)

1) 설탕 2) 기름 3) 향료 4) 소금

| 실천 사항 |

▶ 오늘의 말씀을 읽으시고 나에게 유익한 말씀이 무엇인지 깨달아봅시다.

▶ 오늘 말씀으로 나의 삶에 적용하며 행동으로 옮겼는지 실천한 것을 적어봅시다.

▶ 오늘 하나님이 보시기에 합당한 삶을 살았으면 감사한 것을 적어 봅시다.

▶ 오늘의 기도 제목을 적어 봅시다.

제사장의 위임식

오늘의 성경 말씀을 읽으시고 묵상한 후 풀어보시면 유익합니다.

제사장은 일반적인 부르심과 달리 특별한 부르심을 받아 주의 일에 헌신해야 될 사람들이기에 먼저 물로 씻어 자신을 깨끗하게 해야 하나님 앞에 바로설 수 있다 주는 거룩하시므로 깨끗지 못한 사람들은 그분의 일을 할 수 없다.

9. 다음 중 제사장의 위임식에서 관유를 바르거나 붓지 않은 것은 무엇인가? (레 8:10-12)

1) 제물 2) 성막 3) 아론 4) 제단

10. 제사장이 입는 에봇의 흉패 안에는 무엇을 넣었습니까? (레 8:8)

11. 아론의 아들들을 제사장으로 위임할 때 숫양의 피를 취해 어디에 발랐는가? (레 8:23)

1) 오른쪽 엄지손가락 2) 오른쪽 새끼손가락
3) 왼쪽 엄지손가락 4) 왼쪽 새끼손가락

12. 제사장 위임식은 며칠 동안 거행하였나? (레 8:35)

1) 6 일 2) 7 일 3) 8 일 4) 9 일

13. 하나님께서 명하시지 않은 불을 사용함으로써 하나님께서 진노하시어 즉사한 아론의 아들들은? (레 10:1-2)

1) 엘르아살 2) 나답 3) 아비후 4) 이다말

14. 다음 (　　) 안에 들어갈 말은 무엇인가? (레 10:9)

"너와 네 자손들이 회막에 들어갈 때에는 (　　　　) 나 (　　　　) 를 마시지 말라. 그리하여 너희 죽음을 면하라. 이는 너희 대대로 지킬 영원한 규례라."

15. 아론이 대제사장으로 위임을 받고 백성을 위해 첫 제사를 드린 것이 아닌 것은 무엇인가? (레 9:3-4)

1) 속건제　　2) 화목제　　3) 번제　　4) 속죄제

16. 다음 중 제사장의 임무가 아닌 것은 무엇인가? (레 10:10-11)

1) 거룩하고 속된 것을 분별하는 일
2) 여호와가 모세를 통하여 모든 규례를 이스라엘 자손에게 가르치는 일
3) 부정하고 정한 것을 분별하는 일
4) 제물을 배당하는 일

| 실천 사항 |

▶ 오늘의 말씀을 읽으시고 나에게 유익한 말씀이 무엇인지 깨달아봅시다.

▶ 오늘 말씀으로 나의 삶에 적용하며 행동으로 옮겼는지 실천한 것을 적어봅시다.

▶ 오늘 하나님이 보시기에 합당한 삶을 살았으면 감사한 것을 적어 봅시다.

▶ 오늘의 기도 제목을 적어 봅시다.

성도의 구별된 삶

오늘의 성경 말씀을 읽으시고 묵상한 후 풀어보시면 유익합니다.

하나님은 거룩하신 분이시기에 성도가 거룩한 삶을 살아야 되는 것은 하나님의 명령을 따르는 일이다. 거룩해야만 귀히 쓰임 받는 일꾼이 될 수 있으므로 모든 영역에서 거룩하기 위해 구별해야 할 것들을 판단하며 살아간다.

17. 다음 중 이스라엘 백성이 먹을 수 있는 동물은 무엇인가? (레 11:7-22)
   1) 사반　2) 토끼　3) 낙타　4) 메뚜기

18. 다음 중 (　　)안에 공통으로 들어갈 말은 무엇인가? (레 11:45)
   "나는 너희의 하나님이 되려고 너희를 애굽 땅에서 인도하여 낸 여호와라. 내가 (　　　) 하니 너희도 (　　　) 할지어다."

19. 나병(문둥병)을 진찰할 수 있는 사람은 누구인가? (레 13:2)
   1) 이방인　2) 천부장　3) 제사장　4) 나실인

20. 나병으로 판별되었을 경우 그 사람이 입고 있던 옷은 어떻게 하여야 하나? (레 13:52)
   1) 삶아서 빤다　2) 햇빛에 말린다　3) 물에 담그어 놓는다　4) 불사른다

21. 나병 환자가 정결케 되면 그를 누가 진찰하는가? (레 4:2-3)
   1) 제사장　2) 나실인　3) 이방인　4) 선지자

22. 나병 환부가 나았을 경우 정결함을 받을 자가 제사장에게 가져오는 것이 아닌 것은 무엇인가? (레 14:4)

1) 백향목 2) 우슬로 3) 홍색실 4) 물고기

23. 나병 환자가 나았을 경우 정결하게 하기 위해 드렸던 제사이다. 아닌 것은 무엇인가? (레 14:12-20)

1) 번제 2) 속건제 3) 소제 4) 화제

24. 유출병에서 나은 자가 이것을 한 마리는 속죄제로, 다른 한 마리는 번제로 하여 여호와 앞에서 속죄했다. 이 동물은? (레 15:14-15)

1) 숫양 수 마리 2) 수소 두 마리 3) 비둘기 두 마리 4) 암양 두 마리

| 실천 사항 |

▶ 오늘의 말씀을 읽으시고 나에게 유익한 말씀이 무엇인지 깨달아봅시다.

▶ 오늘 말씀으로 나의 삶에 적용하며 행동으로 옮겼는지 실천한 것을 적어봅시다.

▶ 오늘 하나님이 보시기에 합당한 삶을 살았으면 감사한 것을 적어 봅시다.

▶ 오늘의 기도 제목을 적어 봅시다.

올바른 성(性)생활

오늘의 성경 말씀을 읽으시고 묵상한 후 풀어보시면 유익합니다.

그 시대의 영적, 도덕적 상태를 가늠하는 잣대는 성이 어떻게 취급되는지 보면 된다. 하나님을 따르는 사람들은 이방인들의 문란한 성문화를 따르지 말자. 성은 향락의 도구가 아니라 부부간에만 허락된 것이기에 성적으로 문란해진 이 시대 이 말씀을 다시 깨닫자.

25. 하나님께서 친히 나타나신 곳으로 이곳에 아무 때나 들어오면 죽는다고 하였다. (레 16:2)

26. 대제사장은 속죄일에 이것으로 만든 속옷, 속바지, 띠와 관을 썼다. 이것은 무엇으로 만들었나? (레 16:4)
1) 모시 2) 세마포 3) 비단 4) 삼베

27. 이스라엘 자손들이 모든 죄를 속죄하기 위해 드렸던 속죄일은 언제인가? (레 16:29)
1) 5월 10일 2) 6월 10일 3) 7월 10일 4) 8월 10일

28. 아사셀을 위하여 제비 뽑힌 염소는 어떻게 처리하였나? (레 16:10)

29. 다음 ( ) 안에 들어갈 말은 무엇인가? (레 18:4)
"너희는 내 ( )를 따르며 내 ( )를 지켜 그대로 행하라. 나는 너희의 하나님 여호와니라."

30. "곡식을 거둘 때 밭모퉁이까지 다 거두지 말고 떨어진 이삭도 줍지 말라." 이 말은 어떤 사람을 위한 배려인가? (레 19:9)

31. 여호와 하나님께서 이스라엘 백성이 가나안 땅에 각종 과목을 심거든 그 열매는 몇 년 째 따먹을 수 있었는가? (레 19:23-25)

1) 넷째 해　　2) 다섯째 해　　3) 여섯째 해　　4) 일곱째 해

32. 이스라엘 자손이든 거류민이든 그 자식을 (　　　　)에 주면 다 돌로 쳐 죽이라고 했다. 이것은 무엇인가? (레 20:2)

| 실천 사항 |

▶ 오늘의 말씀을 읽으시고 나에게 유익한 말씀이 무엇인지 깨달아봅시다.

▶ 오늘 말씀으로 나의 삶에 적용하며 행동으로 옮겼는지 실천한 것을 적어봅시다.

▶ 오늘 하나님이 보시기에 합당한 삶을 살았으면 감사한 것을 적어 봅시다.

▶ 오늘의 기도 제목을 적어 봅시다.

매년 지켜야 할 절기와 규례

오늘의 성경 말씀을 읽으시고 묵상한 후 풀어보시면 유익합니다.

절기에는 유월절, 맥추절, 수상절이 대표적이고 나팔절과 속죄일이 있다. 우리는 항상 기쁨과 즐거움으로 절기를 지키며 우리의 생활 자체가 항상 기쁨과 감사하는 생활로 하나님께서 우리에게 주신 은혜를 기억하며 우리 자신을 산 제물로 하나님께 바쳐야 할 것이다.

33. 제사장이 죽은 자를 만질 수 없지만 가족이 죽었을 경우에는 허락되었다. 다음 중 허락되지 않는 사람은? (레 21:2-3)
   1) 아버지 2) 형제 3) 아들 4) 출가하지 않은 자매

34. 제사장이 지켜야 할 규례로 맞지 않는 것은? (레 21:5)
   1) 머리털을 대머리처럼 깍지 않는다 2) 수염 양쪽을 깍지 않는다
   3) 살을 베지 않는다 4) 귀고리를 달면 안 된다

35. 다음 중 성물을 먹을 수 있는 자는 누구인가? (레 22:11-12)
   1) 제사장의 객 2) 제사장이 돈을 주고 산 사람
   3) 일반인 4) 일반인에게 출가한 딸

36. 첫 열매 수확을 감사하는 절기로 유대인의 3대 축제일 중 하나로 보리 첫 단을 드린다. 이것은? (레 23:10-11)
   1) 칠칠절 2) 나팔절 3) 초실절 40 유월절

37. 제사를 드릴 때 지체가 더하거나 덜한 것으로 제물을 드려도 되는 제사는 무엇인가? (레 23:23)

1) 자원제 2) 화제 3) 서원제 4) 감사제

38. 다음 중 이스라엘의 절기가 바르게 연결된 것은? (레 23:4-23)

1) 속죄일 - 7 월 15 일 2) 초막절 - 7 월 7 일

3) 나팔절 - 4 월 1 일 4) 유월절 - 1 월 14 일

39. 이레 동안 무교병을 먹고 이레 동안 여호와께 화제를 드리며 아무 노동도 하지 않는 날인 이것은 무엇인가? (레 23:6-8)

1) 유월절 2) 토막절 3) 무교절 4) 나팔절

40. 이스라엘 자손을 애굽 땅에서 인도하여 내던 때에 초막에 거주하게 하신 것을 기억하면서 지킨 절기는? (레 23:43)

| 실천 사항 |

▶ 오늘의 말씀을 읽으시고 나에게 유익한 말씀이 무엇인지 깨달아봅시다.

▶ 오늘 말씀으로 나의 삶에 적용하며 행동으로 옮겼는지 실천한 것을 적어봅시다.

▶ 오늘 하나님이 보시기에 합당한 삶을 살았으면 감사한 것을 적어 봅시다.

▶ 오늘의 기도 제목을 적어 봅시다.

안식년과 희년

오늘의 성경 말씀을 읽으시고 묵상한 후 풀어보시면 유익합니다.

하나님은 인생들로 쉼과 회복을 법적으로 명하셨다. 성도는 안식년 제도와 희년 제도 속에 담겨 있는 하나님의 뜻이 무엇인가를 깨닫고 모든 생명을 존귀하게 여기시는 하나님의 구원의 손길과 순종하는 자에게는 은총과 무한한 복을 주심을 잊지 말자.

41. 여호와 앞 순결한 상 위에 진설한 떡은 몇 개인가? (레 24:6)

42. 등잔의 기름은 어떤 것을 사용했나? (레 24:2)

1) 관유 2) 야자유 3) 감람유 4) 팜유

43. 다음 ( ) 안에 들어갈 말은 무엇인가? (레 25:10)

"너희는 오십 년 째 해를 ( ) 하게 하여 그 땅에 있는 모든 주민을 위하여 ( ) 를 공포하라. 이 해는 너희에게 ( ) 이니."

44. 희년에 대한 설명 줄 바른 것은? (레 25: 8-24)

1) 일곱 안식년 후의 오십 년 째 해이다.
2) 성벽 있는 성 내의 가옥은 판 지 만 1 년 내에 무르면 된다.
3) 그 해의 안식일이 끝나는 날부터 나팔을 붊으로써 시작된다.
4) 남의 소유지를 살 경우 희년 후의 연수를 따라 값이 늘어났다.

45. 다음 ( ) 안에 들어갈 말은 무엇인가? (레 26:9)

"내가 너희를 돌보아 너희를 ( ) 하게 하고 너희를 ( ) 하게 할 것이며 내가 너희와 함께 한 내 ( ) 을 이행하리라."

46. 이스라엘 백성이 하나님을 거슬러 청종하지 않을 경우 너희의 행한 죄의 몇 배의 재앙을 내린다고 하였나? (레 26:21)

1) 네 배 2) 다섯 배 3) 여섯 배 4) 일곱 배

47. 사람의 값을 여호와께 드리기를 서원하였을 경우 여자는 몇 세겔을 드려야 하나? (레 27:4)

1) 은 열 세겔 2) 은 이십 세겔 3) 은 삼십 세겔 4) 은 사십 세겔

48. 십일조에 관한 설명 중 옳은 것은 무엇인가? (레 27:30-33)

1) 곡식이나 나무의 열매는 10 분의 1 은 여호와의 것이 아니다.
2) 십일조를 무르려면 7 분의 1 을 더하여야 한다.
3) 소나 양의 십일조는 목자의 지팡이 아래로 열 번째 통과하는 것을 여호와께 드려야 한다.
4) 십일조는 하나님의 백성이 주께 드릴 최적의 의무가 아니다.

| 실천 사항 |

▶ 오늘의 말씀을 읽으시고 나에게 유익한 말씀이 무엇인지 깨달아봅시다.

▶ 오늘 말씀으로 나의 삶에 적용하며 행동으로 옮겼는지 실천한 것을 적어봅시다.

▶ 오늘 하나님이 보시기에 합당한 삶을 살았으면 감사한 것을 적어 봅시다.

▶ 오늘의 기도 제목을 적어 봅시다.

[레위기 해답편]

1) 4 2) 2 3) 1 4) 3 5) 3 6) 2 7) 기름, 피, 규례 8) 4 9) 1 10) 우림과 둠밈 11) 1 12) 2 13) 2, 3 14) 포도주, 독주 15) 1 16) 4 17) 4 18) 거룩, 거룩 19) 3 20) 4 21) 1 22) 4 23) 4 24) 3 25) 속죄소 26) 2 27) 3 28) 광야로 보냈다 29) 법도, 규례 30) 가난한 사람, 거류민 31) 2 32) 몰렉 33) 4 34) 4 35) 2 36) 3 37) 1 38) 1 39) 3 40) 초막절 41) 6개씩 두 줄로 진설 42) 3 43) 거룩, 자유, 희년 44) 1 45) 번성, 창대, 언약 46) 4 47) 3 48) 3

4. 민수기 (NUMBERS)

1. 내용

민수기는 출애굽한 이스라엘 백성이 광야를 지나면서 진정한 하나님의 백성으로 변화되는 과정을 그린 유랑의 역사가 담겨 있다. 가나안으로 들어가는 연단 과정은 하나님의 백성으로서 성숙한 공동체 생활을 할 수 있도록 이끌어주며, 이 땅에서 연단과 훈련의 과정을 이겨내야 한다는 가르침을 준다.

2. 배경

출애굽 제2년(시내 산)부터 가데스바네아, 가나안 38년 동안 유랑한 바란 광야, 출애굽 40년 가나안 입성 전 마지막 정착했던 요단 동편의 모압 평원에 이르기까지를 주요 배경으로 하고 있다.

3. 흐름과 내용 구성

시내 산에서(1차 인구조사, 행군을 위한 제도 정비), 시내에서 모압까지(백성들의 불평, 광야 방랑, 모압까지 행군), 모압 평원에서(2차 인구조사, 제사와 서원에 관한 규례, 영토 분배)로 이뤄졌다.

4. 목적

본서 역시 모세가 기록한 것으로 죽음의 땅 광야를 지나 생명의 땅 가나안으로 들어가기 위해선 불평 및 불신앙의 잘못된 습관을 벗어던지고 오로지 믿음과 순종으로 하나님께서 원하시는 것이 무엇인지를 가르친다.

5. 본서에 나타난 하나님의 섭리

긴 광야 생활 속에서 비롯된 불신, 회개와 구원의 역사가 반복되고 있지만 오히려 원망과 불평은 구원의 역사보다 실패와 좌절만 가져왔다. 이럴 때도 하나님은 놋뱀 사건(민 21:4-9)에 보듯 실패하고 좌절할 수밖에 없는 하나님의 백성이 주님의 십자가를 바라보고 그를 믿고 시인하는 순간 생명과 구원을 얻게 된다는 섭리를 보여주고 있다. 죄인도 회개하고 하나님의 말씀을 부여잡고 진실하게 살아간다면 반드시 구원을 받는다는 강력한 메시지가 담겨 있다.

각 지파별로 장정의 숫자를 헤아림

오늘의 성경 말씀을 읽으시고 묵상한 후 풀어보시면 유익합니다.

민수기는 이스라엘 각 지파별로 인구를 조사한 것이다. 가나안을 향해 출발하던 사람들은 다 죽고 여호수아와 갈렙만 남았다. 민수기를 보면 하나님께 불순종의 결과가 얼마나 무서운가를 보여준다. 나의 신앙생활은 순종하는 삶인가 불순종의 삶인가?

1. 여호와께서 모세에게 내린 명령은 무엇인가? (민 1:1-2)
   1) 전쟁을 하라　2) 이스라엘 자손을 계수하라
   3) 제사를 드려라　4) 너희 몸을 정결케 하라

2. 하나님께서 이스라엘 백성 중 싸움에 나갈 만한 남자들의 나이는 몇 살 이상 계수하라고 하였나? (민 1:3)
   1) 20 세　2) 25 세　3) 30 세　4) 35 세

3. 성막의 모든 기구와 부속품을 관리 운반하기 위해 이 지파는 계수에서 제외되었다. 어느 지파인가? (민 1:47-51)
   1) 베냐민　2) 므낫세　3) 레위　4) 납달리

4. 이스라엘의 열두 지파 가운데 야곱의 아들이 아니면서 지파에 들어간 사람은 누구 누구인가? (민 1:32-34)

5. 회막 동편 해 돋는 쪽에 진을 쳐야 하는 지파는? (민 2:3-9)

1) 에브라임 - 므낫세 - 베냐민　　2) 르우벤 - 시므온 - 갓

3) 단 - 아셀 - 납달리　　4) 유다 - 잇사갈 - 스불론

6. 레위 지파는 이스라엘 진영 중 어느 위치에서 행진하는가? (민 2:17)

1) 동쪽　　2) 서쪽　　3) 남쪽　　4) 모든 진영의 중앙

7. 레위의 아들 므라리 사람들의 지휘관은 누구인가? (민 3:35)

1) 아비하일의 아들 수리엘　　2) 립비의 아들 무시

3) 라엘의 아들 엘리아삽　　4) 웃시엘의 아들 엘리사반

8. 광야에서 계수한 레위인의 수는 모두 몇 명인가? (민 4:48)

1) 6320 명　　2) 5670 명　　3) 8580 명　　4) 9230 명

| 실천 사항 |

▶ 오늘의 말씀을 읽으시고 나에게 유익한 말씀이 무엇인지 깨달아봅시다.

▶ 오늘 말씀으로 나의 삶에 적용하며 행동으로 옮겼는지 실천한 것을 적어봅시다.

▶ 오늘 하나님이 보시기에 합당한 삶을 살았으면 감사한 것을 적어 봅시다.

▶ 오늘의 기도 제목을 적어 봅시다.

정결을 다시 강조함

오늘의 성경 말씀을 읽으시고 묵상한 후 풀어보시면 유익합니다.

인구조사를 마친 이스라엘 백성들에게 주님께서 강조하는 삶은 정결, 순결한 삶이다. 부정한 사람은 진 밖으로 내쫓듯이 하나님께나 다른 사람에게 죄를 범한 사람들도 속죄제를 통해 정결케 했다. 사람 앞과 하나님 앞에서 정결을 인정받는 성도의 삶을 살아야 한다.

9. 여호와께 거역함으로 죄를 지으면 그 지은 죄를 자복하고 죗값을 얼마나 더해서 돌려주어야 하나? (민 5:6-7)

1) 2 분의 1　　2) 3 분의 1　　3) 4 분의 1　　4) 5 분의 1

10. 나실인으로 서원하고 자기 몸을 구별하여 여호와께 드리려는 자가 지켜야 할 사항이 아닌 것은? (민 6:1-12)

1) 시체를 가까이 하지 않는다　　2) 머리에 삭도를 대지 않는다
3) 자식을 낳지 않는다　　4) 포도주와 독주를 마시지 않는다

11. 다음 (　　) 안에 들어갈 말은 무엇인가? (민 6:24-26)

"여호와는 네게 (　　　　) 을 주시고 너를 지키시기를 원하며, 여호와는 그의 얼굴을 네게 비추사 (　　　　) 베푸시기를 원하며, 여호와는 그 얼굴을 네게로 향하여 드사 (　　　　) 주시기를 원하노라."

12. 이스라엘 지휘관들이 여호와께 드린 헌물은 무엇인가? (민 7:3)

1) 수레와 소　　2) 은반과 고운 가루　　3) 식량과 옷　　4) 금과 염소

13. 등잔대에 등잔은 모두 몇 개를 앞으로 비추게 했나? (민 8:2)

1) 5 개　　2) 6 개　　3) 7 개　　4) 8 개

14. 등잔대는 무엇으로 제작하였나? (민 8:4)

1) 금　　2) 은　　3) 동　　4) 철

15. 레위인은 여호와께서 취한 사람들로 누구를 대신하여 취해졌는가? (민 8:16-18)

1) 레위인의 차남을 대신하여　　2) 이스라엘 자손과 짐승 중 초태생

3) 르우벤 지파의 초태생　　4) 짐승들의 초태생

16. 레위인이 회막에서 봉사할 수 있는 나이는 몇 살부터 몇 살까지인가? (민 8:23-25)

1) 20 세부터 50 세까지　　2) 25 세부터 50 세까지

3) 20 세부터 45 세까지　　4) 25 세부터 45 세까지

| 실천 사항 |

▶ 오늘의 말씀을 읽으시고 나에게 유익한 말씀이 무엇인지 깨달아봅시다.

▶ 오늘 말씀으로 나의 삶에 적용하며 행동으로 옮겼는지 실천한 것을 적어봅시다.

▶ 오늘 하나님이 보시기에 합당한 삶을 살았으면 감사한 것을 적어 봅시다.

▶ 오늘의 기도 제목을 적어 봅시다.

여호와께서 명하신 유월절 규례대로 지킴

오늘의 성경 말씀을 읽으시고 묵상한 후 풀어보시면 유익합니다.

하나님께서는 특별한 방법으로 이스라엘을 구원하셨기에 이것을 잊어서는 안 된다. 이것을 지키라고 명령하시면서 지키지 않으면 구원이 끊겨질 것이다 하였으니 주일이나 교회의 절기를 경시하였다면 회개를 하고 그 분의 은혜를 구해야 한다.

17. 이스라엘 자손들은 첫째 달 열네 째 날 해질 때에 시내 광야에서 지킨 절기는 무엇인가? (민 9:4)

1) 초막절 2) 무교절 3) 유월절 4) 나팔절

18. 성막을 세운 날 낮에는 구름이 성막을 덮었고 저녁에는 성막 위에 이것 모양이 있었다. 이것은 무엇인가? (민 9:15-16)

1) 안개 2) 별 3) 노을 4) 불

19. 나팔 두 개를 불 때 이스라엘 회중은 어떻게 하였나? (민 10:3)

1) 행진을 멈춘다 2) 행진이 출발한다
3) 여호와께 나아간다 4) 제사를 지낸다

20. 시내 광야에서 떠올라 증거의 성막에 있던 구름은 어디에서 머물렀는가? (민 10:11-12)

1) 하봇 야길 2) 바란 광야 3) 기럇여아림 4) 디베랴

21. 여호와의 불이 원망하는 백성의 진영을 불태워 모세가 기도하여 불이 꺼졌다. 그곳의 이름은 무엇인가? (민 11:1-3)

1) 디베라　2) 호르마　3) 가데스　4) 르바임

22. 기명된 칠십 장로 중 여호와의 장막에서 나가지 않아도 여호와의 영이 임한 장로는 누구인가? (민 11:26)

1) 엘닷과 요엘　2) 엘닷과 나단　3) 엘닷과 십배　4) 엘닷과 메닷

23. 모세의 어떤 면이 지면의 모든 사람보다 더 뛰어나다고 하였는가? (민 12:3)

1) 지혜　2) 온유함　3) 순종　4) 리더십

24. 모세의 누이 미리암이 나병에 걸리게 된 이유는 무엇인가? (민 12:1)

1) 구스 여자를 취한 일로 비방해서　2) 모세의 지도력이 약해져서
3) 모세의 예언을 무시해　4) 모세의 판결에 불복해서

| 실천 사항 |

▶ 오늘의 말씀을 읽으시고 나에게 유익한 말씀이 무엇인지 깨달아봅시다.

▶ 오늘 말씀으로 나의 삶에 적용하며 행동으로 옮겼는지 실천한 것을 적어봅시다.

▶ 오늘 하나님이 보시기에 합당한 삶을 살았으면 감사한 것을 적어 봅시다.

▶ 오늘의 기도 제목을 적어 봅시다.

정탐꾼을 파견함

오늘의 성경 말씀을 읽으시고 묵상한 후 풀어보시면 유익합니다.

모세가 정탐꾼에게 가나안 땅에 들어가 해야 할 일을 지시했으나 두려워 거짓 보고를 한다. 우리는 주어진 일에 자신의 지식이나 경험을 바탕으로 선택하려 하지 말고 그 분이 명하신 대로 행하면 된다. 주께서 가르쳐 주신 지시대로 사는 이행하는 삶을 살자.

25. 모세는 가나안 땅을 정탐하기 위해서 정탐꾼을 어디에서 보냈는가? (민 13:3)
    1) 신 광야 2) 가데스 3) 바란 광야 4) 르바임

26. 여분네의 아들 갈렙은 어느 지파 소속인가? (민 13:6)
    1) 시므온 지파 2) 에브라임 지파 3) 유다 지파 4) 아셀 지파

27. 이스라엘 정탐꾼들이 포도송이를 베어 이곳을 이렇게 불렀다. 이곳의 이름은? (민 13:22)
    1) 힌놈 골짜기 2) 에스골 골짜기 3) 아골 골짜기 4) 소알 골짜기

28. 이스라엘의 정탐꾼은 몇 명이고 가나안 정탐을 며칠 동안 하고 돌아왔는가? (민 13:25)

29. 가나안 정탐꾼들이 돌아와 10명은 부정적인 보고를 하고 두 사람은 긍정적인 보고를 했다. 이 두 사람은? (민 14:6-8)

30. 다음 (　　) 안에 들어갈 말은 무엇인가? (민 14:18)

"여호와는 노하기를 더디 하시고 인자가 많아 (　　　　) 과 (　　　　　　) 을 사하시나 (　　　　　　) 받을 자는 결단코 사하지 아니하시고"

31. 불순종하는 이스라엘 백성들에게 많은 이적을 행하여도 믿지 않자 하나님께서 어떻게 하셨나? (민 14:11-12)

1) 그들을 버렸다　　2) 수장을 시킨다

3) 전염병으로 쳐서 멸한다　　4) 넘어져 다치게 했다

32. 아말렉인과 가나안인이 이스라엘 백성을 무찌르고 도달한 곳은 어디인가? (민 14:45)

1) 맛사　　2) 호르마　　3) 므리바　　4) 갈돌

| 실천 사항 |

▶ 오늘의 말씀을 읽으시고 나에게 유익한 말씀이 무엇인지 깨달아봅시다.

▶ 오늘 말씀으로 나의 삶에 적용하며 행동으로 옮겼는지 실천한 것을 적어봅시다.

▶ 오늘 하나님이 보시기에 합당한 삶을 살았으면 감사한 것을 적어 봅시다.

▶ 오늘의 기도 제목을 적어 봅시다.

모세와 아론에게 반역

오늘의 성경 말씀을 읽으시고 묵상한 후 풀어보시면 유익합니다.

고라와 나단, 온 등 세 사람이 당을 짓고 모세와 아론의 지도력에 항거했다. 그리스도인들은 언제든지 주께서 세우신 사람들을 대항해서는 안 된다. 주의 종들에 대한 반역은 곧 주께 대한 반역임을 알고 온전히 주께 헌신하자.

33. 이스라엘 백성에게 인도하는 땅으로 들어가 그 땅의 양식을 먹을 때 드려야 되는 제사는 무엇인가? (민 15:18-19)

1) 소제 2) 화제 3) 거제 4) 번제

34. 이스라엘 자손이 방종하게 하는 마음과 눈의 욕심을 따라 음행하지 않게 하기 위해 옷단 귀에 다는 술은 무엇인가? (민 15:38-39)

1) 자색 술 2) 청색 술 3) 금색 술 4) 은색 술

35. 당을 짓는 데서 발단이 되어 모세에게 반역을 한 사람들이다. 이 중에서 아닌 자는 누구인가? (민 16:1)

1) 아비람 2) 고라 3) 다난 4) 벨렛

36. 고라의 무리에게 벌어진 일을 보고 이스라엘 온 회중이 모세와 아론에게 한 반응은? (민 16:41)

1) 원망했다 2) 욕을 했다 3) 놀라 도망갔다 4) 두려움에 떨었다

37. 이스라엘 자손은 조상의 가문을 따라 지팡이를 취해 이름을 써 어디에 두라고 하였는가? (민 17:1-4)

1) 증거궤 앞　　2) 장막 앞　　3) 장막 안　　4) 증거궤 뒤

38. 레위 집을 위하여 낸 아론의 지팡이에는 무슨 열매가 열렸는가? (민 17:8)

1) 앵두 열매　　2) 포도 열매　　3) 자두 열매　　4) 살구 열매

39. 처음 태어난 사람이나 짐승은 대속할 때 얼마의 세겔을 드렸나? (민 18:16)

1) 은 한 세겔　　2) 은 세 세겔　　3) 은 다섯 세겔　　4) 은일곱 세겔

40. 이스라엘 자손에서 받은 거제물은 누구 몫으로 돌아가는가? (민 18:28)

1) 모세　　2) 여호와　　3) 아론　　4) 회중

| 실천 사항 |

▶ 오늘의 말씀을 읽으시고 나에게 유익한 말씀이 무엇인지 깨달아봅시다.

▶ 오늘 말씀으로 나의 삶에 적용하며 행동으로 옮겼는지 실천한 것을 적어봅시다.

▶ 오늘 하나님이 보시기에 합당한 삶을 살았으면 감사한 것을 적어 봅시다.

▶ 오늘의 기도 제목을 적어 봅시다.

불평과 원망을 하는 이스라엘 백성

오늘의 성경 말씀을 읽으시고 묵상한 후 풀어보시면 유익합니다.

하나님께서 죽은 나무 지팡이에서 기적을 베푸셔서 움이 돋고 순이 나고 꽃이 피어 살구 열매가 열리는 기적을 베푸셔서 아론의 제사장직의 정당성을 세우고 원망을 그치게 하셨다. 그런데도 백성들은 불평과 원망을 한다. 나는 원망과 불평이 없습니까?

41. 붉은 송아지를 재로 만드는 의식은 누가 거행하는가? (민 19:26)
   1) 모세 2) 엘르아살 3) 아론 4) 엘닷

42. 사람의 시체를 만진 자는 며칠 동안 부정한가? (민 19:11)
   1) 이틀 2) 사흘 3) 이레 4) 여드레

43. 미리암이 죽어 장사 지낸 곳은 아디인가? (민 20:1)
   1) 호르 2) 가데스 3) 맛사 4) 므리마

44. 이스라엘 자손이 여호와와 다툰 장소로 이곳을 이렇게 불렀다. 이곳은? (민 20:13)
   1) 므리바 2) 호르 3) 가데스 4) 요단

45. 여호와의 명령에 따라 모세는 아론의 옷을 벗겨 이 사람에게 입히고 제사장직을 물려줬다. 이 사람은? (민 20:26-28)
   1) 스룹바벨 2) 예수아 3) 엘르아살 4) 세스바살

46. 모세가 놋뱀을 만들어 장대 위에 매달아 다니 뱀에 물린 자들이 어떻게 하여 살아 났나? (민 21:9)

1) 놋뱀에 기도했다　　2) 놋뱀에 제물을 드렸다

3) 놋뱀에 절을 했다　　4) 놋뱀을 쳐다봤다

47. 이스라엘 백성이 아랏성을 멸하고 그곳을 이렇게 불렀다. 이곳은? (민 21: 1-3)

1) 므리바　　2) 가네스　　3) 호르마　　4) 호르

48. 이스라엘이 요단 동쪽 아모리와 바산을 칠 때 그곳의 왕들은 누구인가? (민 21:21-35)

| 실천 사항 |

▶ 오늘의 말씀을 읽으시고 나에게 유익한 말씀이 무엇인지 깨달아봅시다.

▶ 오늘 말씀으로 나의 삶에 적용하며 행동으로 옮겼는지 실천한 것을 적어봅시다.

▶ 오늘 하나님이 보시기에 합당한 삶을 살았으면 감사한 것을 적어 봅시다.

▶ 오늘의 기도 제목을 적어 봅시다.

모압왕 발락과 발람 선지자

오늘의 성경 말씀을 읽으시고 묵상한 후 풀어보시면 유익합니다.

거대한 힘을 나타내는 이스라엘이 두려운 모압 왕 발락이 복술가 발람을 초청해 두려움을 은폐하기 위해 복을 빌러 달라고 하고 이스라엘을 저주하기를 원했다. 그렇지만 발락과 발람은 여호와 하나님께 혼나게 된다. 진실하신 하나님을 의지하지 못했다.

49. 이스라엘 백성이 모압 평지에 진을 쳤을 때 모압 왕은 십볼의 아들 이 사람이다. 누구인가? (민 22:2)
   1) 세일　2) 발락　3) 아비새　4) 스루야

50. 발람은 발락이 보낸 모압 장로들의 요청은 몇 번 거부를 했는가? (민 22:14-20)
   1) 한 번　2) 두 번　3) 세 번　4) 네 번

51. 발람을 태우고 갇던 나귀가 무엇을 보고 길에서 벗어나 밭으로 들어갔나? (민 22:23)
   1) 먹을 것을 보고　2) 큰 동물이 나타나서
   3) 놀라서　4) 여호와 사자가 막아서

52. 발락이 발람을 데리고 간 곳은 어디인가? (민 22:41)
   1) 언약궤　2) 지성소　3) 바알 산당　4) 성막 밖

53. 다음 (　　) 안에 들어갈 말은 무엇인가? (민 23:19)
   "하나님은 (　　　　) 이 아니시니 (　　　　) 을 하지 않으시고 (　　　　) 이 아니

시니 (　　　　　　　) 가 없으시도다 . 어찌 그 말씀하신 바를 행하지 않으시며 하신 말씀을 (　　　　　　　) 하지 않으시랴 ."

54. 이스라엘 백성이 모압 여자들과 음행하기 시작한 장소는 어디인가? (민 25:1)

1) 싯딤　　2) 가네스　　3) 호르　　4) 압복

55. 이스라엘 남자가 미디안 여인을 데리고 막사로 들어가자 엘르아살의 아들 이 사람이 두 사람의 배를 꿰뚫어 죽였다. 누구인가? (민 25:7-8)

56. 함께 죽임을 당한 미디안 여인은 누구인가? (민 25:15)

1) 고멜　　2) 드보라　　3) 고스비　　4) 디르사

| 실천 사항 |

▶ 오늘의 말씀을 읽으시고 나에게 유익한 말씀이 무엇인지 깨달아봅시다 .

▶ 오늘 말씀으로 나의 삶에 적용하며 행동으로 옮겼는지 실천한 것을 적어봅시다 .

▶ 오늘 하나님이 보시기에 합당한 삶을 살았으면 감사한 것을 적어 봅시다 .

▶ 오늘의 기도 제목을 적어 봅시다 .

두 번째 인구조사

오늘의 성경 말씀을 읽으시고 묵상한 후 풀어보시면 유익합니다.

이스라엘의 범죄 때문에 많은 사람이 죽고 그 후에 인구조사의 명령이 떨어져 모세는 명령대로 진행시키고 있었다. 여호와가 이스라엘의 참주인이심을 나타내고자 한 것이다. 인구조사는 하나님께 영광을, 하나님께 진실성을, 하나님이 이스라엘의 왕이심을 의미하는 것이다.

57. 이스라엘 자손 중 20세 이상 가장 많이 보유한 지파는? (민 26:5-50)

1) 에브라임　2) 유다　3) 스불론　4) 단

58. 슬로브핫의 딸들은 어느 종족의 자손인가? (민 27:1)

1) 에브라임　2) 단　3) 스불론　4) 므낫세

59. 모세는 여호와의 명령대로 누구를 후계자로 정했는가? (민 27:18)

1) 갈렙　2) 여호수아　3) 느무엘　4) 발락

60. 매일 아침과 저녁 두 번씩 드리는 제사이다. 이것은 무엇인가? (민 28:1-8)

1) 화목제　2) 속건제　3) 상번제　4) 자원제

61. 안식일에 드리는 제사의 제물로 적당한 것은? (민 28:9-10)

1) 흠 없는 숫양 두 마리　2) 고운 가루 십 분의 오

3) 고운 가루 십 분의 삼　4) 흠 없는 암양 두 마리

62. 다음 중 초하루에 드리는 제사는 어느 것인가? (민 28:15)

1) 속건제　2) 화제　3) 속죄제　4) 소제

63. 일곱 째 달 초하루에 모이는 성회로 아무 노동도 하지 않는 이 날은 무엇인가? (민 29:1)

1) 칠칠절　2) 나팔절　3) 무교절　4) 유월절

64. 다음 (　　) 안에 들어갈 말은 무엇인가? (민 30:2)

"사람이 여호와께 (　　　　) 하였거나 결심하고 (　　　　) 하였으면 깨뜨리지 말고 그가 입으로 말한 대로 다 (　　　　) 할 것이니라."

| 실천 사항 |

▶ 오늘의 말씀을 읽으시고 나에게 유익한 말씀이 무엇인지 깨달아봅시다.

▶ 오늘 말씀으로 나의 삶에 적용하며 행동으로 옮겼는지 실천한 것을 적어봅시다.

▶ 오늘 하나님이 보시기에 합당한 삶을 살았으면 감사한 것을 적어 봅시다.

▶ 오늘의 기도 제목을 적어 봅시다.

공평 있게 분배함

오늘의 성경 말씀을 읽으시고 묵상한 후 풀어보시면 유익합니다.

하나님께서는 이스라엘에게 주신 땅의 나라를 다 정복하게 하시고 각 지파별로 땅을 제비 뽑아 공평하게 분배한다. 모든 것은 진실하고 공평하게 처리될 때 다툼과 분열이 생기지 않는다. 성도는 공평하게 분배한 것을 본받아야 한다.

65. 이스라엘 자손이 미디안과 전쟁에 나갈 사람들을 무장시키라고 할 때 각 지파에서 몇 명씩 보내라 하였나? (민 31:4)

1) 오백 명 2) 천 명 3) 천오백 명 4) 이천 명

66. 전쟁 후 살인자나 죽임을 당한 사체를 만진 자는 진영 밖에 며칠간 머물러야 하는가? (민 31:19)

1) 2 일 2) 5 일 3) 7 일 4) 10 일

67. 요단 동편 아모리인의 왕 시혼의 나라와 바산 왕 옥의 나라에 정착하도록 허락받은 자손은 누구인가? (민 32:33)

1) 르우벤 자손 2) 므낫세 반 지파
3) 갓 자손 4) 르우벤, 갓 자손과 므낫세 반지파

68. 길르앗을 쳐서 빼앗고 그곳의 아모리인을 쫓아낸 사람은 누구인가? (민 32:39-40)

1) 잇사갈 지파 기시온 2) 여분비의 아들 갈렙
3) 므낫세의 아들 마길 4) 나발

69. 아론이 123세에 이곳에서 죽었다. 어디인가? (민 33:39)

1) 호렙산 2) 호르산 3) 모리아산 4) 그리심산

70. 샘물 열둘과 종려 칠십 그루가 있는 곳에 진을 친 곳은 어디인가? (민 33:9)

1) 엘림 2) 데라 3) 알루스 4) 르비딤

71. 이스라엘 자손에게 땅을 기업으로 나누어줄 책임자로 여호와께서 누구로 정했는가? (민 34:17)

1) 갈렙과 여호수아 2) 북기와 한니엘

3) 스므엘과 엘리닷 4) 엘르아살과 여호수아

72. 땅을 나눌 때 각 지파의 기업 분할 책임자를 바르게 연결한 것은? (민 34:19-29)

1) 단 - 스므엘 2) 유다 - 갈렙

3) 에브라임 - 한니엘 4) 시므온 - 엘리닷

| 실천 사항 |

▶ 오늘의 말씀을 읽으시고 나에게 유익한 말씀이 무엇인지 깨달아봅시다.

▶ 오늘 말씀으로 나의 삶에 적용하며 행동으로 옮겼는지 실천한 것을 적어봅시다.

▶ 오늘 하나님이 보시기에 합당한 삶을 살았으면 감사한 것을 적어 봅시다.

▶ 오늘의 기도 제목을 적어 봅시다.

도피성의 생명 존중

오늘의 성경 말씀을 읽으시고 묵상한 후 풀어보시면 유익합니다.

도피성은 레위 사람들에게 분배하여 줬는데 이곳은 우연한 사고로 사람을 죽였을 때 살인을 저지른 사람들을 구제해 주기 위한 성읍이다. 영원한 보호를 제공해 주지 못하고, 단 공정한 재판이 이루어지도록 보장해 줄 뿐이다. 도피성은 인간 생명의 소중함을 말해준다.

73. 이스라엘 자손 중에서 레위인에게 준 성읍은 모두 몇 곳인가? (민 35:7)

1) 30　2) 38　3) 48　4) 50

74. 레위인에게 준 성읍 중에서 부지중에 살인한 자가 피할 도피성으로 몇 곳을 만들게 하였나? (민 35:13)

1) 5　2) 6　3) 8　4) 10

75. 살인한 자는 언제까지 도피성에 머물러야 하는가? (민 35:13)

1) 판결이 끝날 때까지　2) 생명의 속전을 낼 때까지

3) 대제사장이 죽을 때까지　4) 보호자가 올 때까지

76. 다음 (　　) 안에 공통으로 들어갈 말은 무엇인가?(민 35:33)

"너희가 거주하는 땅을 더럽히지 말라. (　　　)는 땅을 더럽히나니 (　　　) 흘림을 받은 땅은 그 (　　)를 흘리게 한 자의 (　　　)가 아니면 속함을 받을 수 없느니라."

77. 슬로브핫의 딸들이 지파의 기업을 이어받아 그것을 보전하기 위하여 어떤 조치를 취했는가? (민 36:1-13)

1) 자매들끼리 공평하게 분배함　2) 자기 조상지파 종족에게 시집감
3) 족장의 판결에 따름　4) 결혼하지 않음

78. 다음 중 슬로브핫의 딸이 아닌 사람은 누구인가? (민 36:11)

1) 밀가　2) 노아　3) 디르사　4) 사르밧

79. 슬로브핫의 딸들은 모두 누구와 결혼하였는가? (민 36:11)

1) 족장의 일꾼　2) 숙부의 아들　3) 이방인　4) 다른 지파 사람들

80. 슬로브핫의 딸들은 어느 지파의 사람들인가? (민 36:1)

1) 에브라임　2) 스불론　3) 므낫세　4) 시므온

| 실천 사항 |

▶ 오늘의 말씀을 읽으시고 나에게 유익한 말씀이 무엇인지 깨달아봅시다.

▶ 오늘 말씀으로 나의 삶에 적용하며 행동으로 옮겼는지 실천한 것을 적어봅시다.

▶ 오늘 하나님이 보시기에 합당한 삶을 살았으면 감사한 것을 적어 봅시다.

▶ 오늘의 기도 제목을 적어 봅시다.

[민수기 해답편]

1) 2 2) 1 3) 3 4) 에브라임, 므낫세 5) 4 6) 4 7) 1 8) 3 9) 4 10) 3 11) 복, 은혜, 평강 12) 1 13) 3 14) 1 15) 2 16) 2 17) 3 18) 4 19) 3 20) 2 21) 1 22) 4 23) 2 24) 1 25) 3 26) 3 27) 2 28) 12 명, 40 일 29) 여호수아, 갈렙 30) 죄악, 허물, 형벌 31) 3 32) 2 33) 3 34) 2 35) 4 36) 1 37) 1 38) 4 39) 3 40) 3 41) 2 42) 3 43) 2 44) 1 45) 3 46) 4 47) 3 48) 시혼, 옥 49) 2 50) 2 51) 4 52) 3 53) 사람, 거짓말, 인생, 후회, 실행 54) 1 55) 비느하스 56) 3 57) 2 58) 4 59) 2 60) 3 61) 1 62) 3 63) 2 64) 서원, 서약, 이행 65) 2 66) 3 67) 4 68) 3 69) 2 70) 1 71) 4 72) 2 73) 3 74) 2 75) 3 76) 피, 피, 피, 피 77) 2 78) 4 79) 2 80) 3

5. 신명기 (申命記, DEUTERONOMY)

1. 내용

모세 오경의 마지막 책인 신명기는 출애굽 이후 가나안 입성을 앞두고 이스라엘 신세대 백성을 위해 이제까지의 경험을 회고하며, 하나님의 계명과 약속을 백성들에게 상기시켜 주는 내용이 담겨 있다.

2. 배경

가나안 땅 입성 직전에 가나안 입성을 준비하며 광야 유랑 생활을 마무리하며 머물렀던 동쪽의 모압 평지, 암몬, 에돔 그리고 마지막 삶을 마친 모세의 느보 산 등이다.

3. 흐름과 내용 구성

과거 회상(광야 유랑, 지켜야 할 규례), 하나님의 백성을 위한 규범(여러 율법 및 절기들), 예언적 메시지(축복과 저주, 모세의 유언) 등이다.

4. 목적

모세가 쓴 것으로 밝히지만 34장 이후 모세의 죽음과 이후 기록은 후대에 가필된 것으로 본다. 하나님께서 이스라엘 백성에게 주신 율법을 재교육하여 여호와의 신앙을 일목요연하게 가르쳤다. 구약의 정수라 불리며 신약에 인용되었고 하나님께 감사와 찬양이 담겨 있다.

5. 본서에 나타난 하나님의 섭리

이스라엘 백성의 지난 역사를 뒤돌아볼 때 불행과 실패, 행복과 형통의 비결이 고스란히 담겨 있다.

하나님의 언약에 머무르면서 하나님의 말씀에 순종하며 살아가는 것이 행복과 번영의 지름길임을 가르쳐준다. 예수님께서도 공생애 직전 마귀에게 시험을 받으실 때도 신명기 말씀으로 모두 물리쳤고(마 4:4-7 · 10, 22:37), 수가성 우물에서 스스로 생명수라고 밝힌 것과 모세가 이스라엘 자손 중 형제 가운데 선지자가 오신다는 내용(신 18:15, 행 7:37)으로 예수그리스도의 예표를 보여주고, 하나님의 언약대로 살아야 하나님의 축복을 받을 수 있다고 이스라엘 백성들에게 깨우쳐 준다.

모세의 설교

오늘의 성경 말씀을 읽으시고 묵상한 후 풀어보시면 유익합니다.

모세는 1 세대들이 원망과 불평으로 하나님을 원망하다가 광야에서 다 죽고 2 세대들에게 다시는 이런 죄를 짓는 일이 반복되지 않기 위하여 설교를 한다. 광야 40 년 동안 끊임없는 용서와 사랑으로 이스라엘 백성들을 인도하신 하나님을 기억하자.

1. 모세가 출애굽을 하여 40년째 해에 2세대들에게 율법을 설명한 곳은 어디인가? (신 1:5)

   1) 에돔 땅 2) 갑돌 땅 3) 모압 땅 4) 맛사 땅

2. 신명기에는 모세의 설교가 세 편 나온다. 그 중에서 첫 번째 설교에 담긴 것은 무엇인가? (신 1:6-4:43)

   1) 율법 2) 축복과 저주 3) 가나안 땅에서 할 일 4) 광야에 일어난 일 회고

3. 다음 (   ) 안에 들어갈 말은 무엇인가? (신 1:15)

   "내가 너희 지파의 수령으로 지혜가 있고 인정받는 자들을 취하여 너희의 수령을 삼되 곧 각 지파를 따라 (   )과 백부장과 (   )과 십부장과 (   )을 삼고"

4. 이스라엘 백성이 가데스 바데아에서 떠나 세렛 시내를 건너기까지 몇 년이나 걸렸나? (신 2:14)

   1) 18 년 2) 28 년 3) 38 년 4) 48 년

5. 이스라엘 백성들의 행진을 허락하지 않은 나라는? (신 2:30)

   1) 르바임 2) 길르앗 3) 갑돌 4) 헤스본

6. 이스라엘 백성에게 암몬 족속을 괴롭히지도 말고 다투지도 말라. 이 땅은 너희에게 주지 않다고 한 이유는 무엇인가? (신 2:19)

1) 롯 자손에게 기업으로 주어　　2) 아셀 자손에게 기업으로 주어
3) 아론 자손에게 기업으로 주어　　4) 다단 자손에게 기업으로 주어

7. 하나님은 모세에게 이 산 꼭대기에 올라가 눈을 들어 동서남북을 바라보게 하시며 요단을 건너지 못할 것이라 한 이 산은? (신 3:27)

1) 호렙 산　　2) 비스가 산　　3) 모리아 산　　4) 시내 산

8. 이스라엘 백성은 바산의 왕 옥을 진멸하였고 또 아모리 족속의 왕 누구를 진멸했는가? (신 2:34)

1) 멜기세덱　　2) 아비멜덱　　3) 시혼　　4) 요담

| 실천 사항 |

▶ 오늘의 말씀을 읽으시고 나에게 유익한 말씀이 무엇인지 깨달아봅시다.

▶ 오늘 말씀으로 나의 삶에 적용하며 행동으로 옮겼는지 실천한 것을 적어봅시다.

▶ 오늘 하나님이 보시기에 합당한 삶을 살았으면 감사한 것을 적어 봅시다.

▶ 오늘의 기도 제목을 적어 봅시다.

말씀을 준행하라

오늘의 성경 말씀을 읽으시고 묵상한 후 풀어보시면 유익합니다.

모세는 출애굽 2 세대들에게 하나님의 말씀들은 여러 민족 앞에서 지혜와 지식이 되며 공의로운 말씀이라고 강조한다. 참되고 영원한 지혜와 지식은 하나님 말씀에서 비롯된다. 말씀이 육신이 되신 그리스도께서도 자신을 길과 진리와 생명이라고 말씀하신 것을 기억하자.

9. 다음 (　　) 안에 들어갈 말은 무엇인가? (신 4:24)
"네 하나님 여호와는 소멸하는 (　　　) 이시오 (　　　) 하시는 하나님이시니라."

10. 모세는 요단강 동쪽에 부지 중에 살인한 자들을 위하여 도피성을 세웠는데 어느 지파들을 위한 것이었나? (신 4:43)
1) 유다, 시므온, 레위　　2) 잇사갈, 유다, 갓
3) 스불론, 므낫세, 아브라임　　4) 르우벤, 갓, 므낫세

11. 다음 (　　) 안에 들어갈 말은 무엇인가? (신 5:10)
"나를 (　　　　) 하고 내 (　　　　) 을 지키는 자에게는 천 대까지 (　　　) 를 베푸느니라."

12. 십계명에 제4계명은 무엇인가? (신 5:12)
1) 부모를 공경하라　　2) 살인하지 말라
3) 안식일을 지켜 거룩하게 하라　　4) 우상 숭배하지 마라

13. 다음 (　　) 안에 들어갈 말은 무엇인가? (신 6:5)
"너는 마음을 다하고 (　　　) 을 다하고 (　　　) 을 다하여 네 하나님 여호와를 사랑하라."

14. 여호와께서 율법의 준수를 강조한 후 차지할 땅에서 지켜 행하라고 한 명령이 아닌 것은? (신 6:1-3)

1) 평생에 네 하나님 여호와를 경외하는 것
2) 모든 규례와 명령을 지키게 되는 것
3) 젖과 꿀이 흐르는 땅에서 크게 번성하는 것
4) 이방인과 결혼하는 것

15. 이스라엘이 율법을 기억하기 위해 어떻게 강론하라고 하였나? (신 6:6-8)

1) 마음에 새기고 부지런히 가르치며 문설주 바깥문에 기록하라
2) 지나온 일을 되돌아보라
3) 조상들과 똑같이 행하라
4) 율법을 지켜 행하라

16. 십계명에 제9계명은 무엇인가? (신 5:20)

1) 살인하지 말라
2) 간음하지 말라
3) 네 이웃에 대해 거짓 증거하지 말라
4) 도둑질하지 말라

| 실천 사항 |

▶ 오늘의 말씀을 읽으시고 나에게 유익한 말씀이 무엇인지 깨달아봅시다.

▶ 오늘 말씀으로 나의 삶에 적용하며 행동으로 옮겼는지 실천한 것을 적어봅시다.

▶ 오늘 하나님이 보시기에 합당한 삶을 살았으면 감사한 것을 적어 봅시다.

▶ 오늘의 기도 제목을 적어 봅시다.

하나님의 백성

오늘의 성경 말씀을 읽으시고 묵상한 후 풀어보시면 유익합니다.

이스라엘 백성들은 하나님이 선택한 백성들이기에 다른 이들과 구별된 삶을 살아야 한다. 이들을 위한 하나님의 구원과 은혜는 아브라함과 이삭과 야곱에게 약속하신 말씀을 성취해 주시기 위한 것이었다. 430 년이 지난 후 이 약속을 성취시킨 것은 놀라운 일이다.

17. 하나님께서 이스라엘을 지상 만민 중에서 자기 기업의 백성으로 택하신 이유가 아닌 것은? (신 7:6-8)

1) 이스라엘을 기뻐하셨기 때문에 2) 주변국에 핍박당하기 때문에
3) 이스라엘을 사랑하셨기 때문에 4) 이스라엘 조상에게 맹세를 지키기 위해

18. 가나안의 일곱 족속에 포함되지 않는 것은 무엇인가? (신 7:1)

1) 브리스 족속 2) 여부스 족속 3) 기르가스 족속 4) 모압 족속

19. 다음 ( ) 안에 들어갈 말은 무엇인가? (신 8:3)

"사람이 ( ) 으로만 사는 것이 아니요, 여호와의 입에서 나오는 모든 ( ) 으로 사는 줄을 네가 알게 하려 하심이니라."

20. 모세는 시내 산에서 언약의 돌판을 받기 위해 얼마 동안 머물렀는가? (신 9:9)

1) 7 일 2) 15 일 3) 40 일 4) 50 일

21. 여호와 하나님께 두 번째 받은 십계명 돌판은 어느 곳에 보관했는가? (신 10:3)

1) 조각목궤 2) 금궤 3) 은궤 4) 언약궤

22. 아론이 죽어 장사되고 그를 이어 제사장의 직임을 맡은 사람은 누구인가? (신 10:6)

1) 비느하스　　2) 멜기세덱　　3) 엘르아살　　4) 요담

23. 땅이 입을 벌려 다단과 아비람과 그들의 무리를 삼킨 하나님의 심판도 있었는데 이들은 어느 지파의 자손인가? (신 11:6)

1) 갓　　2) 아셀　　3) 유다　　4) 르우벤

24. 여호와 하나님께서 이 산에서는 축복을 선포하고 에발산에서는 저주를 선포하랴 하셨다. 이 산은? (신 11:29)

1) 호렙산　　2) 기르가산　　3) 그리심산　　4) 모리아산

| 실천 사항 |

▶ 오늘의 말씀을 읽으시고 나에게 유익한 말씀이 무엇인지 깨달아봅시다.

▶ 오늘 말씀으로 나의 삶에 적용하며 행동으로 옮겼는지 실천한 것을 적어봅시다.

▶ 오늘 하나님이 보시기에 합당한 삶을 살았으면 감사한 것을 적어 봅시다.

▶ 오늘의 기도 제목을 적어 봅시다.

선과 의

오늘의 성경 말씀을 읽으시고 묵상한 후 풀어보시면 유익합니다.

선과 의의 기준은 인간의 도덕과 윤리 그리고 양심에 달려 있지만 신앙적 선의 기준은 전적으로 하나님에 달려 있다. 이 시대에 하나님의 기준에 맞추어 마땅히 지킬 바요 또한 복인 선과 의를 행하여야 한다. 하나님께서 주시는 복은 영원히 변치 않는 참된 복이다.

25. 희생 제물은 어떻게 먹어야 하는가? (신 12:17-25)
   1) 피는 먹지 말고 여호와 앞에서 가족과 노비와 레위인과 함께 고기를 먹어야 한다.
   2) 피는 먹지 말고 가족들만 고기를 먹어야 한다.
   3) 피도 고기와 함께 가족들과 레위인과 함께 먹는다.
   4) 피는 노비와 레위인만 먹고 가족은 고기만 먹는다.

26. 우상숭배의 유혹이 가족이나 친구로부터 올 수 있음을 경고하며 우상 숭배하도록 꾀는 가족들은 어떻게 해야 하는가? (신 13:9)
   1) 피해야 한다. 2) 유도해 줘야 한다.
   3) 용서 없이 죽여야 한다. 4) 그들을 따르지 않는다.

27. 이스라엘 백성들이 먹을 수 있는 짐승은 무엇인가? (신 14:6)
   1) 낙타, 토끼, 사슴 2) 소, 양, 염소 3) 돼지, 사슴, 노루 4) 까마귀, 타조

28. 성읍에 있는 레위인과 객과 고아와 과부들에게 몇 년마다 그 해 소산의 십분의 일을 다 내주어야 하나? (신 14: 28-29)
   1) 매 2 년 끝에 2) 매 3 년 끝에 3) 매 4 년 끝에 4) 매 5 년 끝에

29. 궁핍한 형제의 부채를 면제하여 주는 때는 언제인가? (신 14:28-29)

1) 5 년 2) 6 년 3) 7 년 4) 8 년

30. 다음 ( ) 안에 들어갈 말은 무엇인가? (신 15:10)

"줄 때는 ( ) 마음을 품지 말 것이니라. 이로 말미암아 네 하나님 여호와께서 네가 하는 모든 일과 네 손이 닿는 모든 일에 네게 ( ) 을 주시리라."

31. 하나님의 구속 사건을 회고하는 이스라엘의 3대 절기는 무엇인가? (신 16:1-17)

1) 나팔절, 칠칠절, 무교절 2) 오순절, 칠칠절, 유월절

3) 초막절, 나팔절, 유월절 4) 유월절, 칠칠절, 초막절

32. 유월절로부터 7주간이 지난 후에 맞이하는 이 절기는 후대에 이르러 오순절이라고 불리는 이 절기는 무엇인가? (신 16:9)

1) 칠칠절 2) 나팔절 3) 초막절 4) 유월절

| 실천 사항 |

▶ 오늘의 말씀을 읽으시고 나에게 유익한 말씀이 무엇인지 깨달아봅시다.

▶ 오늘 말씀으로 나의 삶에 적용하며 행동으로 옮겼는지 실천한 것을 적어봅시다.

▶ 오늘 하나님이 보시기에 합당한 삶을 살았으면 감사한 것을 적어 봅시다.

▶ 오늘의 기도 제목을 적어 봅시다.

여호와 앞에서 완전한 삶

오늘의 성경 말씀을 읽으시고 묵상한 후 풀어보시면 유익합니다.

하나님께서 이스라엘 백성들에게 요구하시는 삶은 주님을 사랑하고 이웃을 사랑하는 삶이다. 그러기 위해서 하나님과 더불어 하나님으로 말미암아 우리가 거룩하고 완전한 삶을 살아가야 한다. 그리스도를 힘입어 거룩한 삶을 살아가는 성도가 되자.

33. 이스라엘의 왕의 자격으로 합당하지 않는 것은? (신 17:16)

1) 병마를 많이 두지 말아야 한다. 2) 아내를 많이 두어 미혹케 하지 않는다.
3) 은, 금을 쌓지 않는다. 4) 전쟁에 참관하지 않는다.

34. 성중에서 서로 피를 흘렸거나 다투었거나 구타하였거나 서로간에 고소하여 판결하기 어려운 일이 생기거든 어떻게 해야 하는가? (신 17:8-9)

1) 천부장의 판결을 구한다 2) 서로 합의하게 한다
3) 모세의 판결을 구한다
4) 여호와께서 택하신 곳으로 가 제사장, 재판장에게 물어야 한다.

35. 다음 ( ) 안에 들어갈 말은 무엇인가? (신 18:22)

"만일 선지자가 있어 여호와의 이름으로 말한 일에 ( )도 없고 ( )도 없으면 이는 여호와께서 말씀하신 것이 아니요. 그 선지자가 제 마음대로 한 말이니 너는 그를 두려워하지 말지니라."

36. 성소에서 하나님을 섬기는 제사장과 레위의 온지파는 기업도 분깃도 없이 무엇을 소유할 수 있나? (신 18:1)

1) 여호와의 화제물 2) 각 지파에서 나오는 농축산물 3) 도피성 4) 포도원

37. 선지자가 여호와께서 전하라고 명령하지 않은 말을 전하면 어떻게 되는가? (신 18:20)

1) 선지자 자격 박탈당한다. 2) 죽임을 당한다. 3) 쫓겨난다. 4) 징계를 받는다

38. 네 소유가 된 기업의 땅에서 조상이 정한 네 이웃의 이것을 옮기지 말라. 이것은 무엇인가? (신 19:14)

39. 위증을 하는 자에게는 어떠한 처벌을 하는가? (신 19:19)

1) 내쫓아버린다
2) 그 형제에게 행하려고 한 그대로
3) 죽임을 당한다
4) 징계를 가한다

40. "네 눈이 긍휼히 여기지 말라. 생명에는 생명으로, 눈에는 눈으로, 이에는 이로, 손에는 손으로, 발에는 발로이니라." 이것은 잘 알려준 율법이다. 무엇인가? (신 19:21)

| 실천 사항 |

▶ 오늘의 말씀을 읽으시고 나에게 유익한 말씀이 무엇인지 깨달아봅시다.

▶ 오늘 말씀으로 나의 삶에 적용하며 행동으로 옮겼는지 실천한 것을 적어봅시다.

▶ 오늘 하나님이 보시기에 합당한 삶을 살았으면 감사한 것을 적어 봅시다.

▶ 오늘의 기도 제목을 적어 봅시다.

20 . . .(제9주 목요일) **오늘의 말씀: 신 20-23장**

순결한 하나님의 백성

오늘의 성경 말씀을 읽으시고 묵상한 후 풀어보시면 유익합니다.

성 문제의 핵심은 순결과 신뢰이다. 성도의 모든 삶이 세상 사람과는 구별된 순결과 흔들리지 않는 소망과 사랑에 바탕을 둔 믿음에 의해 유지되듯이 특히 성적인 문제에 있어서는 더욱 그러하다. 성은 인간의 육체적 순결의 척도인 동시에 영적인 순결의 척도이기도 하다.

41. 적군과 싸우려 할 때에 집으로 돌아가야 할 사람이 아닌 것은? (신 20:5-7)

1) 여자와 약혼하고 그와 결혼하지 못한 자 2) 포도원을 만들고 그 과실을 먹지 못한 자
3) 새 집을 건축하고 낙성식을 행하지 못한 자 4) 자식이 있는데 아내가 없는 자

42. 이스라엘 백성은 가나안에 들어가 하나님 여호와께서 명하신 그 성읍 족속을 진멸시켜야 하는데 아닌 것은? (신 20:16-17)

1) 브리스 족속 2) 아모리 족속 3) 히위 족속 4) 모압 족속

43. 하나님께서 이스라엘 백성에게 어떤 성읍을 치려 할 때는 그 성읍에 어떤 조치를 하라고 했는가? (신 20:10)

1) 정탐꾼을 보냄 2) 아이와 노약자는 보호함 3) 화평을 선언함 4) 조공을 보냄

44. 적군의 포로로 끌려온 여인들에 관한 규정이다. 다음에 맞지 않는 것은? (신 21:10-14)

1) 아내로 삼고자 하면 결혼할 수 있다.
2) 결혼 후 네가 그를 기뻐하지 아니하거든 그녀를 마음대로 가게 한다.
3) 그녀와 결혼하려면 머리를 밀고 부모를 위해 한달간 애곡한다.
4) 돈을 받고 팔아도 된다.

45. 소나 양이 길을 잃은 것을 보거든 못 본 체하지 말고 어떻게 하여야 하나? (신 22:1)
1) 족장에게 가져간다. 2) 자기 집에서 기른다.
3) 끝까지 주인을 찾아준다. 4) 잡아서 함께 나눈다.

46. 그 즈음에 대한 형벌로 남자가 유부녀와 동침한 것이 발각되면 어떻게 하여야 하는가? (신 22:22)
1) 벌금을 내게 한다. 2) 둘 다 죽인다.
3) 정결 의식을 치른다. 4) 집안에서 쫓아낸다.

47. 여호와의 총회에 들어올 수 있는 자는 누구인가? (신 23:7-8)
1) 에돔 사람의 삼 대 후 자손 2) 암몬 사람 삼대 후 자손
3) 모압 사람의 삼 대 후 자손 4) 고환이 상한 자

48. 다음 (   ) 안에 들어갈 말은 무엇인가? (신 23:21)
"네 하나님 여호와께 (   ) 하거든 갚기를 더디 하지 말라. 네 하나님 여호와께서 반드시 그것을 네게 요구하시리니 더디면 그것이 네게 (   ) 가 될 것이다."

| 실천 사항 |

▶ 오늘의 말씀을 읽으시고 나에게 유익한 말씀이 무엇인지 깨달아봅시다.

▶ 오늘 말씀으로 나의 삶에 적용하며 행동으로 옮겼는지 실천한 것을 적어봅시다.

▶ 오늘 하나님이 보시기에 합당한 삶을 살았으면 감사한 것을 적어 봅시다.

▶ 오늘의 기도 제목을 적어 봅시다.

사랑의 하나님

오늘의 성경 말씀을 읽으시고 묵상한 후 풀어보시면 유익합니다.

가난하고 약한 자들에 대한 사랑과 자비가 하나님의 축복에 대한 관건이 된다. 자신은 다른 사람에게 아무런 관심과 도움을 베풀지 않으면서 하나님의 끊임없는 사랑과 축복을 바라는 것은 있을 수 없다. 성도는 어려움에 빠져 있거나 고통 중에 부르짖는 자를 살펴야 한다.

49. 결혼을 새로 한 남자의 징병제도는 어떠한가? (신 24:5)

1) 자주 휴가를 보낸다

2) 징병하지 않고 1 년 동안 집에서 아내와 즐겁게 보내게 한다.

3) 6 개월만 근무하도록 한다.

4) 집 근처에서 근무하도록 한다.

50. 멧돌을 전당 잡지 못하게 하는 이유는 무엇인가? (신 24:6)

1) 생명을 전당 잡는 것이기 때문에　　2) 집에서 꼭 필요한 재산이므로

3) 무거워 운반이 힘이 들어서　　4) 깨어질 염려가 있기 때문에

51. 재판에 의하여 악인으로 판명되면 태형을 가할 때 형제를 경히 여기지 않게 하기 위하여 맷수를 제한했다. 맞는 것은? (신 25:1-3)

1) 10 대　　2) 20 대　　3) 30 대　　4) 40 대

52. 다음 (　　) 안에 들어갈 말은 무엇인가? (신 25:15)

"오직 온전하고 공정한 (　　　　) 를 두며 온전하고 공정한 (　　　　) 를 둘 것이라. 그리하면 네 하나님 여호와께서 네게 주시는 땅에서 네 날이 길리라."

53. 형제가 죽으면 종족의 존속을 위해 형제의 아내를 받아야 하는 의무를 거절하면 신을 벗기고 침을 뱉으며 뭐라고 불렀는가? (신 25:9-10)

1) 침 뱉음 받은 자의 집　　2) 신 벗김 받은 자의 집

3) 형제를 몰아낸 집　　4) 대를 끊으려는 자의 집

54. 셋째 해에 드리는 모든 소산의 십일조 성물은 어떻게 하여야 하는가. 다음 중 아닌 것은? (신 26:12-14)

1) 레위인과 객과 함께 먹어야 한다.　　2) 고아와 과부에게 준다.

3) 애곡하는 날에는 성물을 먹지 않는다.　　4) 제사장 혼자 먹는다.

55. 다음 ( ) 안에 들어갈 말은 무엇인가? (신 26:19)

"여호와께서 너를 그 지으신 모든 민족 위에 뛰어나게 하사 ( )과 ( )와 ( )을 삼으시고 그가 말씀하신 대로 너를 네 하나님 여호와의 성민이 되게 하시리라."

| 실천 사항 |

▶ 오늘의 말씀을 읽으시고 나에게 유익한 말씀이 무엇인지 깨달아봅시다.

▶ 오늘 말씀으로 나의 삶에 적용하며 행동으로 옮겼는지 실천한 것을 적어봅시다.

▶ 오늘 하나님이 보시기에 합당한 삶을 살았으면 감사한 것을 적어 봅시다.

▶ 오늘의 기도 제목을 적어 봅시다.

그리심 산과 에발 산

오늘의 성경 말씀을 읽으시고 묵상한 후 풀어보시면 유익합니다.

하나님께서는 복만 우리에게 주는 것이 아니라 불순종하는 자들에게는 심판과 정죄를 준다. 레위인들이 외치는 복과 저주의 내용에 대해 백성들은 '아멘' 으로 응답해야만 했다. 지금 이 순간 우리는 그리심 산과 에발 산 중에서 과연 어느 쪽에서 아멘으로 응답하겠는가?

56. 여호수아는 모세의 율법 책에 기록한 대로 축복의 말씀을 낭독을 어디에서 하였는가? (신 27:12)

1) 에발 산 2) 비스가 산 3) 그리심 산 4) 시내 산

57. 다음 ( ) 안에 들어갈 말은 무엇인가? (신 27:16)

"그의 부모를 경홀히 여기는 자는 ( )를 받을 것이라."

58. 다음 중 순종하여 받을 복이 아닌 것은 무엇인가? (신 28:1-6)

1) 세계 모든 민족 위에 뛰어나게 함 2) 들어와도 복을 받고 나가도 받음
3) 광주리와 떡 반죽 그릇에도 복을 받음 4) 자손들이 이방인과 결혼함

59. 모세는 율법에 불순종할 때 받을 저주에 대해 언급하는데 아닌 것은 무엇인가? (신 28:20)

1) 몸에 염병이 들어 멸하게 함 2) 하늘이 놋이 되고 땅은 철이 된다
3) 티끌과 모래를 내려 멸하게 함 4) 하나님께로부터 영원히 멸망함

60. 호렙에서 세우신 언약 외에 모압 땅에서 세우신 언약들은 누가 대상자들인가? (신 29: 14-15)

1) 광야 1-2 세대　　2) 광야 2 세대와 후손
3) 광야 2 세대와 이방인　　4) 광야 2 세대와 단지파

61. 모세는 이스라엘 백성이 언약을 준수하지 않을 경우에 어떻게 될 것인가라고 하는가? (신 29:20)
1) 이방인에게 고통을 당한다.　　2) 초태생 모두를 잃는다.
3) 율법 책에 기록된 대로 저주를 받는다.　　4) 질병이 휩쓸고 간다.

62. 요단강 동쪽에 기업을 얻은 지파가 아닌 것은? (신 29:8)
1) 시므온 지파　　2) 르우벤 지파　　3) 갓 지파　　4) 므낫세 지파

63. 다음 (　　) 안에 들어갈 말은 무엇입니까? (신 30:14)
"오직 그 말씀이 네게 매우 가까워서 네 (　　　) 에 있으며 네 (　　　) 에 있은즉 네가 이를 행할 수 있느니라."

| 실천 사항 |

▶ 오늘의 말씀을 읽으시고 나에게 유익한 말씀이 무엇인지 깨달아봅시다.

▶ 오늘 말씀으로 나의 삶에 적용하며 행동으로 옮겼는지 실천한 것을 적어봅시다.

▶ 오늘 하나님이 보시기에 합당한 삶을 살았으면 감사한 것을 적어 봅시다.

▶ 오늘의 기도 제목을 적어 봅시다.

모세의 후계자 여호수아

오늘의 성경 말씀을 읽으시고 묵상한 후 풀어보시면 유익합니다.

하나님 말씀대로 모세는 여호수아에게 지도력을 이양하면서 “강하고 담대하라, 두려워하지 말라” 고 한다. 여호수아를 후계자로 삼으라고 말씀하신 하나님의 뜻에 겸손히 순종했다. 성도는 하나님의 일을 수행하는 선한 도구이므로 묵묵히 일해야 한다.

64. 여호와께서 정하신 면제년은 언제인가? (신 31:10)

1) 매 3 년 끝 해 2) 매 4 년 끝 해 3) 매 6 년 끝 해 4) 매 7 년 끝 해

65. 여호와께서 모세에게 죽을 기한이 가까웠다고 하시며 그의 후계자로 누구를 회막으로 불렀는가? (신 31:14)

1) 갈렙 2) 엘리후 3) 여호수아 4) 비느하스

66. 모세는 여호와로부터 받은 율법의 말씀을 책에 기록하여 그것을 대대로 보전하여 증거 삼으라며 어디에 보관하라고 하였는가? (신 31:26)

1) 등잔대 밑에 2) 언약궤 곁에 3) 지성소 입구에 4) 성막 뒤뜰에

67. 다음 ( ) 안에 들어갈 말은 무엇인가? (신 32:2)

“내 교훈은 ( ) 처럼 내리고 내 말은 ( ) 처럼 맺히나니 연한 풀 위의 가는 ( ) 같고 채소 위의 ( ) 같도다.”

68. 모세가 가나안 땅에 정착하지 못하고 가나안 땅을 바라보는 것만으로 만족해야 하는 것은 어떤 이유 때문인가? (신 32:48-51)

1) 신 광야 가데스의 므리바 물가에서 여호와께 범죄하였기에

2) 모세가 죽을 때가 가까워서

3) 모세가 제물을 드리지 않아서

4) 형 아론이 죽어 혼자 가기 싫어서

69. 모세가 이스라엘 각 지파에세 축복을 했다. 이 축복에서 빠진 지파는 어느 지파인가? (신 33:7-24)

1) 아셀 2) 갓 3) 유다 4) 시므온

70. 모세의 축복이다. "은혜가 충성하고 여호와의 복이 가득한 너는 서쪽과 남쪽을 차지할지로다." 어느 지파 축복인가? (신 33:23)

1) 레위 2) 스블론 3) 납달리 4) 베냐민

71. 모세가 모압 땅에서 죽어 장사가 되었다. 몇 세에 죽었는가? (신 34:5-7)

1) 100 세 2) 120 세 3) 130 세 4) 150 세

| 실천 사항 |

▶ 오늘의 말씀을 읽으시고 나에게 유익한 말씀이 무엇인지 깨달아봅시다.

▶ 오늘 말씀으로 나의 삶에 적용하며 행동으로 옮겼는지 실천한 것을 적어봅시다.

▶ 오늘 하나님이 보시기에 합당한 삶을 살았으면 감사한 것을 적어 봅시다.

▶ 오늘의 기도 제목을 적어 봅시다.

[신명기 해답편]

1) 3 2) 4 3) 천부장, 오십부장, 조장 4) 3 5) 4 6) 1 7) 2 8) 3 9) 불, 질투 10) 4 11) 사랑, 계명, 은혜 12) 3 13) 뜻, 힘 14) 4 15) 1 16) 3 17) 2 18) 4 19) 떡, 말씀 20) 3 21) 1 22) 3 23) 4 24) 3 25) 1 26) 3 27) 2 28) 2 29) 3 30) 아끼는, 복 31) 4 32) 4 33) 4 34) 4 35) 증험, 성취함 36) 1 37) 2 38) 경계표 39) 2 40) 동해보복법 41) 4 42) 4 43) 3 44) 4 45) 3 46) 2 47) 1 48) 서원, 죄 49) 2 50) 1 51) 4 52) 저울추, 되 53) 2 54) 4 55) 찬송, 명예, 영광 56) 3 57) 저주 58) 4 59) 4 60) 2 61) 3 62) 1 63) 입, 마음 64) 4 65) 3 66) 2 67) 비, 이슬, 비, 단비 68) 1 69) 4 70) 3 71) 2

6. 여호수아 (JOSHUA)

1. 내용

모세의 후계자인 여호수아가 요단강을 건너가 약속의 땅으로 가나안을 정복하고 열두 지파에게 그 땅을 분배하는 과정이다. 약속의 땅을 주신 하나님을 섬기자는 엄숙한 언약의 증언들이 제시되었고, 이미 이런 모든 일들이 오래 전에 주어진 하나님의 약속이 성취된 것이라는 사실이다.

2. 배경

약속의 땅으로 일컫는 가나안, 곧 팔레스타인 전역과 영토 분배시 이스라엘 백성이 지파별로 할당받은 요단강 동쪽 지대가 주배경이다.

3. 흐름과 내용 구성

가나안 정복 전쟁(약속의 땅 점령, 영토 분배와 정착), 가나안 영토분배(분쟁 해결과 유언, 여호수아의 고별, 설교와 죽음, 엘르아살의 죽음)로 구성되었다.

4. 목적

하나님의 약속이 실현되었음을 보여주고 그 땅을 차지한 이스라엘의 죄악과 부패로 가득 찬 땅을 거룩한 땅으로 회복시켜야 할 책무를 알려주며, 이 땅을 살아가야 하는 우리가 하나님의 부르심에 대한 소명을 일깨워준다.

5. 본서에 나타난 하나님의 섭리

하나님께서 약속한 땅으로 들어가는 과정에서 죄를 철저히 진멸시키며 당신의 의지를 분명하게 드러낸다. 예수 그리스도의 십자가를 통해 영생의 땅으로 들어갈 수 있음을 본서에서 예시하고, 가나안의 정복전쟁은 오늘날 이 세상을 살아가면서 영적 전투에서 무엇이 옳고 그른지 성도들의 바른 신앙 자세를 확고하게 보여준다.

정결과 하나님의 복

오늘의 성경 말씀을 읽으시고 묵상한 후 풀어보시면 유익합니다.

하나님께 큰일을 하고자 하는 사람은 성결해야 한다. 죄가 있는 곳에는 우리를 파멸케 하는 사탄이 있고 성결한 가운데에는 하나님께서 역사하신다. 복 주시기를 원하는 자는 하나님의 뜻에 따라 정결을 잃지 않고 스스로 성결한 자가 되는 것이다.

1. 다음 ( ) 안에 들어갈 말은 무엇인가? (수 1:8)

"이 율법 책을 네 입에서 떠나지 말게 하며 ( ) 로 그것을 ( ) 하여 그 안에 기록된 대로 다 ( ) 행하라. 그리하면 네 길이 ( ) 하게 될 것이며 네가 ( ) 하리라."

2. 여호와께서 모세에게 말씀하신 것 중 아닌 것은? (수 1:7–9)

1) 강하고 담대하라. 2) 율법을 다 지켜 행하라.
3) 여호와가 너와 함께 한다. 4) 전쟁을 하지 말라.

3. 여호수아가 보낸 정탐꾼들을 숨겨준 여리고 기생은 누구인가? (수 2:1)

1) 리브가 2) 밀가 3) 라합 4) 디르사

4. 다음 ( ) 안에 공통적으로 들어갈 말은 무엇인가? (수 2:11)

"너희의 ( ) 여호와의 위로는 하늘에서도 아래로는 땅에서도 ( ) 이시니라."

5. 요단강을 건널 때 지켜야 할 사항이 아닌 것은? (수 3:2-6)
   1) 언약궤를 메는 것을 보면 그 뒤를 따르다 2) 거리는 이천 규빗이 되게 하라
   3) 제물을 들고 건넌다 4) 자신을 성결하게 하라

6. 이스라엘 백성이 요단강을 건너려고 할 때 가장 먼저 발을 디딘 자는 누구인가? (수 3:15)
   1) 여호수아 2) 정탐꾼 3) 언약궤를 멘 제사장 4) 이스라엘 장로

7. 요단강을 건넌 후 백성의 각 지파에서 열두 사람을 택하고 요단 가운데 제사장들의 발이 굳게 선 그곳에서 돌 몇 개를 택하라 하였는가? (수 4:2-3)
   1) 10 개 2) 15 개 3) 12 개 4) 20 개

8. 칼을 든 여호와의 군대 대장이 여호수아에게 명령한 말은 무엇인가? (수 5:13-15)
   1) 제물을 준비하라 2) 네 발에서 신을 벗으라
   3) 율법을 지켜 행하라 4) 싸우지 말라

| 실천 사항 |

▶ 오늘의 말씀을 읽으시고 나에게 유익한 말씀이 무엇인지 깨달아봅시다.

▶ 오늘 말씀으로 나의 삶에 적용하며 행동으로 옮겼는지 실천한 것을 적어봅시다.

▶ 오늘 하나님이 보시기에 합당한 삶을 살았으면 감사한 것을 적어 봅시다.

▶ 오늘의 기도 제목을 적어 봅시다.

아이성 전투의 교훈

오늘의 성경 말씀을 읽으시고 묵상한 후 풀어보시면 유익합니다.

여호수아의 작전 계획에 따라 복종하고 합심 단결하여 행동을 같이 할 때에 승리를 거두듯 영적 전투는 오직 하나님의 말씀을 믿고 순종할 때 승리할 수 있음을 보여준다. 주의 백성들은 하나님께서 인도하여 주시는 방법으로 살아갈 때에 날마다 승리할 수 있다.

9. 여리고성을 함락하기 위해 이스라엘 백성이 성을 도는 방식이 아닌 것은? (수 6:3-7)
   1) 제사장들이 양각 나팔을 길게. 2) 하루에 한 바퀴씩 엿새 동안 돈다.
   3) 일곱째 날은 일곱 바퀴 돈다. 4) 매일 제물을 드린다.

10. 여리고성을 함락 후 살아남을 수 있는 사람들은 누구인가? (수 6:22)
   1) 라합의 가족과 그에 속한 자들 2) 항복을 한 여리고성 백성
   3) 어린이와 부녀자들 4) 노인

11. 아간의 범죄로 인하여 일어난 일은 무엇인가? (수 7:11-12)
   1) 전염병이 돌았다. 2) 모두 죽임을 당했다.
   3) 과부들이 늘어났다. 4) 아이성 전투에서 패했다.

12. 다음 중 아간이 훔친 물건이 바른 것은 무엇인가? (수 7:21)
   1) 금 이백 세겔 2) 은 이백 세겔 3) 시날산 외투 두 벌 4) 동 백 세겔

13. 여리고성 전투에서 바친 물건을 훔친 아간은 어느 지파에 속하였나? (수 7:1)
   1) 르우벤 2) 아셀 3) 유다 4) 므낫세

14. 여호수아가 이스라엘 하나님 여호와를 위해 제단을 쌓고 행한 일이 아닌 것은? (수 8:30-35)

1) 번 제물과 화목 제물을 드렸다.　　2) 다듬지 않은 돌로 제단을 쌓았다.

3) 율법 말씀을 낭독했다.　　4) 노획물을 골고루 나눴다.

15. 기브온 사람들이 여호수아를 속이기 위해 갖춘 것이 아닌 것은? (수 9:5)

1) 마르고 곰팡이가 난 떡　　2) 낡아서 기운 신

3) 전으로 만든 보자기　　4) 낡은 옷

16. 기브온 사람들은 이스라엘을 속인 죄로 어떤 저주를 받게 되었는가? (수 9:21)

1) 나무를 패며 물 긷는 자가 된다.　　2) 장자들이 죽임을 당한다.

3) 전쟁에 동참해야 한다.　　4) 집 밖으로 나오지 못하게 한다.

| 실천 사항 |

▶ 오늘의 말씀을 읽으시고 나에게 유익한 말씀이 무엇인지 깨달아봅시다.

▶ 오늘 말씀으로 나의 삶에 적용하며 행동으로 옮겼는지 실천한 것을 적어봅시다.

▶ 오늘 하나님이 보시기에 합당한 삶을 살았으면 감사한 것을 적어 봅시다.

▶ 오늘의 기도 제목을 적어 봅시다.

영적 전투

오늘의 성경 말씀을 읽으시고 묵상한 후 풀어보시면 유익합니다.

여호와의 구원하심은 일시적인 사건이 아니라 영원히 당신 백성 가운데 임하신다. 하나님의 백성이 승리하기까지 태양과 달이 기브온 위에 머물게 하신 것은 놀라운 역사이다. 하나님의 사랑은 그의 백성들과 늘 함께하시며 승리하기까지 늘 인도하고 보고하심을 잊지 말자.

17. 예루살렘 왕 아도니세덱이 헤브론 왕, 야르뭇 왕, 라기스 왕, 에글론 왕과 연합하여 기드온을 공격한 이유는 무엇인가? (수 10:3-4)
    1) 기브온이 여호수아와 이스라엘 자손과 화친하였으므로
    2) 기브온이 예루살렘을 칠 준비를 하므로
    3) 기브온의 세력이 커져 두려움을 느껴서
    4) 예루살렘을 공격하여 복수하기 위해

18. "태양이 중천에 머물러 서서 거의 종일토록 속히 내려가지 아니하였다." 이 말은 어느 책에 기록되었는가? (수 10:13)
    1) 율법 2) 야살 3) 병법서 4) 두루마리

19. 여호수아가 정복하지 않은 곳은 어디인가? (수 10:28-40)
    1) 막게다 2) 라기스 3) 립나 4) 드빌

20. 하솔 왕 야빈이 이 나라 왕들과 연합하여 이스라엘과 싸우려고 메롬 물가에 진을 쳤는데 연합한 왕이 아닌 왕은 누구인가? (수 11:1-5)
    1) 시므론 왕 2) 마돈 왕 3) 헤브론 왕 4) 악삽 왕

21. 여호수아가 점령하여 취한 지역이 아닌 곳은 어디인가? (수 11:16)

1) 아라바　　2) 고센 온 땅　　3) 네겝　　4) 벧엘

22. 여호수아가 죽기까지 멸한 왕은 모두 몇 명인가? (수 12:9-24)

1) 11 명　　2) 21 명　　3) 31 명　　4) 41 명

23. 여호와의 종 모세와 이스라엘 백성이 땅을 기업으로 준 지파가 아닌 것은 무엇인가? (수 12:6)

1) 갓　　2) 스불론　　3) 므낫세 반　　4) 르우벤

24. 모압 왕 발닥의 사주를 받아 이스라엘을 저주하려 한 브올의 아들 점술가 발람은 어떻게 되었는가? (수 13:22)

1) 점술가고 왕 옆에서 시중을 들고 있었다.
2) 정복 전쟁 중 이스라엘 자손이 칼날로 죽였다.
3) 발락의 명을 어겨 유배되었다.
4) 점술가로 살지 않았다.

| 실천 사항 |

▶ 오늘의 말씀을 읽으시고 나에게 유익한 말씀이 무엇인지 깨달아봅시다.

▶ 오늘 말씀으로 나의 삶에 적용하며 행동으로 옮겼는지 실천한 것을 적어봅시다.

▶ 오늘 하나님이 보시기에 합당한 삶을 살았으면 감사한 것을 적어 봅시다.

▶ 오늘의 기도 제목을 적어 봅시다.

공평한 땅을 분배

오늘의 성경 말씀을 읽으시고 묵상한 후 풀어보시면 유익합니다.

하나님은 모든 일에 공정을 기했다. 그래서 이스라엘 지도자들이 땅을 분배할 때도 제비를 뽑아 정한 것은 공정성을 나타내는 것이다. 이것은 개인의 공헌도나 위치에 따라서가 아니라 하나님의 주권적 은혜로 된 것임을 가르쳐 준다.

25. 요단 서쪽 땅을 분배할 때 백성들에게 분배하지 않은 사람은 누구인가? (수 14:1)

1) 이스라엘 지파 족장들 2) 눈의 아들 여호수아

3) 제사장 엘르아살 4) 모세

26. 여호수아가 갈렙에게 헤브론을 기업으로 주었는데 이곳의 옛 이름은 무엇인가? (수 14: 13-15)

1) 기럇 아르바 2) 기럇 게바 3) 브엘세바 4) 미스바

27. 갈렙이 기럇 세벨을 쳐서 점령하는 자에게 자기 딸 악사를 준다고 하여 악사를 아내로 얻은 사람은 누구인가? (수 15:16-17)

1) 요하난 2) 암논 3) 옷니엘 4) 나답

28. 요셉 자손이 제비를 뽑아 기업으로 받은 곳은 여리고 어느 쪽인가? (수 16:1)

1) 샘 서쪽 2) 샘 동쪽 3) 샘 중앙 4) 샘 북쪽

29. 여호수아에게 여호와께서 복을 주시어 큰 민족을 이뤘으니 더 많은 기업을 요구한 지파는 어느 지파인가? (수 17:14)

1) 시므온 2) 스불론 3) 르우벤 4) 요셉

30. 이스라엘 자손이 가나안 정복 후에 회막을 세운 곳은 어디인가? (수 18:1)
1) 실로 2) 벧엘 3) 싯딤 4) 가드

31. 각 지파 중에서 기업으로 분배를 받지 못한 지파는 어느 지파인가? (수 18:7)
1) 갓 2) 시므온 3) 레위 4) 요셉

32. 이스라엘 자손이 여호수아에게 기업으로 준 에브라임 산지 어느 곳인가? (수 19:49-50)
1) 헤브론 2) 바알브라심 3) 딤낫 세라 4) 길르앗

| 실천 사항 |

▶ 오늘의 말씀을 읽으시고 나에게 유익한 말씀이 무엇인지 깨달아봅시다.

▶ 오늘 말씀으로 나의 삶에 적용하며 행동으로 옮겼는지 실천한 것을 적어봅시다.

▶ 오늘 하나님이 보시기에 합당한 삶을 살았으면 감사한 것을 적어 봅시다.

▶ 오늘의 기도 제목을 적어 봅시다.

레위 지파와 도피성

오늘의 성경 말씀을 읽으시고 묵상한 후 풀어보시면 유익합니다.

레위 지파는 이스라엘 가운데서 땅의 기업을 받지 못하고 대신에 각 지파로부터 거할 성읍을 얻게 되었다. 하나님이 그들의 기업이기 때문이다. 도피성은 하나님이 공의와 정의의 하나님이실 뿐 아니라 자비와 사랑의 주님이심을 보여준다.

33. 도피성은 어떤 사람들을 위한 곳인가? (수 20:3)
   1) 원수를 갚은 자 2) 부인을 죽인 자
   3) 부지 중에 실수로 사람을 죽인 자 4) 노비를 죽인 자

34. 도피성이 여러 곳에 있다. 이 중 도피성이 없는 곳은 어느 곳인가? (수 20:7-8)
   1) 세겜 2) 라못 3) 게데스 4) 기브온

35. 이스라엘 자손이 여호와의 명령을 따라 자기의 기업에서 성읍과 목초지를 누구에게 주었나? (수 21:3)
   1) 그핫 자손 2) 레위 자손 3) 므라리 자손 4) 유다 자손

36. 르우벤 자손과 갓 자손이 제단을 쌓고 이렇게 불렀다. "이 제단은 여호와께서 하나님이 되시는 증거"라고 했는데 이것은 무엇인가? (수 22:34)
   1) 엣 2) 그랄 3) 갑돌 4) 르바힘

37. 여호와의 종 모세가 명령한 것을 다 지키고 순종하여 동쪽으로 보낸 지파가 아닌 것은 어느 지파인가? (수 22:1-2)
   1) 르우벤 2) 시므온 3) 갓 4) 므낫세 반

38. 세 지파가 가나안 땅 실로에서 여호와께서 모세에게 명령하신 대로 받은 땅 어느 곳으로 갔는가? (수 22:9)

1) 네겝　　2) 브엘세바　　3) 헤스본　　4) 길르앗

39. 다음 (　　) 안에 공통적으로 들어갈 말은 무엇인가? (수 22:19)

"오직 우리 하나님 여호와의 제단 외에 다른 제단을 쌓음으로써 여호와를 (　　　) 하지 말며 우리에게도 (　　　) 하지 말라."

40. 다음 (　　) 안에 들어갈 말은 무엇인가? (수 22:28)

"우리 조상이 지은 여호와의 제단 (　　　)을 보라. 이는 번제를 위한 것도 아니요. 다른 (　　)를 위한 것도 아니라. 오직 우리와 너희 사이에 (　　　)만 되게 할 뿐이라."

| 실천 사항 |

▶ 오늘의 말씀을 읽으시고 나에게 유익한 말씀이 무엇인지 깨달아봅시다.

▶ 오늘 말씀으로 나의 삶에 적용하며 행동으로 옮겼는지 실천한 것을 적어봅시다.

▶ 오늘 하나님이 보시기에 합당한 삶을 살았으면 감사한 것을 적어 봅시다.

▶ 오늘의 기도 제목을 적어 봅시다.

여호수아의 고별 설교

오늘의 성경 말씀을 읽으시고 묵상한 후 풀어보시면 유익합니다.

하나님의 뜻은 반드시 이루어진다. 그렇지만 이스라엘이 율법을 지키지 않고 이방인과 혼인하고 그들의 풍습을 따르면 "그들은 올무가 되며, 덫이 되며, 옆구리에 채찍이 되고, 눈에 가시가 되어 하나님 여호와께서 주신 아름다운 땅에서 마침내 멸하고 말 것" 이라는 경고를 주신다.

41. 여호수아가 장로들과 수령들과 재판장과 관리들을 불러서 한 말이 아닌 것은 무엇인가? (수23: 1-7)

1) 모세의 율법 책에 기록된 것을 다 지켜 행하라.
2) 율법을 떠나 우로나 좌로로 치우치지 말라.
3) 이방 신을 섬겨 맹세하거나 절하지 말라.
4) 후계자를 세우라.

42. 이 민족과 혼인하고 왕래하면 일어나는 일이 아닌 것은? (수 23:12-13)

1) 너희에게 올무가 되며 덫이 된다. 2) 이민족들을 목전에서 쫓아내지 않는다.
3) 이 아름다운 땅에서 멸할 것이다. 4) 장자를 멸한다.

43. 여호수아가 백성과 더불어 언약을 맺고 그들을 위하여 율례와 법도를 제정한 곳은 어디인가? (수 24:25)

1) 모압 2) 세겜 3) 아모리 4) 엘림

44. 다음 (   ) 안에 들어갈 말은 무엇인가? (수 24:19)

"너희가 여호와를 능히 섬기지 못할 것은 그는 (   ) 하신 하나님이시오.
(   ) 하시는 하나님이시니 너희의 잘못과 죄들을 사하지 아니하실 것임이라."

45. 여호와의 종 눈의 아들 여호수아는 몇 세에 죽었는가? (수 24:29)

1) 100 세　　2) 110 세　　3) 120 세　　4) 130 세

46. 이스라엘 자손이 애굽에서 가져온 요셉의 뼈를 장사한 곳은 어디인가? (수 24:32)

1) 세겜　　2) 게데스　　3) 헤브론　　4) 실로

47. 아론의 아들 엘르아살은 어느 곳에 장사되었는가? (수 24:33)

1) 여리고 산지　　2) 헤브론 산지　　3) 에브라임 산지　　4) 세겜 산지

48. 다음 (　　) 안에 들어갈 말은 무엇인가? (수 24:15-16)

"너희가 (　　　　) 자를 오늘 택하라. 오직 나와 내 집은 (　　　　) 를 섬기겠노라 하니 백성이 대답하여 이르되 우리가 결단코 여호와를 버리고 다른 (　　　　) 들을 섬기기를 하지 아니하오리니."

| 실천 사항 |

▶ 오늘의 말씀을 읽으시고 나에게 유익한 말씀이 무엇인지 깨달아봅시다.

▶ 오늘 말씀으로 나의 삶에 적용하며 행동으로 옮겼는지 실천한 것을 적어봅시다.

▶ 오늘 하나님이 보시기에 합당한 삶을 살았으면 감사한 것을 적어 봅시다.

▶ 오늘의 기도 제목을 적어 봅시다.

[여호수아 해답]

1) 주야, 묵상, 지켜, 평탄, 형통 2) 4 3) 3 4) 하나님 5) 3 6) 3 7) 3 8) 2 9) 4 10) 1 11) 4 12) 2 13) 3 14) 4 15) 3 16) 1 17) 1 18) 2 19) 4 20) 3 21) 4 22) 3 23) 2 24) 2 25) 4 26) 1 27) 3 28) 2 29) 4 30) 1 31) 3 32) 3 33) 3 34) 4 35) 2 36) 1 37) 2 38) 4 39) 거역 40) 모형, 제사, 증거 41) 4 42) 4 43) 2 44) 거룩, 질투 45) 2 46) 1 47) 3 48) 섬길, 여호와, 신

7. 사사기 (士師記, JUDGES)

1. 내용

통일된 국가 조직을 갖추기 전 과도체제하에서 이스라엘 백성이 하나님을 섬기지 않고 이방의 우상들을 섬기던 어두운 배반과 타락의 시대와 관련된 이야기다.

인간의 타락과 하나님의 용서를 통해 하나님께서는 우리가 어떤 상황에 처해 있든지 우리를 통해 일하실 수 있고, 하찮고 보잘것 없이 보이는 자를 통해서도 위대한 일을 이루실 수 있다. 하나님의 의로운 통치 원리도 배운다.

2. 배경

가나안 전역과 그 주변 열국들로 최초의 사사 옷니엘을 비롯하여 우리에게 잘 알려진 삼손 등 12사사가 활동한 가나안의 여러 도시들이다.

3. 흐름과 내용 구성

사사 시대의 배경(가나안 정착과 승리, 경고와 백성의 타락, 사사들의 등장 배경), 사사들의 활약상(타락과 회복의 반복, 12사사의 사역), 사사 시대의 혼란과 부패상(우상 숭배와 패륜으로 인한 혼란, 동족 상잔)으로 이뤄졌다.

4. 목적

자기 백성이 타락했을 때 징벌을 내리셨고, 잘못을 깨닫고 도와달라고 기도했을 때는 하나님께서 그때마다 사사를 보내 어려움에서 구원을 해주셨으므로 오직 하나님으로부터만이 구원과 회복이 주어질 수 있다는 깨달음을 준다.

5. 본서에 나타난 하나님의 섭리

범죄를 저지른 이스라엘 백성을 징계하는 수단으로 이방 군대를 동원해 멸하시고, 회개하는 이스라엘 백성을 위해 사사를 보내 구원하시는 것을 보면서 진심으로 하나님께 회개하고 하나님 중심으로 살아가는 사람만이 구원의 기쁨 속에서 살 수 있다는 것을 가르치고 있다.

사사 시대의 시작

오늘의 성경 말씀을 읽으시고 묵상한 후 풀어보시면 유익합니다.

사사란 말은 구원자라는 뜻으로 위기에서 나라를 건지고 정치와 종교를 통합적으로 이끌었던 이스라엘 백성들의 지도자이다. 사사 시대 삼사백 년은 이스라엘 역사상 가장 혼란한 시대이다. 사사가 있으면 믿음을 지키고 죽으면 숭배하는 일이 반복되었다.

1. 가나안 족속과 브리스 족속을 치러 올라간 지파는 어느 지파인가? (삿 1:4)
   1) 스불론　　2) 베냐민　　3) 갓　　4) 유다

2. 패배하여 도망가는 아도니 베섹을 쫓아가 무엇을 잘랐는가? (삿 1:6)
   1) 엄지손가락　　2) 엄지발가락　　3) 새끼손가락　　4) 엄지손가락과 엄지발가락

3. 갈렙이 악사를 옷니엘의 아내로 주면서 무엇을 함께 주었나? (삿 1:15)
   1) 영토　　2) 윗샘과 아랫샘　　3) 노비　　4) 옷감

4. 여호수아가 죽어 어느 곳에 장사되었는가? (삿 2:9)
   1) 딤낫 헤레스　　2) 기랏 세벨　　3) 게셀　　4) 헤브론

5. 이스라엘의 첫 사사는 누구인가? (삿 3:10)
   1) 에훗　　2) 입다　　3) 옷니엘　　4) 삼갈

6. 모압 왕 에글론을 죽인 베냐민 사람 왼손잡이 사사는 누구인가? (삿 3:15)
   1) 삼갈　　2) 기드온　　3) 돌라　　4) 에훗

7. 이스라엘 사사 가운데 유일한 여성 사사로 랍비돗의 아내는 누구인가? (삿 4:4)

1) 야일 2) 드보라 3) 입다 4) 돌라

8. 여호와께서 진행하실 때 나타난 현상이 아닌 것은 무엇인가? (삿 5:4-5)

1) 안개가 짙게 끼었다. 2) 땅이 진동하였다.

3) 시내산도 진동하였다. 4) 하늘에서 물이 내렸다.

| 실천 사항 |

▶ 오늘의 말씀을 읽으시고 나에게 유익한 말씀이 무엇인지 깨달아봅시다.

▶ 오늘 말씀으로 나의 삶에 적용하며 행동으로 옮겼는지 실천한 것을 적어봅시다.

▶ 오늘 하나님이 보시기에 합당한 삶을 살았으면 감사한 것을 적어 봅시다.

▶ 오늘의 기도 제목을 적어 봅시다.

기드온의 300 용사

오늘의 성경 말씀을 읽으시고 묵상한 후 풀어보시면 유익합니다.

하나님은 많은 수의 군사력으로 싸우시는 것이 아니라 하나님의 능력으로 싸우는 것이다. 두려움과 경계를 게을리하는 자는 참된 십자가의 군사 역할을 못 한다. 성도는 하나님의 택하심을 받은 십자가 군병으로 항상 사탄과 죄와 싸워 승리하는 자가 되어야 한다.

9. 이스라엘 자손이 여호와의 목전에서 악을 행하여 몇 년 동안 미디안 사람들에게 궁핍한 생활을 하게 하였다. (삿 6:1-6)

1) 5 년 2) 7 년 3) 10 년 4) 15 년

10. 여호와께서 이스라엘 자손에게 선지자를 보내 하신 말씀이 아닌 것은 무엇인가? (삿 6:8-10)

1) 노략물을 나누라 명했다. 2) 학대하는 모든 자의 손에서 건져냈다.
3) 그들은 쫓아내고 땅을 주었다. 4) 너희가 내 목소리를 듣지 않았다.

11. 에브라임 사람들이 미디안의 두 방백을 잡아 한 명은 바위에서 죽이고, 한 명은 포도주 틀에서 죽였다. 두 방백의 이름은 무엇인가? (삿 7:25)

1) 아도니 세덱과 아도니 베섹 2) 세바와 살문나
3) 홉니와 비느하스 4) 오렙과 스엡

12. 다음 중 가드온과 이스라엘 백성들이 하지 않은 것은 무엇인가? (삿 7:19-20)

1) 나팔을 불었다. 2) 항아리를 부쉈다.
3) 제단을 차렸다. 4) 왼손에 횃불, 오른손엔 나팔을 들었다.

13. 기드온이 숙곳 성읍의 장로들을 붙잡아 무엇으로 징벌하였나? (삿 8:16)

1) 들가시와 찔레 2) 쑥을 태워 숨을 못 쉬게 함 3) 칼로 찌름 4) 물을 붓는다

14. 다음 ( ) 안에 들어갈 말은 무엇인가? (삿8:2)

"기드온이 그들에게 이르되 내가 이제 행한 일이 너희가 한 것에 비교되겠느냐.
( ) 의 끝물 포도가 ( ) 의 맏물 포도보다 낫지 아니하냐."

15. 기드온의 첩의 아들 아비멜렉은 세겜의 모든 사람과 밀로 모든 족속이 모여 어디에서 왕으로 삼았는가? (삿 9:6)

1) 세겜의 상수리나무 기둥 곁 2) 세겜의 왕궁 3) 세겜의 내전 4) 세겜의 마당

16. 다음 중 세겜 사람들에게 한 말 중에서 언급되지 않은 나무는 무엇인가? (삿 9:7–15)

1) 포도나무 2) 감람나무 3) 가시나무 4) 상수리나무

| 실천 사항 |

▶ 오늘의 말씀을 읽으시고 나에게 유익한 말씀이 무엇인지 깨달아봅시다.

▶ 오늘 말씀으로 나의 삶에 적용하며 행동으로 옮겼는지 실천한 것을 적어봅시다.

▶ 오늘 하나님이 보시기에 합당한 삶을 살았으면 감사한 것을 적어 봅시다.

▶ 오늘의 기도 제목을 적어 봅시다.

이스라엘 백성들과 사사

오늘의 성경 말씀을 읽으시고 묵상한 후 풀어보시면 유익합니다.

이스라엘 백성들은 반복해서 고통을 당해도 또다시 우상 숭배하는 어리석은 죄를 짓는다. 우리의 싸움은 육의 싸움이 아니라 사탄과의 싸움이요 영의 싸움이다. 마귀가 간계로 대적해 올지라도 우리는 처신을 바로 하여 능력의 말씀으로 악을 눌러야 한다.

17. 기생이 낳았고 큰 용사의 칭호를 가진 사사는 누구인가? (삿 11:1)

1) 삼갈 2) 입다 3) 돌라 4) 야일

18. 아들이 삼십 명이 있고 어린 나귀 삼십을 탔고 이십이 년 동안 이스라엘 사사로 있던 사람은 누구인가? (삿 10:4)

1) 돌라 2) 삼갈 3) 야일 4) 에훗

19. 길르앗 사람 사사 입다는 누구와 싸웠는가? (삿 11:8)

1) 암몬 2) 헤스본 3) 모압 4) 시혼

20. 입다를 데려다가 그들의 장관으로 삼으려 한 사람들은 누구인가? (삿 11:5-6)

1) 예루살렘 장로들 2) 길르앗 장로들 3) 모압 장로들 4) 시론 장로들

21. 입다가 전쟁을 앞두고 하나님께 드린 서원 기도는 무엇인가? (삿 11:31)

1) 전쟁에서 전리품을 번제물로 드린다.

2) 누구든지 내 집 앞에서 나를 영접하는 사람을 번제물로 드린다.

3) 전쟁에 승리할 수 있도록 번제물을 드린다.

4) 암몬 족속을 전멸하도록 기도를 드린다.

22. 하나님께 드린 서원 기도에 따라 무남독녀 딸을 번제물로 드린 사사는 누구인가? (삿 11:34-35)

1) 돌라　2) 야일　3) 삼갈　4) 입다

23. 이스라엘이 사자를 보내 그 땅을 지나가도록 번제물로 드린 사사는 누구인가? (삿 11:19-21)

1) 모압　2) 아모리 왕 시혼　3) 블레셋　4) 예루살렘

24. 요단강 나루턱에 길르앗 사람들에게 쉽볼렛이라 발음하지 못하여 죽은 에브라임 사람은 몇 명인가? (삿 12:6)

1) 3 만 명　2) 3 만 5 천 명　3) 4 만 명　4) 4 만 2 천 명

| 실천 사항 |

▶ 오늘의 말씀을 읽으시고 나에게 유익한 말씀이 무엇인지 깨달아봅시다.

▶ 오늘 말씀으로 나의 삶에 적용하며 행동으로 옮겼는지 실천한 것을 적어봅시다.

▶ 오늘 하나님이 보시기에 합당한 삶을 살았으면 감사한 것을 적어 봅시다.

▶ 오늘의 기도 제목을 적어 봅시다.

20 . . . (제11주 금요일) **오늘의 말씀: 삿 13-16장**

나실인 삼손

오늘의 성경 말씀을 읽으시고 묵상한 후 풀어보시면 유익합니다.

삼손은 나실인으로 하나님께 바쳐진 사람이다. 삼손은 블레셋을 치기 위하여 여러 부분에서 자기희생을 했다. 하나님의 편에서의 싸움은 때때로 의로움 싸움이기도 하다. 삼손은 자신의 모든 것을 버리고 민족을 구원하기 위해서만 산 신앙의 모범을 보인 인물이다.

25. 하나님의 사자가 현몽을 주고 하나님께 바쳐진 나실인으로 살 것이라는 사사는 누구인가? (삿 13: 3, 24)

1) 삼갈 2) 야일 3) 압돈 4) 삼손

26. 여호와의 사자에게 마노아가 이름을 묻자 여호와의 사자는 이름이 무엇이라 하였는가? (삿 13:17-18)

1) 샬롬 왕 2) 제사장 3) 기묘자 4) 선지자

27. 삼손이 블레셋 여인을 아내로 맞기로 원했는데 이유는 무엇인가? (삿 14:1-4)

1) 블레셋 여자들이 예뻐서 2) 블레렛 사람을 치려고
3) 블레셋이 부강하므로 4) 유다 지파에 여인이 없어서

28. 삼손에게 여호와의 영이 임하여 아스글론에 내려가서 몇 명을 죽였는가? (삿 14:19)

1) 10 명 2) 20 명 3) 30 명 4) 40 명

29. 삼손이 블레셋 사람 천 명을 죽였을 때 무엇으로 죽였는가? (삿 15:15)

1) 칼 2) 창 3) 막대기 4) 나귀 턱뼈

30. 삼손이 심히 목이 말라 여호와께 부르짖어 물이 솟아 그 물을 마시고 소생하여 그 샘 이름을 이것으로 불렀다. 무엇인가? (삿 15:18-19)

1) 마라　2) 맛사　3) 엔학고레　4) 므리바

31. 블레셋 여자가 삼손을 꾀어 붙잡히게 하여 눈알을 빼고 맷돌을 돌리게 하였다. 이 여자는 누구인가? (삿 16:20-21)

32. 삼손은 블레셋 신전을 무너뜨려 죽인 사람이 살아 있을 때보다 많다. 삼손은 사사로서 몇 년을 지냈는가? (삿 16:30-31)

1) 10 년　2) 15 년　3) 20 년　4) 25 년

| 실천 사항 |

▶ 오늘의 말씀을 읽으시고 나에게 유익한 말씀이 무엇인지 깨달아봅시다.

▶ 오늘 말씀으로 나의 삶에 적용하며 행동으로 옮겼는지 실천한 것을 적어봅시다.

▶ 오늘 하나님이 보시기에 합당한 삶을 살았으면 감사한 것을 적어 봅시다.

▶ 오늘의 기도 제목을 적어 봅시다.

무너져 버린 이스라엘

오늘의 성경 말씀을 읽으시고 묵상한 후 풀어보시면 유익합니다.

제멋대로 죄악을 저지른 이스라엘은 영적 질서, 윤리도 상실한 채 무분별한 삶 속에 빠졌다. 하나님을 저버리고 사는 삶을 보여준다. 이스라엘 자손에게 상실감과 무력감이 왔다. 우리 성도들은 우리의 소견이 옳을지라도 하나님의 뜻을 행하는 자가 되어야 한다.

33. 미가의 어머니가 은 이백을 가지고 신상을 만들었다. 이 형상을 만들어 제2계명을 어기었는데 만든 우상은 무엇인가? (삿 17:3-5)

1) 에셋 2) 에봇과 드라빔 3) 흉패 4) 드라봇

34. 미가는 레위인을 왜 자기의 제사장으로 세웠는가? (삿 17:13)

1) 제사장은 레위인만 해야 돼서 2) 거류할 곳을 찾기에
3) 제사장으로 임금을 적게 줘도 되어 4) 여호와께서 복을 주실 것이라서

35. 다음 ( ) 안에 들어갈 말은 무엇인가? (삿 18:11-12)

"단 지파의 가족 중 육백 명이 무기를 지니고 소라와 ( ) 에서 출발하여 올라 가서 유다에 있는 기럇여아림에 진치니 그러므로 그곳 이름이 오늘까지 ( ) 이며 그곳은 기럇여아림 뒤에 있더라."

36. 레위인은 첩의 시체를 열두 덩이로 나누고 그것을 이스라엘 사방으로 두루 보내 유발한 지파는? (삿 19:29)

1) 베냐민 지파 2) 유다 지파 3) 갓 지파 4) 스불론 지파

37. 베냐민 지파에서 왼손잡이로 몰매를 돌을 던지면 조금도 틀림이 없는 자들은 몇 명 인가? (삿 20:16)

1) 오백 명　2) 육백 명　3) 칠백 명　4) 팔백 명

38. 하나님의 언약궤가 보관되어 있던 것은 어디인가? (삿 20:26-27)

1) 길갈　2) 벧엘　3) 두로　4) 세겜

39. 베냐민 자손에게 실로의 여자들이 춤을 추러 나오면 이곳에 숨어 있다가 납치하여 아내로 삼으라 하였다. 어디에 숨으라 했는가? (삿 21:20-21)

1) 포도원　2) 상수리나무　3) 감람나무　4) 풀 속

40. 이스라엘이 전쟁 후에 벧엘에서 하나님께 드린 제사는 무엇인가? (삿 21:2-4)

1) 소제　2) 화제　3) 속건제　4) 번제와 화목제

| 실천 사항 |

▶ 오늘의 말씀을 읽으시고 나에게 유익한 말씀이 무엇인지 깨달아봅시다.

▶ 오늘 말씀으로 나의 삶에 적용하며 행동으로 옮겼는지 실천한 것을 적어봅시다.

▶ 오늘 하나님이 보시기에 합당한 삶을 살았으면 감사한 것을 적어 봅시다.

▶ 오늘의 기도 제목을 적어 봅시다.

[사사기 해답]

1) 4 2) 4 3) 2 4) 1 5) 3 6) 4 7) 2 8) 1 9) 2 10) 1 11) 4 12) 3 13) 1 14) 에브라임, 아비에셀 15) 1 16) 4 17) 2 18) 3 19) 1 20) 2 21) 2 22) 4 23) 2 24) 3 25) 4 26) 3 27) 2 28) 3 29) 4 30) 3 31) 들릴라 32) 3 33) 2 34) 4 35) 에스디올, 마하네단 36) 1 37) 3 38) 2 39) 1 40) 4

8. 룻기 (RUTH)

1. 내용

사사 시대를 살아가면서 겪는 두 과부(시어머니와 며느리)의 슬픈 이야기로 시작된다. 흉년을 피해 먹고 살기 위해 이웃 나라로 갔다가 집안 남자들이 모두 죽지만 가정적 불행과 생활고를 숭고한 사랑과 다함없는 헌신으로 극복하여 마침내 하나님의 계획 속에서 이방 출신이지만 예수 그리스도의 계보에까지 오르는 영광을 이룬다.

2. 배경

가나안 경내인 나오미와 엘리멜렉의 고향 베들레헴과 가나안 밖인 나오미 가족이 이주하여 정착했던 땅이며 며느리 룻의 고향인 모압이다.

3. 흐름과 내용 구성

룻의 결단과 신앙(시어머니를 따라 약속의 땅을 벗어났다 다시 돌아옴) 보아스와 룻의 만남(헌신적인 룻, 보아스와 혼인), 룻의 안식과 보상(결혼, 나오미의 행복, 메시야 반열에 오름) 등으로 흐름이 이어진다.

4. 목적

이방 여인 룻의 효성과 신앙으로 다윗의 한 조상 일화를 통해 히브리인들의 혈통적 독선을 배격하고 여호와의 신앙과 그 구원이 이방인들에게 열려 있음을 확인시켜 준다.

5. 본서에 나타난 하나님의 섭리

남편을 잃은 이방 여인이 홀로된 시어머니를 따라 낯선 땅으로 이주하는 삶을 살아가지만 룻은 시어머니를 헌신적으로 섬기며 하나님을 향한 굳센 믿음으로 약속의 땅에서 보아스를 만나 결혼을 하여 훗날 다윗왕과 예수 그리스도의 족보에 오르는 축복도 받게 되었다.

현대를 살아가는 사람들에게 하나님을 향한 신의가 세상 실리를 좇아가는 것보다 나음을 내용 전체가 짧지만 강력한 메시지를 전해 준다.

룻의 믿음

오늘의 성경 말씀을 읽으시고 묵상한 후 풀어보시면 유익합니다.

하나님을 위해 모든 것을 포기하고 고난 중에도 기뻐한 룻을 하나님은 선한 길로 인도하셨다. 결국 다윗의 할머니가 되어 예수님의 뿌리를 이어간다. 우리 성도는 룻의 순종과 효도를 통하여 복을 주시는 것을 보고 깊은 깨달음을 성취해야 한다.

1. 룻기는 어느 시대에 일어났던 이야기인가? (룻 1:1)
   1) 왕정 시대 2) 족장 시대 3) 사사 시대 4) 바벨론 시대

2. 모압에서 베들레헴으로 돌아온 나오미는 사람들에게 자신을 나오미라 부르지 말고 뭐라고 부르라고 하였나? (룻 1:20)
   1) 나사렛 2) 마라 3) 아달랴 4) 아사

3. 룻이 보아스의 땅에서 주운 곡식 보리의 양은 얼마인가? (룻 2:17)
   1) 반 에바 2) 반 호멜 3) 한 에바 4) 한 호멜

4. 베들레헴 성읍 사람들은 룻에게 두려워하지 말라며 성읍에 사람들이 룻이 어떤 사람인 것을 다 안다고 하였는가? (룻 3:11)
   1) 요염한 여자 2) 불쌍한 여자 3) 용기 있는 여자 4) 현숙한 여자

5. 유다가 다말에게서 낳은 아들로 다윗 가문의 조상이 된 사람은 누구인가? (룻 4:12)
   1) 나손 2) 베레스 3) 오벳 4) 살몬

6. 모압 여자 룻은 누구의 아내였는가? (룻 4:10)

1) 나손　2) 베레스　3) 오벳　4) 살몬

7. 보아스와 룻이 낳은 아들의 이름은 무엇인가? (룻 4:17)

1) 암미나답　2) 살몬　3) 오벳　4) 헤브론

8. 다윗의 아버지는 누구인가? (룻 4:22)

1) 람　2) 헤브론　3) 오벳　4) 이새

| 실천 사항 |

▶ 오늘의 말씀을 읽으시고 나에게 유익한 말씀이 무엇인지 깨달아봅시다.

▶ 오늘 말씀으로 나의 삶에 적용하며 행동으로 옮겼는지 실천한 것을 적어봅시다.

▶ 오늘 하나님이 보시기에 합당한 삶을 살았으면 감사한 것을 적어 봅시다.

▶ 오늘의 기도 제목을 적어 봅시다.

[룻기 해답]

1) 3 2) 2 3) 3 4) 4 5) 2 6) 1 7) 3 8) 4

9. 사무엘 상 (1 SAMUEL)

1. 내용

이스라엘 마지막 사사이며 최초의 선지자인 사무엘은 먼저 사울에게 기름을 부어 이스라엘의 왕으로 삼으며 사사 시대가 마감이 되고 왕정 시대가 시작되는 한 세기 동안의 전환기 역사를 다루고 있다. 사사 시대 말기 사무엘의 출생부터 이스라엘 첫 왕인 사울의 죽음, 그리고 다윗의 등장까지 다룬다.

2. 배경

사무엘 선지자의 출생지인 라마, 성막이 있던 실로, 민족적 대회개 운동이 전개되었던 미스바, 다윗이 사울을 피해 도주한 망명처 블레셋의 가드와 시글락, 사울 왕가의 성립과 몰락을 맞은 길보아 산 등이 주요 무대이다.

3. 흐름과 내용 구성

사무엘 상은 크게 세 단락으로 나눠져 있다. 사무엘(엘리, 사무엘 사역), 사울(사울의 즉위와 통치, 사울의 범죄), 다윗의 등장(골리앗 물리침, 도피)으로 구성되어 있다.

4. 목적

사울 왕의 교만 때문에 하나님의 버림을 받자 사무엘은 이새의 아들 다윗을 찾아가 그에게 기름을 부어 이스라엘의 왕위를 잇게 하였다. 하나님께 신실한 자의 성공과 불순종하는 자의 실패를 알려주고, 하나님은 택한 백성은 언제나 보호해 주며, 기도하는 자는 멸망으로부터 보호하신다.

5. 본서에 나타난 하나님의 섭리

사사 시대 신정 정치 마감은 이스라엘에서 왕정체제가 어떻게 시작되며, 어떻게 왕정이 이루어져 나가는지를 보여준다. 그 시작과 전후를 통해 하나님의 백성들의 실패와 형통, 행복과 불행의 기준을 깨닫게 되며, 이스라엘에서 왕정은 인간 중심의 왕정체제와는 그 성격이 다른 신정적 왕정 체제라 할 수 있는데 이 모든 것은 하나님의 절대 군주 주권하에 놓여 있다.

한나의 기도와 응답

오늘의 성경 말씀을 읽으시고 묵상한 후 풀어보시면 유익합니다.

사사 시대가 끝나고 선지자 왕정 시대가 시작된다. 한나가 고통 속에서 간구하며 구한 것은 오직 자식이다. 그런 귀한 자식을 하나님께 드리겠다는 헌신의 자세를 성도는 본받아야 한다. 성도들도 마음과 헌신과 믿음으로 간절히 구하는 삶을 살아야 된다.

1. 사무엘의 아버지는 누구이고 어디 지파 사람인가? (삼상 1:1)

   1) 톱니 - 갓　　2) 엘가나 - 에브라임

   3) 이새 - 베냐민　　4) 엘리후 - 므낫세

2. 엘리의 두 아들이 제사장으로 있었는데 두 아들들의 이름은 무엇입니까? (삼상 1:3)

3. 엘리가 거주하며 한나가 기도했던 성소는 어디에 있는가? (삼상 1:9)

   1) 라마　　2) 가사　　3) 실로　　4) 가드

4. 사무엘의 이름의 뜻은 무엇인가? (삼상 1:20)

   1) 여호와여 나를 돌보소서.　　2) 주께 바친다.

   3) 주님께서 구래 주신다.　　4) 내가 여호와께 그를 구하였다.

5. 한나가 사무엘을 하나님께 바치고 축복으로 나은 자녀의 수는 몇 명인가? (삼상 2:21)

   1) 아들 2 명, 딸 2 명　　2) 아들 3 명

   3) 아들 3 명, 딸 2 명　　4) 아들 1 명, 딸 3 명

6. 다음 (　　) 안에 들어갈 말은 무엇인가? (삼상 2:6)

"여호와는 죽이기도 하시고 살리기도 하시며 (　　　　　　　) 에 내리게도 하시고 거기에서 올리기도 하시는도다."

7. 엘리의 두 아들이 한 날에 죽는다고 예언한 자는 누구인가? (삼상 2:27-34)

1) 술객　　2) 선지자　　3) 복술자　　4) 하나님의 사람

8. 사무엘은 몇 번째 부르실 때 응답을 하였나? (삼상 3:8-10)

1) 세 번째　　2) 네 번째　　3) 다섯 번째　　4) 여섯 번째

| 실천 사항 |

▶ 오늘의 말씀을 읽으시고 나에게 유익한 말씀이 무엇인지 깨달아봅시다.

▶ 오늘 말씀으로 나의 삶에 적용하며 행동으로 옮겼는지 실천한 것을 적어봅시다.

▶ 오늘 하나님이 보시기에 합당한 삶을 살았으면 감사한 것을 적어 봅시다.

▶ 오늘의 기도 제목을 적어 봅시다.

빼앗긴 언약궤

오늘의 성경 말씀을 읽으시고 묵상한 후 풀어보시면 유익합니다.

블레셋과의 전쟁에서 수천 명이 죽자 그들은 진영 가운데로 언약궤를 가져왔다가 빼앗긴다., 이들은 언약궤 자체가 하나님처럼 권능을 행사할 수 있는 것으로 착각한다. 중요한 것은 언약궤가 아니라 하나님과 올바른 관계이지 형식 따위가 아니다. 이것을 명심하자.

9. 엘리는 두 아들이 죽임을 당하였고 하나님의 법궤를 빼앗겼다는 소식을 듣고 넘어져 어디가 부러져 죽었는가? (삼상 4:17-18)

1) 목 2) 늑골 3) 머리 4) 허리

10. 엘리에게 하나님의 법궤를 빼앗기고 두 아들의 죽음을 알린 사람은 어느 지파의 사람인가? (삼상 4:11-12)

1) 에브라임 2) 베냐민 3) 갓 4) 르우벤

11. 블레셋 사람들이 빼앗은 하나님의 궤를 어디에 두었는가? (삼상 5:2)

12. 블레셋 사람들이 에벤에셀에서 빼앗은 법궤의 이동 경위는 어떻게 되는가? (삼상 5:1-10)

1) 아스돗, 가드, 에그론 2) 아스돗, 실로, 에그론
3) 아스돗, 가사, 에그론 4) 아스돗, 아스글론, 에그론

13. 에벤에셀에서 빼앗겼던 법궤는 블레셋에서 얼마 동안 있었는가? (삼상 6:1)

1) 5 개월 2) 6 개월 3) 7 개월 4) 8 개월

14. 미스바 회개 운동은 누가 주도했는가? (삼상 7:5)
   1) 르신　　2) 사무엘　　3) 하사엘　　4) 부느엘

15. 기럇여아림 사람들이 벧세메스에서 옮겨온 법궤를 누구의 집으로 들여놓았는가? (삼상 7:1)
   1) 요아스　　2) 아하시아　　3) 아합　　4) 아비나답

16. "여호와께서 여기까지 우리를 도우셨다" 하고 그 이름을 이렇게 불렀다. 무엇인가? (삼상 7:12)
   1) 에벤에셀　　2) 엘리에셀　　3) 브라나셀　　4) 에벤스바

| 실천 사항 |

▶ 오늘의 말씀을 읽으시고 나에게 유익한 말씀이 무엇인지 깨달아봅시다.

▶ 오늘 말씀으로 나의 삶에 적용하며 행동으로 옮겼는지 실천한 것을 적어봅시다.

▶ 오늘 하나님이 보시기에 합당한 삶을 살았으면 감사한 것을 적어 봅시다.

▶ 오늘의 기도 제목을 적어 봅시다.

왕권을 요구함

오늘의 성경 말씀을 읽으시고 묵상한 후 풀어보시면 유익합니다.

이스라엘 사람들은 장로들과 함께 이방 국가들과 같은 강력한 왕을 요구한다. 하나님께서 이스라엘의 왕이신데 이들은 왕을 세움으로써 그들이 더욱 더 하나님으로 자유로워지길 바랬다. 이들은 끝까지 자기들의 불행과 고초를 여호와 하나님께 대한 믿음 부족으로 찾지 않았다.

17. 사무엘의 두 아들 요엘과 아비야가 사사가 되어 다스린 지역은 어디인가? (삼상 8:2)
 1) 단 2) 에그론 3) 브엘세바 4) 가드

18. 사울은 어느 지파에 속한 사람이고 누구의 아들인가? (삼상 9:1)
 1) 므낫세 - 말론 2) 베냐민 - 기스
 3) 에브라임 - 나손 4) 스불론 - 아낫

19. 사무엘은 나보다 앞서 길갈로 가서 번제와 화목제를 드리리니 내가 네게 가서 행할 것을 가르칠 때까지 며칠 동안 기다리라고 하였는가? (삼상 10:8)
 1) 5 일 2) 7 일 3) 8 일 4) 10 일

20. 다음 중 벧엘로 올라가는 세 사람이 가지고 있었던 것이 아닌 것은 무엇인가? (삼상 10:3)
 1) 염소 새끼 셋 2) 떡 세 덩이 3) 포도주 한 가죽 부대 4) 양 두 마리

21. 사울이 베섹에서 모은 이스라엘 자손과 유다 사람은 몇 명씩인가? (삼상 11:8)
 1) 이스라엘 자손 10 만 명, 유다 사람 5 만 명

2) 이스라엘 자손 20 만 명, 유다 사람 10 만 명

3) 이스라엘 자손 30 만 명, 유다 사람 3 만 명

4) 이스라엘 자손 5 만 명, 유다 사람 2 만 명

22. 사무엘이 백성들과 함께 사울을 왕으로 세운 곳은 어디인가? (삼상 11:14-15)

1) 베섹 2) 가드 3) 에글론 4) 길갈

23. 사무엘은 백성들에게 사울을 왕으로 삼고 여호와 앞에 어떤 제사를 드렸나? (삼상 11:15)

1) 번제 2) 화목제 3) 속죄제 4) 소제

24. 다음 ( ) 안에 들어갈 말은 무엇인가? (삼상 12:23)

"나는 너희를 위하여 ( ) 하기를 쉬는 죄를 여호와 앞에 결단코 범하지 아니하고 ( ) 하고 의로운 길을 너희에게 가르칠 것인즉"

| 실천 사항 |

▶ 오늘의 말씀을 읽으시고 나에게 유익한 말씀이 무엇인지 깨달아봅시다.

▶ 오늘 말씀으로 나의 삶에 적용하며 행동으로 옮겼는지 실천한 것을 적어봅시다.

▶ 오늘 하나님이 보시기에 합당한 삶을 살았으면 감사한 것을 적어 봅시다.

▶ 오늘의 기도 제목을 적어 봅시다.

불순종하는 사울 왕

오늘의 성경 말씀을 읽으시고 묵상한 후 풀어보시면 유익합니다.

사울에게 성령님을 보내셔서 새 사람이 뒤어 주님이 주신 힘으로 왕으로서 사역을 시키셨지만 사울은 교만한 마음으로 자기 생각과 방법으로 불순종하였다. 왕이면 모든 것을 다 해도 괜찮다는 생각으로 번제를 드리는 죄를 범하였다.

25. 사울은 사무엘이 정한 기한에도 기다렸으나 사무엘이 길갈로 오지 않아 백성이 흩어졌다. 며칠 동안 기다렸나? (삼상 13:8)

1) 3 일　　2) 5 일　　3) 7 일　　4) 10 일

26. 사무엘이 길갈에서 사울의 불순종으로 책망한 말이 아닌 것은? (삼상 13:14)

1) 왕의 나라가 길지 못할 것이다.

2) 여호와께서 그의 마음에 맞는 사람을 지도자로 삼는다.

3) 여호와께서 왕에게 명령한 것을 지키지 않았다.

4) 다윗에서 왕위를 양도하라.

27. "여호와의 구원은 사람이 많고 적음에 달리지 아니하였다." 이 말은 이 사람의 무기를 든 소년에게 한 말이다. 누구인가? (삼상 14:6)

1) 오벳　　2) 엘가나　　3) 요나단　　4) 살몬

28. 사울이 자기를 위하여 이곳에 기념비를 세우고 길갈로 내려갔다. 이곳은 어디인가? (삼상 15:12)

1) 길갈　　2) 갈멜　　3) 애굽　　4) 블레셋

29. 다음 (　　) 안에 들어갈 말은 무엇인가? (삼상 15:22)
"(　　　) 이 (　　　) 보다 낫고 듣는 것이 숫양의 (　　　) 보다 나으리."

30. 사무엘은 사울에게 어느 민족을 멸하라는 여호와의 말씀을 전하였는가? (삼상 15:1-3)

1) 모압　2) 블레셋　3) 아말렉　4) 에돔

31. 사울은 아말렉 왕을 살려두었으나 사무엘이 처형을 한 아말렉 왕은 누구인가? (삼상 15:33)

32. 다음 (　　) 안에 들어갈 말은 무엇인가? (삼상 15:23)
"(　　　　　) 하는 것은 점치는 죄와 같고 (　　　　　) 한 것은 사신 우상에게 절하는 죄와 같음이라."

| 실천 사항 |

▶ 오늘의 말씀을 읽으시고 나에게 유익한 말씀이 무엇인지 깨달아봅시다.

▶ 오늘 말씀으로 나의 삶에 적용하며 행동으로 옮겼는지 실천한 것을 적어봅시다.

▶ 오늘 하나님이 보시기에 합당한 삶을 살았으면 감사한 것을 적어 봅시다.

▶ 오늘의 기도 제목을 적어 봅시다.

다윗을 선택하여 기름을 부음

오늘의 성경 말씀을 읽으시고 묵상한 후 풀어보시면 유익합니다.

사울의 불순종으로 하나님은 다윗에게 기름을 붓는다. 하나님은 사울의 외모를 보고 선택했지만 외모도 준수하지 않고 왕의 재목처럼 보이지도 않는 다윗을 선택했다. 다윗은 이스라엘 역사 가운데 가장 훌륭한 인물로 메시야 왕권의 상징적 인물이 되었다.

33. 다음 ( ) 안에 들어갈 말은 무엇인가? (삼상 16:7)
"사람은 ( ) 를 보거니와 여호와는 ( ) 을 보느니라."

34. 여호와께서 사무엘에게 이새의 아들 중에서 왕을 세울 자가 있으니 그에게 기름 부으라 하여 선택된 자는 누구인가? (삼상 16:13)
1) 엘리압 2) 아비나답 3) 삼마 4) 다윗

35. 이새의 아들들은 모두 몇 명이고 막내의 이름은 무엇인가? (삼상 16:10-11)

36. 블레셋 사람 골리앗이 몸에 두른 전쟁 장비가 아닌 것은 무엇인가? (삼상 17:4-7)
1) 놋 단창 2) 놋 투구 3) 비늘 갑옷 4) 나무 각반

37. 사울은 블레셋 장수 골리앗을 죽이는 자에게 포상으로 무엇을 약속했는가? (삼상 17:25)
1) 재물, 관직, 집
2) 세금 면제, 관직, 왕의 딸
3) 재물, 왕의 딸, 세금 면제
4) 천부장, 재물, 왕의 딸

38. 다윗이 블레셋 사람들은 죽인 것은 무엇인가? (삼상 17:49-50)

1) 칼 2) 물매와 돌 3) 창 4) 포환

39. 사울이 다윗을 두려워한 이유는 무엇인가? (삼상 18:12)

1) 블레셋 사람을 많이 죽여서 2) 자기를 죽일 것 같아서

3) 여호와께서 다윗과 함께 계시므로 4) 백성들이 다윗을 따라서

40. 사울의 딸로 다윗의 아내가 된 여자는 누구인가? (삼상 18:27)

1) 메랍 2) 미갈 3) 미라 4) 메온

| 실천 사항 |

▶ 오늘의 말씀을 읽으시고 나에게 유익한 말씀이 무엇인지 깨달아봅시다.

▶ 오늘 말씀으로 나의 삶에 적용하며 행동으로 옮겼는지 실천한 것을 적어봅시다.

▶ 오늘 하나님이 보시기에 합당한 삶을 살았으면 감사한 것을 적어 봅시다.

▶ 오늘의 기도 제목을 적어 봅시다.

다윗과 그를 쫓는 사울

오늘의 성경 말씀을 읽으시고 묵상한 후 풀어보시면 유익합니다.

단창으로 다윗을 죽이려다 실패한 사울은 악한 행동을 하나님의 심판이 있을 때까지 계속한다. 다윗이 라마에 도피하여 있음을 알고 다윗을 잡으려고 훈련된 사람을 세 번이나 보냈지만 다 실패한다. 하나님의 영적인 보호벽이 강함을 보여준다.

41. 사울이 다윗을 죽이려 하자 비갈은 다윗을 탈출시키고 무엇으로 위장하여 전령들을 속이었는가? (삼상 19:12-17)

1) 우상을 가져다 염소털 엮은 것을 덮었다. 2) 이불로 덮어 위장했다.
3) 나무 위에 염소털을 덮었다. 4) 다른 사람을 넣어놓고 속였다.

42. 다윗이 라마 나욧에 있을 때 사울이 다윗을 잡으러 전령을 보냈는데 어떤 일이 벌어졌나? (삼상 19:19-21)

1) 잡혀 묶였다. 2) 사울에게 거짓 보고를 했다.
3) 예언을 했다. 4) 전령들이 도망쳤다.

43. 사울이 요나단에게 화를 내며 다윗을 죽이라고 해도 듣지 않자 사울은 무엇을 던져 요나단을 죽이려 했는가? (삼상 20:30-33)

1) 돌 2) 칼 3) 막대기 4) 단창

44. 다윗이 사울을 피하여 놉으로 도망하였을 당시 그곳의 제사장은 누구였는가? (삼상 21:1)

1) 엘르아살 2) 아히멜렉 3) 아비에셀 4) 아비새

45. 다윗이 아히멜렉에게 창과 칼이 있느냐고 묻자 블레셋 사람 골리앗의 칼이 이곳 뒤에 있으니 가지려거든 가지라고 했는데 어디인가? (삼상 21:9)

1) 성막　2) 등잔대　3) 에봇　4) 지성소

46. 다윗이 사울이 두려워 가드 왕 아기스에게 갔을 때 다윗은 살기 위해 어떻게 하였는가? (삼상 21:13-14)

1) 골리앗을 죽인 것을 자랑했다.　2) 미친 척하며 침을 흘렸다.
3) 협상을 하였다.　4) 가드로 귀환을 했다.

47. 다윗이 사울을 피하여 숨어 있던 굴은 어디인가? (삼상 21:1)

48. 사울 왕이 도엑에게 제사장들을 죽이라고 명령하여 그 날에 세마포 에봇을 입은 자를 몇 명 죽었는가? (삼상 22:18)

1) 55 명　2) 65 명　3) 75 명　4) 85 명

| 실천 사항 |

▶ 오늘의 말씀을 읽으시고 나에게 유익한 말씀이 무엇인지 깨달아봅시다.

▶ 오늘 말씀으로 나의 삶에 적용하며 행동으로 옮겼는지 실천한 것을 적어봅시다.

▶ 오늘 하나님이 보시기에 합당한 삶을 살았으면 감사한 것을 적어 봅시다.

▶ 오늘의 기도 제목을 적어 봅시다.

사울 왕의 증오심

오늘의 성경 말씀을 읽으시고 묵상한 후 풀어보시면 유익합니다.

시간이 갈수록 다윗을 향한 사울의 증오는 폭발한다. 시기심과 적개심으로 온 몸이 애가 타 있는 사울은 국정을 뒤로 하고 잡아 죽이는 데 열중한다. 끝까지 하나님은 다윗을 사울의 손에 넘기지 않고 보호하신다. 하나님은 우리의 피난처이다.

49. 블레셋 사람들이 이곳 사람들을 쳐서 타작 마당을 탈취하였을 때 다윗이 여호와께 물어 블레셋을 치고 구원한 곳은 어디인가? (삼상 23:1-5)

1) 그일라 2) 에돔 3) 암몬 4) 가드

50. 다윗은 사울이 해하려는 음모를 알고 제사장 아비아달에게 받은 무엇을 가지고 하나님께 물었는가? (삼상 23:9-10)

1) 판결 흉패 2) 에봇 3) 번제물 4) 촛대

51. 다윗은 굴에 숨어 있다가 사울이 뒤를 보러 들어왔음에도 죽이지 않고 어떻게 하였나? (삼상 24:3-4)

1) 더 깊숙하게 숨었다. 2) 기름 부음이 두려워 떨었다.
3) 겉옷 자락을 베고 살려줬다. 4) 다른 굴로 도망쳤다.

52. 다음 중 사울이 자신을 죽이지 않은 고마움에 한 말이 아닌 것은 무엇인가? (삼상 24:16-21)

1) 나는 너를 학대하되 너는 나를 선대하니 너는 나보다 의롭도다.
2) 여호와께서 나를 네 손에 넘기셨으나 네가 나를 죽이지 아니하였도다.

3) 네가 오늘 내게 행한 일로 말미암아 여호와께서 네게 선으로 갚으시기를 원하노라.
4) 너는 왕이 되지 못하니 신하로서 충성을 다하여라.

53. 나발의 하인 하나가 부인 아비가일에게 다윗의 청을 거절하고 모욕한 것을 말하여 나발을 어떤 사람이라 하였는가? (삼상 25:17)
1) 불량한 사람 2) 고집쟁이 사람 3) 꽉 막힌 사람 4) 뻔뻔한 사람

54. 나발의 아내였다가 그가 죽자 다윗의 아내가 된 슬기로운 이 사람은 누구인가? (삼상 25:39-42)

55. 십 광야 하길라 수풀로 들어온 사울을 죽이지 않고 막사에 들어가 다윗은 무엇을 가지고만 나왔는가? (삼상 25:12)
1) 갑옷 2) 창과 물병 3) 창, 칼 4) 활과 갑옷

| 실천 사항 |

▶ 오늘의 말씀을 읽으시고 나에게 유익한 말씀이 무엇인지 깨달아봅시다.

▶ 오늘 말씀으로 나의 삶에 적용하며 행동으로 옮겼는지 실천한 것을 적어봅시다.

▶ 오늘 하나님이 보시기에 합당한 삶을 살았으면 감사한 것을 적어 봅시다.

▶ 오늘의 기도 제목을 적어 봅시다.

사울의 죽음

오늘의 성경 말씀을 읽으시고 묵상한 후 풀어보시면 유익합니다.

사울은 자기 스스로 자기의 죽음을 초래하므로 자기 인생이 어떻게 살았는지 보여주었고 자살자라는 칭호도 얻었다. 하나님이 떠나시고 스스로 속이는 자의 비참한 최후를 본다. 그의 머리는 다곤 신에게 바쳐지므로 악행의 끝을 보여준다.

56. 다음 (　　) 안에 들어갈 말은 무엇인가? (삼상 26:24)
"오늘 왕의 생명을 내가 중히 여긴 것 같이 내 (　　　　) 을 여호와께서 중히 여기셔서 모든 (　　　　) 에서 나를 구하여 내시기를 바라나이다."

57. 가드 왕 아기스가 다윗에게 준 성읍은 어디인가? (삼상 27:6)
1) 시글락　2) 기브온　3) 가불　4) 랍바

58. 사무엘이 죽자 그의 고향에서 장사를 지내고 사울은 그 땅에서 이 사람들을 쫓아냈다. 어떤 사람들인가? (삼상 28:3)
1) 박수와 무당　2) 신접한 자와 박수　3) 제사장　4) 신접한 자와 제사장

59. 여호와께 사울이 물어도 아무 응답도 주시지 않았다. 어떤 식으로도 주시지 않았는가? (삼상 28:6)
1) 둠밈, 예언, 신접한 자　2) 에봇, 환상, 선견자
3) 꿈, 우림, 선지자　4) 꿈, 예언, 선지자

60. 다윗이 사흘 만에 시글락에 이른 때 누가 침노하여 시글락을 불살랐나? (삼상 30:1)

61. 다윗이 아말렉 군대를 추격하기 위하여 제사장 누구에게 에봇을 취하여 하나님의 뜻을 물었는가? (삼상 30:7)

1) 야히멜덱 2) 엘로아살 3) 아비아달 4) 아하시아

62. 다윗이 아말렉 공격에서 얻은 전리품을 시글락에 있는 누구에게 보냈는가? (삼상 31:26)

1) 요나단 2) 유다 장로 3) 군대 수령 4) 아기스

63. 사울은 어느 산에서 칼을 뽑아 자결하였는가? (삼상 31:4)

64. 블레셋 사람들이 추격하여 죽인 사울의 세 아들이 아닌 사람은 누구인가? (삼상 31:2)

1) 말기수아 2) 벤하닷 3) 아비나답 4) 요나단

| 실천 사항 |

▶ 오늘의 말씀을 읽으시고 나에게 유익한 말씀이 무엇인지 깨달아봅시다.

▶ 오늘 말씀으로 나의 삶에 적용하며 행동으로 옮겼는지 실천한 것을 적어봅시다.

▶ 오늘 하나님이 보시기에 합당한 삶을 살았으면 감사한 것을 적어 봅시다.

▶ 오늘의 기도 제목을 적어 봅시다.

[사무엘 상 해답]

1) 2 2) 홉니, 비느하스 3) 3 4) 4 5) 3 6) 스올 7) 4 8) 2 9) 1 10) 2 11) 다곤신전 12) 3 13) 3 14) 2 15) 4 16) 1 17) 3 18) 2 19) 2 20) 4 21) 3 22) 4 23) 2 24) 기도, 선 25) 3 26) 4 27) 3 28) 2 29) 순종, 제사, 기름 30) 3 31) 아각 32) 거역, 완고 33) 외모, 중심 34) 4 35) 8명, 다윗 36) 4 37) 3 38) 2 39) 3 40) 2 41) 1 42) 3 43) 4 44) 2 45) 3 46) 2 47) 아둘람굴 48) 4 49) 1 50) 2 51) 3 52) 4 53) 1 54) 아비가일 55) 2 56) 생명, 환난 57) 1 58) 2 59) 3 60) 아말렉 사람들 61) 3 62) 2 63) 길보아산 64) 2

10. 사무엘 하 (2 SAMUEL)

1. 내용

사울 왕의 죽음으로 시작되어 통일 왕국을 이룬 이스라엘의 제2대 왕인 다윗의 등극과 통치를 소개한다. 다윗 왕은 하나님을 무척 사랑한 경건한 왕이고, 하나님께서도 자신의 마음에 합당한 다윗 왕을 사랑하셨다.

그런 다윗 왕이 하나님을 떠나 죄악을 행할 때 많은 어려움을 통하여 다윗을 채찍질한다. 이런 이야기 속에 우리는 우리 자신의 모습에서 인생과 주권이 오직 하나님께 있다는 것을 깨닫게 된다.

2. 배경

다윗의 전기 7년 통치 장소인 헤브론, 후기 33년간 통치가 이루어진 이스라엘의 수도 예루살렘, 모압, 암몬, 블레셋 등 다윗이 영토를 확장한 주변 여러 나라들이 중심 무대이다.

3. 흐름과 내용 구성

다윗 왕국의 부흥기(다윗 즉위, 법궤 안치, 영토 확장), 다윗의 범죄와 좌절(간음과 살인, 나단의 책망), 다윗의 치세(기근과 전쟁) 등으로 구성되어 있다.

4. 목적

이스라엘의 승패는 전적으로 하나님과의 언약을 순종하느냐 거역하느냐에 달려 있다. 또한 하나님께서 하나님의 뜻에 합당한 기름 부음을 받은 자를 통한 언약을 이루시는 하나님이심을 알게 하신다.

5. 본서에 나타난 하나님의 섭리

하나님의 뜻에 합당한 다윗이 왕으로 세움 받고 다윗과 더불어 언약을 맺으신 모습에서 다윗의 계보를 통해 영원한 나라를 세우시는 약속을 하시고 참 왕이요, 유일한 왕이신 메시야와 그리스도의 왕국을 예표해 주고 있다.

유다 왕 다윗

오늘의 성경 말씀을 읽으시고 묵상한 후 풀어보시면 유익합니다.

그토록 자기를 죽이려던 사울 왕의 죽음 소식을 듣는다. 다윗은 사울을 하나님이 기름 부어 세운 왕으로 인정하고 신하의 입장에서 애도를 표한다. 유다 지파가 와서 우리의 왕이 되어 달라고 하여 유다 지파의 왕이 되어 다스린다. 하나님의 약속은 반드시 실현됨을 잊지 말자.

1. 다윗은 어디에서 있을 때 사울과 요나단의 죽음을 들었는가? (삼하 1:1)
   1) 에글론　2) 시글락　3) 가불　4) 길갈

2. 다음 (　　) 안에 들어갈 말은 무엇인가? (삼하 1:26)
   "내 형 요나단이여 내가 그대를 (　　　) 함은 그대는 내게 심히 아름다움이라. 그대가 나를 (　　　) 함이 기이하여 여인의 (　　　) 보다 더하였도다."

3. 사울이 죽자 유다 사람들이 다윗에게 기름을 부어 왕으로 삼은 곳은 어디인가? (삼하 2:4)
   1) 예루살렘　2) 벧엘　3) 헤브론　4) 기브아

4. 길보아 전투에서 전사한 사울을 장사한 사람들은 누구인가? (삼하 2:4)
   1) 블레셋 사람들　2) 아말렉 사람들
   3) 에돔 사람들　4) 길르앗 아베스 사람들

5. 다윗의 셋째 아들로 나중에 다윗을 죽이려고 했다. 이 아들의 이름은 무엇인가? (삼하 3:3)

6. 이스보셋에게 군대 지휘관이 두 명 있는데 누구누구인가? (삼하 4:2)

1) 요압 , 아사라　　2) 아브넬 , 여히힐

3) 바아나 , 레갑　　4) 스루야 , 므비보셋

7. 사울의 아들로 유모가 안고 도망치다 떨어져 다리가 절게 된 사람은 누구인가? (삼하 4:4)

1) 말기수아　2) 요나단　3) 아미나답　4) 벤하닷

8. 이스보셋의 머리를 가져다가 어디에 장사했는가? (삼하 4:12)

1) 블레셋 - 요압 무덤　　2) 에글론 - 사울 무덤

3) 암몬 - 아각 무덤　　4) 헤브론 - 아스넬 무덤

| 실천 사항 |

▶ 오늘의 말씀을 읽으시고 나에게 유익한 말씀이 무엇인지 깨달아봅시다 .

▶ 오늘 말씀으로 나의 삶에 적용하며 행동으로 옮겼는지 실천한 것을 적어봅시다 .

▶ 오늘 하나님이 보시기에 합당한 삶을 살았으면 감사한 것을 적어 봅시다 .

▶ 오늘의 기도 제목을 적어 봅시다 .

다윗이 온 이스라엘의 왕이 되다

오늘의 성경 말씀을 읽으시고 묵상한 후 풀어보시면 유익합니다.

온 이스라엘의 왕이 된 다윗의 통치와 전쟁 삶을 한마디로 표현하면 그는 하나님을 찬양하고 경배함으로써 하나님의 마음에 합한 자라고 성경에 기록되어 있다. 하나님의 임재의 상징인 거룩한 법궤를 모셔왔다는 것은 하나님이 나와 함께하시기를 사모했다.

9. 다윗이 왕에 오를 때 나이는 몇 살이고 몇 년 동안 다스렸는가? (삼하 5:4)

10. 다윗이 예루살렘을 점령하여 다윗 성을 쌓기까지 그곳에는 어느 사람들이 살았는가? (삼하 5:6-9)

 1) 블레셋 2) 아말렉 3) 여부스 4) 에돔

11. 두로왕 히람이 사절과 함께 보낸 것이 아닌 것은 무엇인가? (삼하 5:11)

 1) 역청 2) 석수 3) 목수 4) 백향목

12. 다음 ( ) 안에 공통적으로 들어갈 말은 무엇인가? (삼하 6:11)

 "여호와의 궤가 가드 사람 ( ) 의 집에 석 달을 있었는데 여호와께서 ( ) 과 그의 온 집에 복을 주시니라."

13. 웃사가 하나님의 궤를 붙들어 하나님이 진노하여 그를 치니 궤 곁에서 죽어 다윗이 그곳을 뭐라고 불렀는가? (삼하 6:6-8)

14. 여호와께서 이스라엘 자손을 애굽에서 나온 날부터 오늘까지 집에 살지 않고 어디에 살았다고 하였나? (삼하 7:6)

1) 성전 2) 장막과 성전 3) 수풀 4) 석굴

15. 다윗이 에돔 사람 만 팔천 명을 죽이고 명성을 떨친 곳은 어디인가? (삼하 8:13)

1) 아스골 골짜기 2) 헤브론 골짜기 3) 소금 골짜기 4) 힌놈 골짜기

16. 다윗이 보낸 신하들의 수염을 절반 깎고 그들의 의복을 중동 볼기까지 자르고 돌려 보낸 암몬의 왕은 누구인가? (삼하 10:1-4)

1) 아몬 2) 아하시아 3) 아합 4) 하눈

| 실천 사항 |

▶ 오늘의 말씀을 읽으시고 나에게 유익한 말씀이 무엇인지 깨달아봅시다.

▶ 오늘 말씀으로 나의 삶에 적용하며 행동으로 옮겼는지 실천한 것을 적어봅시다.

▶ 오늘 하나님이 보시기에 합당한 삶을 살았으면 감사한 것을 적어 봅시다.

▶ 오늘의 기도 제목을 적어 봅시다.

다윗의 범죄

오늘의 성경 말씀을 읽으시고 묵상한 후 풀어보시면 유익합니다.

다윗은 충성스러운 부하의 아내를 음행하였으며 격전지로 보내 죽게 만들었다. 간음죄를 숨기려는 다윗에게 하나님은 깨우치도록 나단 선지자를 보내 회개케 하신다. 회개하고 죄에서 돌이킨 다윗에게 하나님은 전보다 더 큰 은혜를 베풀어 주셨다.

17. 다윗과 밧세바의 통정은 우리아가 어떤 성을 공격할 때 일어났는가? (삼하 11:1-5)

1) 랍바 2) 라기스 3) 길갈 4) 에글론

18. 다윗과 밧세바의 간통을 책망한 선지자는 누구인가? (삼하 12:1-15)

1) 엘리야 2) 나단 3) 에스라 4) 호세야

19. 다윗과 밧세바의 사이에 낳은 아들은 여호와께서 치시매 태어난 지 며칠 만에 죽었는가? (삼하 12:15-18)

1) 3 일 2) 5 일 3) 7 일 4) 10 일

20. 암논이 다말을 욕보이게 도와준 사람은 누구인가? (삼하 13:1-3)

21. 다말을 욕보이고 책임을지지 않고 쫓아낸 일로 인하여 압살롬에게 죽임을 당한 자는 누구인가? (삼하 13:10-22)

1) 길르압 2) 아도니아 3) 이드르함 4) 암논

22. 요압이 그 술로 가서 압살롬을 데리고 왔을 때 다윗은 어떻게 했는가? (삼하 14:23-24)

1) 울며 맞이했다 .
2) 암논 일로 책망했다 .
3) 얼굴을 보여주지 않았다 .
4) 용서를 해줬다 .

23. 압살롬이 반란을 모의한 곳은 어디인가? (삼하 15:10)

1) 예루살렘　2) 가드　3) 기드론　4) 헤브론

24. 다윗왕이 압살롬을 피해 왕궁을 나갈 때 누구를 시켜 왕궁을 지키게 하였는가? (삼하 15:16)

1) 수비대장　2) 왕실 하인　3) 후궁 열 명　4) 군인

| 실천 사항 |

▶ 오늘의 말씀을 읽으시고 나에게 유익한 말씀이 무엇인지 깨달아봅시다 .

▶ 오늘 말씀으로 나의 삶에 적용하며 행동으로 옮겼는지 실천한 것을 적어봅시다 .

▶ 오늘 하나님이 보시기에 합당한 삶을 살았으면 감사한 것을 적어 봅시다 .

▶ 오늘의 기도 제목을 적어 봅시다 .

20 . . .(제14주 월요일) **오늘의 말씀: 삼하 16-20장**

압살롬의 반역과 도망자 다윗

오늘의 성경 말씀을 읽으시고 묵상한 후 풀어보시면 유익합니다.

압살롬은 아히도벨의 모략에 따라 다윗을 대항했다면 승리를 거뒀을 텐데 그렇지 않아 실패했다. 전쟁이 끝나고 압살롬은 죽고 반란이 진압되었지만 아들을 끝까지 미워하지 않고 죽었다는 소식에 마음의 슬픔을 억제하지 못하고 문주에 올라 소리 내어 울었다.

25. 압살롬의 반란으로 비후림에 온 다윗에게 돌을 던지며 저주하는 사울의 친족은 누구인가? (삼하 16:5-7)

1) 시바 2) 므비보셋 3) 스루야 4) 시므이

26. 스루야의 아들 아비새가 다윗 왕에게 이 죽은 개가 왕을 저주하느냐 한 죽은 개로 칭한 사람은 누구인가? (삼하 16:5-14)

1) 시바 2) 므비모셋 3) 시므이 4) 요나단

27. 다윗 왕을 아히도벨의 계략에서 구해낸 사람은 누구인가? (삼하 17:15)

1) 사달 2) 후새 3) 므분네 4) 아비새

28. 압살롬의 모사였다가 스스로 목을 매어 자살한 전략가는 누구인가? (삼하 17:23)

29. 반역한 압살롬을 마지막까지 죽인 사람은 누구인가? (삼하 18:15)

1) 아비새 2) 잇대 3) 요압 4) 무기 든 청년 열 명

30. 피난 갔던 다윗이 돌아올 때 요단에서 맞이한 사람들이 아닌 것은? (삼하 19:15-17)

1) 베냐민 사람들　　2) 바르실래
3) 게라 아들 시므이　　4) 사울 집안 종 시바

31. 다윗이 유다 사람을 모아오라는 명령을 어겨 요압에게 죽임을 당한 사울의 아들 이스보셋의 군대 사령관은 누구인가? (삼하 20:4-3)

32. 반역한 세바가 요압의 추력을 피하여 달아나다가 숨을 거든 곳은 어디인가? (삼하 20:14-22)

1) 기드론　2) 헤브론　3) 아벨　4) 랍바

| 실천 사항 |

▶ 오늘의 말씀을 읽으시고 나에게 유익한 말씀이 무엇인지 깨달아봅시다.

▶ 오늘 말씀으로 나의 삶에 적용하며 행동으로 옮겼는지 실천한 것을 적어봅시다.

▶ 오늘 하나님이 보시기에 합당한 삶을 살았으면 감사한 것을 적어 봅시다.

▶ 오늘의 기도 제목을 적어 봅시다.

다윗의 용사들

오늘의 성경 말씀을 읽으시고 묵상한 후 풀어보시면 유익합니다.

다윗의 생애처럼 파란만장한 삶을 산 사람도 드물다. 수없이 많은 위험을 겪었다. 그렇지만 그를 도운 용사들을 보면 입이 벌어질 정도다. 하나님이 함께하심으로 강성한 국가를 이룬 다윗의 통치를 보여주며 다윗의 찬양, 유언, 솔로몬에게 계승을 보여준다.

33. 다윗이 사울의 뼈와 요나단의 뼈를 어디에서 거두었는가 그 장소는? (삼하 21:12)
1) 기드돈 2) 랍바 3) 시글락 4) 길르앗 야베스

34. 다음 ( ) 안에 들어갈 말은 무엇인가 (삼하 22:3)
"내가 피할 나의 ( )의 하나님이시오, 나의 ( )시오, 나의 ( )의 뿔이시오, 나의 높은 망대시오, 그에게 피할 나의 피난처시오, 나의 구원자시라. 나를 폭력에서 구원하셨도다"

35. 다윗이 소원하여 베들레헴 성문 곁 우물물을 떠 온 세 용사의 하나로 요압의 아우는 누구인가? (삼하 23:15-18)

36. 모압 아리엘의 아들 둘을 죽이고 구덩이에 사자 한 마리를 쳐 죽였고 나중에 다윗의 시위대 대장이 된 자는 누구인가? (삼하 23:23-23)
1) 아비새 2) 아비에셀 3) 브나야 4) 엘 리가

37. 다윗의 인구조사로 인해 하나님께서 진노하시어 재앙을 내리면서 재앙 중 하나를 선택하라고 했는데 세 가지 재앙에 들지 않는 것은 무엇인가? (삼하 24:10-16)
1) 왕이 원우에게 쫓겨 도망감 2) 사흘 동안 전염병
3) 칠 년 기근 4) 이웃 국가의 침략

38. 여호와께서 전염병으로 단에서 브엘세바까지 백성들을 치실 때 죽은 자들이 몇 명 인가? (삼하 24:15)

1) 오만 명 2) 육만 명 3) 칠만 명 4) 팔만 명

39. 다윗에게 여호와의 사자가 나타난 곳은 어디인가? (삼하 24:16)

1) 여부스 2) 베들레헌 3) 아라우나의 타작마당 4) 라기스

40. 다윗은 여호와께서 제단을 쌓고 번제를 드리기 위해 아라우나에게 타작마당과 소 값으로 얼마를 주었는가? (삼하 24:24)

1) 은 삼십 세겔 2) 은 오십 세겔 3) 은 육십 세겔 4) 은 칠십 세겔

| 실천 사항 |

▶ 오늘의 말씀을 읽으시고 나에게 유익한 말씀이 무엇인지 깨달아봅시다.

▶ 오늘 말씀으로 나의 삶에 적용하며 행동으로 옮겼는지 실천한 것을 적어봅시다.

▶ 오늘 하나님이 보시기에 합당한 삶을 살았으면 감사한 것을 적어 봅시다.

▶ 오늘의 기도 제목을 적어 봅시다.

[사무엘 하 해답]

1) 2 2) 애통, 사랑, 사랑 3) 3 4) 4 5) 압살롬 6) 3 7) 2 8) 4 9) 30 세, 40 년 10) 3 11) 1 12) 오벧에돔 13) 베레스 웃사 14) 2 15) 3 16) 4 17) 1 18) 2 19) 3 20) 요나답 21) 4 22) 3 23) 4 24) 3 25) 4 26) 3 27) 2 28) 아히도벨 29) 4 30) 2 31) 아마사 32) 3 33) 4 34) 반석, 방패, 구원 35) 아비새 36) 3 37) 4 38) 3 39) 3 40) 2

11. 열왕기 상 (列王記 上, 1 KINGS)

1. 내용

다윗 왕의 죽음에서부터 왕국 분열을 거쳐 북이스라엘 왕 아합의 죽음에 이르기까지 120여년의 역사를 그린 이 책은 다윗을 이어 이스라엘의 왕위에 오른 솔로몬왕의 통치와 하나님의 성전을 건축한 이야기로 시작된다.

솔로몬의 통일 왕국과 솔로몬 이후 분열 왕국의 역사를 다루는데, 표면적으로는 인간 역사의 반복되는 실패를 그리는 듯해도 그 이면에 끊임없이 이어지는 하나님의 주관적인 통치를 보여준다.

2. 배경

솔로몬에 의한 황금시대와 예루살렘 성전 건축으로 종교적 · 정치적 절정에 이른 시기다. 솔로몬의 범죄로 왕국이 분열되던 때이다.

3. 흐름과 내용 구성

크게는 통일왕국과 분열왕국으로 나뉘어져 솔로몬의 통치와 타락(아도니아의 반란, 왕위계승, 성전건축, 봉헌, 우상숭배와 죽음), 분열 왕국(북쪽 지파 반란, 여로보암의 건국, 르호보암의 통치) 등으로 구성되었다.

4. 목적

나라의 흥망성쇠가 하나님의 말씀에 순종하느냐에 달려 있고, 하나님은 이스라엘의 참된 통치자임을 깨닫게 하고, 언약을 지키며 약속을 신뢰하는 것이라는 사실을 주지시킨다.

5. 본서에 나타난 하나님의 섭리

하나님은 타락하고 범죄하는 자는 결단코 용서하시지 않는다는 사실을 기억해야 한다. 그렇지만 하나님의 징계 이면에는 택한 백성을 죄에서 돌이키기 위한 거룩한 뜻이 담겨 있다.

솔로몬이 왕으로 등극

오늘의 성경 말씀을 읽으시고 묵상한 후 풀어보시면 유익합니다.

다윗은 일찍이 솔로몬이 자기의 뒤를 이어 왕이 될 것을 하나님으로부터 들었다. 다윗은 그 아들 솔로몬에게 왕으로서 부귀영화를 누리며 많은 신하들을 잘 간수하며 나라를 다스리라고 하지 않고 오히려 하나님의 율법과 계명을 지키라고 하며 형통하게 사는 법을 가르쳐줬다.

1. 다윗 왕이 나이가 많아 늙은 왕을 받들어 모실 젊은 처녀를 뽑았는데 어디에서 온 누구인가? (왕상 1:1–3)

2. 아도니아가 왕이 되고자 끌어들여 함께 모발을 한 다윗이 신하는 누구인가? (왕상 1:7)
   1) 사독　2) 브나야　3) 요압　4) 시므이

3. 다음은 다윗이 솔로몬에게 유언한 내용이다. 아닌 것은? (왕상 2:2–7)
   1) 바르실대 아들들에게 은총을 베풀라　2) 너는 힘써 대장부가 되라
   3) 모세의 율법에 기록된 대로 지키라　4) 아내를 많이 두지 마라

4. 아도니야가 밧세바를 이용하는 얕은 꾀로 솔로몬 왕에게 누구를 아내로 달라고 하였냐? (왕상 2:17)

5. 솔로몬 왕이 일천 번제를 드린 곳은 어디인가? (왕상 3:4)
   1) 성전　2) 다윗 무덤　3) 기브온 신당　4) 에리론 굴

6. 나단의 아들로 지방 관장의 두령은 누구인가? (왕상 4:5)

1) 아히야　　2) 여호사밧　　3) 아비아달　　4) 아사리아

7. 솔로몬 왕 때 아모리왕 시혼과 바산왕 옥의 나라 길르앗 땅을 다스린 지방 관장은 누구인가? (왕상 4:19)

1) 아히나답　　2) 게벨　　3) 아히마아스　　4) 벤제벨

8. 솔로몬의 잠언은 몇 개나 되는가? (왕상 4:32)

1) 1,000 개　　2) 2,000 개　　3) 3,000 개　　4) 4,000 개

| 실천 사항 |

▶ 오늘의 말씀을 읽으시고 나에게 유익한 말씀이 무엇인지 깨달아봅시다.

▶ 오늘 말씀으로 나의 삶에 적용하며 행동으로 옮겼는지 실천한 것을 적어봅시다.

▶ 오늘 하나님이 보시기에 합당한 삶을 살았으면 감사한 것을 적어 봅시다.

▶ 오늘의 기도 제목을 적어 봅시다.

솔로몬의 성전건축

오늘의 성경 말씀을 읽으시고 묵상한 후 풀어보시면 유익합니다.

솔로몬이 왕이 되자 성전건축을 시작한다. 성전을 '여호와의 성전' 이라고 하는 것은 여호와의 의하여 계획되고 설계되었기 때문이다. 성전건축은 역사적, 영적, 제의적 큰 의미를 띤다. 언약궤를 모셔오고 백성들과 하나님께서 봉헌예배를 드린다. 성전은 하나님이 거하시는 집이기 때문이다.

9. 솔로몬 왕에게 성전 건축을 위해 백향목과 잣나무 재목을 보낸 두로나라 왕은 누구인가? (왕상 5:1-8)

10. 다음중 솔로몬이 성전 건축을 할 때 감독자로 세운 사람은 누구인가? (왕상 5:14)
1) 여호사밧 2) 아비마달 3) 아도니람 4) 아사리아

11. 솔로몬의 성전은 전부 무엇으로 입히셨는가? (왕상 6:22)
1) 은 2) 금 3) 철 4) 동

12. 다음 ( ) 안에 들어갈 말은 무엇인가? (왕상 6:38)
"열한째 해 불월 곧 여덟째 달에 그 설계와 식양대로 성전 건축이 다 끝났으니 솔로몬이 ( ) 동안 성전을 건축하였더라."

13. 솔로몬의 궁 안에는 재판하기 위하여 이것을 지었다. 이것은 무엇인가? (왕상 7:7)
1) 야긴 2) 주랑 3) 보아스 4) 제단

14. 솔로몬이 성전의 주랑 앞에 세운 두 놋 기둥을 무엇이라고 하였는가? (왕상 7:21)

15. 솔로몬이 성전을 건축하여 봉헌하니 여호와께서 영광의 증거로 어떻게 하셨나? (왕상 8:10-11)

1) 구름이 가득했다　　2) 비가 내렸다

3) 햇볕이 뜨거웠다　　4) 무지개가 떴다

16. 두로왕 히람은 솔로몬이 준 성읍들이 눈에 들지 않자 이 성읍들을 보고 이렇게 불렀다. 무엇인가? (왕상 9:32-33)

1) 선불 땅　　2) 가불 땅　　3) 척박한 땅　　4) 좋은 땅

| 실천 사항 |

▶ 오늘의 말씀을 읽으시고 나에게 유익한 말씀이 무엇인지 깨달아봅시다.

▶ 오늘 말씀으로 나의 삶에 적용하며 행동으로 옮겼는지 실천한 것을 적어봅시다.

▶ 오늘 하나님이 보시기에 합당한 삶을 살았으면 감사한 것을 적어 봅시다.

▶ 오늘의 기도 제목을 적어 봅시다.

20　　.　　.　　.(제14주 금요일)　　　　오늘의 말씀: 왕상 10-11장

솔로몬의 번영과 무상숭배

오늘의 성경 말씀을 읽으시고 묵상한 후 풀어보시면 유익합니다.

솔로몬의 지혜와 부귀영화는 멈출 줄 모른다. 아라비아 남부의 스바 여왕도 찾아와 '당신의 하나님 여호와를 송축할지로다' 라고 말하며 하나님의 사랑과 공과 의를 찬양하며 높일 정도였다. 그런 솔로몬이 이집트 공주들 비롯한 주변 이방나라 여자들을 후궁으로 들여 우상숭배하며 몰락한다.

17. 스바 여왕이 솔로몬 왕을 찾아온 목적은 무엇인가? (왕상 10:1)
   1) 친교를 맺기 위하여　　2) 딸을 결혼시키기 위하여
   3) 무역 교류를 맺기 위하여　　4) 어려운 문제로 시험하려고

18. 솔로몬의 지혜를 듣고 그의 얼굴을 보기 위하여 가지고 온 것이 아닌 것은 무엇인가? (왕상 10:23-25)
   1) 은 두 그릇　　2) 금 두 그릇　　3) 갑옷과 향품　　4) 염소와 양

19. 다음 (　　)안에 들어갈 말은 무엇인가? (왕상 10:18)
   "왕이 또 (　　　)로 큰 보좌를 만들고 (　　　)으로 입혔으니"

20. 솔로몬은 이것을 돌같이 흔하게 하고 이것을 평지의 뽕나무 같이 많게 하였다. 이것은 무엇인가? (왕상 10:27)
   1) 금, 잣나무　　2) 은, 백향목　　3) 은, 감람나무　　4) 금, 상수리 나무

21. 이방 여인과 결혼하지 말라는 하나님의 명령을 어기고 거느린 솔로몬의 후궁과 첩은 몇 명인가? (왕상 11:3)

1) 후궁 300 명, 첩 100 명　　2) 후궁 500 명, 첩 200 명
3) 후궁 700 명, 첩 300 명　　4) 후궁 800 명, 첩 400 명

22. 솔로몬은 이방 여인들을 통하여 이방 신들을 섬겼다. 섬기지 않은 이방신은 무엇인가? (왕상 11:5-7)

1) 암몬의 밀곰　　2) 시돈의 아스다롯　　3) 모압의 이모스　　4) 애굽의 몰렉

23. 요셉 족속의 감독관이 었다가 분열된 북 이스라엘의 초대 왕이 된자는 누구인가? (왕상 11:28)

24. 솔로몬이 죽이려하자 애굽으로 도망가 죽기까지 가디린 사람은 누구인가? (왕상 11:40)

1) 여호사밧　　2) 아도니람　　3) 여로보암　　4) 아비아달

| 실천 사항 |

▶ 오늘의 말씀을 읽으시고 나에게 유익한 말씀이 무엇인지 깨달아봅시다.

▶ 오늘 말씀으로 나의 삶에 적용하며 행동으로 옮겼는지 실천한 것을 적어봅시다.

▶ 오늘 하나님이 보시기에 합당한 삶을 살았으면 감사한 것을 적어 봅시다.

▶ 오늘의 기도 제목을 적어 봅시다.

분열 왕국

오늘의 성경 말씀을 읽으시고 묵상한 후 풀어보시면 유익합니다.

솔로몬이 죽고 아들 르호보암이 왕이 되어 오히려 더 포악을 행하였다. 솔로몬이 말년에 범죄에 빠져 하나님께서는 그 나라를 빼앗으라고 말씀하셨다. 르호보암은 완악해져 신하들의 말을 듣지 않고 어리석은 자들의 말을 들음으로써 나라는 분열되었다. 르호보암의 우매함이 분열로 이어졌다.

25. 르호보암이 왕으로 등극하여 백성들이 요구한 사항은 무엇인가? (왕상 12:4)
    1) 강제노역금지, 세금감면 2) 땅 분배 3) 제단 건축 4) 우상철폐

26. 여로보암이 북왕국 이스라엘을 세운 후 제사를 드리게 한 곳은 어디인가? (왕상 12:29)

27. 여로보암의 죄로 인하여 그 집이 땅 위에서 끊어져 멸망한 것은 무엇 때문인가? (왕상 13:33-34)
    1) 제물을 제대로 드리지 않아서 2) 왕의 직무를 수행하지 않아서
    3) 일반 백성을 제사장 삼아서 4) 후궁을 많이 두어서

28. 여로보암을 저주한 예언자는 누구인가? (왕상 14:2)
    1) 예레미야 2) 아히야 3) 학개 4) 이사야

29. 여로보암의 아들 나답을 죽이고 왕위를 찬탈한 자는 누구인가? (왕상 15:28)
    1) 시므리 2) 아합 3) 엘라 4) 바아사

30. 성읍이 함락됨을 보고 왕궁 요새에 들어가 불을 지르고 죽은 왕은 누구인가? (왕상 16:18)

1) 아합　2) 시므리　3) 바아사　4) 오므리

31. 북왕국 수도를 세겜에서 사마리아로 옮기고 성읍을 건축한 이스라엘 왕은 누구인가? (왕상 16:21-24)

1) 바아사　2) 아합　3) 오므리　4) 엘라

32. 시돈의 왕 엣바알의 딸 이세벨과 정략적으로 결혼한 이스라엘의 왕은 누구인가? (왕상 16:31)

1) 오므리　2) 시므리　3) 엘라　4) 아합

| 실천 사항 |

▶ 오늘의 말씀을 읽으시고 나에게 유익한 말씀이 무엇인지 깨달아봅시다.

▶ 오늘 말씀으로 나의 삶에 적용하며 행동으로 옮겼는지 실천한 것을 적어봅시다.

▶ 오늘 하나님이 보시기에 합당한 삶을 살았으면 감사한 것을 적어 봅시다.

▶ 오늘의 기도 제목을 적어 봅시다.

20 . . . (제15주 월요일) **오늘의 말씀: 왕상 17-22장**

엘리야 선지자를 보내시는 하나님

오늘의 성경 말씀을 읽으시고 묵상한 후 풀어보시면 유익합니다.

이스라엘 왕들이 악하고 우상숭배에 빠져 있을 때 하나님은 엘리야 선지자를 보내어 하나님께 다시 돌아오라고 촉구하지만 그들은 선지자의 촉구마저 거절하며 멸망의 길로 간다. 어리석은 자들이 우상에게 자신을 맡긴다. 주께서 나와 함께하심을 알고 믿음 안에서 순종의 삶을 살자.

33. 이곳 시냇가에 숨은 엘리야에게 까마귀들이 아침과 저녁에 떡과 고기를 가져왔다. 이곳은 어디인가? (왕상 17:3)

1) 단 2) 그릿 3) 세겜 4) 부느엘

34. 엘리야에게 음식을 대접하여 축복받은 여인은 누구인가? (왕상 17:9)

35. 이 사람은 이세벨의 박해 가운데 선지자 백 명을 오십 명씩 굴에 숨기고 떡과 물을 제공했다. 누구인가? (왕상 18:4)

1) 나단 2) 아사라 3) 오바댜 4) 여히힐

36. 갈멜산에 모인 아세라의 선지자는 몇 명인가? (왕상 18:19)

1) 300 명 2) 400 명 3) 500 명 4) 600 명

37. 갈멜산 전투에서 승리한 엘리야는 바알의 선지자들을 어디로 데리고 가서 죽였는가? (왕상 18:40)

1) 갈마 2) 기손시내 3) 길갈 4) 가불

38. 엘리야가 엘리사를 하나님의 명령에 따라 선지자로 삼으려 할 때 자신의 무엇을 던져주었는가? (왕상 19:19-21)

1) 선지자 지팡이　　2) 모자　　3) 겉옷　　4) 에봇

39. 나봇이 포도원을 파는 것을 거부했다는 이유로 이세벨은 무슨 명목으로 나봇을 죽이려 하였는가? (왕상 21:8-10)

1) 왕비의 명령 거부　　2) 제물을 바라지 않음

3) 신을 저주함　　4) 하나님과 왕을 저주함

40. 북 이스라엘 왕 아하시아는 아버지 아합, 어머니 이세벨처럼 이 신앙에 빠져 열심이었다. 무엇인가? (왕상 22:51-53)

| 실천 사항 |

▶ 오늘의 말씀을 읽으시고 나에게 유익한 말씀이 무엇인지 깨달아봅시다.

▶ 오늘 말씀으로 나의 삶에 적용하며 행동으로 옮겼는지 실천한 것을 적어봅시다.

▶ 오늘 하나님이 보시기에 합당한 삶을 살았으면 감사한 것을 적어 봅시다.

▶ 오늘의 기도 제목을 적어 봅시다.

[열왕기 상 해답]

1) 수빔 여자 , 아비삭 2) 3 3) 4 4) 아비삭 5) 3 6) 4 7) 2 8) 3 9) 히람 10) 3 11) 2 12) 칠년 13) 2 14) 야긴과 보아스 15) 1 16) 2 17) 4 18) 4 19) 상아 , 정금 20) 2 21) 3 22) 4 23) 여로보암 24) 3 25) 1 26) 벧엘과 단 27) 3 28) 2 29) 4 30) 2 31) 3 32) 4 33) 2 34) 사르밧 과부 35) 3 36) 2 37) 2 38) 3 39) 4 40) 바알 숭배

12. 열왕기 하 (列王記 下, 2 KINGS)

1. 내용

남과 북으로 갈라진 두 왕국 이스라엘, 즉 남유다 왕국과 북왕국 이스라엘이 멸망하는 과정과 이스라엘 백성이 포로가 되는 날까지 역사를 소개한다. 그러나 두 왕국 모두 하나님의 백성으로서 약속에 충실하지 못하고 불순종하자 하나님은 먼저 북왕국 이스라엘을 심판하시고 남왕국 유다를 심판하셨다.

나라를 잃고 멀리 이방 땅으로 포로로 끌려가는 고난 역시 하나님을 찾게 하시는 연단의 과정임을 발견할 수 있다.

2. 배경

솔로몬 사후 남북으로 분열된 남유다, 북이스라엘, 그 외 남북 왕조의 주요 도시들과 북왕조 이스라엘을 멸망시킨 앗수르 느브갓네살 왕이 남유다를 멸망시키고 백성들을 포로로 잡아가는 과정 등으로 꾸며졌다.

3. 흐름과 내용 구성

선지자 엘리야의 사역과 승천, 엘리사 사역, 북왕국 이스라엘의 멸망, 남유다의 열왕과 남유다의 멸망되는 과정들이 그려져 있다.

4. 목적

하나님의 통치를 거부한 남북 이스라엘의 참담한 멸망 과정 속에 하나님을 떠나 타락하고 범죄하면 반드시 징계가 있게 된다는 가르침을 주고 이 고난 역시 장차 도래할 메시야 왕국의 대망을 예표한다.

5. 본서에 나타난 하나님의 섭리

본서에는 '하나님의 사람', '하나님의 말씀'이 수없이 나타난다. 선지자들을 보내시어 심판하기 이전에 반드시 죄악을 돌이키기 위하여 권면을 베푸셔서 회개하고 하나님께 순종하면 축복으로 채워주시고 그것을 알지 못하고 불순종하면 징계와 심판을 받는다는 언약을 보여준다. 하나님을 순종하고 따르면 끝까지 그리스도를 통해 구원해 주신다는 교훈을 보여준다.

엘리야의 후계자 엘리사

오늘의 성경 말씀을 읽으시고 묵상한 후 풀어보시면 유익합니다.

엘리야가 승천한 사실은 자연의 이치로는 이해할 수 없는 하나님의 사역이다. 엘리야는 자신의 일을 충성스럽게 감당했고 영광을 맛보았다. 엘리야의 승천시 겉옷을 취한 엘리사는 능력을 갑절이나 받으며 엘리야의 뒤를 이어 선지자가 되었다.

1. 아하시아가 병이 들었을 때 여호와의 사자가 사마리아의 사자에게 물은 신은 누구인가? (왕하 1:2-3)
   1) 암몬의 신 말곰 2) 시돈의 신 바알
   3) 모압의 신 그모스 4) 에그론의 신 바알세붑

2. 아하시아가 죽고 여호사밧의 아들 여호람이 왕이 되었는데 그 이유는 무엇인가? (왕하 1:17)
   1) 아하시아의 아들이 없어서 2) 기름부음을 받아서
   3) 장자이기 때문에 4) 선지자가 추천하여

3. 엘리야는 죽지 않고 하나님께 돌아갔다. 어떻게 돌아갔는가? (왕하 2:1,11)
   1) 천사들과 함께 올라감 2) 회오리바람으로 하늘로 올라감
   3) 병거를 타고 올라감 4) 무지개를 타고 올라감

4. 엘리사에게 성읍에서 나온 아이들이 대머리라 조롱하여 여호와의 이름으로 저주하니 아이들은 어떻게 되었나? (왕하 2:23-24)
   1) 부모에게 쫓겨났다 2) 물에 빠져 죽었다
   3) 불타 죽었다 4) 곰이 찢어 죽었다

5. 엘리사가 엘리야에게 이것을 받은 후 요단언덕에 서서 물을 치니 물이 갈라져 건너게 되었다. 이것은 무엇인가? (왕하 2:13-14)

1) 선지자 지팡이 2) 선지자 모자 3) 겉옷 4) 에봇

6. 모압 왕 메사와의 전쟁에서 참여하지 않은 나라는 어디인가? (왕하 3:9-12)

1) 에돔 2) 유다 3) 시돈 4) 암몬

7. 모압 왕 메사와 전쟁 때 엘리사가 여호와의 말씀이라며 무엇을 파라고 하였나? (왕하 3:16)

1) 우물 2) 개천 3) 산 언덕 4) 마당

8. 모압과의 전투에서 연합군은 성읍을 헐고 모든 샘을 메우고 무엇을 베었나? (왕하 3:25)

1) 감람나무 2) 상수리나무 3) 굵은 나무 4) 회향목 나무

| 실천 사항 |

▶ 오늘의 말씀을 읽으시고 나에게 유익한 말씀이 무엇인지 깨달아봅시다.

▶ 오늘 말씀으로 나의 삶에 적용하며 행동으로 옮겼는지 실천한 것을 적어봅시다.

▶ 오늘 하나님이 보시기에 합당한 삶을 살았으면 감사한 것을 적어 봅시다.

▶ 오늘의 기도 제목을 적어 봅시다.

엘리사 선지자의 활약

오늘의 성경 말씀을 읽으시고 묵상한 후 풀어보시면 유익합니다.

선지자 엘리사를 통해 많은 기사와 이적들이 일어난다. 흉년이 들어 먹을 것이 없을 때 보리 떡 이십 개와 채소로 오병이어와 같은 이적을 베풀었다. 나병 환자 나아만을 치료하여 고쳐 주었다. 능력을 베풀어 주시는 하나님께 영광 돌리는 삶을 살아야 한다.

9. 한 사람이 바알 살리사에서 와 처음 만든 보리 떡 이십 개와 채소를 주었을 때 몇 명이 먹어도 남았는가? (왕하 4:42-43)

10. 아람왕의 군대장관 나아만이 문둥병이 걸렸을 때 엘리사가 사자를 통해 명령한 것은? (왕하 5:10-14)
   1) 속죄제와 화목제를 함께 드려라 2) 번제물을 드려라
   3) 희생 제사를 드려라 4) 요단강에 몸을 일곱 번 씻어라

11. 나아만이 병 고침을 받은 후 돌아가는 데 게하시는 쫓아가 무엇을 주라고 하였는가? (왕하 5:22)
   1) 은 한 달란트, 옷 두 벌 2) 은 두 달란트, 옷 세 벌
   3) 은 세 달란트, 옷 한 벌 4) 은 두 달란트, 옷 한 벌

12. 엘리사의 사환 게 하시는 여호와께서 어떤 형벌을 내리셨나? (왕하 5:27)
   1) 혈루병 2) 나병 3) 눈을 멀게 함 4) 죽였다.

13. 엘리사가 제자들과 요단으로 갔을 때 나뭇가지를 베어 물에 던지니 어떤 일이 일어났는가? (왕하 6:6)

1) 도끼 자루만 떠올랐다　　2) 물이 넘쳐 흘렀다
3) 물이 빠져나갔다　　4) 쇠도끼를 떠오르게 했다

14. 아람 왕 벤하닷이 사마리아를 에워싸고 공격할 때 사마리아인들이 굶주려 어떻게 하였나? (왕하 6:24-29)
1) 칡뿌리를 삶아 먹었다　　2) 나무잎을 따 먹었다
3) 서로의 아들을 잡아먹었다　　4) 열매를 따서 연명했다

15. 이스라엘이 아람 왕 벤하닷에게 승리할 때 여호와께서 병거 소리와 큰 군대의 소리 또 무슨 소리를 듣게 하였는가? (왕하 7:6)
1) 말소리　　2) 코 골는 소리　　3) 크게 떠드는 소리　　4) 웃음소리

16. 다음 (　)안에 들어갈 말은 무엇인가? (왕하 7:9)
"오늘은 (　　　　) 소식이 있는 날이거늘 우리가 (　　　　) 하고 있도다."

| 실천 사항 |

▶ 오늘의 말씀을 읽으시고 나에게 유익한 말씀이 무엇인지 깨달아봅시다.

▶ 오늘 말씀으로 나의 삶에 적용하며 행동으로 옮겼는지 실천한 것을 적어봅시다.

▶ 오늘 하나님이 보시기에 합당한 삶을 살았으면 감사한 것을 적어 봅시다.

▶ 오늘의 기도 제목을 적어 봅시다.

북이스라엘의 타락과 심판

오늘의 성경 말씀을 읽으시고 묵상한 후 풀어보시면 유익합니다.

북이스라엘이 우상숭배를 하며 계속 악의 길로 접어들어 하나님께서 예후를 세워 심판한다. 하나님께서 예후에게 맡긴 사명은 아합의 온 집안을 전멸하는 것이다. 그는 자신에게 주어진 기회를 놓치지 않고 전심 전략을 다해 사명을 완수해 나갔다.

17. 아람왕 벤하닷이 병이 들어 엘리사에게 하사엘을 보냈을 때 얼굴을 살아보고 어떻게 했는가? (왕하 8:7-11)

18. 하사엘을 이불을 물에 적시어 어떻게 해서 왕이 죽었는가? (왕하 8:15)
 1) 목을 눌렀다 2) 얼굴을 덮었다 3) 코를 막았다 4) 입을 막았다

19. 선지자 엘리사가 제자 중 하나를 길르앗 라못으로 보내어 기름을 붓게 한 여호사밧의 아들을 누구인가? (왕하 9:1-6)

20. 예후가 활을 쏘아 요람의 염통을 꿰뚫어 죽이고 그 시체를 누구의 밭에 던지라고 하였나? (왕하 9:24-25)
 1) 아비세 2) 이세벨 3) 나봇 4) 레갑

21. 무리가 각각 자기의 옷을 가져다가 섬돌 위에 깔고 나팔을 불며 누구를 왕이라고 하였나? (왕하 9:13)
 1) 요람 2) 요아스 3) 아하시아 4) 예후

22. 이사벨 왕후를 죽이고 그의 시체를 밟은 왕은 누구인가? (왕하 9:33)

1) 요하스　　2) 예후　　3) 아하시아　　4) 요람

23. 예후는 아하시아 형제들을 사로잡아 양털 깎는 집 이곳에서 사십 명이나 죽였다 이 곳은 어디인가? (왕하 10:14)

1) 화장실　　2) 뒷마당　　3) 웅덩이곁　　4) 마루

24. 유다왕 아달랴는 어디에서 죽였는가? (왕하 11:6)

1) 여호와의 성전　　2) 제단 밑　　3) 다리 위　　4) 말이 다니는 길

| 실천 사항 |

▶ 오늘의 말씀을 읽으시고 나에게 유익한 말씀이 무엇인지 깨달아봅시다.

▶ 오늘 말씀으로 나의 삶에 적용하며 행동으로 옮겼는지 실천한 것을 적어봅시다.

▶ 오늘 하나님이 보시기에 합당한 삶을 살았으면 감사한 것을 적어 봅시다.

▶ 오늘의 기도 제목을 적어 봅시다.

멸망한 이스라엘

오늘의 성경 말씀을 읽으시고 묵상한 후 풀어보시면 유익합니다.

호세아 왕은 이스라엘의 왕조의 마지막 왕으로 신앙적이나 전략적으로 실패한 왕이다 이스라엘은 앗수르에 조공을 바쳐야 되나 배반하고 애굽과 동맹을 맺었다가 앗수르의 침공으로 멸망당했다. 하나님 앞에 악한 왕으로 멸망과 함께 포로로 잡혀 갔다.

25. 제사장 여호야다의 교훈에 따라 여호와 보시기에 정직하게 나라를 40년동안 다니던 왕은 누구인가? (왕하 12:2)

1) 요람 2) 예후 3) 요아스 4) 아하시아

26. 엘리사가 죽어 장사하였고 그의 묘실에 시체를 던지니 시체가 엘리사의 뼈에 닿자 어떻게 되었는가? (왕하 13:20-21)

1) 달라 붙었다 2) 가루가 되었다
3) 시커멓게 타버렸다 4) 회생하여 일어섰다

27. 유다왕 아마샤는 전쟁 중에 셀라를 취하고 그곳 이름을 무엇이라 하였는가? (왕하 14:7)

28. 유다왕 아미샤가 죽고 그의 아들이 엘랏을 건축하여 유다에 복귀시켰다. 이 왕은 누구인가? (왕하 14:22)

1) 아사랴 2) 여로보암 3) 아하시아 4) 여호아하스

29. 유다왕 아사랴의 어머니는 예루살렘 사람 누구인가? (왕하 15:2)

30. 가디의 아들 므나헴에게 사마리아에서 살해되어 이스라엘을 한 달 동안 통치한 왕은 누구인가? (왕하 15:13-14)
1) 브가히야 2) 스가랴 3) 베가 4) 살룸

31. 유다 왕으로 여호와 성전과 왕궁 곳간에 있는 은금을 앗수르 왕에게 예물로 보냈다. 이 왕은 누구인가? (왕하 16:8)
1) 베가 2) 아하스 3) 요담 4) 스가랴

32. 통치 초기에는 앗수르 왕 살만에셀에게 조공을 바치고 여호와 보시기에 악을 행한 북이스라엘 마지막 왕은? (왕하 17:1-6)

| 실천 사항 |

▶ 오늘의 말씀을 읽으시고 나에게 유익한 말씀이 무엇인지 깨달아봅시다.

▶ 오늘 말씀으로 나의 삶에 적용하며 행동으로 옮겼는지 실천한 것을 적어봅시다.

▶ 오늘 하나님이 보시기에 합당한 삶을 살았으면 감사한 것을 적어 봅시다.

▶ 오늘의 기도 제목을 적어 봅시다.

칭찬받는 히스기야 왕

오늘의 성경 말씀을 읽으시고 묵상한 후 풀어보시면 유익합니다.

유다지파와 베냐민 지파로 구성된 남방 유다 만 남았지만 이들도 130 년 후 바벨론에 의해 멸망당한다 . 히스기야는 유다의 13 번째 왕이 되어 하나님 보시기에 정직했고 우상을 타파했으며 계명을 지켜 행하여 하나님께서 그와 함께했다 .

33. 산당을 제거하고 주상을 깨뜨리며 아세라 목상과 놋뱀을 제거한 유다왕 중 형통한 왕은 누구인가? (왕하 18:4-7)

34. 모세 때 만들어진 놋뱀을 히스기야가 깨부쉈다. 이것을 무엇이라 불렀는가? (왕하 18:4)

35. 히스기야 왕이 랍사게의 말을 전해 듣고 옷을 찢고 어떤 선지자에게 사람을 보냈는가? (왕하 19:1-2)

1) 엘리야 2) 엘리사 3) 리드온 4) 이사야

36. 이사야가 히스기야에게 보낸 여호와의 말씀 중에 앗수르 왕이 예루살렘을 향해 무엇을 하지 못할 것이라 했는가? (왕하 19:32)

1) 영토를 침범하지 못한다 2) 백성들은 건들지 못한다

3) 화살을 쏘지 못한다 4) 어떤 피해도 당하지 않는다

37. 앗수르 왕 산헤립의 위협에 놀란 히스기야 왕에게 예루살렘은 함락되지 않는다고 한 선지자는 누구인가? (왕하 19:10-20)

1) 에스라 2) 호세아 3) 이사야 4) 아모스

38. 그의 신 니스록의 신전에서 경배하던 중 아드람멜렉과 사레셀이 그를 칼로 죽였다. 이때 죽은 왕은 누구인가? (왕하 19:37)

39. 히스기야가 병이 들었을 때 하나님께 간절히 간구함으로 그의 수명은 얼마나 연장되었는가? (왕하 20:6)

1) 5 년 2) 10 년 3) 15 년 4) 20 년

40. 병문안을 온 바벨론 사신들에게 보물고와 창고 군기고 등을 보여줘 나중에 바벨론에 멸망당한 왕은 누구인가? (왕하 20:12-21)

| 실천 사항 |

▶ 오늘의 말씀을 읽으시고 나에게 유익한 말씀이 무엇인지 깨달아봅시다.

▶ 오늘 말씀으로 나의 삶에 적용하며 행동으로 옮겼는지 실천한 것을 적어봅시다.

▶ 오늘 하나님이 보시기에 합당한 삶을 살았으면 감사한 것을 적어 봅시다.

▶ 오늘의 기도 제목을 적어 봅시다.

유다의 마지막 왕들

오늘의 성경 말씀을 읽으시고 묵상한 후 풀어보시면 유익합니다.

히스기아가 죽고 므낫세가 왕이 되지만 유다 왕 가운데 우상숭배에 빠져 하나님의 진노로 유다가 멸망하는 단초를 제공한다. 오히려 요시아는 왕이 되어 우상을 타파하고 예배를 회복하지만 하나님의 진노가 식지 않아 어이없는 죽음을 맞이한다.

41. 예루살렘을 55년간 다스렸으며 자기 아들을 불 가운데로 지나게 하며 점치고 사술을 행한 유다 왕은 누구인가? (왕하 21:1-6)
   1) 히스기야 2) 요잠 3) 므낫세 4) 아하스

42. 다음 ( ) 안에 들어갈 말은 무엇인가? (왕하 21:13)
   "내가 사마리아를 ( )과 아합의 집을 다림 보던 ( )를 예루살렘에 베풀고 또 사람이 ( )을 씻어 엎음같이 예루살렘을 씻어 버릴지라."

43. 아버지 므낫세를 따라 우상을 섬겼으며 신복들에 의해 살해당한 유다 왕은 누구인가? (왕하 21:21-23)

44. 대제사장 힐기야가 여호와의 성전에서 율법 책을 발견하여 누구에게 주어 읽었는가? (왕하 22:8)

45. 31년간 예루살렘을 다스렸으며 그의 어머니는 여디다였고 여호와 보시기 정직했던 왕은 누구인가? (왕하 21:1-2)
   1) 아몬 2) 요담 3) 요시아 4) 아하스

46. 다음 (　　) 안에 공통적으로 들어갈 말은 무엇인가? (왕하 23:25)

"(　　　　　) 와 같이 마음을 다하며 뜻을 다하며 힘을 다하여 모세의 모든 율법을 따라 여호와께로 돌이킨 왕은 (　　　　　) 전에도 없었고 후에도 그와 같은 자가 없었더라."

47. 우상을 섬기게 한 제사장을 폐하고 아세라 상을 불사르고 빻아서 묘지에 뿌리고, 율법 책에 기록된 대로 유월절을 지켰다. 이는 요시아 왕이 행한 무슨 개혁인가? (왕하 23:1-23)

48. 애굽 왕 바로 느고가 앗수르를 치고자 유브라데 강으로 올라가다 요시아를 만나 이곳에서 죽였다. 이곳은? (왕하 23:29)

| 실천 사항 |

▶ 오늘의 말씀을 읽으시고 나에게 유익한 말씀이 무엇인지 깨달아봅시다.

▶ 오늘 말씀으로 나의 삶에 적용하며 행동으로 옮겼는지 실천한 것을 적어봅시다.

▶ 오늘 하나님이 보시기에 합당한 삶을 살았으면 감사한 것을 적어 봅시다.

▶ 오늘의 기도 제목을 적어 봅시다.

남방 유다의 멸망

오늘의 성경 말씀을 읽으시고 묵상한 후 풀어보시면 유익합니다.

솔로몬과 르호보암의 범죄로 다윗의 나라가 두 쪽으로 나뉘어 북쪽에 10 지파로 이스라엘, 남쪽에 예루살렘 중심으로 2 지파로 나뉘게 되지만 우상숭배와 범죄로 이스라엘은 BC 722 년에 앗수르에 망하고 유다는 136 년 뒤인 BC 586 년에 바벨론에 의해 멸망한다.

49. 바벨론 왕 느부갓네살이 여호야긴의 숙부 맛다니야를 유다의 왕으로 삼고 무엇이라 불 질렀는가? (왕하 24:17)

1) 여호아하스 2) 시드기야 3) 느부사라단 4) 히스기야

50. 이스라엘의 마지막 왕 시드기야가 왕위에 올랐을 때 그의 나이는 몇 살인가? (왕하 24:18)

1) 15 세 2) 20 세 3) 21 세 4) 30 세

51. 유다는 어느 나라에 멸망당했고 정복한 왕은 누구인가? (왕하 25:1)

52. 유다 왕 시드기야의 두 눈을 빼고 무엇으로 결박하여 바벨론으로 끌고 갔는가? (왕하 25:7)

1) 포승줄 2) 쇠사슬 3) 칡껍질 4) 놋사슬

53. 예루살렘이 멸망한 뒤에 바벨론 왕 느부갓네살은 유다의 지도자로 누구를 임명하였는가? (왕하 25:22-24)

1) 느다니아 2) 그달리아 3) 요하난 4) 이스마엘

54. 사드기야가 아라바길로 도망가다가 어디 평지에서 갈대아(바벨론)인들에게 붙잡혔나? (왕하 25:5)

1) 에글론　　2) 세겜　　3) 가데스　　4) 여리고

55. 바벨론의 시위대장 이 사람이 예루살렘 성전과 왕궁과 집들을 불살랐다. 이 시위대장은 누구인가? (왕하 25:8-11)

56. 유다 왕 여호야긴은 바벨론에서 얼마 만에 석방되었는가? (왕하 25:27)

1) 17 년　　2) 27 년　　3) 37 년　　4) 47 년

| 실천 사항 |

▶ 오늘의 말씀을 읽으시고 나에게 유익한 말씀이 무엇인지 깨달아봅시다.

▶ 오늘 말씀으로 나의 삶에 적용하며 행동으로 옮겼는지 실천한 것을 적어봅시다.

▶ 오늘 하나님이 보시기에 합당한 삶을 살았으면 감사한 것을 적어 봅시다.

▶ 오늘의 기도 제목을 적어 봅시다.

[열왕기 하 해답]

1) 4 2) 1 3) 2 4) 4 5) 3 6) 4 7) 2 8) 3 9) 백명 10) 4 11) 1 12) 2 13) 4 14) 3 15) 1 16) 아름다운, 침묵 17) 울었다 18) 2 19) 예후 20) 3 21) 4 22) 2 23) 3 24) 4 25) 3 26) 4 27) 욕드엘 28) 1 29) 여골리아 30) 4 31) 2 32) 호세아 33) 히스기야 34) 느후스단 35) 4 36) 3 37) 3 38) 산헤립 39) 3 40) 히스기야 41) 3 42) 잰 줄, 추, 그릇 43) 아몬 44) 사반 45) 3 46) 요시야 47) 종교개혁 48) 므깃도 49) 2 50) 3 51) 바벨론, 느부갓네살 52) 4 53) 2 54) 4 55) 느부사라단 56) 3

13. 역대기 상 (歷代記 上, 1 CHRONICLES)

1. 내용

다윗의 계보부터 다윗의 통치 전반의 역사를 다루듯 거의 대부분 다윗 왕에 관한 이야기들로 채워졌고, 그 제사장의 관점에서 기록되었다.

왕으로서의 행위, 성전에서의 예배제도를 체계적으로 조직, 제사 제도를 구체적으로 정비하였는지를 보여줌으로써 이스라엘 백성들이 선민으로서의 확신과 긍지를 갖고 하나님께 순종하게 하려는 뜻이 담겨 있다.

2. 배경

다윗을 중심으로 한 역사가 기술되는 역대기는 다윗과 관련된 지역들이 중심 무대이다. 주변 국가와 승전 시기가 역사적 배경이다.

3. 흐름과 내용 구성

다윗의 왕통(창세부터 바벨론 포로, 회복기까지의 계보), 사울의 통치(사울 죽음과 사울가의 몰락), 다윗 통치(다윗과 용장들, 언약궤 찾음, 성전에 대한 소망, 승리와 번영), 성전 건축 준비(국가 체계, 다윗 생애 말년) 등으로 꾸며졌다.

4. 목적

포로에서 귀환한 유다 백성들에게 다윗 언약을 상기시키고 성전 중심의 역사를 수집해 나가도록 소망과 비전을 심어주고, 성전 예배가 무게 중심을 이룬다.

5. 본서에 나타난 하나님의 섭리

신앙적인 순결을 유지하려는 목적과 올바른 제사장의 직무와 예배를 유지하려는 것을 목적으로 하기 때문에 하나님께 겸손히 순종하고 하나님의 언약을 기억하는 나라와 백성은 대대로 영원하며 형통하게 된다는 사실이다.

또한 불순종하여 타락하고 배반하는 백성이 있을지라도 경고과 징계를 통해 다시 당신의 백성으로 삼으신다는 것을 보여주며, 본서의 특징은 제사장적 관점에서 예루살렘 성전을 중심으로 한 종교적 측면을 다루고 있다는 점이다.

아담으로부터 다윗까지 족보

오늘의 성경 말씀을 읽으시고 묵상한 후 풀어보시면 유익합니다.

다윗 왕가의 족보이지만 이 족보는 예수 그리스도가 오시게 된 것을 보여준다. 하나님은 자기 백성을 부르시고 시대적 사명을 부여하시고 당신의 일을 실현시킨다. 족보는 성경이 구속의 도리를 가르쳐주는 영적 책인 동시에 역사적 사실을 기록한 것임을 알 수 있다.

1. 역대상 1장을 보면 이 사람의 족보가 빠져 있다. 아담의 첫 번째 아들의 이름이 빠지고 셋으로 이어진다. 누구인가? (대상 1장)

2. 땅이 나누었던 시대에 살았던 벨렉은 누구의 자손인가? (대상 1:19)
   1) 아브라함　　2) 함　　3) 셈　　4) 야벳

3. 유다의 며느리 다말이 유다에게 낳은 아들들은 누구인가? (대상 2:4)
   1) 보아스와 오벳　　2) 베레스와 세라
   3) 헤스론과 하물　　4) 여라므엘과 람

4. 진멸시킬 물건을 범하여 이스라엘을 괴롭혔던 갈미의 아들 아갈(아간)은 어느 자손인가? (대상 2:7)
   1) 헤스론　　2) 여라므엘　　3) 에서　　4) 유다

5. 다윗은 이새의 몇번째 아들인가? (대상 2:15)
   1) 다섯 번째　　2) 여섯 번째　　3) 일곱 번째　　4) 여덟 번째

6. 그술 왕 달매의 딸 마아가의 아들이요 다윗왕의 셋째 아들은 누구인가? (대상 3:2)

1) 압살롬 2) 다니엘 3) 암논 4) 스바댜

7. 다음중 요시야의 아들이 아닌 사람은 누구인가? (대상 3:15)

1) 여호야김 2) 살룸 3) 시드기야 4) 스룹바벨

8. 다윗은 왕이 되어 헤브론에서 칠년 육개월을 다스렸고 예루살렘에서 몇 년을 다스렸는가? (대상 3:4)

1) 이십삼 년 2) 삼십 년 3) 삼십삼 년 4) 사십 년

| 실천 사항 |

▶ 오늘의 말씀을 읽으시고 나에게 유익한 말씀이 무엇인지 깨달아봅시다.

▶ 오늘 말씀으로 나의 삶에 적용하며 행동으로 옮겼는지 실천한 것을 적어봅시다.

▶ 오늘 하나님이 보시기에 합당한 삶을 살았으면 감사한 것을 적어 봅시다.

▶ 오늘의 기도 제목을 적어 봅시다.

각 지파별 족보

오늘의 성경 말씀을 읽으시고 묵상한 후 풀어보시면 유익합니다.

예수님의 혈통인 유다지파에 대하여 또 레위지파 . 베냐민지파에 대해서도 나온다 . 사람이 보기에는 비록 미미하고 지혜없이 보일지라도 하나님께 중요한 것은 혈통이 아니다 . 그리스도를 믿는 이니 그분을 영접하고 따르면 된다 .

9. "주께서 내게 복을 주시려거든 나의 지역을 넓히시고 주의 손으로 나를 도우사 나로 환난을 벗어나 내게 근심이 없게 하옵소서." 위 기도는 누구의 기도인가? (대상 4:10)

10. 시므온 자손 500명이 아말렉 사람을 치고 오늘날까지 거주한 곳은 어디인가? (대상 4:42-43)

1) 호르몬산 2) 그리심산 3) 세일산 4) 에발산

11. 이스라엘의 장자 명분이 르우벤에서 요셉으로 바뀌어 기록되었는가? (대상 5:1)

1) 장자권을 팔았기 때문에 2) 장자의 도리를 못 했기 때문에
3) 부친의 침상을 더럽혔기 때문에 4) 레아의 아들이기 때문에

12. 솔로몬이 세운 예루살렘 성전에서 제사장의 직분을 행한 레위의 자손은 누구인가? (대상 6:10)

1) 스라히야 2) 아히마하스 3) 북기 4) 아사랴

13. 다윗이 성전을 세울때까지 회막 앞에서 찬송하는 일을 맡은 자는 누구인가? (대상 6:32-33)

1) 헤만　2) 심마　3) 엘가나　4) 고라

14. 므낫세의 둘째 아들로 딸만 셋을 낳은 사람은 누구인가? (대상 7:15)

1) 마길　2) 슬로브핫　3) 미아가　4) 브단

15. 눈의 아들 여호수와는 누구의 자손인가? (대상 7:27)

1) 에브라임　2) 베냐민　3) 므낫세　4) 아셀

16. 에훗은 이스라엘의 두번째 사사로 이스라엘 백성을 모압왕 애글론의 억압에서 구해냈다. 누구의 자손인가? (대상 8:6)

1) 아셀　2) 에브라임　3) 베냐민　4) 므낫세

| 실천 사항 |

▶ 오늘의 말씀을 읽으시고 나에게 유익한 말씀이 무엇인지 깨달아봅시다.

▶ 오늘 말씀으로 나의 삶에 적용하며 행동으로 옮겼는지 실천한 것을 적어봅시다.

▶ 오늘 하나님이 보시기에 합당한 삶을 살았으면 감사한 것을 적어 봅시다.

▶ 오늘의 기도 제목을 적어 봅시다.

사울의 최후와 다윗 왕국

오늘의 성경 말씀을 읽으시고 묵상한 후 풀어보시면 유익합니다.

하나님의 선택으로 왕이 될자라도 말씀에 불순종 하면 비참한 최후를 맞는 것을 보여 준다. 세번 기름 부음을 받은 다윗은 사탄이 그를 죽이려 해도 오히려 언약은 실현되고 이 후손을 통하여 그리스도께서 오심으로 언약은 성취되었다.

17. 회막 문지기의 우두머리는 누구인가? (대상 9:17)
   1) 악굽 2) 아히만 3) 달몬 4) 살룸

18. 다음중 사울의 아들이 아닌 사람은 누구인가? (대상 9:39)
   1) 에스바알 2) 아비나답 3) 스라히야 4) 말기수아

19. 블레셋과의 전쟁에서 패하여 자결한 사울의 머리는 어디로 보내 매달았는가? (대상 10:4-10)
   1) 다곤신전 2) 예루살렘성전 3) 소금골짜기 4) 아르골 골짜기

20. 사울의 시체와 그의 아들들의 시체를 거두어 장사를 지내준 사람들은 누구인가? (대상 10:11-12)
   1) 이스라엘 군사들 2) 블레셋 사람들
   3) 여부스 사람들 4) 길르앗야베스 사람들

21. 여부스 족속이 살고 있는 예루살렘을 공격하여 빼앗아 지휘관과 우두머리가 된 스루야의 아들은 누구인가? (대상 11:6)
   1) 야소브암 2) 요압 3) 엘르아살 4) 도도

22. 다윗의 우두머리 세 용사가 아닌 사람은 누구인가? (대상 11:10)
1) 요압　2) 아비새　3) 엘르아살　4) 야소브암

23. 다윗이 사울로 말미암아 피해서 시글락에 숨어 있을 때 다윗을 도와준 베냐민 지파의 우두머리는 누구인가? (대상 12:1-3)
1) 요아스　2) 엘루새　3) 아히에셀　4) 벨렛

24. 각 지파들보다 가장 많은 군사를 보유하였고 두 마음을 품지 않아 진영에 나가 싸움을 잘하는 자를 보유한 지파는? (대상 12:33)
1) 레위 지파　2) 베냐민 지파　3) 스불론 지파　4) 잇사갈 지파

| 실천 사항 |

▶ 오늘의 말씀을 읽으시고 나에게 유익한 말씀이 무엇인지 깨달아봅시다.

▶ 오늘 말씀으로 나의 삶에 적용하며 행동으로 옮겼는지 실천한 것을 적어봅시다.

▶ 오늘 하나님이 보시기에 합당한 삶을 살았으면 감사한 것을 적어 봅시다.

▶ 오늘의 기도 제목을 적어 봅시다.

하나님의 궤를 모셔옴

오늘의 성경 말씀을 읽으시고 묵상한 후 풀어보시면 유익합니다.

다윗은 법궤를 다윗성으로 모셔온다. 하나님의 언약궤는 하나님이 함께 하신다는 상징으로 이스라엘의 죄는 용서하시고 그의 백성과 화해하시고 함께 하신다는 표시이다. 주의 백성들에게 하나님이 그들과 함께 하시는 것보다 더 중요하고 큰 복이 어디 있는가.

25. 가드 사람으로 하나님의 궤를 가족들과 함께 자기 집에 모심으로 복을 받은 사람은 누구인가? (대상 13:13-14)

26. 기돈의 타작 마당에 이르렀을 때 소들이 뛰어 하나님의 궤가 떨어질까 봐 궤를 붙잡아 죽은 사람은 누구인가? (대상 13:9-10)

1) 벨렛 2) 요압 3) 마길 4) 웃사

27. "하나님이 물을 쪼갬 같이 내 손으로 내 대적을 흩으셨다" 하여 그곳을 무엇이라 불렀는가? (대상 14:11)

28. 이 사람들이 침범하자 다윗은 뽕나무 수풀 맞은편에서 기습하여 격퇴시켰다. 이 사람들은? (대상 14:13-17)

1) 블레셋 2) 모압 3) 암몬 4) 애굽

29. 여호와의 궤를 메는 자는 레위 사람만 메도록 하고 몸을 어떻게 하고 메라 하였나? (대상 15:12)

1) 에봇을 입고 메라 2) 몸을 성결하게 하고 메라

3) 화장을 하고 메라 4) 속죄제를 드리고 메라

30. 하나님의 법궤가 이동된 순서대로 적으시오? (대상 15:25-29)

31. 여호와의 궤 앞에서 섬기며 찬양과 감사를 드리게 할 때 이 직책의 우두머리는 누구인가? (대상 16:4-5)

1) 스가랴 2) 여이엘 3) 아삽 4) 스미라못

32. 다음 ( ) 안에 들어갈 말은 무엇인가? (대상 17:40)

"항상 ( ) 으로 번제단 위에 여호와께 번제를 드리되 여호와의 ( ) 에 기록하여 이스라엘에게 명령하신 대로 다 ( ) 하게 하였고."

| 실천 사항 |

▶ 오늘의 말씀을 읽으시고 나에게 유익한 말씀이 무엇인지 깨달아봅시다.

▶ 오늘 말씀으로 나의 삶에 적용하며 행동으로 옮겼는지 실천한 것을 적어봅시다.

▶ 오늘 하나님이 보시기에 합당한 삶을 살았으면 감사한 것을 적어 봅시다.

▶ 오늘의 기도 제목을 적어 봅시다.

다윗의 믿음

오늘의 성경 말씀을 읽으시고 묵상한 후 풀어보시면 유익합니다.

다윗은 하는 일마다 하나님을 기쁘시게 하니 모든 대적들을 다 멸하게 하고 아름다운 궁에서 평안한 삶을 누리게 하였다. 다윗이 아무리 하나님을 잘 알고 왕의 자리에 앉았어도 실천적인 믿음이 없다면 그 믿음은 헛된 것이다.

33. "내가 영원히 그를 내 집과 내 나라에 세우리니 그의 왕위가 영원히 견고하리라" 이 말에서 성전을 건축할 자는 누구인가? (대상 17:14)
    1) 다윗 2) 사울 3) 히스기야 4) 솔로몬

34. "여호와여 우리 귀로 들은 대로는 주와 같은 이가 없고 주 외에는 하나님이 없나이다"이 말은 누가한 감사의 기도인가? (대상 17:20)

35. 하맛 왕 도우는 다윗이 소바왕 군대를 무찔렀다는 소식을 듣고 하도람을 통해 자발적으로 이것을 드렸다. 이것은? (대상 18:9-10)
    1) 딸 2) 예물 3) 군사 4) 목재

36. 다윗이 어디를 가든지 여호와께서 이기게 하셨다는 말은 몇번 언급 되었는가? (대상 18:6-13)
    1) 한 번 2) 두 번 3) 세 번 4) 네 번

37. 다윗은 암몬왕 나하스가 죽자 신하들을 보내어 무엇을 하였나? (대상 19:1-2)

38. 다윗과 암몬 사이에 전쟁에서 도왔다가 패한 이 사람들은 다시는 암몬 자손을 돕지 않기로 했다. 이 사람은 누구인가? (대상 19:19)

1) 모압 사람　　2) 블레셋 사람　　3) 아람 사람　　4) 애굽 사람

39. 다윗이 랍바를 쳐서 함락시키고 그 왕의 왕관을 빼앗아 달아 보니 얼마가 되었나? (대상 20:2)

1) 금 한 달란트　　2) 금 두 달란트　　3) 은 한 달란트　　4) 은 두 달란트

40. 블레셋 사람들과 전쟁할 때 엘하난이 골리앗의 아우를 죽였는데 이 사람의 창자루는 무엇 같았는가? (대상 20:5)

| 실천 사항 |

▶ 오늘의 말씀을 읽으시고 나에게 유익한 말씀이 무엇인지 깨달아봅시다.

▶ 오늘 말씀으로 나의 삶에 적용하며 행동으로 옮겼는지 실천한 것을 적어봅시다.

▶ 오늘 하나님이 보시기에 합당한 삶을 살았으면 감사한 것을 적어 봅시다.

▶ 오늘의 기도 제목을 적어 봅시다.

20 . . . (제17주 화요일) **오늘의 말씀: 대상 21-22장**

인구조사

오늘의 성경 말씀을 읽으시고 묵상한 후 풀어보시면 유익합니다.

하나님께서 금하신 인구 조사를 하여 하나님은 다윗의 범죄에 대하여 즉각적으로 치셨다. 염병으로 7 만명이 죽게 되자 다윗은 장로들과 굵은 베옷을 입고 땅에 엎드려 회개하자 재앙이 멈춘다. 지도자의 바른 역할이 중요하다.

41. 다윗을 충동하여 인구조사를 시켜 염병으로 7만명이 죽게 되었다. 충동을 한 자는 누구인가? (대상 21:1)

1) 요압 2) 사탄 3) 아비새 4) 요나단

42. 인구조사 후 잘못의 대가로 하나님께서 징벌을 내리려고 하셨다. 다윗이 선택한 징벌은 무엇인가? (대상 21:12)

1) 석 달 동안 쫓기는 생활 2) 아들을 죽임
3) 삼 년 기근 4) 사흘 동안의 전염병

43. 하나님은 재앙을 내리는 천사가 누구의 타작마당에 있을 때 재앙을 그치라고 하였나?(대상 21:18-22)

1) 아라우나 2) 브나야 3) 오르난 4) 솔로몬

44. 다윗이 여호와를 위해 타작마당에서 번제와 이것을 여호와께 드렸다. 이것은 무엇인가?(대상 21:26)

1) 속건제 2) 속죄제 3) 화목제 4) 화제

45. 다윗이 성전 건축을 위해 준비한 백향목을 어디에서 구했는가? (대상 22:4)

1) 모압 2) 두로와 시돈 3) 애굽 4) 암몬

46. 하나님께서 다윗에게 성전 건축을 준비만 시키고 성전 건축을 허락하지 않은 이유는 무엇인가? (대상 22:8)

1) 재료 준비에 시간이 걸리므로 2) 피를 흘리는 전쟁을 많이 하여
3) 솔로몬이 잘 건축할 것 같아서 4) 성전 건축에 시간이 길기 때문에

47. 다음 ( ) 안에 들어갈 말은 무엇인가? (대상 22:12)

"여호와께서 네게 ( ) 와 ( ) 을 주사 네게 이스라엘을 다스리게 하시고 네 하나님 여호와의 ( ) 을 지키게 하시기를 더욱 원하노라."

48. 다윗이 이스라엘의 모든 방백에게 솔로몬을 도와 무엇을 하라고 명령 했는가? (대상 22:17-19)

1) 하나님의 성전건축 2) 이웃 국가 점령 (영토 확장)
3) 백성들께 선정을 베풀게 함 4) 이웃 국가와 친교 맺기

| 실천 사항 |

▶ 오늘의 말씀을 읽으시고 나에게 유익한 말씀이 무엇인지 깨달아봅시다.

▶ 오늘 말씀으로 나의 삶에 적용하며 행동으로 옮겼는지 실천한 것을 적어봅시다.

▶ 오늘 하나님이 보시기에 합당한 삶을 살았으면 감사한 것을 적어 봅시다.

▶ 오늘의 기도 제목을 적어 봅시다.

레위지파의 임무

오늘의 성경 말씀을 읽으시고 묵상한 후 풀어보시면 유익합니다.

다윗은 예배 회복을 위해 레위지파를 일으켜 세우고 재정비하여 예배를 풍성케 한다. 제사장은 경쟁하지 않도록 제비 뽑아 맡기고 성전의 성가대도 구별하여 세운다. 시편에 나오는 찬양들은 이들을 통해 지어졌다.

49. 여호와의 성전에서 섬기는 일을 하는 우두머리들은 몇세 이상된 사람들인가? (대상 23:24)

1) 20 세 2) 25 세 3) 30 세 4) 35 세

50. 레위 자손의 업무가 아닌 것은 무엇인가? (대상 23:28-30)

1) 성전과 뜰과 골방에서 아론 자손을 돕 는일 2) 조석으로 여호와께 감사와 찬양하는 일
3) 전설병과 무교병을 굽는 일 4) 아론 자손의 빨래를 하는 일

51. 다윗 왕 시대 제사장 일을 한 사람은 누구인가? (대상 24:3)

1) 나답 2) 엘르아살 3) 아비후 4) 사독과 아히멜렉

52. 다윗은 제사장들의 직무를 나눴다. 엘르아살의 자손의 우두머리가 열여섯명이고 이다말 자손은 몇 명인가? (대상 24:4)

1) 8 명 2) 9 명 3) 10 명 4) 12 명

53. 다윗의 성전에서 찬양하는 일을 맡은 사람이 아닌 것은 무엇인가? (대상 25:2-4)

1) 여두둔 2) 아삽 3) 헤스론 4) 헤만

54. 다윗 시대 찬양을 할때 사용한 악기가 아닌 것은 무엇인가? (대상 25:1)

1) 비파 2) 북 3) 수금 4) 제금

55. 다음은 제비를 뽑아 섬기게 된 문과 그 문의 책임자들이다. 잘못 연결된 것은 무엇인가?(대상 26:14-16)

1) 동쪽 문 - 셀레마 2) 서쪽 문 - 숩빔

3) 남쪽 문 - 오벧에돔 4) 북쪽 문 - 호사

56. 레위 사람 중 하나님의 전 곳간과 성물 곳간을 맡은 사람은 누구인가? (대상 26:20)

1) 힐기야 2) 호사 3) 아히야 4) 호딜

| 실천 사항 |

▶ 오늘의 말씀을 읽으시고 나에게 유익한 말씀이 무엇인지 깨달아봅시다.

▶ 오늘 말씀으로 나의 삶에 적용하며 행동으로 옮겼는지 실천한 것을 적어봅시다.

▶ 오늘 하나님이 보시기에 합당한 삶을 살았으면 감사한 것을 적어 봅시다.

▶ 오늘의 기도 제목을 적어 봅시다.

성전 건축을 준비하는 다윗

오늘의 성경 말씀을 읽으시고 묵상한 후 풀어보시면 유익합니다.

다윗의 소원은 성전 건축이다. 다윗은 힘을 다하여 성전 건축을 준비했다. 백성들에게 솔선수범을 보이기 위해 자신이 소유한 모든 것을 하나님께 바쳤다. 성전 건축은 하나님의 영광을 위한 일로 인생의 일 중에 가장 보람되고 거룩한 일이다.

57. 왕의 재산을 맡은 자들이다. 라마 사람 시므이는 포도원을 맡고 이스마엘 사람 오빌은 낙타를 맡았는데 하갈 사람 야시스는 무엇을 맡았는가? (대상 27:27-30)
 1) 소떼 2) 양떼 3) 기름곳간 4) 망대의 곳간

58. 다윗의 숙부로 지혜가 있어 모사가 되며 서기관도 되었던 이 사람은 누구인가? (대상 27:32)

59. 다음 ( )안에 들어갈 말은 누구인가? (대상 28:9)
 "여호와께서는 모든 마음을 ( ) 하사 모든 ( ) 를 아시나니 네가 만일 그를 찾으면 만날 것이요 만일 네가 그를 버리면 그가 너를 영원히 버리시리라"

60. 다윗은 성전을 건축할 설계도를 누구에게 받았는가? (대상 28:12)
 1) 선대왕 성전건축자들에게 2) 자기 꿈속 생각대로
 3) 여호와께 영감으로 받았다 4) 백성들께 공모하여

61. 다윗은 솔로몬에게 이 성전 건축은 사람을 위한 것이 아니요. 누구를 위한 것이라고 하였는가? (대상 29:1)

1) 선대왕들이 모셨던 신 2) 유다지파의 신 3) 몰렉신 4) 여호와 하나님

62. 다음 ( )안에 공통적으로 들어갈 말은 무엇인가? (대상 29:14)

"모든 것이 ( ) 께로 말미암았사오니 우리가 ( ) 의 손에서 받은 것으로 ( ) 께 드렸을 뿐이다."

63. 솔로몬에게 기름을 부어 왕으로 삼을 때 함께 기름을 부어 제사장이 된 자는 누구인가? (대상 29:22)

64. 다윗의 행적이 기록되지 않은 것은 어느 것인가? (대상 29:29)

1) 선지자 나단의 글 2) 선지자 이사야의 글

3) 선견자 갓의 글 4) 선견자 사무엘의 글

| 실천 사항 |

▶ 오늘의 말씀을 읽으시고 나에게 유익한 말씀이 무엇인지 깨달아봅시다.

▶ 오늘 말씀으로 나의 삶에 적용하며 행동으로 옮겼는지 실천한 것을 적어봅시다.

▶ 오늘 하나님이 보시기에 합당한 삶을 살았으면 감사한 것을 적어 봅시다.

▶ 오늘의 기도 제목을 적어 봅시다.

[역대 상 해답]

1) 가인 2) 3 3) 2 4) 4 5) 3 6) 1 7) 4 8) 3 9) 야베스 10) 3 11) 3 12) 4 13) 1 14) 2 15) 1 16) 3 17) 4 18) 3 19) 1 20) 4 21) 2 22) 1 23) 3 24) 3 25) 오벧에돔 26) 4 27) 바알브라심 28) 1 29) 2 30) 아미나답 집 - 오벧에돔 집 - 다윗성 31) 1 32) 아침, 저녁, 율법, 준행 33) 4 34) 다윗 35) 2 36) 2 37) 문상 38) 3 39) 1 40) 베틀채 41) 2 42)4 43) 3 44) 3 45) 2 46) 2 47) 지혜, 총명, 율법 48) 1 49) 1 50) 4 51) 4 52) 1 53) 3 54) 2 55) 4 56) 3 57) 2 58) 요나단 59) 감찰, 의도 60) 3 61) 4 62) 주, 주, 주 63) 사독 64) 2

14. 역대기 하 (歷代記 下, 2 CHRONICLES)

1. 내용

역대기 하는 솔로몬의 즉위와 통치로부터 이스라엘의 분열과 남유다 왕국의 역사를 다룬다. 특이 유다 왕에게 주는 교훈은 분명하다.

하나님께 순종하면 나라가 번성하고, 불순종하면 쇠퇴한다는 것이다. 성전 건축, 성전 예배, 종교 개혁 등 예배 문제에 초점을 맞추고 있다. 신실한 예배가 구원받는 온전한 삶을 이루는 기초임을 강조한다.

2. 배경

솔로몬과 남북 분열 기간 중 남유다 역사에 치중하는 예루살렘과 남유다 왕국이 중심 무대가 된다. 솔로몬 시대의 도래와 예루살렘의 성전 건축과 전성기 왕국의 멸망과 포로 귀환, 성전 재건을 통해 다윗 왕가를 회복시키겠다는 배경이다.

3. 흐름과 내용 구성

솔로몬의 통치(즉위, 일천 번제, 성전 건축, 왕국의 번영, 죽음), 유다 열왕 통치(왕국 분열, 왕국 멸망으로 인한 포로) 등으로 이뤄졌다.

4. 목적

솔로몬 왕에서 유다의 마지막 왕인 시드기야 왕까지 주는 교훈은 분명하다. 하나님께 불순종했기 때문에 유다는 멸망하고 백성들은 바벨론의 포로가 되었다. 그렇지만 바벨론 포로 생활 이후 귀환을 통해 회복시키겠다는 하나님의 약속은 변함없이 이어지고 있다.

5. 본서에 나타난 하나님의 섭리

남유다 백성이 바벨론에 의해 멸망당하여 포로로 끌려갔음에도 불구하고 하나님은 연단의 기간을 거친 후에 다시 본토로 회복시켜 주심은 하나님의 백성은 예배를 통해 하나님과 바른 관계를 맺는 것이며, 그것이 가장 기본이 됨을 일깨워주고 있다. 하나님은 언제나 사랑의 하나님임을 알려준다.

솔로몬의 열정

오늘의 성경 말씀을 읽으시고 묵상한 후 풀어보시면 유익합니다.

솔로몬의 초기는 그 누구도 하지 못한 순수함과 열정으로 일천번제를 드렸다. 솔로몬의 천마리 희생 번제는 믿음의 표현이다. 아브라함과 야곱 그리고 다윗에게 약속한 나라, 거룩한 나라, 견고한 나라를 세우시겠다는 약속의 실현이며 솔로몬의 믿음의 응답이 실현된 것이다.

1. 하나님께서는 솔로몬이 부와 재물을 구하지 않고 지혜와 지식을 구하자 선물로 무엇을 주셨나? 아닌 것은 무엇인가? (대하 1:10-12)
   1) 부(富) 2) 재물 3) 지혜와 지식 4) 영토

2. 솔로몬이 이곳으로 갔을때 모세가 광야에서 지은 여호와의 회막이 있었다. 이곳은 어디인가? (대하 1:3)

3. 당시 법궤는 예루살렘에 있었지만 회막은 기브온에 있었다. 이곳 놋제단에서 솔로몬은 몇 마리 희생 제물로 번제를 드렸는가? (대하 1:6)
   1) 300 마리 2) 500 마리 3) 1000 마리 4) 2000 마리

4. 솔로몬이 병거와 마병을 모을 때 병거는 천사백 대인데 마병은 몇 명인가? (대상 1:14)
   1) 만 명 2) 만 천 명 3) 만 이천 명 4) 만 오천 명

5. 솔로몬이 성전을 건축하여 아침저녁으로 번제를 드리려고 했다. 번제를 드리는 날이 아닌 것은? (대하 2:4)
   1) 초하루 2) 솔로몬 생일 3) 안식일 4) 여호와의 절기

6. 솔로몬이 레바논에서 얻어 오려는 재목이 아닌 것은? (대하 2:8)

1) 박달나무　　2) 백단목　　3) 잣나무　　4) 백향목

7. 솔로몬은 후람이 보내주는 종들에게 답례로 이것을 주기로 하였다. 아닌 것은 무엇인가? (대하 2:10)

1) 보리　　2) 밀　　3) 포도주　　4) 낙타

8. 레바논에서 벌목한 재목을 떼로 엮어 바다에 띄워 어느 곳으로 보내려고 했는가? (대하 2:16)

1) 요르단　　2) 욥바　　3) 모압　　4) 암몬

| 실천 사항 |

▶ 오늘의 말씀을 읽으시고 나에게 유익한 말씀이 무엇인지 깨달아봅시다.

▶ 오늘 말씀으로 나의 삶에 적용하며 행동으로 옮겼는지 실천한 것을 적어봅시다.

▶ 오늘 하나님이 보시기에 합당한 삶을 살았으면 감사한 것을 적어 봅시다.

▶ 오늘의 기도 제목을 적어 봅시다.

모리아 산 위에 성전을 건축하다

오늘의 성경 말씀을 읽으시고 묵상한 후 풀어보시면 유익합니다.

부왕 다윗이 설계하고 모아놓은 재료를 가지고 성전을 건축한다. 모리아산은 아브라함이 이삭을 하나님께 바쳤던 곳으로 다윗이 '하나님의 성전' 이라고 부른 곳이다. 성전의 규모와 모양도 하나님께서 계시하신 대로 했다. 성전은 사람과 하나님 사이의 교제의 장소이다.

9. 솔로몬이 성전 건축에 관련된 내용이다. 관계없는 것은? (대하 3:1-3)

1) 아라우나 타작 마당　　2) 오르난의 타작 마당

3) 예루살렘 모리아산　　4) 솔로몬 즉위 4 년 2 개월 2 일째 착공

10. 성전 앞에 두 기둥을 세웠는데 그 기둥의 이름은 무엇인가? (대하 3:17)

11. 제단의 가장자리 아래에는 돌아가며 소 형상이 있는데 각 규빗에 소가 몇 마리씩 있는가? (대하 4:3)

1) 다섯 마리　2) 열 마리　3) 열다섯 마리　4) 이십 마리

12. 성전의 기구 중 등잔대는 무엇으로 만들었는가? (대하 4:7)

1) 금　2) 은　3) 놋　4) 철

13. 다음 중 순금으로 만든 것이 아닌 것은 무엇인가? (대하 4:22)

1) 불집게　2) 숟가락　3) 주발　4) 솥

14. 언약궤를 성전으로 옮길 때 어떤 사람들이 언약궤를 메었나? (대하 5:4)
1) 유다 사람들 2) 베냐민 사람들 3) 레위 사람들 4) 아셀 사람들

15. 솔로몬은 언약궤를 성전 어디에 모셨는가? (대하 5:7)

16. 악기를 울리고 찬양을 할 때 여호와의 전에 구름이 가득하고 그 구름으로 말미암아 서서 섬기지 못하니 이는 하나님의 전에 무엇이 가득함이었나? (대하 5:14)
1) 하나님의 축복 2) 하나님의 성령 3) 하나님의 말씀 4) 하나님의 영광

| 실천 사항 |

▶ 오늘의 말씀을 읽으시고 나에게 유익한 말씀이 무엇인지 깨달아봅시다.

▶ 오늘 말씀으로 나의 삶에 적용하며 행동으로 옮겼는지 실천한 것을 적어봅시다.

▶ 오늘 하나님이 보시기에 합당한 삶을 살았으면 감사한 것을 적어 봅시다.

▶ 오늘의 기도 제목을 적어 봅시다.

하나님께서 거하시는 성전

오늘의 성경 말씀을 읽으시고 묵상한 후 풀어보시면 유익합니다.

하나님이 자기 백성들 가운데 거주하시겠다는 성막은 천막 속에 있었지만 솔로몬이 완전한 성전으로 완성하고 봉헌한다. 성전은 하나님이 거하실 처소로 하나님이 자기 백성과 함께하신다는 약속에 근거해서 언약궤를 안치함으로써 하나님 자신이 백성 가운데 거하심을 상징한다.

17. 이곳은 하나님과 그의 백성들과의 만남과 용서의 장소이며 화해의 정소이다. 이곳은 어디인가? (대하 6:22-23)

18. 다음 ( ) 안에 공통으로 들어갈 말은 무엇인가? (대하 6:18)
“하나님이 참으로 사람과 함께 땅에 계시리까. 보소서 ( ) 과 ( ) 들의 ( ) 이라도 주를 용납하지 못하겠거든 하물며 내가 건축한 이 성전이오리이까.”

19. 솔로몬이 성전 건축 후 드린 기도의 내용이 아닌 것은? (대하 6:14-40)
   1) 범함으로써 심판을 당했지만 회개하면 용서해 달라.
   2) 범함으로써 하늘이 닫히고 비가 내리지 않는 벌을 받을 때 회개하면 비를 내리게 해달라.
   3) 이방인이 주께 부르짖으며 간구해도 들어 달라.
   4) 모든 전쟁에서 승리해 영토 확장하게 해달라.

20. 솔로몬이 기도를 마칠 때 무엇이 하늘에서 내려와 번제물과 제물을 살랐는가? (대하 7:1)
   1) 하나님의 사람 2) 불 3) 번개 4) 천사

21. 솔로몬이 성전 낙성식을 드릴 때 소가 이만 이천 마리, 양은 몇 마리를 제물로 바쳤는가? (대하 7:5)

1) 십만 마리 2) 십이만 마리 3) 십오만 마리 4) 십팔만 마리

22. 솔로몬이 제단의 낙성식을 며칠 동안 거행했는가? (대하 7:9)

1) 3 일 2) 5 일 3) 7 일 4) 10 일

23. 다음 ( ) 안에 들어갈 말은 무엇인가? (대하 7:16)

"이는 내가 이미 이 성전을 택하고 거룩하게 하여 내 이름을 여기에 영원히 있게 하였음이라. 내 ( ) 과 내 ( ) 이 항상 여기에 있으리라."

24. 다음 내용은 여호와 하나님께서 누구에게 한 말씀인가? (대하 7:14)

"내 이름으로 일컫는 내 백성이 그들의 악한 길에서 떠나 스스로 낮추고 기도하여 내 얼굴을 찾으면 내가 하늘에서 듣고 그들의 죄를 사하고 그들의 땅을 고칠지라."

1) 이스라엘 백성들 2) 솔로몬 3) 제사장 4) 이방인

| 실천 사항 |

▶ 오늘의 말씀을 읽으시고 나에게 유익한 말씀이 무엇인지 깨달아봅시다.

▶ 오늘 말씀으로 나의 삶에 적용하며 행동으로 옮겼는지 실천한 것을 적어봅시다.

▶ 오늘 하나님이 보시기에 합당한 삶을 살았으면 감사한 것을 적어 봅시다.

▶ 오늘의 기도 제목을 적어 봅시다.

솔로몬의 영광

오늘의 성경 말씀을 읽으시고 묵상한 후 풀어보시면 유익합니다 .

솔로몬이 성전을 봉헌하자 하늘에서 불이 내려오고 하나님의 응답이 내려온다 . 솔로몬이 모세가 명령한 대로 매일 드리는 제사와 절기를 철저하게 지켜 성전보다 신령과 진정으로 드리는 예배의 중요성을 일깨워준다 . 성도는 빛과 소금이 되기를 바라는 마음으로 살아야 한다 .

25. 솔로몬이 여호와의 전과 궁궐을 짓기까지 소요된 기한은 얼마인가? (대하 8:1)
 1) 10 년 2) 20 년 3) 30 년 4) 40 년

26. 솔로몬이 그 족속들을 다 멸하지 않고 역군으로 삼았다. 그 족속들이 아닌 사람들은 무엇인가? (대하 8:7-8)
 1) 헷 족속 2) 아모리 족속 3) 브리스 족속 4) 암몬 족속

27. 솔로몬 왕은 성전 건축 후 아내로 데리고 온 바로의 딸을 어떻게 하였는가? (대하 8:11)
 1) 왕궁 왕비 처소에 있게 했다 . 2) 왕궁에서 살지 못하게 했다 .
 3) 별채에 있게 했다 . 4) 바로에게 돌려보냈다 .

28. 솔로몬이 여호와의 제단에 번제를 드렸는데 일 년의 세 절기에도 드렸다. 이 세 절기는 무엇인가? (대하 8:13)

29. 스바 여왕이 이스라엘 솔로몬 왕을 찾아와서 무엇을 보고 정신이 황홀하였나? 이 중 아닌 것은 무엇인가? (대하 9:3-4)

1) 그 상의 음식물 2) 궁전 3) 왕의 옷 4) 성전 층계

30. 오빌에서 가져온 백단목으로 만들지 않은 것은 무엇인가? (대하 9:11)

1) 여호와의 전 2) 왕궁의 층대 3) 수금과 비파 4) 언약궤

31. 솔로몬 왕이 쳐서 늘인 금으로 큰 방패 이백 개와 작은 방패 몇 개를 만들었나? (대하 9:15-16)

1) 100 개 2) 200 개 3) 300 개 4) 400 개

32. 솔로몬이 예루살렘에서 이스라엘을 얼마 동안 다스렸는가? (대하 9:30)

1) 10 년 2) 20 년 3) 30 년 4) 40 년

| 실천 사항 |

▶ 오늘의 말씀을 읽으시고 나에게 유익한 말씀이 무엇인지 깨달아봅시다.

▶ 오늘 말씀으로 나의 삶에 적용하며 행동으로 옮겼는지 실천한 것을 적어봅시다.

▶ 오늘 하나님이 보시기에 합당한 삶을 살았으면 감사한 것을 적어 봅시다.

▶ 오늘의 기도 제목을 적어 봅시다.

통일 왕국의 분열

오늘의 성경 말씀을 읽으시고 묵상한 후 풀어보시면 유익합니다.

르호보암이 왕으로 등극했을 때 백성들은 온건한 정책을 요구했지만 그는 오히려 강경책을 펴겠다고 선언하자 이스라엘 열 지파의 대표자인 여로보암은 반란을 일으켰다. 우리가 새겨야 할 것은 지도자의 강압 정치가 열 부족의 반란으로 분열됨을 알아야 한다.

33. 이스라엘 백성과 여로보암이 르호보암에게 고역과 무거운 멍에를 가볍게 해 달라고 요청하자 르호보암은 즉답을 피하고 며칠 후에 다시 오라고 하였는가? (대하 10:1-5)

34. 다음 ( ) 안에 들어갈 말은 무엇인가? (대하 10:11)
"내 아버지가 너희에게 무거운 ( ) 를 메게 하였으나 이제 나는 너희의 ( ) 를 더욱 무겁게 할지라. 내 아버지는 ( ) 채찍으로 너희를 치셨으니 나는 ( ) 채찍으로 하리라."

35. 르호보암 왕이 역군의 감독을 보냈으나 이스라엘 자손이 그를 돌로 쳐 죽였다. 이는 누구인가? (대하 10:18)
1) 여두둔 2) 하도람 3) 여히엘 4) 요압

36. 르호보암이 북이스라엘과 전쟁하려고 할 때 모은 족속은 누구누구인가? (대하 11:1)
1) 스불론, 갓 2) 르우벤, 갓 3) 유다, 베냐민 4) 아셀, 므낫세

37. 하나님의 말씀이 하나님의 사람 스마야에게 임하여 유다 왕과 유다, 베냐민 무리에게 누구를 치지 말라고 하였는가? (대하 11:2-4)

1) 엘르아살　2) 아히에셀　3) 요압　4) 여로보암

38. 르호보암은 나라가 강성해지고 세력이 커지자 무엇을 버렸나? (대하 12:1)

1) 여호와의 율법　2) 아내　3) 제사장　4) 왕으로 옹립한 장로들

39. 애굽 왕은 리비아의 용병들을 함께 데려와 예루살렘을 쳐서 여호와의 전 보물과 왕궁의 보물을 빼앗는데 애굽 왕은 누구인가? (대하 12:3-9)

1) 엘르아살　2) 바로　3) 느부갓네살　4) 시삭

40. 르호보암의 행적은 선지자 스마야와 선지자 누구의 족보 책에 기록되었는가? (대하 12:15)

1) 이사야　2) 잇도　3) 호세야　4) 에스겔

| 실천 사항 |

▶ 오늘의 말씀을 읽으시고 나에게 유익한 말씀이 무엇인지 깨달아봅시다.

▶ 오늘 말씀으로 나의 삶에 적용하며 행동으로 옮겼는지 실천한 것을 적어봅시다.

▶ 오늘 하나님이 보시기에 합당한 삶을 살았으면 감사한 것을 적어 봅시다.

▶ 오늘의 기도 제목을 적어 봅시다.

아비야 왕과 아사 왕의 신앙

오늘의 성경 말씀을 읽으시고 묵상한 후 풀어보시면 유익합니다.

아비야 왕과 아사 왕은 하나님을 신뢰하고 하나님 보시기에 합당한 삶을 살자 그들을 도우시는 하나님의 은혜를 체험한다. 아사 왕은 이렇게 하나님을 잘 알고 있었기 때문에 이방 제단과 산당을 없애고 우상을 찍어 버렸다. 그리고 하나님만 의지하게 하고 영생과 소망이 있음을 가르쳤다.

41. 이스라엘 하나님께서 다윗과 맺은 언약은 무엇인가? (대하 13:5)

42. 여로보암과 전쟁에서 이스라엘이 택한 병사 50만 명을 죽이고 승리한 유다 왕은 누구인가? (대하 13:17)
    1) 르호보암 2) 아사 3) 아비야 4) 여호사밧

43. 여호와 보시기에 선과 정의를 행하며 이방 제단과 산당을 없애고 주상을 깨뜨리는 아세라 상을 찍어 없앤 왕은 누구인가? (대하 14:2-3)
    1) 르호보암 2) 아비야 3) 아사 4) 여호사밧

44. 아사가 이곳에서 전열을 갖추고 여호와께 간절히 부르짖었다. 이곳은 어디인가? (대하 14:10)
    1) 소금 골짜기 2) 아골 골짜기 3) 아르곤 골짜기 4) 스바다 골짜기

45. 그는 어머니를 태후의 자리에서 폐하고 그의 우상을 찍고 빻아 기드론 시냇가에서 불살랐다. 이 왕은 누구인가? (대하 15:16)
    1) 아사 2) 야비야 3) 여호사밧 4) 르호보암

46. 다음 (   ) 안에 들어갈 말은 무엇인가? (대하 15:12)

"또 (   ) 을 다하고 (   ) 을 다하여 조상들의 하나님 여호와를 찾기로 (   ) 하고"

47. 아람 왕은 아사 왕의 말을 듣고 이스라엘의 성읍들과 국고성을 쳤다. 아람 왕은 누구인가? (대하 16:2-4)

48. 선견자의 말에 크게 노한 아사 왕은 선견자를 옥에 가뒀다. 이 선견자는 누구인가? (대하 16:10)

1) 잇도　　2) 하나니　　3) 사무엘　　4) 나단

| 실천 사항 |

▶ 오늘의 말씀을 읽으시고 나에게 유익한 말씀이 무엇인지 깨달아봅시다.

▶ 오늘 말씀으로 나의 삶에 적용하며 행동으로 옮겼는지 실천한 것을 적어봅시다.

▶ 오늘 하나님이 보시기에 합당한 삶을 살았으면 감사한 것을 적어 봅시다.

▶ 오늘의 기도 제목을 적어 봅시다.

여호사밧과 함께한 하나님

오늘의 성경 말씀을 읽으시고 묵상한 후 풀어보시면 유익합니다.

여호사밧은 하나님 보시기에 진실한 왕으로 하나님을 신뢰하고 기도하며 말씀을 실천할 뿐 아니라 백성들에게 제사장들을 보내 하나님의 말씀을 가르쳤다. 주의 길을 따라 말씀대로 행하는 자에게는 하나님께서 함께하시며 복을 주신다.

49. 산당들과 아세라 목상들을 제거했으며 견고한 요새와 국고성을 건축한 왕은 누구인가? (대하 17:6-12)

1) 아사 2) 벤하닷 3) 아비야 4) 여호사밧

50. 여호사밧에게 은으로 조공을 드리고 예물을 바친 나라는 어디인가? (대하 17:11)

1) 북이스라엘 2) 애굽 3) 블레셋 4) 아람

51. 유다 왕 여호사밧은 이스라엘 어떤 가문와 혼인하여 인척 관계를 맺었는가? (대하 18:1)

1) 아사 2) 아합 3) 아비야 4) 요압

52. 이곳을 두고 북이스라엘과 아람 간에 전쟁이 벌어졌다. 이곳은 어디인가? (대하 18:2-5)

53. 다음 ( ) 안에 들어갈 말은 무엇인가? (대하 19:17)

"그런즉 너희는 여호와를 두려워하는 마음으로 삼가 행하라. 우리의 하나님 여호와께서는 ( )도 없으시고 치우침도 없으시고 ( )을 받는 일도 없으시리라."

54. "왕이 악한 자를 돕고 여호와를 미워하는 자들을 사랑하는 것이 옳으니까. 그러므로 여호와께로부터 진노하심이 왕에게 임하리다." 이 말은 선견자 누가 여호사밧에게 하였나? (대하 19:2)

55. 모압과 암몬 자손이 연합해 유다를 침공했을 때 예복을 입히고 군대 앞에서 행진한 자들은 누구인가? (대하 20:21)

1) 제금을 연주하는 자들　2) 비파를 연주하는 자들
3) 노래하는 자들　4) 수금을 연주하는 자들

56. 여호사밧이 모압과 암몬의 연합군을 전멸한 후 이 골짜기에서 여호와를 송축하였다. 이곳은 어디인가? (대하 20:26)

1) 스바다　2) 소금　3) 아르골　4) 브라가

| 실천 사항 |

▶ 오늘의 말씀을 읽으시고 나에게 유익한 말씀이 무엇인지 깨달아봅시다.

▶ 오늘 말씀으로 나의 삶에 적용하며 행동으로 옮겼는지 실천한 것을 적어봅시다.

▶ 오늘 하나님이 보시기에 합당한 삶을 살았으면 감사한 것을 적어 봅시다.

▶ 오늘의 기도 제목을 적어 봅시다.

여호람의 죄악

오늘의 성경 말씀을 읽으시고 묵상한 후 풀어보시면 유익합니다.

여호람은 악명 높은 왕으로 그는 아합 왕의 딸 아달랴를 부인으로 삼아 우상숭배를 일삼으며 자기 아우들을 죽임으로써 하나님께서 징계를 내림으로 창자가 튀어나와 죽게 된다. 통치자는 마음과 심성이 좋아야 하는데 여호람은 악한 심성을 가진 불행한 왕이다.

57. 북이스라엘 왕 아합의 사위로 그의 아내는 아달랴이다. 왕이 된 후 자기의 아우들을 처형한 이 왕은 누구인가? (대하 21:2-7)

58. 여호람에게 글을 보내어 여호람의 재앙을 예견한 선지자는 누구인가? (대하 21:12)
    1) 엘리사 2) 이사야 3) 예레미야 4) 엘리야

59. 그의 어머니는 아달랴로 아달랴가 꾀는 대로 악을 행하였고 1년 동안 유다를 다스렸다. 누구인가? (대하 22:1-4)

60. 아달랴는 유다 왕국의 씨를 말리려고 왕자들을 죽였지만 요아스를 빼돌려 살아남게 한 제사장 여호야다의 아내는 누구인가? (대하 22:11)
    1) 엘루새 2) 아히에셀 3) 여호사브핫 4) 벨렛

61. 바알 제사장 맛단과 유다 왕 아달랴를 죽이고 요아스에게 기름을 부어 왕으로 세운 제사장은 누구인가? (대하 25:16-21)
    1) 예후 2) 여호야다 3) 힐기야 4) 야하시엘

62. 백성들이 뛰며 요시아 왕을 찬송하는 소리를 듣고 '반역이로다'라고 외친 사람은 누구인가? (대하 23:12-13)

1) 아달랴 2) 시삭 3) 여호야김 4) 여로보암

63. 여호야다 생전에는 여호와 보시기에 정직하게 행한 왕은 누구인가? (대하 24:2)

1) 므낫세 2) 요시야 3) 요아스 4) 히스기야

64. 요아스의 아들들의 사적과 중대한 경책을 받은 것과 하나님의 전을 보수한 사적은 어디에 기록되었는가? (대하 24:27)

| 실천 사항 |

▶ 오늘의 말씀을 읽으시고 나에게 유익한 말씀이 무엇인지 깨달아봅시다.

▶ 오늘 말씀으로 나의 삶에 적용하며 행동으로 옮겼는지 실천한 것을 적어봅시다.

▶ 오늘 하나님이 보시기에 합당한 삶을 살았으면 감사한 것을 적어 봅시다.

▶ 오늘의 기도 제목을 적어 봅시다.

하나님과 관계에 따라 흥망성쇠가 결정

오늘의 성경 말씀을 읽으시고 묵상한 후 풀어보시면 유익합니다.

네 왕들의 행적을 보면 하나님과의 관계를 어떻게 맺느냐에 따라 흥망성쇠가 결정된다. 아마샤는 하나님 보시기에 정직했으나 온전한 마음으로 섬기지 않았고, 웃시야는 교만해져 성전에 들어가 향단에게 분향하려다 나병에 걸리고 아하스는 자녀들을 우상에게 드리려고 불사른다.

65. 다음 왕들 중에 가장 오랫동안 통치한 왕은 누구인가? (대하 26:3)

   1) 아마샤　2) 웃시야　3) 아하시아　4) 요아스

66. 유다 왕 이 사람은 에돔과의 전투에서 이스라엘 군사들을 용병으로 고용했다. 이 왕은 누구인가? (대하 25: 1-6)

   1) 므낫세　2) 웃시야　3) 아마샤　4) 요아스

67. 아마샤가 에돔 사람들을 죽이고 돌아올 때 가지고 와서 자기의 신으로 삼은 신은 어느 자손의 신인가? (대하 25:14)

   1) 에돔　2) 세일　3) 모압　4) 블레셋

68. 하나님의 묵시를 밝히 아는 스가랴가 사는 날에 하나님을 찾아 하나님께서 형통하게 하셨던 왕은 누구인가? (대하 26:5)

   1) 요아스　2) 아마샤　3) 웃시야　4) 아하시아

69. 여호와의 성전에서 분향을 하다가 여호와께서 치셔서 나병이 걸린 왕은 누구인가? (대하 26:16-19)

   1) 요아스　2) 웃시야　3) 므낫세　4) 아마샤

70. 웃시야가 나병으로 앓는 동안 왕으로 추대되어 암몬 자손과 싸워 조공도 받은 왕은 누구인가? (대하 27:1-5)

1) 아하스 2) 웃시아 3) 아하시아 4) 요담

71. 바알들의 우상을 만들고 이방 사람들의 가증한 일을 본받아 자기의 자녀들을 불사른 왕은 누구인가? (대하 28:2-3)

1) 웃시야 2) 요담 3) 므낫세 4) 아하스

72. 이 왕은 여호와의 전과 왕궁과 방백들의 집에서 재물을 가져다가 앗수르 왕에게 바쳤으며 다메섹 신에게도 제사를 하였다. 이 왕은 누구인가? (대하 28:21-23)

1) 므낫세 2) 요담 3) 아하스 4) 웃시야

| 실천 사항 |

▶ 오늘의 말씀을 읽으시고 나에게 유익한 말씀이 무엇인지 깨달아봅시다.

▶ 오늘 말씀으로 나의 삶에 적용하며 행동으로 옮겼는지 실천한 것을 적어봅시다.

▶ 오늘 하나님이 보시기에 합당한 삶을 살았으면 감사한 것을 적어 봅시다.

▶ 오늘의 기도 제목을 적어 봅시다.

히스기야의 종교개혁

오늘의 성경 말씀을 읽으시고 묵상한 후 풀어보시면 유익합니다.

히스기야의 종교개혁은 우리 삶에 본보기가 된다. 그는 아하스 왕으로 불경하게 된 성전을 정결하게 한다. 개혁 후 백성들의 겸손과 은혜와 정성이 변했다. 진정한 종교개혁은 지도자급의 개혁뿐만 아니라 일반 국민들의 절대적 호응과 열심에서 비롯된다.

73. 여호와의 전에 더러운 것을 끌어내어 기드론 시내로 가져갔고, 여호와의 전을 며칠 동안 성결하게 하였나? (대하 29:16-17)

1) 5 일 2) 7 일 3) 8 일 4) 10 일

74. 히스기야 왕이 여호와의 전에 올라가서 수송아지 일곱 마리 숫양 일곱 마리, 어린 양 일곱 마리와 무엇을 속죄 제물로 삼았는가? (대하 29:21)

75. 히스기야가 사람을 보내 유월절을 지키자고 한 지역은 어디인가? (대하 30:1)

1) 아셀 지역 2) 수불론 지역 3) 르우벤 지역 4) 온 이스라엘과 유다

76. 예루살렘에 모인 이스라엘 자손은 며칠 동안 무교절을 지켰는가? (대하 30:21)

1) 3 일 2) 5 일 3) 7 일 4) 10 일

77. 유월절을 지킨 이스라엘 백성들은 무엇을 없앴는가? 이 중에 없애지 않은 것은 무엇인가? (대하 31:1)

1) 주상 2) 르바임 3) 산당 4) 아세라 목상

78. 백성들이 드린 예물과 십일조를 거둬 레위 사람을 책임자로 세웠다. 이 사람은 누구인가? (대하 31:12)

1) 고나냐　　2) 시므이　　3) 여히엘　　4) 요사밧

79. 앗수르 왕 산헤립의 위협할 때 히스기야 왕과 함께 기도를 한 선지자는 누구인가? (대하 32:20)

1) 이사야　　2) 아모스　　3) 엘리사　　4) 에스라

80. 기혼의 위 샘물을 막아 물을 다윗성 서쪽으로 끌어들인 왕은 누구인가? (대하 32:30)

| 실천 사항 |

▶ 오늘의 말씀을 읽으시고 나에게 유익한 말씀이 무엇인지 깨달아봅시다.

▶ 오늘 말씀으로 나의 삶에 적용하며 행동으로 옮겼는지 실천한 것을 적어봅시다.

▶ 오늘 하나님이 보시기에 합당한 삶을 살았으면 감사한 것을 적어 봅시다.

▶ 오늘의 기도 제목을 적어 봅시다.

므낫세의 악행

오늘의 성경 말씀을 읽으시고 묵상한 후 풀어보시면 유익합니다.

므낫세는 아버지 히스기야의 삶을 보았음에도 우상숭배를 하는 등 역대 최악의 왕 노릇을 했다. 결국 하나님은 앗수르로 하여금 징계하셔서 포로가 되어 쇠사슬로 결박당해 바벨론으로 끌려가게 되는데 그때 회개를 한다. 미련한 므낫세도 하나님을 찾는다.

81. 남 유다와 북이스라엘 왕 전체 중에서 가장 오래도록 통치한 왕은 누구인가? (대하 33:1)

1) 아사　2) 요담　3) 아비야　4) 므낫세

82. 헐어 버린 산상을 세우고 바알을 위하여 제단을 쌓은 왕은 누구인가? (대하 33:3)

1) 므낫세　2) 아사　3) 여로보암　4) 요시야

83. 므낫세는 힌놈의 아들 골짜기에서 누구를 불 가운데로 지나가게 하였는가? (대하 33:6)

1) 방백들　2) 그의 아들들　3) 군사들　4) 제사장들

84. 므낫세와 그의 백성들이 목상을 하나님의 전에 세우고 악행을 저질러 여호와께서 누구를 들어 치셨는가? (대하 33:7-11)

1) 아람 군대 지휘관　2) 블레셋 사람들　3) 앗수르 군대 지휘관　4) 요압 사람들

85. 앗수르 군대 지휘관은 누구를 잡아 쇠사슬로 결박하여 바벨론으로 끌고 갔는가? (대하 33:11)

86. 이방신과 여호와 전의 우상들을 제거하고 여호와의 제단을 보수하고 드린 제사는 무엇인가? (대하 33:15-16)

1) 속죄제와 감사제　　2) 속건제와 감사제

3) 번제와 감사제　　4) 화목제와 감사제

87. 산당을 세운 곳과 아세다 목상과 우상을 세운 곳들이 다 어디에 기록되었는가? (대하 33:19)

1) 선지자 이사야의 글　　2) 선견자 갓의 글

3) 호새의 사기　　4) 선지자 나단의 글

88. 므낫세가 만든 모든 우상에 제사하며 더욱 범죄르려 신하에게 왕궁에서 죽임을 당한 왕은 누구인가? (대하 33:22-24)

| 실천 사항 |

▶ 오늘의 말씀을 읽으시고 나에게 유익한 말씀이 무엇인지 깨달아봅시다.

▶ 오늘 말씀으로 나의 삶에 적용하며 행동으로 옮겼는지 실천한 것을 적어봅시다.

▶ 오늘 하나님이 보시기에 합당한 삶을 살았으면 감사한 것을 적어 봅시다.

▶ 오늘의 기도 제목을 적어 봅시다.

요시아의 개혁과 유다 멸망

오늘의 성경 말씀을 읽으시고 묵상한 후 풀어보시면 유익합니다.

요시아는 대대적으로 우상을 제거하고 제단을 헐고 성전을 정결케 수리하다 발견한 율법 책을 읽고 회개하는 역사가 일어났다. 이 은혜를 바로 알지 못한 유다의 남은 왕들도 바로서지 못해 그동안의 죄와 우상 숭배로 바벨론에 의해 멸망되는 운명을 맞이했다.

89. 요시야 왕은 우상을 섬기던 제사장들의 뼈를 어디에서 불살라 유다와 예루살렘을 정결하게 하였나? (대하 34:5)
   1) 성전 기둥 밑 2) 속죄소와 두 그룹 사이 3) 분향단 앞 4) 제단

90. 요시야 왕과 백성들은 아세라 목상과 아로새긴 우상들을 빻아 가루로 만들어 이스라엘 땅에 있는 이곳에 찍고 예루살렘으로 돌아왔다. 어디에 찍었는가? (대하 34:7)

91. 제사장 힐기야와 왕이 보낸 들이 찾아간 여 선지자는 누구인가? (대하 34:22)
   1) 마아가 2) 훌다 3) 요게벳 4) 미리암

92. 요시야가 죽어 슬퍼하는 마음으로 애가를 지은 선지자는 누구인가? (대하 35:25)
   1) 이사야 2) 에스겔 3) 예레미야 4) 엘리사

93. 유다 왕 요시야의 아들이 아닌 사람은 누구인가? (대하 36:1, 4, 8, 10)
   1) 시드기야 2) 여호아하스 3) 여호야김 4) 여호사밧

94. 애굽 왕 느고가 엘리아김을 세워 유다와 예루살렘 왕으로 삼고 그의 이름을 무엇이라 했는가? (대하 36:4)

1) 여호야김　　2) 아하시아　　3) 아마샤　　4) 웃시야

95. 유다의 마지막 왕으로 여호와 앞에서 악을 행함으로써 비참한 최후를 맞이한 왕은 누구인가? (대하 36:11-12)

96. 칼에서 살아남은 백성들은 바벨론으로 잡혀가 누구의 노예가 되었는가? (대하 36:20)

1) 블레셋　　2) 아람　　3) 갈대아 왕　　4) 에돔

| 실천 사항 |

▶ 오늘의 말씀을 읽으시고 나에게 유익한 말씀이 무엇인지 깨달아봅시다.

▶ 오늘 말씀으로 나의 삶에 적용하며 행동으로 옮겼는지 실천한 것을 적어봅시다.

▶ 오늘 하나님이 보시기에 합당한 삶을 살았으면 감사한 것을 적어 봅시다.

▶ 오늘의 기도 제목을 적어 봅시다.

[역대 하 해답]

1) 4 2) 기브온 산당 3) 3 4) 3 5) 2 6) 1 7) 4 8) 2 9) 1 10) 야긴과 보아스 11) 2 12) 1 13) 4 14) 3 15) 지성소 16) 4 17) 성전 18) 하늘 19) 4 20) 2 21) 2 22) 3 23) 눈, 마음 24) 2 25) 2 26) 4 27) 2 28) 무교절, 칠칠절, 초막절 29) 3 30) 4 31) 3 32) 4 33) 삼일 후 34) 멍에, 멍에, 가죽, 전갈 35) 2 36) 3 37) 4 38) 1 39) 4 40) 2 41) 소금 언약 42) 3 43) 3 44) 4 45) 1 46) 마음, 목숨, 언약 47) 벤하닷 48) 3 49) 3 50) 3 51) 2 52) 길르앗, 라못 53) 불의함, 뇌물 54) 예후 55) 3 56) 4 57) 여호람 58) 4 59) 아하시아 60) 3 61) 2 62) 1 63) 3 64) 열왕기 사적 65) 4 66) 3 67) 2 68) 3 69) 2 70) 4 71) 4 72) 3 73) 7 74) 숫염소 일곱 마리 75) 4 76) 3 77) 2 78) 1 79) 1 80) 히스기야 81) 4 82) 1 83) 2 84) 3 85) 므낫세 86) 4 87) 3 88) 아몬 89) 4 90) 태양상 91) 2 92) 3 93) 4 94) 1 95) 시드기야 96) 3

15. 에스라 (EZRA)

1. 내용

유다인의 귀환과 성전 재건을 다룬 것으로 2차 포로 귀환과 종교개혁, 그리고 대부흥 운동의 역사로 이뤄졌다.

이스라엘 남유다 백성이 범죄하여 나라를 잃고 약 70년간 바벨론에 포로가 되지만 본토로 귀환하는 과정과 이들의 영적, 도덕적, 사회적 회복을 다루며 공동체의 신앙과 예배의 회복을 강조하며 이스라엘(남유다) 역사가 어떻게 성취되는지 보여준다.

2. 배경

두 차례에 걸친 포로 귀환 사건을 중심으로 이뤄지는데 포로지 바벨론부터 귀환 경유지들과 최종 종착지 예루살렘 중심으로 이뤄졌다.

3. 흐름과 내용 구성

크게 스룹바벨 주도의 1차 귀환(고레스의 귀환 명령, 제단 복구, 성전 재건 및 완공), 에스라 주도의 2차 포로 귀환(말씀 연구, 회개와 각성, 개혁과 부흥 운동)으로 나눠졌다.

4. 목적

포로에서 귀환한 유다인들로 하여금 잃어버렸던 성전과 예배를 회복시키고, 하나님과 그 말씀 앞에 헌신을 새롭게 다짐하도록 하기 위함이다. 하나님의 성전을 건축할 때 성전을 짓지 못하도록 반대하는 자들도 많았지만 모든 어려움을 극복하고 마침내 성전을 건축한 사실이 감동적이다.

5. 본서에 나타난 하나님의 섭리

나라를 잃고 타국에서 포로생활을 하고 있지만, 70년의 시간이 흘렀어도 하나님은 영단의 시간이 지난 후 유다 백성과 맺은 언약을 지켜 다시 회복의 기회를 열어준다.

성전 재건과 심령 대부흥 운동을 통해 유다 백성은 과거의 죄를 철저하게 회개하며 올바른 예배로 복원하며, 하나님과의 올바른 관계를 통해 하나님이 택한 백성을 향하여 보여주시는 사랑과 집념이 얼마나 대단한지 느껴진다.

70 년 만에 포로로부터 귀환

오늘의 성경 말씀을 읽으시고 묵상한 후 풀어보시면 유익합니다.

바사왕 고레스의 해방선언으로 70 년 만에 귀국한다. 하나님께서 고레스의 마음을 감동시켜 빼앗았던 성전의 기명들도 다 돌려주었고 고향으로 돌아온 이스라엘 백성들은 성전을 재건하고 말씀 신앙을 회복하는 데 주력한다. 신앙 회복이 기쁨의 회복이다.

1. 눈물의 선지자 예레미야의 입을 통하여 하신 말씀을 이루게 하시려고 유다 백성을 바벨론 포로에서 해방시킨 왕은 누구인가? (스 1:1)
   1) 벤하닷　2) 고레스　3) 느부갓네살　4) 바로

2. 고레스가 명령하여 성전 그릇들을 가지고 예루살렘으로 돌아온 유다의 총독은 누구인가? (스 1:8)

3. 족장들이 예루살렘에 있는 여호와의 성전 터에 이르러 하나님의 전을 다시 건축하려고 드린 예물이 아닌 것은 무엇인가? (스 2:68-69)
   1) 금 접시 백 개　2) 금 육만 천 다릭　3) 은 오천 마네　4) 제사장 옷 백 벌

4. 포로에서 돌아와 각자의 성읍에 살던 이스라엘 자손은 몇 번째 달에 예루살렘에 모였는가? (스 3:1)
   1) 세 번째 달　2) 다섯째 달　3) 일곱째 달　4) 아홉째 달

5. 이스라엘 백성들이 성전 재건 공사는 언제 시작하였는가? (스 3:8)
   1) 귀환 후 1 년째 첫째 달　2) 귀환 후 2 년째 첫째 달
   3) 귀환 후 2 년째 둘째 달　4) 귀환 후 3 년째 둘째 달

6. 예수아와 스룹바벨과 그의 형제들이 만든 것은 무엇인가? (스 3:2)

1) 언약궤　　2) 하나님의 제단　　3) 분향단　　4) 성전 두 기둥

7. 백향목을 레바논에서 어느 해변으로 운송하였는가? (스 3:7)

1) 다저스　　2) 니느웨　　3) 리비아　　4) 욥바

8. 건축자가 여호와의 성전의 이것을 놓을 때 제사장들은 예복을 입고 나팔을 들고 레위 사람들은 제금을 들고 여호와를 찬송했다. 무엇을 놓을 때인가? (스 3:10)

| 실천 사항 |

▶ 오늘의 말씀을 읽으시고 나에게 유익한 말씀이 무엇인지 깨달아봅시다.

▶ 오늘 말씀으로 나의 삶에 적용하며 행동으로 옮겼는지 실천한 것을 적어봅시다.

▶ 오늘 하나님이 보시기에 합당한 삶을 살았으면 감사한 것을 적어 봅시다.

▶ 오늘의 기도 제목을 적어 봅시다.

대적자들을 조심하라

오늘의 성경 말씀을 읽으시고 묵상한 후 풀어보시면 유익합니다.

바벨론에서 돌아온 포로들이 주의 성전을 건축한다는 소문이 들리자 대적하는 자들이 협조 구실로 접근한다. 대적자와 타협은 백기를 들고 마귀의 진영으로 가는 것과 다름없다. 우리 앞에 끊임없이 훼방자가 있을지라도 하나님을 의지하고 나갈 때 승리할 수 있다.

9. 비슬람과 미드르닷과 디브엘과 그의 동료들이 바사 왕 아닥 사스다에게 상소문을 올렸을 때 무슨 글로 써서 올렸는가? (스 4:7)

1) 바사 문자, 바사 방언 2) 모압 문자, 모압 방언
3) 아람 문자, 아람 방언 4) 에돔 문자, 에돔 방언

10. 아닥사스와 왕에게 이스라엘 백성들을 고발한 방백과 서기관은 누구인가? (스 4:8)

11. 방백과 서기관이 고발하여 성전 공사를 중단시킨 사람은 누구인가? (스 4:21)

1) 고레스 2) 아닥사스다 3) 바로 4) 다리오

12. 다음 중 중단되었던 성전 공사를 재개하는 데 참여하지 않은 사람은 누구인가? (스 5:1-5)

1) 예수아 2) 스가랴 3) 스룹 바벨 4) 다브엘

13. 다음 중 다리오 왕의 명령이 아닌 것은 무엇인가? (스 6: 6-12)

1) 하나님의 성전 공사를 막지 말라. 2) 제사장의 요구대로 날마다 주라.
3) 이 명령을 어기면 징계가 있을 것이다. 4) 바사 사람들로 감독하게 하라.

14. 성전 건축은 하나님의 명령과 어떤 나라의 왕의 조서에 따라 완공되었는가? (스 6:14)

15. 성전 재건 공사는 언제 다 끝났는가? (스 6:15)

1) 아닥사스다 왕 제 3 년 2) 고레스 왕 제 5 년
3) 다리오 왕 제 5 년 4) 바로 왕 제 2 년

16. 사로잡혔던 자의 자손들은 유월절과 무엇을 이레 동안 지켰는가? (스 6:19-22)

| 실천 사항 |

▶ 오늘의 말씀을 읽으시고 나에게 유익한 말씀이 무엇인지 깨달아봅시다.

▶ 오늘 말씀으로 나의 삶에 적용하며 행동으로 옮겼는지 실천한 것을 적어봅시다.

▶ 오늘 하나님이 보시기에 합당한 삶을 살았으면 감사한 것을 적어 봅시다.

▶ 오늘의 기도 제목을 적어 봅시다.

말씀 회복 운동

오늘의 성경 말씀을 읽으시고 묵상한 후 풀어보시면 유익합니다.

하나님은 에스라를 들어 크게 들어 쓰신다. 성전이 재건되었으니 말씀 회복 운동을 통하여 땅에 떨어진 말씀을 끌어올린다. 하나님께서는 징계 후 회복을 위하여 하늘문도 여셨다. 이렇듯 주의 종들은 사람의 도움이 아니라 하나님의 손을 의지하고 도움을 청해야 한다.

17. 학사 에스라가 예루살렘으로 귀환한 것은 몇 번째 귀환 때인가? (스 7:6)
   1) 첫 번째   2) 두 번째   3) 세 번째   4) 네 번째

18. 다음 중 에스라와 관련이 없는 것은 무엇인가? (스 7:6-10)
   1) 여호와의 율법을 연구하여 준행했다.   2) 왕에게 구하는 것은 다 받은 자이다.
   3) 모세의 율법에 익숙한 학자다.   4) 귀환은 다리오 왕 제육년 첫째 달이다.

19. 다음 중 에스라가 귀환 중에 행한 일이다. 관련이 없는 것은 무엇인가? (스 8:21-23)
   1) 평탄한 길을 요구함.   2) 적군을 막을 보병과 마병을 구하지 않음.
   3) 요단강가에서 금식을 선포함.   4) 기도의 응답하심을 이룸.

20. 제사 일에 하나님의 성전에서 은과 금과 그릇을 달아서 누구에게 넘겼는가? (스 8:33)
   1) 엘르아살   2) 제사장   3) 노야다   4) 므레못

21. 에스라가 옷을 찢고 머리털과 수염을 뜯으며 기가 막혀 앉은 이유는 무엇인가? (스 9:1-3)

1) 다른 신을 섬겨서　　　　2) 금식을 하지 않으려 했기 때문에
3) 논공행상에 빠져 있어서　　　　4) 이방인들과 결혼했기 때문에

22. 이스라엘 백성들이 악한 행실과 큰 죄를 지어 모든 일을 당하였으나 하나님은 죄악보다 무엇을 가볍게 하셨는가? (스 9:13)

23. 개혁을 단행하기로 결심한 에스라는 하나님 앞에서 죄를 자복하고 그 지방 사람들과 무엇을 끊어버리라고 명령을 하였는가? (스 10:11)

24. 유다와 예루살렘에 사로잡혔던 자들의 자손이 방백과 장로들의 훈시를 따라 며칠 내로 오지 않으면 그의 재산을 몰수하고 모임에서 쫓아낸다고 하였는가? (스 10:7-8)

1 3 일　　2) 5 일　　3) 7 일　　4) 10 일

| 실천 사항 |

▶ 오늘의 말씀을 읽으시고 나에게 유익한 말씀이 무엇인지 깨달아봅시다.

▶ 오늘 말씀으로 나의 삶에 적용하며 행동으로 옮겼는지 실천한 것을 적어봅시다.

▶ 오늘 하나님이 보시기에 합당한 삶을 살았으면 감사한 것을 적어 봅시다.

▶ 오늘의 기도 제목을 적어 봅시다.

[에스라 해답]

1) 2 2) 세스바살 3) 1 4) 3 5) 3 6) 2 7) 4 8) 기초 9) 3 10) 르훔, 심새 11) 2 12) 4 13) 4 14) 바사 15) 3 16) 무교절 17) 2 18) 4 19) 3 20) 4 21) 4 22) 형벌 23) 이방 여인 24) 1

16. 느헤미야 (NEHEMIAH)

1. 내용

느헤미야는 구약 성경의 역사서 중 마지막 책이다. 3차 포로 귀환의 인솔자인 느헤미야가 유다 백성과 더불어 성벽을 재건하는 것, 성벽 재건 이후 학사 에스라를 중심으로 이스라엘 백성들의 삶과 신앙 부흥운동이 더욱 가속화되어 신앙의 개혁을 이뤄나가는 과정, 느헤미야가 얼마나 하나님에 대한 참된 예배 제도를 확립하려고 애썼는지 묘사하고 있다.

2. 배경

느헤미야가 바사 왕의 술관원장으로 있던 바사제국의 수도 수산과 느헤미야가 총독으로 지내며 성곽을 재건했던 예루살렘과 3차 포로 귀환의 행선지 등이 주요 무대이다.

3. 흐름과 내용 구성

본토 귀환과 재건 사업(느헤미야의 귀환, 성벽재건사업, 1차 귀환인의 계보) 전민족적 개혁작업, 신앙부흥운동(에스라의 개혁, 삶의 대개혁) 등이다.

4. 목적

성전 재건에 이어 예루살렘 성벽 재건 작업이 완성되고 회복된 신앙 공동체 내에서 이방의 악습을 씻어내는 외적 성결과 동시에 하나님과의 바른 관계 정립을 위한 내적 성결이 중요함을 가르치기 위해 기록되었고, 느헤미야의 탁월한 지도력은 오늘날 교회 지도자들이 본받아야 할 모범이다.

5. 본서에 나타난 하나님의 섭리

바벨론 포로로 술관원장으로 성공한 인물이었지만 일신상의 부귀보다는 하나님의 일을 더 중요하게 여기며 이를 위해 어떠한 고난도 어려움에 직면해서도 낙망하지 않고, 유다 백성을 독려하고 인내하며 하나님께 순종하는 삶을 살아간다.

하나님은 충성스러운 일꾼과 동역하시기를 기뻐하심을 알므로 하나님께 순종하는 삶을 살아가야 한다.

성벽 재건

오늘의 성경 말씀을 읽으시고 묵상한 후 풀어보시면 유익합니다.

바벨론 포로 생활에서 귀환한 이스라엘 자손들은 느헤미야의 지도하에 무너진 성벽을 중수했다. 예루살렘의 성벽 중수는 무장과 방비를 잘해야 사탄의 공격에 대처할 수 있음을 교훈해 준다. 성벽을 중수하는 자들은 어려움이 있을지라도 후회하지 않았다.

1. 느헤미야가 아닥사스다 왕 때 수산궁에 있을 때 그가 맡은 직책은 무엇이었나? (느 1:11)

   1) 총독　　2) 왕의 술 관원　　3) 선지자　　4) 서기관

2. 느헤미야는 예루살렘 성이 파괴된 것을 어떻게 알게 되었는가? (느 1:2)

   1) 사절단을 통해서　　2) 바벨론 사람을 통해서
   3) 하나님에게 물어보아서　　4) 예수야가 알려줬다.

3. 느헤미야가 예루살렘의 소식을 듣고 슬퍼하며 울고 하나님 앞에서 기도한 이유가 아닌 것은? (느 1:3-4)

   1) 남아 있는 자들이 능욕을 당함.　　2) 남아 있는 자들이 큰 환란을 당함
   3) 성문이 불에 탔다.　　4) 이방인들과 결혼을 해서

4. 느헤미야가 왕에게 간청한 내용은 무엇인가? (느 2:5)

   1) 조상의 묘실이 있는 성읍을 건축하기 원함
   2) 왕이 건축 비용을 보태줄 것을 요구함
   3) 병사들을 보내달라고 청함
   4) 제단 제물 드릴 것을 요구함

5. 느헤미야의 성벽 · 재건에 유다 사람과 제사장, 방백, 귀족들은 동의하고 적극적인 반면 호론 사람과 암몬 사람은 적대적이었다. 이들은 누구인가? (느 2:16-20)

6. 어문은 어느 자손들이 건축하여 들보를 얹고 문짝을 달고 자물쇠와 빗장을 갖추었는가? (느 3:3)

1) 학고스 자손 2) 하스나아 자손 3) 드고아 자손 4) 하루맙 자손

7. 화덕 망대를 중수한 사람은 누구인가? (느 3:11)

1) 여다야와 핫두스 2) 요야다와 므술람 3) 말기야와 4) 므레못과 므술람

8. 성 굽이 맞은편과 왕의 위 궁에서 내민 망대 맞은편은 누가 중수하였는가? (느 3:25)

1) 말기야 2) 르훔 3) 발랄 4) 바룩

| 실천 사항 |

▶ 오늘의 말씀을 읽으시고 나에게 유익한 말씀이 무엇인지 깨달아봅시다.

▶ 오늘 말씀으로 나의 삶에 적용하며 행동으로 옮겼는지 실천한 것을 적어봅시다.

▶ 오늘 하나님이 보시기에 합당한 삶을 살았으면 감사한 것을 적어 봅시다.

▶ 오늘의 기도 제목을 적어 봅시다.

느헤미야의 성벽 재건

오늘의 성경 말씀을 읽으시고 묵상한 후 풀어보시면 유익합니다.

성벽 건축을 전 구간에 나눠 올라가게 쌓았는데 방해자들과 무너뜨리는 사람들이 있어도 비난도 하지 않고 자기 할 일만 치중했다. 52 일 만에 성벽을 재건하고 사명을 완수한 것은 약한 자의 비난에 시간을 낭비하지 않고 자기의 맡겨진 일에 최선을 다했기 때문이다.

9. 산발랏은 자기 형제들과 어디 군대 앞에서 예루살렘 성벽 재건에 대하여 비난을 했는가? (느 4:1-2)

1) 애굽　2) 사마리아　3) 아람　4) 바벨론

10. 느헤미야가 산발랏 등 이방인들이 예루살렘을 치자고 모의하자 흔들리는 유다 사람들에게 한 말은 무엇인가? (느 4:14)

1) 바벨론에서 도울 군사가 온다.　2) 여호와께 기도하라.

3) 지극히 크고 두려우신 주를 기억하라.　4) 우리가 물리칠 수 있다.

11. 느헤미야는 백성들의 부르짖음을 듣고 노하여 누구에게 꾸짖었느냐? (느 5:6-7)

1) 제사장들　2) 호론 사람과 암몬 사람들

3) 저당 잡는 사람들　4) 귀족들과 민장들

12. 느헤미야가 백성들을 위하여 행한 조치가 아닌 것은 무엇인가? (느 5:10-11)

1) 양식이나 포도주나 기름의 1/100 을 돌려주라.

2) 밭과 포도원과 감람원과 집을 돌려줘라.

3) 이자는 반만 받아라.　4) 이자를 받지 말라.

13. 산발랏과 게셈이 느헤미야를 오노에서 만나자고 한 목적은 성벽 공사가 완성되어 가자 그 공사를 중지시키기 위해 어떻게 하려고 하였는가? (느 6:1-2)

1) 살해하려고 했다. 2) 물자 수송을 막으려 했다.
3) 납치하려고 했다. 4) 인력 동원을 중지시키려고 했다.

14. 성벽 역사가 끝나니 모든 대적과 주위에 있는 이방 족속들은 이를 듣고 어떤 반응을 보였는가? (느 6:15-16)

1) 믿지 않았다. 2) 두려워하며 낙담했다.
3) 거짓 선동을 하였다. 4) 분노하며 화를 냈다.

15. 성벽을 완성시킨 후 느헤미야가 지도자를 세웠는데 예루살렘을 다스린 지도자는 누구인가? (느 7:2)

1) 스룹바벨, 예수아 2) 엘람, 삿두
3) 모르드개, 빌산 4) 하나니, 하나냐

16. 성벽 공사를 할 때 헌금과 헌물을 바치지 않은 사람은 누구인가? (느 7:70-72)

1) 백성 2) 총독 3) 족장 4) 성전 봉사자들

| 실천 사항 |

▶ 오늘의 말씀을 읽으시고 나에게 유익한 말씀이 무엇인지 깨달아봅시다.

▶ 오늘 말씀으로 나의 삶에 적용하며 행동으로 옮겼는지 실천한 것을 적어봅시다.

▶ 오늘 하나님이 보시기에 합당한 삶을 살았으면 감사한 것을 적어 봅시다.

▶ 오늘의 기도 제목을 적어 봅시다.

학사 에스라의 말씀 회복과 성일

오늘의 성경 말씀을 읽으시고 묵상한 후 풀어보시면 유익합니다.

느헤미야의 리더십으로 성벽 재건을 마친 후 학사 에스라를 통한 말씀 회복 운동이 나라 전체에서 실시한다. 백성들이 모인 곳에서 율법 책을 펼 때 모두 일어서 그 하나님 여호와를 송축하자 아멘으로 응답하고 말씀을 전할 때 백성들이 깨닫고 울며 받는다.

17. 제사장 에스라가 율법 책을 회중 앞에서 읽었는데 새벽부터 언제까지 읽었는가? (느 8:2-3)

1) 저녁 2) 그 다음날 아침 3) 정오 4) 해 뜰 때까지

18. 학사 에스라에게 모인 사람들이 읽은 것은 일곱째 달 절기에 관한 것이었다. 무슨 절기인가? (느 8:13-14)

1) 수장절 2) 칠칠절 3) 맥추절 4) 초막절

19. 일곱째 달 24일에 백성들은 회개하며 이방 사람들과 절교하며 율법 책을 낭독하고 금식하며 베옷을 입고 이것을 뿌렸다. 아것은 무엇인가? (느 9:1-3)

1) 소금 2) 팥 3) 재 4) 흙

20. 백성들이 회개 기도 후에 언약에 인봉을 하였다. 인봉을 하지 않은 사람들은 누구인가? (느 10:1-27)

1) 레위 사람들 2) 제사장들 3) 총독 4) 선지자들

21. 이스라엘 자손이 금식하고 회개한 후 하나님께 서원한 언약이 아닌 것은 무엇인가? (느 10:30-39)

1) 안식일과 성일 준수　　2) 첫 열매와 십일조 봉헌
3) 산물의 십일조를 유다 사람에게 줌　　4) 이방인들과 결혼 금지

22. 다음 중 예루살렘에 정착한 자손은 어느 자손인가? (느 11:4)
1) 르우벤, 갓　　2) 아셀, 므낫세　　3) 유다, 베냐민　　4) 요셉, 레위

23. 느헤미야 당시에 유다의 자손들이 살았던 영토는 어디인가? (느 11:30)
1) 게바에서 믹마스　　2) 예루살렘
3) 브엘세바에서 힌놈 골짜기　　4) 베들레헴

24. 양식과 물로 이스라엘 자손을 영접하지 않고 발람에게 뇌물을 주어 저주케 하여 영원히 하나님의 총회에 들어오지 못한 사람들은 누구인가? (느 13:1-2)
1) 블레셋 사람　　2) 암몬과 모압 사람　　3) 바벨론 사람　　4) 사마리아 사람

| 실천 사항 |

▶ 오늘의 말씀을 읽으시고 나에게 유익한 말씀이 무엇인지 깨달아봅시다.

▶ 오늘 말씀으로 나의 삶에 적용하며 행동으로 옮겼는지 실천한 것을 적어봅시다.

▶ 오늘 하나님이 보시기에 합당한 삶을 살았으면 감사한 것을 적어 봅시다.

▶ 오늘의 기도 제목을 적어 봅시다.

[느헤미야 해답]

1) 2 2) 3 3) 4 4) 1 5) 산발랏과 도비야 6) 2 7) 3 8) 3 9) 2 10) 3 11) 4 12) 3 13) 1 14) 2 15) 4 16) 4 17) 3 18) 4 19) 3 20) 4 21) 4 22) 3 23) 3 24) 2

17. 에스더 (ESTHER)

1. 내용

이 책에는 하나님이라는 말은 등장하고 있지 않지만, 이방에 포로로 끌려간 유다 백성을 원수의 모함으로부터 구출해내는지 말해주고 있는 놀라운 승리와 구원의 이야기다.

전멸 직전에 구원해 주신 하나님의 놀라운 섭리와 은총이 가장 잘 드러나 있고, 누구도 하나님을 섬기는 백성을 멸할 수 없다는 사실을 밝힌다.

2. 배경

당시 바사제국은 신흥 강대국으로 바벨론을 무너뜨리고 패권국이 되었다. 이 바사제국의 수도 수산궁을 중심 무대로 전개되고 있다.

3. 흐름과 내용 구성

유다 백성의 위기(왕비가 된 에스더, 유다인들의 위기, 하만의 모략)와 에스더의 결단(모르드개의 기도), 유다인들의 구원(에스더의 일사각오, 하만의 패배, 부림절 탄생) 등으로 하나님의 구원을 기념하는 부림절의 기원을 다루고 있다.

4. 목적

하나님은 가나안 땅에 거주하는 백성뿐만 아니라 가나안과 그 밖의 이방 땅에 거주하는 자라도 하나님께 순종하고 신뢰하면 구원과 보호의 은총을 베푸시는 언약의 하나님이심을 보여주고 부림절의 기원과 의미를 후대에 널리 전하고 있다.

5. 본서에 나타난 하나님의 섭리

하나님은 유다 민족을 멸절 위기 가운데서 적극적으로 구원하심으로써 당신의 백성을 지키고 영광을 드러내셨다.

비록 하나님의 모습도, 하나님의 이름도 드러내지 않는 불신적인 요소와 환경이 도처에 놓여 있어도 하나님은 그 백성을 기억하시고 지켜주심으로써 당신의 섭리를 펼치신다.

양육되어진 사명자 에스더

오늘의 성경 말씀을 읽으시고 묵상한 후 풀어보시면 유익합니다 .

포로로 바벨론에 온 에스더를 하나님께서는 사명자가 될 수 있도록 아름답게 양육해 주신다 . 성도는 하나님께 잘 양육을 받은 후 언제든지 하나님께서 부르실 때 그에 걸맞는 쓰임을 받을 수 있는 성결한 모습으로 살아야 한다 .

1. 바사의 아하수에로 왕은 인도부터 구스까지 몇 지방을 다스리는 왕이었는가? (에 1:1)

2. 아하수에로 왕이 왕비 와스디를 폐위시킨 결정적 이유는 무엇인가? (에 1:12)
   1) 궁녀들을 투기하여서 2) 새 왕후를 얻으려고
   3) 왕과 다툼이 잦아서 4) 왕의 명령에 따르지 않아서

3. 새로운 왕후를 뽑기 위해서 처녀들을 뽑아 교육을 시키는 내시는 누구인가? (에 2:3)
   1) 하닥 2) 하만 3) 헤개 4) 모르드개

4. 왕후로 뽑히기 위하여 뽑힌 처녀들이 교육을 받은 기한은 얼마인가? (에 2:12)
   1) 6 개월 2) 8 개월 3) 10 개월 4) 12 개월

5. 아하수에로 왕이 와스디 왕후를 폐하고 새로운 왕후로 누구를 뽑았는가? (에 2:17)

6. 하만은 이 사람이 자기에게 꿇지고 절하지도 않는다고 유다인 전체를 멸하려고 했다. 누구인가? (에 3:5-6)

1) 빅단　　2) 모르드개　　3) 데레스　　4) 헤개

7. 하만이 모르드개를 죽이려는 것을 알고 모르드개는 옷을 찢고 굵은 베옷을 입고 재를 뒤집어쓴 후 어떻게 했는가? (에 4:1)

1) 대성통곡　　2) 도망쳤다　　3) 미친짓을 했다　　4) 왕후에게 요청했다

8. 다음 (　　) 안에 들어갈 말은 무엇인가? (에 4:3)

"왕의 명령과 조서가 각 지방에 이르매 유다인이 크게 (　　　　) 하여 (　　　　) 하며 울며 부르짖고 굵은 베옷을 입고 (　　　　) 에 누운 자가 무수하더라."

| 실천 사항 |

▶ 오늘의 말씀을 읽으시고 나에게 유익한 말씀이 무엇인지 깨달아봅시다.

▶ 오늘 말씀으로 나의 삶에 적용하며 행동으로 옮겼는지 실천한 것을 적어봅시다.

▶ 오늘 하나님이 보시기에 합당한 삶을 살았으면 감사한 것을 적어 봅시다.

▶ 오늘의 기도 제목을 적어 봅시다.

죽으면 죽으리라

오늘의 성경 말씀을 읽으시고 묵상한 후 풀어보시면 유익합니다.

에스더는 민족의 구원을 위해 죽으면 죽으리라는 각오로 왕 앞에 나서는 신앙 결단을 내린다. 하나님은 그를 사용하셔서 이스라엘 민족 전체가 구원을 받고 도리어 원수 갚는 일을 이 일어난다. 유다인 모두가 죽지 않고 모두가 승리자가 되는 날이 부림절이다.

9. 에스더가 왕을 위하여 잔치를 베풀었을 때 함께 청한 사람은 누구인가? (에 5:4)

   1) 헤개 2) 모르드개 3) 하만 4) 귀족들

10. 하만에게 모르드개 굴욕도 당하기 시작했고 그를 이기지 못하고 그 앞에 엎드린다고 한 하만의 아내는 누구인가? (에 6:13)

   1) 에스다 2) 데레스 3) 마아가 4) 세레스

11. 하만이 모르드개를 달고자 한 나무에 하만을 달라고 왕에게 요청한 내시는 누구인가? (에 7:9)

12. 유다인의 진멸 취소가 적힌 문서는 누구의 명의로 쓰고 왕의 반지로 인을 치고 역졸에게 전해졌는가? (에 8:10-14)

   1) 귀족 2) 선지자 3) 왕 4) 서기관

13. 왕이 하만에게 거둔 반지를 모르드개에게 주고 에스더가 모르드개에게 무엇을 관리하라고 하였는가? (에 8:2)

   1) 내전 2) 하만의 집 3) 성벽 4) 왕후의 거처

14. 유다인들이 부림절을 지키게 된 날은 언제인가? (에 9:20-21)

1) 아달월 1-2 일 2) 아달월 15-16 일

3) 아달월 14-15 일 4) 아달월 20-21 일

15. 부림절은 유다인이 대적에게 벗어난 날로 두 날에 행사를 하였다. 아닌 것은 무엇인가? (에 9:22)

1) 서로 예물을 주다 2) 잔치를 베풀라

3) 가난한 사람을 구제하라 4) 이방인과 통혼하라

16. 모르드개는 부림절 이후 왕국의 상당한 위치를 차지하였다. 아닌 것은 무엇인가? (에 10:3)

1) 왕 다음이 되었다 2) 허다한 형제에게 사랑을 받았다

3) 백성의 이익을 도모하였다 4) 부마가 되었다

| 실천 사항 |

▶ 오늘의 말씀을 읽으시고 나에게 유익한 말씀이 무엇인지 깨달아봅시다.

▶ 오늘 말씀으로 나의 삶에 적용하며 행동으로 옮겼는지 실천한 것을 적어봅시다.

▶ 오늘 하나님이 보시기에 합당한 삶을 살았으면 감사한 것을 적어 봅시다.

▶ 오늘의 기도 제목을 적어 봅시다.

[에스더 해답]

1) 127 지방 2) 4 3) 3 4) 4 5) 에스더 6) 2 7) 1 8) 애통, 금식, 재 9) 3 10) 4 11) 하르보나 12) 3 13) 2 14) 3 15) 4 16) 4

18. 욥기 (JOB)

1. 내용

욥기서는 신정설(神正說 · 악의 존재를 하나님의 섭리라고 주장하는 학설) 문제를 통하여 언약에 대한 주요한 종교적 요구를 알려준다. 고대 동방 세계의 아주 부유하고 하나님을 사랑한 인물이 어느날 갑자기 자신의 모든 것들을 잃고 병까지 걸려 고통받는 비극적인 이야기다.

욥은 자신에게 처한 이해할 수 없는 고통과 환난에 대하여 그 원인을 찾기 위해 몸부림을 친다. 그렇지만 하나님의 섭리는 오묘하다. 절대적으로 선하다는 사실과 인간은 오직 그분께 순종하며 감사와 찬양을 돌릴 것뿐이라고 교훈한다.

2. 배경

욥의 고향인 우스지역, 즉 에돔지역, 이스라엘 남동쪽으로 사막에 둘러싸여 있지만 비옥한 초원지대였을 것으로 짐작한다.

3. 흐름과 내용 구성

욥의 고난(시련, 환경과 사탄 시험), 욥의 변론(독백 및 엘리후의 중재), 욥의 회복(하나님의 계시, 질문과 답변, 회복)의 과정으로 이뤄졌다.

4. 목적

우리에게 찾아오는 고난이 때로는 죄의 결과가 아니라 하나님의 초월적 섭리의 일환일 수도 있음을 가르친다. 고난 중에도 포기하지 않고 성도의 바른 자세는 그분께 더 찬양과 감사를 드려야 하며, 인간의 생사화복은 오로지 하나님의 절대주권에 달려 있음을 가르치고 있다.

5. 본서에 나타난 하나님의 섭리

본서는 고난의 원인을 밝히는 데 있기보다 죄를 지어 직면한 자이든 상관없이 세상 모든 인생을 어떠한 환경과 고난이 따르더라도 늘 하나님을 바라보고 찬양해야 한다는 사실을 가르치고 있다.

인내의 과정과 인내의 설정의 백미를 보여주고 있으며, 특히 의인의 인내는 그 결과가 영생을 상징하는 장수의 축복과 구원의 축복으로 결론짓게 됨을 알려준다.

욥의 신앙

오늘의 성경 말씀을 읽으시고 묵상한 후 풀어보시면 유익합니다.

욥은 이방인이지만 타락하지 않고 악에서 떠났으며 하나님을 경외하는 삶을 살아 아브라함과 동시대 사람으로 성경에 기재된 인물이다. 그만큼 욥의 신앙이 하나님 앞에 인정을 받게 된 것이다. 욥은 불평할 만한 상황에서도 원망 대신 찬양한다.

1. 욥의 성품을 묘사한 것이다. 다음 중 욥의 성품이 아닌 것은 무엇인가? (욥 1:1)
   1) 온전하고 정직하다 2) 악에서 떠난 자
   3) 하나님을 경외함 4) 지혜로운 사람

2. 욥이 아들들이 죄를 범하고 하나님을 욕되게 하였을까 하여 욥이 드렸던 제사는 무엇인가? (욥 1:5)

3. 사탄이 욥을 시험할 때 동원하지 않은 것은 무엇인가? (욥 1:15-17)
   1) 갈대아 사람 2) 우리 3) 스바 사람 4) 불

4. 다음 ( ) 안에 공통적으로 들어갈 말은 무엇인가? (욥 1:21)
   "주신 이도 ( )이요 거두신 이도 ( )시오니 ( )의 이름으로 찬송을 받으실지다."

5. 사탄의 첫 번째 시험에서 일어난 것이 아닌 것은 무엇인가? (욥 1:15-19)
   1) 자녀 2) 종 3) 친구 4) 가축

6. 욥이 당한 재난에 욥이 보인 행동이 아닌 것은 무엇인가? (욥 1:20)

1) 대성통곡했다　　2) 겉옷을 찢었다

3) 땅에 엎드려 예배했다　　4) 머리털을 밀었다

7. 욥은 어디 사람인가? (욥 1:1)

1) 갈대아　　2) 우르　　3) 스바　　4) 우스

8. 욥은 사탄의 시험에도 불구하고 죄를 범하지 않고 어떻게 하였는가? (욥 1:22)

1) 사탄의 시험에 굴복하였다　　2) 모든 것을 내놓았다

3) 하나님을 향하여 원망하지 않았다　　4) 하나님을 원망만 하였다

| 실천 사항 |

▶ 오늘의 말씀을 읽으시고 나에게 유익한 말씀이 무엇인지 깨달아봅시다.

▶ 오늘 말씀으로 나의 삶에 적용하며 행동으로 옮겼는지 실천한 것을 적어봅시다.

▶ 오늘 하나님이 보시기에 합당한 삶을 살았으면 감사한 것을 적어 봅시다.

▶ 오늘의 기도 제목을 적어 봅시다.

욥의 시험

오늘의 성경 말씀을 읽으시고 묵상한 후 풀어보시면 유익합니다.

욥은 잘못이 있어서 고통을 받은 것이 아니다. 견딜 수 없는 참혹한 고통 속에서 악전고투할지라도 끝까지 입술로 하나님을 원망하는 범죄를 저지르지 않았다. 우리는 조금만 잘못되어도 하나님을 원망하고 불평하는 범죄를 저지르고 있지 않나 살펴보자.

9. 여호와께서 사탄에게 모든 시험을 할지라도 한 가지는 금하셨다. 무엇인가? (욥 2:6)

1) 그의 재물에 손대지 말라 2) 그의 생명을 해하지 말라
3) 그의 자녀들을 해하지 말라 4) 그에게 고통을 주지 말라

10. 사탄의 두 번째 시험에 발바닥부터 정수리까지 종기가 나서 질그릇 조각으로 몸을 긁는 것을 보고 욥의 아내가 한 말은 무엇인가? (욥 2:7-9)

1) 사탄을 저주하라 2) 누구도 원망하지 말라
3) 하나님을 욕하고 죽으라 4) 어리석었다.

11. 욥의 재앙 소식을 듣고 찾아온 세 친구가 아닌 사람은 누구인가? (욥 2:11)

1) 소발 2) 빌닷 3) 하닷사 4) 엘리바스

12. 세 친구들의 출신지가 바르게 연결된 것은 무엇인가? (욥 2:11)

1) 나아만 사람 - 엘리바스 2) 수아 사람 - 빌닷
3) 데만 사람 - 소발 4) 나아만 사람 - 엘리바스

13. 욥의 세 친구가 찾아와 고통이 심함을 보았으나 며칠을 입을 열지 않았는가? (욥 2:13)

1) 5 일　2) 7 일　3) 10 일　4) 15 일

14. 욥은 무슨 문을 닫지 않아 눈으로 환난을 보게 되었다고 한탄을 하였는가? (욥 3:10)

1) 어문　2) 북문　3) 정문　4) 모태

15. 다음 (　　) 안에 들어갈 말은 무엇인가? (욥 3:20)

"어찌하여 고난당하는 자에게 (　　　　) 을 주셨으며 마음이 아픈 자에게 (　　　　) 을 주셨는고."

16. 다음 (　　) 안에 들어갈 말은 무엇인가? (욥 3:26)

"나에게 평온도 없고 (　　　　) 도 없고 (　　　　) 도 없고 다만 불안만이 있구나."

| 실천 사항 |

▶ 오늘의 말씀을 읽으시고 나에게 유익한 말씀이 무엇인지 깨달아봅시다.

▶ 오늘 말씀으로 나의 삶에 적용하며 행동으로 옮겼는지 실천한 것을 적어봅시다.

▶ 오늘 하나님이 보시기에 합당한 삶을 살았으면 감사한 것을 적어 봅시다.

▶ 오늘의 기도 제목을 적어 봅시다.

엘리바스와 발닷의 충고

오늘의 성경 말씀을 읽으시고 묵상한 후 풀어보시면 유익합니다.

엘리바스는 욥의 고난이 죄와 불의 때문에 생긴 것으로 보고 죄 없이 망할 자는 없다고 강조한다. 빌닷은 권능의, 사랑의, 용서의 하나님을 믿고 그에게 죄를 고하며 용서를 빌면 하나님께서 더욱 풍성하게 주실 것이라고 한다. 우리도 고난당할 수 있음을 명심하자.

17. "사람이 어찌 하나님보다 의롭겠느냐. 사람이 어찌 그 창조하신 이보다 깨끗하겠느냐." 이 말씀은 누가 자신의 계시 경험을 통해 말한 것인가? (욥 4:17)

1) 소발　　2) 엘리바스　　3) 빌닷　　4) 엘리후

18. 다음 (　　) 안에 공통적으로 들어갈 말은 무엇인가? (욥 5:17)

"볼지어다. 하나님께 (　　　　) 받는 자에게는 복이 있나니 그런즉 너는 전능자의 (　　　　)를 업신여기지 말지니라."

19. 엘리바스는 자기가 욥이 처한 처지라면 하나님을 찾겠고 내 일을 하나님께 어떻게 한다고 하였나? (욥 5:1-8)

1) 기도　　2) 의탁　　3) 저당　　4) 원망

20. 다음 (　　) 안에 들어갈 말은 무엇인가? (욥 6:14)

"낙심한 자가 비록 전능자를 (　　　　　) 하기를 저버릴지라도 그의 친구로부터 (　　　　)을 받느니라."

21. 다음 (　　) 안에 들어갈 말은 무엇인가? (욥 7:7)

"내 생명이 한낱 (　　　　　) 같음을 생각하옵소서. 나의 눈이 다시는 (　　　　　) 을 보지 못하리다."

22. 빌닷의 첫 번째 말이다. 네 시작은 미약하였으나 네 나중은 심히 어떻게 된다고 하였는가? (욥 8:7)

1) 웅장　　2) 걱정　　3) 창대　　4) 쪼그라듬

23. "가령 내가 의로울지라도 내 입이 나를 정죄하리니 가령 내가 온전할지라도 나를 정죄하리다." 이 말은 누가 한 말인가? (욥 9:20)

1) 엘리바스　　2) 엘리후　　3) 빌닷　　4) 욥

24. 욥이 묘사하고 있는 죽음의 세계가 아닌 것은 무엇인가? (욥 10:22)

1) 어둡고 죽음의 그늘진 땅　　2) 돌아오지 못할 땅

3) 광명도 흑암 같다　　4) 습하고 갈라진 땅

| 실천 사항 |

▶ 오늘의 말씀을 읽으시고 나에게 유익한 말씀이 무엇인지 깨달아봅시다.

▶ 오늘 말씀으로 나의 삶에 적용하며 행동으로 옮겼는지 실천한 것을 적어봅시다.

▶ 오늘 하나님이 보시기에 합당한 삶을 살았으면 감사한 것을 적어 봅시다.

▶ 오늘의 기도 제목을 적어 봅시다.

소발의 경고와 욥의 확신

오늘의 성경 말씀을 읽으시고 묵상한 후 풀어보시면 유익합니다.

소발은 말을 조심하여 교만하지 말라며 죄악을 회개하면 하나님의 평강을 누리게 되니 희망 중에 살라고 권면하지만, 욥이 격분하여 고난과 시련을 겪고 있을지라도 하나님과 교제를 끊어지게 하지 않아 조롱을 해도 하나님을 믿고 굴하지 않았다.

25. 소발은 욥이 회개할 때 맞이할 회복에 대해 네 생명의 날이 대낮보다 밝으리니 어둠이 있다 할지라도 뭐와 같이 될 것이라고 하였는가? (욥 11:17)

1) 저녁 2) 정오 3) 밤 4) 아침

26. 다음 ( ) 안에 들어갈 말은 무엇인가? (욥 12:13)

"지혜와 ( )이 하나님께 있고 계략과 ( )도 그에게 속하였나니."

27. 욥은 친구 이 사람의 경고를 듣고 격분하는 어조로 반박하며 "평안한 자의 마음은 재앙을 멸시하나 재앙이 실족하는 자를 기다리는구나."라고 했다. 이 친구는 누구인가? (욥 12:5)

1) 엘리바스 2) 빌닷 3) 소발 4) 엘리후

28. 다음 ( ) 안에 들어갈 말은 무엇인가? (욥 13:5)

"너희가 참으로 잠잠하면 그것이 너희의 ( )일 것이니라."

29. 소발의 말에 욥이 대답하길, "하나님께 두 가지 일을 행하지 마실 것을 간구하며 주의 손을 내게 대지 말고 주의 무엇으로 나를 두렵게 하지 말라"고 하였는가? (욥 13:20-21)

1) 징계 2) 위엄 3) 존귀 4) 귀중

30. 다음 (　　) 안에 들어갈 말은 무엇인가? (욥 14:13)

"주는 나를 (　　　　　) 에 감추시며 주의 진노를 돌이키실 때까지 나를 숨기시고 나를 위하여 (　　　　　) 를 정하시고 나를 기억하옵소서."

31. 다음 (　　) 안에 들어갈 말은 무엇인가? (욥 14:17)

"주는 내 (　　　　　) 을 주머니에 봉하시고 내 (　　　　　) 을 싸매시나이다."

32. 다음 (　　) 안에 들어갈 말은 무엇인가? (욥 14:20-21)

"주께서 사람을 (　　　　　) 이기셔서 떠나게 하시며 그의 얼굴빛을 변하게 하시고 쫓아보내시오니 그의 아들들이 (　　　　　) 하게 되어도 그가 알지 못하며 그들이 비천하게 되어도 그가 깨닫지 못하나이다."

| 실천 사항 |

▶ 오늘의 말씀을 읽으시고 나에게 유익한 말씀이 무엇인지 깨달아봅시다.

▶ 오늘 말씀으로 나의 삶에 적용하며 행동으로 옮겼는지 실천한 것을 적어봅시다.

▶ 오늘 하나님이 보시기에 합당한 삶을 살았으면 감사한 것을 적어 봅시다.

▶ 오늘의 기도 제목을 적어 봅시다.

두 번째 대화

오늘의 성경 말씀을 읽으시고 묵상한 후 풀어보시면 유익합니다.

엘리바스는 네 죄악이 네 입을 가르치고 너를 정죄한 것은 네 입이라 하니 너희는 재난을 주는 위로자들이라 하고 빌닷은 욥 때문에 땅이 정죄받는다 하니 너희가 내 마음을 괴롭히며 짓밟는다 하고 소발은 악인이 이긴다는 자만도 잠시라고 하니 욥은 악인이 장수하고 세력이 강하냐며 나를 헛되이 위로하는 거짓이라 한다.

33. 엘리바스가 욥에게 너를 정죄한 것은 내가 아니고 무엇이 정죄를 하였다고 했는가? (욥 15:6)

1) 마음 2) 친구 3) 입술 4) 행동

34. 욥은 자신이 친구들로부터 당하는 조롱과 멸시로 인해 누구를 증인으로 요청했는가? (욥 16:18-22)

1) 아내 2) 자녀 3) 이웃 4) 하나님

35. 욥은 흙 속에서 쉴 때 희망이 어떤 문으로 내려간다고 하였는가? (욥 17:16)

1) 천국 2) 스올 3) 어둠 4) 수문

36. "그는 그의 백성 가운데 후손도 없고 후예도 없을 것이며 그가 거하던 곳에는 남은 자가 한 사람도 없을 것이다." 여기에서 그는 누구인가? (욥 18:19)

37. 다음 ( ) 안에 들어갈 말은 무엇인가? (욥 19:25)

"내가 알기에는 나의 ( ) 가 살아계시니 마침내 그가 ( ) 위에 서실 것이라."

38. "내가 나를 부끄럽게 하는 책망을 들었으므로 나의 슬기로운 마음이 나로 하여금 대답하게 하는구나." 이 말은 누구의 말인가? (욥 20:3)

1) 엘리바스 2) 소발 3) 빌닷 4) 엘리후

39. 다음 ( ) 안에 들어갈 말은 무엇인가? (욥 20:5)

"악인이 이긴다는 ( ) 도 잠시요, ( ) 하지 못한 자의 즐거움도 잠깐이니라."

40. 다음 ( ) 안에 들어갈 말은 무엇인가? (욥 21:17-18)

"악인의 등불의 꺼짐과 ( ) 이 그들에게 닥침과 하나님이 진노하사 그들은 ( ) 하게 하심이 몇 번인가. 그들이 바람 앞에 검불같이 폭풍에 날려가는 ( ) 같이 되었도다."

| 실천 사항 |

▶ 오늘의 말씀을 읽으시고 나에게 유익한 말씀이 무엇인지 깨달아봅시다.

▶ 오늘 말씀으로 나의 삶에 적용하며 행동으로 옮겼는지 실천한 것을 적어봅시다.

▶ 오늘 하나님이 보시기에 합당한 삶을 살았으면 감사한 것을 적어 봅시다.

▶ 오늘의 기도 제목을 적어 봅시다.

세 번째 대화

오늘의 성경 말씀을 읽으시고 묵상한 후 풀어보시면 유익합니다.

형제를 볼모로 잡고 목마르고 주린 자를 학대했다고 하며 하나님 앞에 어찌 사람이 의롭다 하느냐며 충고를 하자 욥은 하나님께 하소연을 한다. 주님은 어디에도 보이지 않지만 주님이 나를 단련하신 후에는 내가 순금 같이 나올 것이라고 말한다.

41. 하나님의 정의를 변호하기 위해 욥의 죄목을 말한 친구는 누구인가? (욥 22)
   1) 소발 2) 엘리바스 3) 빌닷 4) 엘리후

42. 다음 ( ) 안에 공통으로 들어갈 말은 무엇인가? (욥 22:24-25)
   "네 ( )를 티끌로 여기고 오빌의 금을 계곡의 돌로 여기라. 그리하면 전능자가 네 ( )가 되시며 네게 고귀한 은이 되시리니."

43. 다음 ( ) 안에 들어갈 말은 무엇인가? (욥 23:10)
   "내가 가는 길을 그가 아시나니 그가 나를 ( )하신 후에는 내가 ( ) 같이 되어 나오리라."

44. "그는 뜻이 일정하시니 누가 능히 돌이키랴. 그의 마음에 하고자 하시는 것이면 그것을 행하시나니"는 누가 한 말인가? (욥 23:13)
   1) 엘리바스 2) 소발 3) 욥 4) 빌닷

45. 다음 ( ) 안에 들어갈 말은 무엇인가? (욥 24:12)
   "성 중에서 죽어가는 사람들이 신음하며 상한 자가 부르짖으나 ( )이 그들의 ( )을 보지 아니하시느니라."

46. 욥은 정한 음식보다 어떤 것을 귀히 여겼다고 하였는가? (욥 24:12)

1) 재산 2) 명예 3) 순종 4) 입의 말씀

47. "하나님은 주권과 위엄을 가지셨고 높은 곳에서 화평을 베푸시느니라."는 누가 할 말인가? (욥 25:2)

1) 엘리후 2) 욥 3) 소발 4) 빌닷

48. 다음 ( ) 안에 들어갈 말은 무엇인가? (욥 25:5)

"보라 그의 눈에는 ( ) 이라도 빛을 발휘하지 못하고 ( ) 도 빛나지 못하거든."

| 실천 사항 |

▶ 오늘의 말씀을 읽으시고 나에게 유익한 말씀이 무엇인지 깨달아봅시다.

▶ 오늘 말씀으로 나의 삶에 적용하며 행동으로 옮겼는지 실천한 것을 적어봅시다.

▶ 오늘 하나님이 보시기에 합당한 삶을 살았으면 감사한 것을 적어 봅시다.

▶ 오늘의 기도 제목을 적어 봅시다.

욥의 항변

오늘의 성경 말씀을 읽으시고 묵상한 후 풀어보시면 유익합니다.

세 친구와 대화를 마치고 욥은 친구들에게 봇물 터트리듯 자신의 순결과 결백을 주장하며 자기에게 온 고난과 고통이 어떠한지 하나님과 함께하던 시간들을 회상하고 있다. 우리의 인생길에 고난이 임할 때 과거의 하나님의 복을 회상하며 어려움을 극복하자.

49. 다음 (　　) 안에 들어갈 말은 무엇인가? (욥 26:6)
 "하나님 앞에서는 (　　) 도 벗은 몸으로 드러나며 (　　) 도 가림이 없음이라."

50. 욥은 내 입술이 불의를 말하지 아니하며 내 혀가 무엇을 말하지 아니하리라고 하였나? (욥 27:4)
 1) 진실　2) 거짓　3) 지혜　4) 죽음

51. 비 내리는 법칙을 정하시고 비구름의 길과 무슨 법칙을 만드셨는가? (욥 28:26)
 1) 천둥　2) 벼락　3) 감전　4) 우레

52. "또 사람에게 말씀하셨도다. 보라 주를 경외함이 지혜요 악을 떠남이 명철이니라"는 누가 한 말인가? (욥 28:28)
 1) 엘리후　2) 엘비바스　3) 욥　4) 소발

53. 욥은 지난 세월과 어느 때가 다시 오기를 원한다고 고백을 하였는가? (욥 29:1)
 1) 하나님이 시험하기 전　2) 가족과 단란할 때
 3) 친구들과 잘 지낼 때　4) 하나님이 나를 보호하던 때

54. 다음 (　　) 안에 들어갈 말은 무엇인가? (욥 30:11)

"하나님이 내 활시위를 늘어지게 하시고 나를 (　　　　) 하게 하심으로 무리가 내 앞에서 (　　　　) 를 벗었음이니라."

55. 다음 (　　) 안에 들어갈 말은 무엇인가? (욥 31:3)

"불의한 자에게는 (　　　　) 이 아니겠느냐. 행악자에게는 (　　　　) 이 아니겠느냐."

56. 욥은 하인들도 멸시하지 않았으며 과부와 누구를 불쌍히 여겨 도와주었고 가난한 자를 구제하였다고 하였는가? (욥 31:16-23)

| 실천 사항 |

▶ 오늘의 말씀을 읽으시고 나에게 유익한 말씀이 무엇인지 깨달아봅시다.

▶ 오늘 말씀으로 나의 삶에 적용하며 행동으로 옮겼는지 실천한 것을 적어봅시다.

▶ 오늘 하나님이 보시기에 합당한 삶을 살았으면 감사한 것을 적어 봅시다.

▶ 오늘의 기도 제목을 적어 봅시다.

엘리후의 충고

오늘의 성경 말씀을 읽으시고 묵상한 후 풀어보시면 유익합니다.

인간에게 고난과 질병이 찾아오는 것은 교만과 악한 행실 때문이라고 말한다. 하나님은 선한 사람에게 고난을 주시는 악한 분이 아니라고. 불의를 행하는 분이 아니라고 하지만 이러한 권고와 충돌들은 철저하게 자신의 지식이 옳다고 판단하는 교만에서 나오는 것이다.

57. 욥의 세 친구가 욥과 대화를 그친 이유는 무엇인가? (욥 32:1)
   1) 자신의 죄를 감추려 해서　2) 자신의 잘못을 깨달음으로
   3) 자신을 의인으로 여겨서　4) 욥을 괴롭게 하기 싫어서

58. 엘리후가 욥에게 화를 낸 이유는 무엇인가? (욥 32:2)
   1) 자기의 주장만 늘어 놓아서　2) 하나님보다 자기가 의롭다 해서
   3) 자기의 잘못을 깨닫지 못해서　4) 대화하기를 거부해서

59. 하나님이 사람의 귀를 여시고 경고로 두렵게 하시는 이유가 아닌 것은 무엇인가? (욥 33:15-18)
   1) 사람의 교만을 막으려고　2) 사람에게 그의 행실을 버리게 하려고
   3) 생명을 칼에 맞아 멸망하지 않게 하려고　4) 사람의 혼을 구덩이에 빠지게 하려고

60. 다음 (　　) 안에 공통으로 들어갈 말은 무엇인가? (욥 33:26)
   "그는 (　　　) 께 기도하므로 (　　　) 은 은혜를 베푸사 그로 말미암아 기뻐 외치며 (　　　) 의 얼굴을 보게 하시고 사람에게 그의 공의를 회복시키시느니라."

61. "나는 욥이 끝까지 시험받기를 원하노니 이는 그 대답이 악인과 같음이라." 이 말은 누가 한 말인가? (욥 34:36)

1) 빌닷 2) 엘리바스 3) 소발 4) 엘리후

62. 그대가 범죄한들 무슨 영향이 있겠으며 그대의 악행이 가득한들 누구와 무슨 상관이 있겠느냐고 하였는데 누구인가? (욥 35:6)

63. 다음 ( ) 안에 들어갈 말은 무엇인가? (욥 36:11-12)

"만일 그들이 순종하여 섬기면 ( ) 날을 보내며 즐거운 해를 지낼 것이요. 만일 그들이 순종하지 아니하면 ( ) 에 망하며 ( ) 없이 죽을 것이니라."

64. 하나님은 놀라운 무엇을 내시며 우리가 헤아릴 수 없는 큰일을 행하신다. 이것은 무엇인가? (욥 37:5)

| 실천 사항 |

▶ 오늘의 말씀을 읽으시고 나에게 유익한 말씀이 무엇인지 깨달아봅시다.

▶ 오늘 말씀으로 나의 삶에 적용하며 행동으로 옮겼는지 실천한 것을 적어봅시다.

▶ 오늘 하나님이 보시기에 합당한 삶을 살았으면 감사한 것을 적어 봅시다.

▶ 오늘의 기도 제목을 적어 봅시다.

하나님의 임대와 질문

오늘의 성경 말씀을 읽으시고 묵상한 후 풀어보시면 유익합니다.

하나님께서 욥에게 직접 나타나셔서 질문하시며 그의 무지를 깨닫게 하셨다. 욥이 하나님을 뵈옵고 전능하심에 부복하며 회개하였을 때 욥을 회복시켜 주시고 갑절의 복을 주시며 친구들을 책망한다. 욥이 받은 복은 시험 전보다 갑절로 회복시켜 주었다.

65. 새벽 별들이 기뻐 노래하며 하나님의 아들들이 기뻐서 소리를 질렀다. 이때는 언제인가? (욥 38:4-7)

1) 사망의 문이 열렸을 때　　2) 땅에 기초를 놓을 때
3) 바다의 샘에 들어갔을 때　　4) 바다가 모태에서 터져 나올 때

66. "골짜기에서 발굽질하고 힘 있음을 기뻐하며 앞으로 나아가서 군사들을 맞되 두려움을 모르고 겁내지 아니하며 칼을 대할지라도 물러나지 아니하니." 이것은 무엇을 설명한 것인가? (욥 39:21-22)

1) 소　　2) 돼지　　3) 염소　　4) 말

67. "그것의 힘은 허리에 있고 그 뚝심은 배의 힘줄에 있고 그것이 꼬리 치는 것은 백향목이 흔들리는 것 같고 그 넓적다리 힘줄은 서로 얽혀 있으며 그 뼈는 놋관 같고 그 뼈대는 쇠막대기 같으니" 이것은 무엇을 설명한 것인가? (욥 40:16-18)

1) 말　　2) 베헤못(하마)　　3) 리워야단(악어)　　4) 소

68. 하나님이 만드신 것 중에 으뜸으로 여겨진 동물은 무엇인가? (욥 40:15-19)

1) 말　　2) 리워야단(악어)　　3) 베헤못(하마)　　4) 염소

69. "화살이라도 그것을 물리치지 못하겠고 물맷돌로 그것에게는 겨 같이 되는도다."
이것은 무엇을 설명한 것인가? (욥 41:28)
1) 베헤못 (하마) 2) 소 3) 말 4) 리워야단 (악어)

70. 다음 ( ) 안에 들어갈 말은 무엇인가? (욥 42:6)
"내가 스스로 거두어들이고 ( ) 과 ( ) 가운데에서 회개하나이다."

71. 하나님께서 욥의 곤경을 돌이키신 때는 언제인가? (욥 42:10)
1) 욥이 너무 고통스러워하므로 2) 스스로 죄를 인정했을 때
3) 욥이 의인으로 알아서 4) 욥이 그의 친구들을 위하여 기도할 때

72. 욥은 하나님께 장수의 복을 얻어 몇 살까지 살다 죽었는가? (욥 42:16)
1) 110 세 2) 120 세 3) 130 세 4) 140 세

| 실천 사항 |

▶ 오늘의 말씀을 읽으시고 나에게 유익한 말씀이 무엇인지 깨달아봅시다.

▶ 오늘 말씀으로 나의 삶에 적용하며 행동으로 옮겼는지 실천한 것을 적어봅시다.

▶ 오늘 하나님이 보시기에 합당한 삶을 살았으면 감사한 것을 적어 봅시다.

▶ 오늘의 기도 제목을 적어 봅시다.

[욥기 해답]

1) 4 2) 번제 3) 2 4) 여호와 5) 3 6) 1 7) 4 8) 3 9) 2 10) 3 11) 3 12) 2 13) 2 14) 4 15) 빛, 생명 16) 안일, 휴식 17) 2 18) 징계 19) 2 20) 경외, 동정 21) 바람, 행복 22) 3 23) 4 24) 4 25) 4 26) 권능, 명철 27) 3 28) 지혜 29) 2 30) 스올, 규례 31) 허물, 죄악 32) 영원히, 존귀 33) 3 24) 4 25) 2 36) 악인 37) 대속자, 땅 38) 2 39) 자랑, 경전 40) 재앙, 곤고, 겨 41) 1 42) 보화 43) 단련, 순금 44) 3 45) 하나님, 참상 46) 4 47) 3 48) 달, 별 49) 스올, 멸망 50) 2 51) 4 52) 3 53) 4 54) 곤고, 굴레 55) 환난, 불행 56) 고아 57) 3 58) 2 59) 4 60) 하나님 61) 4 62) 하나님 63) 형통한, 칼, 지식 64) 음성 65) 2 66) 4 67) 2 68) 3 69) 4 70) 티끌, 재 71) 4 72) 4

19. 시편 (詩篇, PSALMS)

1. 내용

모세로부터 에스라에 이르기까지 1천여년 동안 여러 저자들에 의해 쓰여졌다. 이스라엘의 깊은 영감과 탁월한 문학성을 지닌 기도책이요, 찬양의 시 150편이 다섯 권으로 편집되었다.

시편의 각 시에는 고유한 역사적 배경과 저자 개개인의 신앙 체험이 생생하고 감동적으로 승화되어 담겨 있다. 각 시편의 저자들은 하나님에 대해 무엇을 어떻게 느꼈으며, 또 자신들의 삶 속에서 무엇이 일어났는지를 아름답고 영감적인 시로 노래했다.

2. 배경

대다수의 시는 거의 예루살렘이나 팔레스타인에서 기록되었을 것으로 추정되고 성전에서 하나님께 찬양, 제의, 예배용으로 사용되었다.

3. 분류(내용 구성)

시편의 내용 구성은 5권으로 이뤄졌으며, 다윗과 무명작가가(1-41편, 사랑과 창조 「창세기」), 고라 · 자손 · 아삽 · 다윗 · 솔로몬(42-74편, 해방과 구속 「출애굽기」), 아삽 · 고라 자손 · 다윗 · 에단(73-89편, 성소와 예배 「레위기」), 모세 · 다윗(90-106편, 방랑과 고난 「민수기」), 다윗 · 무명(107-150편, 율법과 찬양 「신명기」)의 중심 주제로 꾸며져 있다.

가장 현저한 주제들만 다섯 가지를 제시한다면 첫째 하나님의 임재의 실현, 둘째 감사할 필요의 의식, 셋째 하나님과 인격적 교제, 넷째 역사에 나타난 하나님의 행하신 일을 회상함, 다섯째 원수로부터 구원에 관한 의식이다.

4. 목적

하나님께 감사와 찬양, 참회와 고백, 비탄과 간구를 전한다.

5. 본서에 나타난 하나님의 섭리

고난 중에 드리는 기도, 자연 만물을 통해 드러난 하나님의 영광, 찬미, 메시야 왕국 대망, 위기에서 건져주심에 감사, 회개와 하나님의 거룩한 뜻이 전달된다.

선조들의 신앙 공백 삶

오늘의 성경 말씀을 읽으시고 묵상한 후 풀어보시면 유익합니다.

시편은 기도, 찬양, 간증 등을 묶어놓은 시가서다. 하나님 말씀 안에 있는 사람이 행복한 사람이다고 하는데 나는 지금 하나님과 동행하는 삶을 살고 있는데 행복하다고 느끼고 있는가? 다윗과 같은 마음으로 주님을 마음에서 우러나는 대로 찬양하자.

1. 복 있는 사람은 여호와의 율법을 즐거워하여 그의 무엇을 주야로 묵상하는가? (시 1:1)
   1) 말씀 2) 천국 3) 율법 4) 사랑

2. 하나님의 진노와 멸망을 피하기 위하여 누구에게 입 맞추라 하였는가? (시 2:12)
   1) 그의 아내 2) 그의 아들 3) 그의 딸 4) 그의 남편

3. 여호와께 속한 것은 이것이니 주의 복을 백성에게 내리소서. 이것은 무엇인가? (시 3:8)

4. 시편 4편에서 여호와께서 자기를 위하여 택하신 자들은 어떤 자들인가? (시 4:3)
   1) 의로운 자 2) 불쌍한 자 3) 경건한 자 4) 가난한 자

5. 입에 신실함이 없고 심중이 악한 자들의 목구멍은 무엇 같다고 했는가? (시 5:9)
   1) 분화구 2) 하수구 3) 열린 무덤 4) 우물

6. 다윗은 자신을 괴롭히는 사람을 무엇으로 비유를 하였는가? (시 7:2)

1) 호랑이　　2) 사자　　3) 개　　4) 여우

7. 악인들과 하나님을 잊어버린 이방 나라들이 돌아갈 곳은 어디인가? (시 9:17)

1) 어둠　　2) 무덤　　3) 스올　　4) 지옥

8. 다음 (　　) 안에 들어갈 말은 무엇인가? (시 10:3)

"악인은 그의 마음의 (　　　　　) 을 자랑하며 (　　　　　) 을 부리는 자는 여호와를 (　　　　　) 하여 멸시하나이다."

| 실천 사항 |

▶ 오늘의 말씀을 읽으시고 나에게 유익한 말씀이 무엇인지 깨달아봅시다.

▶ 오늘 말씀으로 나의 삶에 적용하며 행동으로 옮겼는지 실천한 것을 적어봅시다.

▶ 오늘 하나님이 보시기에 합당한 삶을 살았으면 감사한 것을 적어 봅시다.

▶ 오늘의 기도 제목을 적어 봅시다.

다윗의 찬양

오늘의 성경 말씀을 읽으시고 묵상한 후 풀어보시면 유익합니다.

다윗은 기쁠 때나 힘들어도 감사해도 하나님을 찾는다. 그것은 주님이 거룩하시고 공의와 정의를 원하시는 분이요 그렇게 통치하시는 분으로 굳게 믿고 있기 때문이다. 내 인생의 굴곡이 있을 때마다 주님의 도우심과 인도하심을 잊고 사는 것이 아닌지 ….

9. 여호와의 말씀은 순결함이여 흙 도가니에 일곱 번 단련한 무엇과 같다고 하는가? (시 12:6)
   1) 은 2) 금 3) 동 4) 철

10. 어리석은 자는 그의 마음에 이르기를 무엇이 없다고 하는가? (시 14:1)
   1) 부모님 2) 하나님 3) 형제 4) 선생님

11. 여호와는 어떠한 사람을 존대하는가? (시 15:4)
   1) 여호와를 경외하는 자 2) 여호와를 앙망하는 자
   3) 여호와를 사랑하는 자 4) 여호와를 두려워하는 자

12. 땅에 있는 사람들은 존귀한 자들이 나의 모든 즐거움이 그들에게 있도다. 이 사람은 누구인가? (시 16:3)

13. 다윗의 기도이다. 시인은 여호와께 무엇으로 나의 영혼을 구제하여 달라고 하였는가? (시 17:13)
   1) 불 2) 칼 3) 성령 4) 물

14. 다윗이 환난 중에 여호와께 부르짖었더니 하나님께서는 어디에서 들으셨는가? (시 18:6)

1) 하늘 위　　2) 구름 속　　3) 성전　　4) 안개 속

15. 다음 (　　) 안에 들어갈 말은 무엇인가? (시 19:14)

"나의 (　　　) 이시오. 나의 구속자이신 여호와여 내 입의 말과 마음의 (　　　) 이 주님 앞에 열납되기를 원하나이다."

16. 하나님께서 우리에게 언제 응답하시는가? (시 20:1)

1) 절기 때　　2) 성전 제단에서 제물 드릴 때　　3) 생일 때　　4) 환난 날

| 실천 사항 |

▶ 오늘의 말씀을 읽으시고 나에게 유익한 말씀이 무엇인지 깨달아봅시다.

▶ 오늘 말씀으로 나의 삶에 적용하며 행동으로 옮겼는지 실천한 것을 적어봅시다.

▶ 오늘 하나님이 보시기에 합당한 삶을 살았으면 감사한 것을 적어 봅시다.

▶ 오늘의 기도 제목을 적어 봅시다.

여호와는 나의 목자시니

오늘의 성경 말씀을 읽으시고 묵상한 후 풀어보시면 유익합니다.

인간은 하나님으로부터 단절된 때 그 영혼이 곤고함에 처하게 되며 영적인 무거운 압박으로 결국에는 하나님께 대한 영혼의 무감각한 상태에 빠지게 된다. 그러나 주님은 곤고함에 처한 영혼들을 생명수 푸른 강가로 인도하신다.

17. 여호와를 찾는 자는 그를 찬송할 것이고 어떤 자가 먹고 배부를 것인가? (시 22:26)

   1) 곤고한 자　2) 겸손한 자　3) 가난한 자　4) 기도하는 자

18. 내 영혼을 소생시키시고 자기 이름을 위하여 어디로 인도하시는가? (시 23:3)

   1) 승리의 길　2) 사망의 길　3) 구원의 길　4) 의의 길

19. 다음 ( ) 안에 들어갈 말은 무엇인가? (시 23:6)

   "내 평생에 ( )과 ( )이 반드시 나를 따르리니 내가 여호와의 집에 영원히 살리로다."

20. 시인은 여호와께 복을 받고 구원의 하나님께 무엇을 얻는가? (시 24:5)

   1) 의　2) 복　3) 은혜　4) 권능

21. 여호와께서 죄인들을 무엇으로 교훈을 하시는가? (시 25:8)

22. 시인은 기도할 때 손을 어디로 향하고 기도하였는가? (시 28:2)

1) 번제단　2) 성막 뒤뜰　3) 지성소　4) 물두멍

23. 여호와께 그의 이름에 합당한 영광을 돌리며 여호와께 예배할 때 무슨 옷을 입고 예배하라고 하였는가? (시 29:2)

1) 자색 옷　2) 깨끗한 옷　3) 제사장 옷　4) 거룩한 옷

24. 다음 ( ) 안에 들어갈 말은 무엇인가? (시 30:5)

"그의 ( ) 은 잠깐이요 그의 ( ) 은 평생이로다. 저녁에는 울음이 깃들일지라도 아침에는 ( ) 이 오리이다."

| 실천 사항 |

▶ 오늘의 말씀을 읽으시고 나에게 유익한 말씀이 무엇인지 깨달아봅시다.

▶ 오늘 말씀으로 나의 삶에 적용하며 행동으로 옮겼는지 실천한 것을 적어봅시다.

▶ 오늘 하나님이 보시기에 합당한 삶을 살았으면 감사한 것을 적어 봅시다.

▶ 오늘의 기도 제목을 적어 봅시다.

회개할 때 얻는 기쁨

오늘의 성경 말씀을 읽으시고 묵상한 후 풀어보시면 유익합니다.

죄를 짓고도 고백하지 않고 마음에 품고 있을 때 한마디로 지옥 같은 순간이다. 죄를 주님께 고백하고 그 죄에 대하여 주님이 용서해 주심으로 우리는 흑암의 고통에서 벗어나 기쁨과 감사로 살아갈 수 있다. 회개하지 못해 괴로운 적이 있었는가?

25. 시인은 여호와를 의지하며 어떤 자들을 미워하는가? (시 31:6)

1) 여호와를 부끄러워하는 자　2) 허탄한 거짓을 숭상하는 자
3) 경외하지 않는 자　4) 복 있는 자

26. 허물의 사함을 받고 자신의 죄가 가려진 자, 마음에 간사함이 없고 여호와께 정죄를 당하지 아니하는 자는 무엇이 있는가? (시 32:1-2)

1) 화　2) 상　3) 고난　4) 복

27. 악인에게는 많은 슬픔이 있으나 여호와를 신뢰하는 자에게는 무엇이 있다고 하는가? (시 32:10)

1) 복　2) 화평　3) 의로움　4) 인자

28. 다음 (　　) 안에 들어갈 말은 무엇인가? (시 33:4-5)

"여호와의 말씀은 (　　)하며 그가 행하시는 일은 다 진실하시도다. 그는 (　　)와 (　　)를 사랑하심이여 세상에는 여호와의 인자하심이 충만하도다."

29. 성도들에게 여호와를 경외하라 하며 어떤 자에게 부족함이 없다고 하였는가? (시 34:9)

1) 찬양하는 자　　2) 기도하는 자　　3) 경외하는 자　　4) 의로운 자

30. 원수된 자들은 평안히 땅에 사는 자들을 무엇으로 모략하는가? (시 35:20)

1) 이간질　　2) 거짓말　　3) 비방　　4) 진실

31. 다음 (　　) 안에 공통으로 들어갈 말은 무엇인가? (시 36:9)

"진실로 생명의 원천이 주께 있사오니 주의 (　　　　) 안에서 우리가 (　　　　) 을 보리이다."

32. 주의 무엇이 보배롭다고 하였는가? (시 36:7)

1) 은혜로움　　2) 사랑　　3) 인자하심　　4) 화평

| 실천 사항 |

▶ 오늘의 말씀을 읽으시고 나에게 유익한 말씀이 무엇인지 깨달아봅시다.

▶ 오늘 말씀으로 나의 삶에 적용하며 행동으로 옮겼는지 실천한 것을 적어봅시다.

▶ 오늘 하나님이 보시기에 합당한 삶을 살았으면 감사한 것을 적어 봅시다.

▶ 오늘의 기도 제목을 적어 봅시다.

세상을 바라보면

오늘의 성경 말씀을 읽으시고 묵상한 후 풀어보시면 유익합니다.

나는 성실하게 또 법을 지키며 정직하게 살았음에도 세상은 아부하는 자들이 득세하는 것을 본다. 세상은 항상 모순, 부정, 권모술수가 넘쳐나지만 다윗은 그럴 때일수록 주님을 찾았다. 주님을 바라보며 흔들리지 않았다. 주님을 신뢰했기 때문이다.

33. 다음 ( ) 안에 공통으로 들어갈 말은 무엇인가? (시 37:6)
"네 의를 ( ) 같이 나타내시며 네 공의를 정오의 ( ) 같이 하시리로다."

34. 의인의 입은 지혜로우며 그의 혀는 무엇을 말하는가? (시 37:30)
1) 복 2) 진실 3) 공의 4) 정의

35. 악을 선으로 대신 자들이 나를 대적하는 이유는 무엇인가? (시 38:20)
1) 공의를 행하기 때문에 2) 선을 따랐기 때문에
3) 여호와를 경외하기 때문에 4) 여호와를 두려워하여

36. 시인은 나의 소망이 누구에게 있다고 고백하는가? (시 39:7)
1) 선지자 2) 부모 3) 형제 4) 주

37. 다음 ( ) 안에 들어갈 말은 무엇인가? (시 40:10)
"내가 주의 ( )를 내 심중에 숨기지 아니하고 주의 성실과 ( )을 선포하였으며 내가 주의 ( )와 진리를 많은 회중 가운데에서 감추지 아니하였나이다."

38. 여호와를 의지하고 교만한 자와 거짓에 치우치는 자를 돌아보지 아니하는 자가 얻는 것은 무엇인가? (시 40:4)
1) 구원 2) 의 3) 복 4) 은혜

39. 41편에서 표현하는 복 있는 자는 누구인가? (시 41:1)
1) 가난한 자를 보살피는 자 2) 하나님을 찬양하는 자
3) 하나님께 기도하는 자 4) 의로운 자

40. 나를 신뢰하여 내 떡을 나눠 먹던 가까운 친구들도 나를 대적하여 무엇을 들었는가? (시 41:9)

| 실천 사항 |

▶ 오늘의 말씀을 읽으시고 나에게 유익한 말씀이 무엇인지 깨달아봅시다.

▶ 오늘 말씀으로 나의 삶에 적용하며 행동으로 옮겼는지 실천한 것을 적어봅시다.

▶ 오늘 하나님이 보시기에 합당한 삶을 살았으면 감사한 것을 적어 봅시다.

▶ 오늘의 기도 제목을 적어 봅시다.

고라 자손들의 찬양

오늘의 성경 말씀을 읽으시고 묵상한 후 풀어보시면 유익합니다.

고라 자손은 성막과 성전에서 찬양을 맡은 가문 중 하나다. 고라 자손처럼 하나님을 갈망하라. 때때로 우리에게 주어지는 시련과 고통은 자칫 우리를 절망의 구덩이로 빠지기 쉽다. 그때 우리가 할 일은 우리의 힘과 소망되시는 하나님을 바라는 것이다.

41. 다음 ( ) 안에 공통으로 들어갈 말은 무엇인가? (시 42:1-2)

"하나님이여 사슴이 시냇물을 찾기에 갈급함 같이 내 ( ) 이 주를 찾기에 갈급하나이다. 내 ( ) 이 하나님 곧 살아계시는 하나님을 갈망하나니 내가 어느 때에 나아가서 하나님의 얼굴을 뵈올까."

42. 시인은 "하나님이여 어찌 나를 버리셨냐"는 탄식조로 슬프게 다니냐 하였는데 그 이유는 무엇인가? (시 43:2)

1) 하나님의 진노 2) 불순종의 결과 3) 우상숭배 4) 원수들의 억압

43. 다음 ( ) 안에 공통으로 들어갈 말은 무엇인가? (시 45:6)

"하나님이여 주의 보좌는 영원하며 주의 나라의 ( ) 는 공평한 ( ) 이니다."

44. 여호와 하나님의 행적은 무엇인가? (시 46:8)

1) 땅을 갈라 놓았다 2) 땅을 황부지로 만들었다
3) 땅에 물이 넘쳐 흘렀다 4) 땅이 옥토로 바뀌었다

45. 시인은 하나님을 무엇으로 묘사를 하였는가 (시 46:1,7,11)

1) 요새 2) 피난처 3) 인자 4) 방패

46. 시인은 "하나님은 온 땅의 왕이시니 어떻게 찬송하라"고 하였는가? (시 47: 7)

1) 정직한 마음으로 2) 경외하는 마음으로

3) 지혜의 시로 4) 성령의 은총으로

47. 어리석은 자들은 그들의 아름다움은 소멸되고 어디가 거처가 되는가? (시 49:13-14)

1) 지옥 2) 스올 3) 어둠 4) 무덤

48. 다음 ( ) 안에 들어갈 말은 무엇인가? (시 50:15)

"( ) 날에 나를 부르라. 내가 너를 건지리니 네가 나를 ( ) 롭게 하리로다."

| 실천 사항 |

▶ 오늘의 말씀을 읽으시고 나에게 유익한 말씀이 무엇인지 깨달아봅시다.

▶ 오늘 말씀으로 나의 삶에 적용하며 행동으로 옮겼는지 실천한 것을 적어봅시다.

▶ 오늘 하나님이 보시기에 합당한 삶을 살았으면 감사한 것을 적어 봅시다.

▶ 오늘의 기도 제목을 적어 봅시다.

다윗의 간구

오늘의 성경 말씀을 읽으시고 묵상한 후 풀어보시면 유익합니다.

이 시편들은 다윗이 큰 죄를 짓고 쫓기는 가운데 기도드린 시와 찬양이다. 자신에 대한 죄과를 회개하고 이 모든 것을 깨끗이 해주실 것을 간구한다. 다윗은 잔인한 자의 손에서 간사한 자의 손에서 구원해 주시기를 간구했다. 성도는 언제나 기도하는 자가 되어야 한다.

49. 밧세바와 동침하는 죄를 범한 다윗이 주님께 회개하며 구했던 것이 아닌 것은 무엇인가? (시 51:10-11)

1) 정직한 영　2) 주의 성령　3) 정한 마음　4) 주의 은총

50. 다음 (　　) 안에 들어갈 말은 무엇인가? (시 52:9)

"주께서 이를 행하셨으므로 내가 영원히 주께 (　　　　) 하고 주의 이름이 선하시므로 주의 성도 앞에서 내가 주의 이름을 (　　　　) 하리이다."

51. 어리석은 자의 특징이다. 이들은 하나님이 없다 하면서 어떻게 행동하는가? 그 특징이 아닌 것은? (시 53:1)

1) 부패하였다　2) 가증한 악을 행한다

3) 시련 때만 찾는다　4) 선을 행하는 자가 없다

52. 시편 55편에 다윗을 대적하므로 핍박하며 고통을 안겨 준 사람이 아닌 것은? (시 55:13-14)

1) 동료　2) 친우　3) 친구　4) 형제

53. 다음 (　　) 안에 공통으로 들어갈 말은 무엇인가? (시 56:10)

"내가 하나님을 의지하여 그의 말씀을 (　　　　) 하며 여호와를 의지하여 그의 말씀을 (　　　　) 하리이다."

54. 시편 58편에서 악한 통치자로 묘사되지 않은 동물은 무엇인가? (시 58:1–6)

1) 뱀　2) 귀머거리 독사　3) 젊은 사자　4) 늙은 호랑이

55. 사울이 사람을 보내어 다윗을 죽이려 할 때 지은 시다. 시인을 악을 행하는 모든 자들에게 무엇을 베풀지 말라고 하였는가? (시 59:5)

1) 은혜　2) 복　3) 구원　4) 의

56. 시인은 "에브라임은 내 머리의 투구요 유다는 나의 규이며 모압은 나의 목욕통"이라 했는데 에돔에는 나의 무엇을 던지라고 했는가? (시 60:7–8)

1) 모자　2) 옷　3) 양말　4) 신발

| 실천 사항 |

▶ 오늘의 말씀을 읽으시고 나에게 유익한 말씀이 무엇인지 깨달아봅시다.

▶ 오늘 말씀으로 나의 삶에 적용하며 행동으로 옮겼는지 실천한 것을 적어봅시다.

▶ 오늘 하나님이 보시기에 합당한 삶을 살았으면 감사한 것을 적어 봅시다.

▶ 오늘의 기도 제목을 적어 봅시다.

주만 바라볼지다

오늘의 성경 말씀을 읽으시고 묵상한 후 풀어보시면 유익합니다.

힘들고 어려울 때 전능하신 하나님을 바라보며 엎드릴 때 힘과 용기가 솟아난다. 살아가면서 우리는 무엇을 바라보느냐에 따라 행복하기도 하고 불행하기도 하다. 오직 믿음, 오직 영광만을 위해 소망의 하나님을 바라보자. 거기에는 축복, 힘, 피난처가 있다.

57. 다윗은 주는 나의 피난처시요 원수를 피하는 견고한 무엇이라고 하였는가? (시 61:3)

1) 장막 2) 도피처 3) 망대 4) 주의 날개

58. 다음 ( ) 안에 공통으로 들어갈 말은 무엇인가? (시 62:12)

"주여 인자함은 ( ) 께 속하오니 ( ) 께서 각 사람이 행한 대로 갚으심이니이다."

59. 다윗이 유다 광야에 있을 때 주의 무엇이 생명보다 나아 내 입술이 주를 찬양한다고 하였는가? (시 63:3)

1) 권능 2) 은혜 3) 공의 4) 인자

60. 다윗은 영혼을 찾아 멸하려는 그들이 칼의 세력에 넘어져 무엇의 먹이가 된다고 하였는가? (시 63:9-10)

1) 여우 2) 승냥이 3) 늑대 4) 사자

61. 악인들은 자기 혀를 연마하여 무엇 같이 독한 말로 의인을 겨루는가? (시 64:3)

1) 악마 2) 칼 3) 화살 4) 뱀

62. 악인들은 악한 목적으로 서로 격려하며 남몰래 무엇 놓기를 함께 의논하는가? (시 64:5)

63. 시편 65편에서 말하는 복 있는 자가 아닌 사람은 누구인가? (시 65:4)

1) 주께서 택하신 자 2) 가까이 오게 한 자

3) 주의 뜰에 살게 하신 자 4) 경외하는 자

64. 하나님은 바다의 설렘과 물결의 흔들림과 만민의 어떤 것까지 진정하시나? (시 65:7)

| 실천 사항 |

▶ 오늘의 말씀을 읽으시고 나에게 유익한 말씀이 무엇인지 깨달아봅시다.

▶ 오늘 말씀으로 나의 삶에 적용하며 행동으로 옮겼는지 실천한 것을 적어봅시다.

▶ 오늘 하나님이 보시기에 합당한 삶을 살았으면 감사한 것을 적어 봅시다.

▶ 오늘의 기도 제목을 적어 봅시다.

믿음 생활 본

오늘의 성경 말씀을 읽으시고 묵상한 후 풀어보시면 유익합니다.

믿음 생활은 시작도 중요하지만, 나중은 더욱 중요함을 우리는 명심하고 끝까지 그 분을 전심으로 의뢰하며 인생의 아름다운 열매를 맺도록 힘을 쓰자. 성도의 기도는 그 사람의 마음이며 신앙고백이며 믿음의 표출이기에 한순간의 어려움을 탈출구로 삼지 말자. 기도는 삶이다.

65. 하나님이 무엇을 변하여 육지가 되게 하셔서 무리가 걸어서 강을 건너고 주로 말미암아 기뻐하였나? (시 66:6)

66. 다음 (   ) 안에 공통으로 들어갈 말은 무엇인가? (시 67:6-7)

"땅이 그의 소산을 내어주었으니 (   ) 곧 우리 (   ) 이 우리에게 복을 주시리로다. (   ) 이 우리에게 복을 주시리니 땅의 모든 끝이 하나님을 경외하리로다."

67. 하나님은 무엇을 즐기는 백성을 흩으시는가? (시 68:30)

1) 불순종　　2) 전쟁　　3) 이간질　　4) 거짓말

68. 다윗이 원수의 멸망을 탄원하면서 그들을 어디에서 지워 의인들과 함께 기록되지 못하게 하였는가? (시 69:28)

69. 시인은 나의 영혼을 찾는 자들이 수치와 무안을 당하게 하고 상함을 기뻐하는 자들은 무엇을 당하게 해달라고 하였는가? (시 70:20)

1) 수모　　2) 궁핍　　3) 멸망　　4) 무안

70. 시인은 주를 나의 무엇이라고 고백하였는가. 이 중 아닌 것은? (시 71:3,5)

1) 나의 피난처 2) 나의 반석 3) 나의 소망 4) 나의 요새

71. 솔로몬은 하나님께 주의 판단력은 왕에게 주고 주의 공의는 누구에게 주라고 하였는가? (시 72:1)

1) 신하 2) 아들 3) 백성 4) 선지자

72. 다음 ( ) 안에 공통으로 들어갈 말은 무엇인가? (시 72:12-13)

"그는 ( ) 자가 부르짖을 때에 건지며 도움이 없는 가난한 자도 건지며 그는 가난한 자와 ( ) 자를 불쌍히 여기며 ( ) 자의 생명을 구원하며"

| 실천 사항 |

▶ 오늘의 말씀을 읽으시고 나에게 유익한 말씀이 무엇인지 깨달아봅시다.

▶ 오늘 말씀으로 나의 삶에 적용하며 행동으로 옮겼는지 실천한 것을 적어봅시다.

▶ 오늘 하나님이 보시기에 합당한 삶을 살았으면 감사한 것을 적어 봅시다.

▶ 오늘의 기도 제목을 적어 봅시다.

아삽의 기도

오늘의 성경 말씀을 읽으시고 묵상한 후 풀어보시면 유익합니다.

아삽은 나라가 멸망되고 성전이 파괴되고 백성들이 포로로 끌려간 상태에서 하나님을 향해 몸부림치는 기도를 드리고 있다. "하나님이여! 언제까지이니까?" 라고 호소한다. 하나님께 호소하는 기도의 사람들은 반드시 하나님의 승리에 동참하는 영광을 누리게 된다.

73. 아삽은 무엇을 보고 넘어질 뻔 미끄러질 뻔하게 되었다고 하였는가? (시 73:2-3)
 1) 악인의 시련 2) 악인의 오만 3) 악인의 형통함 4) 악인의 허상

74. 하나님께서는 리워야단의 머리를 부수시고 그것을 사막에 사는 자에게 무엇으로 주셨는가? (시 74:14)
 1) 음식물 2) 사료 3) 퇴비 4) 번제물

75. 다음 ( ) 안에 공통으로 들어갈 말은 무엇인가? (시 75:10)
 "악인들의 ( )을 다 베고 의인의 ( )은 높이 들리로다."

76. 하나님께서 시온에는 이것들이 없게 하셨다. 아닌 것은 무엇인가? (시 76:2-3)
 1) 전쟁 2) 화살 3) 방패 4) 요새

77. 하나님은 주의 팔로 주의 백성 야곱과 어떤 자손을 속량하였는가? (시 77:15)
 1) 베냐민 2) 스불론 3) 요셉 4) 아셀

78. 에브라임 자손들이 전쟁에서 패한 것은 하나님의 언약을 지키지 않고 그의 율법 준행을 어떻게 했기 때문인가? (시 78:10)

79. 주의 백성들이 하나님을 노하게 했을 때 청년은 불살라지고 처녀들은 무엇을 들을 수 없었는가? (시 78:63)

1) 아삽의 찬양　　2) 지혜로운 말씀　　3) 하나님의 공의　　4) 혼인 노래

80. 다음 (　　) 안에 공통으로 들어갈 말은 무엇인가? (시 79:13)

"우리는 (　　　　　) 의 백성이요 (　　　　　) 의 목장의 양이니 우리는 영원히 (　　　　) 께 감사하며 (　　　　) 의 영예를 대대에 전하리이다."

| 실천 사항 |

▶ 오늘의 말씀을 읽으시고 나에게 유익한 말씀이 무엇인지 깨달아봅시다.

▶ 오늘 말씀으로 나의 삶에 적용하며 행동으로 옮겼는지 실천한 것을 적어봅시다.

▶ 오늘 하나님이 보시기에 합당한 삶을 살았으면 감사한 것을 적어 봅시다.

▶ 오늘의 기도 제목을 적어 봅시다.

아삽과 고라 자손의 시

오늘의 성경 말씀을 읽으시고 묵상한 후 풀어보시면 유익합니다.

오래 전에 하나님을 향한 기도이고 간구이지만 지금에 우리가 찬양과 기도를 올리는 것과 다르지 않다. 성도는 교회를 사랑하고 주님께 의지하며 기도하므로 주님이 주시는 힘으로 살아가야 한다. 나는 지금 이 순간 하나님은 나의 방패라고 고백하면서 살아가는지 뒤돌아보자.

81. 시인은 시편 80편에서 이스라엘을 무엇에 비유하였나? (시 80:8-14)

1) 들짐승　2) 포도나무　3) 백향목　4) 멧돼지

82. 하나님께서는 고난 중에 부르짖을 때 건졌고 우렛소리의 은밀한 곳에서 응답했고 어디 물가에서 시험하였나? (시 81:7)

1) 므리바　2) 므깃도　3) 아골　4) 다베라

83. 다음 (　　) 안에 들어갈 말은 무엇인가? (시 84:11)

"여호와 하나님은 해요 (　　　) 이시라. 여호와께서 (　　　) 와 (　　　) 를 주시며 정직하게 행하는 자에게 좋은 것을 아끼지 아니하실 것임이니라."

84. 여호와께서 주의 땅에서 은혜를 베푼 것이 아닌 것은? (시 85:1-3)

1) 주를 찬송하게 하였다　2) 백성들의 죄악을 사하셨다

3) 주의 분노를 거두셨다　4) 포로된 자들을 돌아오게 했다

85. 주의 앞에 앞서 가며 주의 길을 닦는 것은 무엇인가? (시 85:13)

1) 권능　2) 의　3) 천사　4) 하나님의 사자

86. 여호와께서는 야곱의 거처보다 이 문을 사랑하신다고 했는데 무슨 문인가? (시 87:2)

1) 영광의 문　2) 천국의 문　3) 시온의 문　4) 성전의 문

87. 다음 (　　) 안에 공통으로 들어갈 말은 무엇인가? (시 88:1-2)

"여호와 내 구원의 하나님이여 내가 주야로 (　　　　) 앞에서 부르짖었사오니 나의 기도가 (　　　　) 앞에 이르게 하시며 나의 부르짖음에 (　　　　) 의 귀를 기울여 주소서."

88. 시편 89편에는 유독 하나님의 성품에 관한 말씀이 많이 나온다. 하나님의 두 가지 성품은 무엇인가? (시 89:1-52)

1) 공의와 긍휼　2) 인자와 성실　3) 사랑과 권능　4) 정의와 사랑

| 실천 사항 |

▶ 오늘의 말씀을 읽으시고 나에게 유익한 말씀이 무엇인지 깨달아봅시다.

▶ 오늘 말씀으로 나의 삶에 적용하며 행동으로 옮겼는지 실천한 것을 적어봅시다.

▶ 오늘 하나님이 보시기에 합당한 삶을 살았으면 감사한 것을 적어 봅시다.

▶ 오늘의 기도 제목을 적어 봅시다.

지혜로운 삶

오늘의 성경 말씀을 읽으시고 묵상한 후 풀어보시면 유익합니다.

지혜로운 삶은 하나님을 바로 알고 자신을 바로 아는 것이다. 사람의 삶은 수고와 슬픔뿐이다. 오죽하면 모든 육체는 풀과 같고 그 모든 영광은 풀의 꽃과 같다고 하였는가. 죄악된 인생인 것을 깨닫고 믿음으로 하나님께 나아가 그분과 교제하는 삶을 살자.

89. 우리의 연수가 칠십이요 강건하면 팔십이니 연수 자랑은 수고와 슬픔뿐이라고 허무한 인생을 노래한 시인은 누구인가? (시 90:10)

1) 솔로몬 2) 아삽 3) 다윗 4) 모세

90. 시인은 내 속에 근심이 많을 때 주의 무엇이 내 영혼을 즐겁게 하신다고 하였나? (시 94:19)

1) 권능 2) 사랑 3) 위안 4) 긍휼

91. 우리가 여호와 앞에 경배하고 무릎을 꿇는 이유가 아닌 것은 무엇인가? (시 95:6-7)

1) 우리의 하나님이시기에 2) 우리는 그가 기르는 백성이기에
3) 그의 손이 돌보시는 양이기에 4) 권능과 위엄 때문에

92. 하나님께서 의로 세계를 심판하시고 백성들은 무엇으로 심판하신다고 하셨는가? (시 96:13)

1) 공의 2) 진실 3) 위엄 4) 흑암

93. 다음 (　　) 안에 공통으로 들어가는 말은 무엇인가? (시 97:11-12)

"(　　　) 을 위하여 빛을 뿌리고 마음이 정직한 자를 위하여 기쁨을 뿌리시는도다. (　　) 이여 너희는 여호와로 말미암아 기뻐하며 그의 거룩한 이름에 감사할지어다."

94. 여호와 곁에 구름과 흑암이 그를 둘렀고 무엇이 그의 보좌의 기초인가? (시 97:2)

1) 의와 공평　　2) 권능과 위엄　　3) 공의와 권능　　4) 긍휼과 정의

95. 여호와께서 이스라엘 집에 베푸신 무엇을 기억하셨는가? (시 98:3)

1) 권능과 긍휼　　2) 사랑과 위엄　　3) 인자와 성실　　4) 정의와 공평

96. 다음 (　　) 안에 공통으로 들어갈 말은 무엇인가? (시 99:4)

"능력 있는 왕은 정의를 사랑하느니라. 주께서 (　　　　) 를 견고하게 세우시고 주께서 (　　　　) 를 견고하게 세우시고 주께서 야곱에게 정의와 (　　　　) 를 행하시나이다."

| 실천 사항 |

▶ 오늘의 말씀을 읽으시고 나에게 유익한 말씀이 무엇인지 깨달아봅시다.

▶ 오늘 말씀으로 나의 삶에 적용하며 행동으로 옮겼는지 실천한 것을 적어봅시다.

▶ 오늘 하나님이 보시기에 합당한 삶을 살았으면 감사한 것을 적어 봅시다.

▶ 오늘의 기도 제목을 적어 봅시다.

감사와 찬양

오늘의 성경 말씀을 읽으시고 묵상한 후 풀어보시면 유익합니다.

우리도 인생을 살아가면서 많은 것으로 인해 큰 고통과 환란의 나락으로 빠질 때가 많다. 혹시 그런 상황에 빠져 본 적이 없습니까? 고난 중에 부르짖어 기도하면 기도에 응답해 주시고 하나님의 은혜가 넘쳐흐른다.

97. 다음 (　　) 안에 공통으로 들어갈 말은 무엇인가? (시 100:4)
"(　　　　　) 함으로 그의 문에 들어가며 찬송함으로 그의 궁정에 들어가서 그에게 (　　　　　) 하며 그의 이름을 송축할지어다."

98. 다윗은 어떤 자를 멸하고 용납하지 않는다고 하였나. 아닌 것은 무엇인가? (시 101:5)
1) 자기 이웃을 헐뜯는 자　　2) 마음이 교만한 자
3) 눈이 높은 자　　4) 부모를 봉양하지 않는 자

99. 고난당한 자가 고난의 이유를 무엇으로 말미암았다고 하였는가? (시 102:10)
1) 주의 분노와 진노　　2) 거짓을 행하여
3) 마음이 교만하여　　4) 우상숭배를 하여

100. 다음 (　　) 안에 공통으로 들어갈 말은 무엇인가? (시 103:1-2)
"내 영혼아, 여호와를 (　　　　　) 하라. 내 속에 있는 것들아. 다 그의 거룩한 이름을 (　　　　　) 하라. 내 영혼아 여호와를 (　　　　　) 하며 그의 모든 은택을 잊지 말지어다."

101. 시인은 여호와를 긍휼이 많으시고 은혜롭고 노하기를 더디 하시고 무엇이 풍부하시다고 하였는가? (시 103:8)

1) 인사 2) 성실 3) 사랑 4) 권능

102. 시인은 우리의 인생이 그날의 풀과 같으며 그 영화가 들의 무엇과 같다고 표현하였는가? (시 103:15)

1) 갈대 2) 이슬 3) 꽃 4) 바람

103. 주께서 그들을 무엇으로 지어 주께서 지은 것들이 땅에 가득하였나? (시 104:24)

1) 성령 2) 권능 3) 공의 4) 지혜

104. 시편 106편은 시인이 과거 어떤 시대를 회상하는 시인가? (시 106편)

1) 출애굽 시대 2) 광야 시대 3) 포로기 시대 4) 족장 시대

| 실천 사항 |

▶ 오늘의 말씀을 읽으시고 나에게 유익한 말씀이 무엇인지 깨달아봅시다.

▶ 오늘 말씀으로 나의 삶에 적용하며 행동으로 옮겼는지 실천한 것을 적어봅시다.

▶ 오늘 하나님이 보시기에 합당한 삶을 살았으면 감사한 것을 적어 봅시다.

▶ 오늘의 기도 제목을 적어 봅시다.

인생은 광야의 나그네와 같다

오늘의 성경 말씀을 읽으시고 묵상한 후 풀어보시면 유익합니다.

고통 중에 거할 때 부르짖으며 응답하시고 그 고통에서 구원하시는 하나님을 찬양하고 있다. 광야의 나그네 같은 삶은 길도 없고 안내자도 없고 거할 곳도 찾지 못한 채 주리고 목마름으로 지친 모습이다. 우리가 당하는 고통은 우리에게서 비롯되었지만 하나님께서 해결 받을 수 있다.

105. 시편 106편 48절의 할렐루야의 뜻은 무엇인가?

106. 다윗의 찬송시에서 시인의 고백이 아닌 것은 무엇인가? (시 108:1-2)

1) 마을 다해 찬양한다 2) 마음을 정했다

3) 새벽을 깨우다 4) 여호와를 부르짖는다

107. 시편 110편의 영원한 제사장은 누구인가? (시 110:4)

1) 엘리 2) 멜기세덱 3) 아론 4) 비느하스

108. 다음 ( ) 안에 공통으로 들어갈 말은 무엇인가? (시 111:7-8)

"그의 손이 하는 일은 진실과 ( ) 이며 그의 법도는 다 확실하니 영원무궁토록 정하신 바요 진실과 ( ) 로 행하신 바로다."

109. 여호와를 경외하는 것이 무엇의 근본인가? (시 111:10)

1) 지식 2) 공의 3) 지혜 4) 정의

110. 여호와를 경외하며 무엇을 즐거워하는 자가 복이 있는가? (시 112:1)

1) 율법 2) 계명 3) 은혜 4) 지혜

111. 시인은 유다가 여호와의 이것이 되었다고 이스라엘은 그의 영토가 되었다고 하였는데 이것은 무엇인가? (시 114:2)

1) 성소　　2) 피난처　　3) 파수꾼　　4) 보좌

112. 다음 (　　) 안에 공통으로 들어갈 말은 무엇인가? (시 115:9-10)

"이스라엘아 여호와를 의지하라. 그는 너희의 도움이시요 너희의 (　　　) 시로다. 아론의 집이여 여호와를 의지하라. 그는 너희의 도움이시요 (　　　) 시로다."

| 실천 사항 |

▶ 오늘의 말씀을 읽으시고 나에게 유익한 말씀이 무엇인지 깨달아봅시다.

▶ 오늘 말씀으로 나의 삶에 적용하며 행동으로 옮겼는지 실천한 것을 적어봅시다.

▶ 오늘 하나님이 보시기에 합당한 삶을 살았으면 감사한 것을 적어 봅시다.

▶ 오늘의 기도 제목을 적어 봅시다.

성경에서 가장 긴 장

오늘의 성경 말씀을 읽으시고 묵상한 후 풀어보시면 유익합니다.

하나님의 말씀이 우리 인생들에게 가져다주는 유익이 무엇일까요? 시편 기자는 성경 말씀이 주는 지혜가 온갖 꾀를 만들어내는 원수보다 낫고 모든 스승보다 나으며 오랜 세월을 지내며 쌓아놓은 노안의 지혜보다 더 뛰어나다고 말한다.

113. 모든 나라와 모든 백성들에게 우리를 향하신 여호와의 무엇이 크시고 진실하심이 영원하다고 하셨는가? (시 117:1-2)

1) 자비로움　2) 인자하심　3) 지혜로움　4) 권능

114. 다음 ( ) 안에 공통으로 들어갈 말은 무엇인가? (시 118:8-9)

"여호와께 피하는 것이 사람을 ( ) 하는 것보다 나으며 여호와께 피하는 것이 고관들을 ( ) 하는 것보다 낫도다."

115. 건축자가 버린 돌이 집 모퉁이와 무엇이 되었는가? (시 118:22)

116. 내 눈을 돌이켜 무엇을 보지 말게 하시고 주의 길에서 나를 살아나게 하소서. 무엇인가? (시 119:37)

1) 욕망　2) 고난　3) 분노　4) 허탄

117. 다음 ( ) 안에 들어갈 말은 무엇인가? (시 119:71)

"고난당한 것이 내게 ( ) 이라. 이로 말미암아 내가 주의 ( ) 들을 배우게 되었나이다."

118. 주의 말씀은 내 발에 등이요 내 길에 무엇인가? (시 119:105)
1) 희망 2) 불 3) 반석 4) 빛

119. 내 육체가 주를 두려워하므로 떨며 또 주의 무엇을 두려워하는가? (시 119:120)
1) 징계 2) 심판 3) 율법 4) 고난

120. 시인은 주의 계명들을 무엇보다 더 사랑한다고 하였는가? (시 119:127)
1) 생명 2) 보석 3) 순금 4) 꿀

| 실천 사항 |

▶ 오늘의 말씀을 읽으시고 나에게 유익한 말씀이 무엇인지 깨달아봅시다.

▶ 오늘 말씀으로 나의 삶에 적용하며 행동으로 옮겼는지 실천한 것을 적어봅시다.

▶ 오늘 하나님이 보시기에 합당한 삶을 살았으면 감사한 것을 적어 봅시다.

▶ 오늘의 기도 제목을 적어 봅시다.

성전으로 올라가는 노래

오늘의 성경 말씀을 읽으시고 묵상한 후 풀어보시면 유익합니다.

이스라엘 백성들은 해마다 3 차례 곧 유월절, 맥추절, 장막절에 반드시 성전으로 가 예물을 드리며 예배를 드리는데 그때 성전에 올라가면서 순례길에서 불렀던 노래들이다. 솔로몬은 하나님이 함께하지 않으시면 아주 당연히 우리의 땀과 수고가 헛됨을 고백하고 있다.

121. 여호와께서 우리를 모든 환난에서 면하게 하시며 또 무엇을 지키시는가? (시 121:7)

1) 재물 2) 영혼 3) 자녀 4) 공의

122. 다음 ( ) 안에 공통으로 들어가는 말은 무엇인가? (시 122:6-7)

"예루살렘을 위하여 평안을 구하라. 예루살렘을 사랑하는 자는 ( ) 하리로다. 네 성안에는 평안이 있고 네 궁중에는 ( ) 함이 있을지어다."

123. 시인은 124편에서 대적자들을 무엇으로 비유하여 표현하였나? (시 124:4-5)

1) 사냥꾼 2) 물 3) 올무 4) 새

124. 다음 ( ) 안에 공통으로 들어갈 말은 무엇인가? (시 126:5-6)

"눈물을 흘리며 씨를 뿌리는 자는 ( ) 으로 거두리로다. 울며 씨를 뿌리러 나가는 자는 반드시 ( ) 으로 그 곡식 단을 가지고 돌아오리로다."

125. 이 시편에서는 아내는 포도나무에 비유하는데 자식들은 무슨 나무로 비유하는가? (시 128:3)

126. 다음 (　　) 안에 공통으로 들어갈 말은 무엇인가? (시 130:6)

"(　　　　) 이 아침을 기다림보다 내 영혼이 주를 더 기다리나니 참으로 (　　　　) 이 아침을 기다림보다 더하도다."

127. 이 시편에서 여호와께서는 자기를 위하여 이스라엘(야곱)은 자기의 무엇으로 택하셨다고 하셨나? (시 135:4)

1) 특별한 소유　　2) 선택된 자　　3) 거룩한 백성　　4) 자녀

128. 다음 (　　) 안에 공통으로 들어갈 말은 무엇인가? (시 136:1-2)

"여호와께 감사하라. 그의 선하시며 그 (　　　　) 이 영원함이로다. 신들 중에 뛰어난 하나님께 감사하라. 그 (　　　　) 이 영원함이로다."

| 실천 사항 |

▶ 오늘의 말씀을 읽으시고 나에게 유익한 말씀이 무엇인지 깨달아봅시다.

▶ 오늘 말씀으로 나의 삶에 적용하며 행동으로 옮겼는지 실천한 것을 적어봅시다.

▶ 오늘 하나님이 보시기에 합당한 삶을 살았으면 감사한 것을 적어 봅시다.

▶ 오늘의 기도 제목을 적어 봅시다.

환난의 때에

오늘의 성경 말씀을 읽으시고 묵상한 후 풀어보시면 유익합니다.

성도는 고난을 당할 때 주님을 불러 아뢰어야 한다. 응답을 기다리면서 부르짖고 또 부르짖어야 한다. 그리고 향기롭게 기도해야 한다. 향기로운 기도는 주님의 은혜로 되는 것이다. 자신을 재물로 드리면서 기도해야 한다. 구하는 말과 심령도 함께 바쳐질 때 하나님께 받으신다.

129. 포로 중에 슬픔과 울분을 노래한 이 시에서 수금을 버드나무에 걸어놓고 어디에 앉아 시온을 생각하며 울었나? (시 137:1-2)

1) 바벨론 성벽 2) 바벨론 성소 3) 바벨론 강변 4) 바벨론 언덕

130. 하나님은 형식적인 것, 마음이 따르지 않는 감사와 찬양을 기뻐하지 않으신다. 이 시편에서 어떤 식으로 감사하라고 하는가? (시 138:1)

1) 입으로 2) 순종을 담아 3) 인자한 마음으로 4) 전심으로

131. 이 시편에서 시인은 주의 책에 다 기록되었다고 한 것은 무엇인가? (시 139:16)

1) 행적 2) 선한 일 3) 정한 날 4) 악한 일

132. 어떤 자가 나를 해하려고 올무와 줄을 놓는가? (시 140:5)

1) 행악자 2) 원수 3) 거짓을 행하는 자 4) 교만한 자

133. 시인은 자신의 기도가 주의 앞에 분향함과 같이 되고 손 드는 것이 무엇과 같이 되게 해달라고 하였나? (시 141:2)

1) 아침 제사 2) 저녁 제사 3) 감사제 4) 화목제

134. 시인은 의인이 자기를 쳐도 은혜로 여기며 책망을 할지라도 머리에 무엇으로 여기라고 하였나? (시 141:5)

1) 지혜 2) 깨우침 3) 훈계 4) 기름

135. 다음 ( ) 안에 공통으로 들어갈 말은 무엇인가? (시 143:10)

"주는 나의 하나님이시니 나를 가르쳐 ( ) 의 뜻을 행하게 하소서. ( ) 의 영은 선하시니 나를 공평한 땅에 인도하소서."

136. 시인은 이 시편에서 여호와를 표현한 것이 아닌 것은 무엇인가? (시 144:2)

1) 방패 2) 사랑 3) 산성 4) 위엄

| 실천 사항 |

▶ 오늘의 말씀을 읽으시고 나에게 유익한 말씀이 무엇인지 깨달아봅시다.

▶ 오늘 말씀으로 나의 삶에 적용하며 행동으로 옮겼는지 실천한 것을 적어봅시다.

▶ 오늘 하나님이 보시기에 합당한 삶을 살았으면 감사한 것을 적어 봅시다.

▶ 오늘의 기도 제목을 적어 봅시다.

찬양하라

오늘의 성경 말씀을 읽으시고 묵상한 후 풀어보시면 유익합니다.

시편 기자들은 고난 속에 있거나 평온한 상황에서나 언제나 찬양하는 삶을 잊지 않았다. 인생을 비롯한 만유는 모두 마땅히 찬양해야 한다. 성도는 그 이름과 그 영광이 한없이 높고 구원의 능력을 베푸신 하나님께 마땅히 찬양하며 경배해야 한다.

137. 다음 ( ) 안에 들어갈 말은 무엇인가? (시 145:8)

"여호와는 은혜로우시며 ( ) 이 많으시며 노하기를 더디 하시며 ( ) 하심이 크시도다."

138. 여호와는 억눌린 사람들을 위해 정의로 심판하시며 주인 자들에게 먹을 것을 주고 갇힌 자들에게는 무엇을 주시는가? (시 146:7)

1) 자비 2) 자유 3) 위로 4) 복

139. 시인은 우리 주는 위대하시며 능력도 많고 지혜가 어떠하다고 하시는가? (시 147:5)

1) 인자하시다 2) 넘쳐흐른다 3) 총명하다 4) 무궁하시다

140. 여호와는 자기를 어떻게 하는 자들과 그의 인자하심을 바라는 자들을 기뻐하신다고 하였나? (시 147:11)

1) 찬양 2) 복종 3) 경외 4) 두려워

141. 다음 ( ) 안에 공통으로 들어갈 말은 무엇인가? (시 148:4)

"하늘의 하늘도 그를 (   ) 하며 하늘 위에 있는 물들도 그를 (   ) 할지어다."

142. 여호와께서는 자기 백성을 기뻐하시며 어떤 자를 구원으로 아름답게 하시는가? (시 149:4)

1) 기도   2) 복종   3) 지혜   4) 겸손

143. 우리는 무엇 때문에 하나님을 찬양해야 하는가? (시 150:2)

1) 위엄   2) 권능   3) 능하신 행동   4) 능력

144. 시인은 어떤 사람들에게 여호와를 찬양하라고 하였는가? (시 150:6)

1) 기쁨이 넘치는 자   2) 호흡이 있는 자

3) 성령이 충만한 자   4) 은혜를 받은 자

| 실천 사항 |

▶ 오늘의 말씀을 읽으시고 나에게 유익한 말씀이 무엇인지 깨달아봅시다.

▶ 오늘 말씀으로 나의 삶에 적용하며 행동으로 옮겼는지 실천한 것을 적어봅시다.

▶ 오늘 하나님이 보시기에 합당한 삶을 살았으면 감사한 것을 적어 봅시다.

▶ 오늘의 기도 제목을 적어 봅시다.

[시편 해답]

1) 3 2) 2 3) 구원 4) 3 5) 3 6) 2 7) 3 8) 욕심, 탐욕, 배반 9) 1 10) 2 11) 4 12) 성도 13) 2 14) 3 15) 반석, 묵상 16) 4 17) 2 18) 4 19) 선하심, 인자하심 20) 1 21) 도 22) 3 23) 4 24) 노염, 은총, 기쁨 25) 2 26) 3 27) 4 28) 정직, 공의, 정의 29) 3 30) 2 31) 빛 32) 3 33) 빛 34) 4 35) 2 36) 4 37) 공의, 구원, 인자 38) 3 39) 1 40) 발꿈치 41) 영혼 42) 4 43) 규 44) 2 45) 2 46) 3 47) 2 48) 환난, 영화 49) 4 50) 감사, 사모 51) 3 52) 4 53) 찬송 54) 4 55) 1 56) 4 57) 3 58) 주 59) 3 60) 2 61) 3 62) 올무 63) 4 64) 소요 65) 바다 66) 하나님 67) 2 68) 생명책 69) 1 70) 1 71) 2 72) 궁핍한 73) 3 74) 1 75) 뿔 76) 4 77) 3 78) 거절 79) 4 80) 주 81) 2 82) 1 83) 방패, 은혜, 영화 84) 1 85) 2 86) 3 87) 주 88) 2 89) 4 90) 3 91) 4 92) 2 93) 의인 94) 1 95) 3 96) 공의 97) 감사 98) 4 99) 1 100) 송축 101) 1 102) 3 103) 4 104) 2 105) 여호와를 찬송하라 106) 4 107) 2 108) 정의 109) 3 110) 2 111) 1 112) 방패 113) 2 114) 신뢰 115) 머릿돌 116) 4 117) 유익, 율례 118) 4 119) 2 120) 3 121) 2 122) 형통 123) 2 124) 기쁨 125) 감람나무 126) 파수꾼 127) 1 128) 인자하심 129) 3 130) 4 131) 3 132) 4 133) 2 134) 4 135) 주 136) 4 137) 긍휼, 인자 138) 2 139) 4 140) 3 141) 찬양 142) 4 143) 3 144) 2

20. 잠언 (箴言, PROVERBS)

1. 내용

이 세상에서의 바른 삶에 대한 구체적이고 실질적인 교훈을 주는 격언을 모은 지혜서로 하나님 앞에서 올바르고 지혜롭게 사는 방법을 가르쳐 주는 주옥같은 지혜의 말들로 구성되어 있다.

잠언은 무엇보다 지혜를 따르라고 권면하는데, 그 지혜의 근본은 하나님을 경외하는 것이 지혜의 근본임을 거듭 강조한다.

2. 구성

잠언은 크게 네 가지로 구성되었다. 지혜의 교훈(지혜에 대한 찬양), 솔로몬의 장점(의인과 악인, 경건한 생활, 각종 격언), 솔로몬의 제2잠언(인간관계, 처신에 대한 잠언), 현자들의 잠언(아굴과 르무엘 잠언)으로 구성되어 있다.

3. 핵심 메시지

하나님 앞에서 그리고 세상에서 어떻게 살아야 할지를 가르치고, "여호와를 경외하는 것이 지식의 근본이다"는 말씀이 잠언서의 핵심 구절이다.

참된 지식을 얻어 육체의 정욕을 피하고 악한 동무를 피하고 물질에 탐욕을 바리고 시기와 방탕을 금하며, 가난한 자를 돕고 부모를 공경하라는 교훈을 알려주고 있다.

4. 본서에 나타난 하나님의 섭리

시편과 마찬가지로 내용이나 주제는 매우 다양하지만 그 중심 주제는 항상 하나님과 관련되어 있다. 하나님 앞에서 하나님 백성이 어떻게 살아가야 할 것인가에 초점이 맞추어져 있다.

본서를 통해 나타내기를 원하시는 하나님의 뜻이 바로 여기에 있다. 즉 잠언은 여호와 앞에서 세상을 바르게 살아가는 지혜를 가르치고 훈계하는 목적이 있다.

솔로몬의 지혜의 잠언

오늘의 성경 말씀을 읽으시고 묵상한 후 풀어보시면 유익합니다.

솔로몬의 고백처럼 지혜와 지식의 근본이신 하나님이 주신 말씀들이 지혜와 훈계를 알게 하고 공의, 정의, 정직하게 행할 것을 가르쳐준다. 지혜는 우리로 하나님을 알고 깨닫게 하며 영혼을 즐겁게 하고 악으로부터 멀어지게 하는 길잡이가 될 것이다.

1. 다음 ( ) 안에 들어갈 말은 무엇인가? (잠 1:7)
   "여호와를 경외하는 것이 ( )의 근본이거늘 미련한 자는 ( )와 ( )를 멸시하느니라."

2. 이익을 탐하는 모든 자의 길은 자기의 무엇을 잃게 하는가? (잠 1:19)
   1) 재산 2) 명예 3) 자손 4) 생명

3. 지혜가 마음에 들어가며 무엇이 네 영혼을 즐겁게 한다고 하였는가? (잠 2:10)
   1) 능력 2) 명철 3) 지식 4) 공의

4. 무엇이 너를 선한 자의 길로 행하게 하며 또 의인의 길을 지키게 한다고 하였는가? (잠 2:20)
   1) 지혜 2) 겸손 3) 사랑 4) 은혜

5. 다음 ( ) 안에 공통으로 들어갈 말은 무엇인가? (잠 3:18)
   "( )는 그 얻은 자에게 생명나무와 ( )를 가진 자는 복되도다."

6. 거만한 자를 비웃으시며 겸손한 자에게 이것을 베푼다. 이것은 무엇인가? (잠 3:34)
   1) 사랑 2) 은혜 3) 자비 4) 복

7. 다음 ( ) 안에 들어갈 말은 무엇인가? (잠 4:18-19)
   "( ) 의 길은 돋는 햇살 같아서 크게 빛나 한낮의 광명에 이르거니와 ( ) 의 길은 어둠 같아서 그가 걸려 넘어져도 그것이 무엇인지 깨닫지 못하느니라."

8. 모든 지킬 만한 것 중에 더욱 이것을 지키라 생명의 근원이 이에서 난다. 이것은 무엇인가? (잠 4:23)

| 실천 사항 |

▶ 오늘의 말씀을 읽으시고 나에게 유익한 말씀이 무엇인지 깨달아봅시다.

▶ 오늘 말씀으로 나의 삶에 적용하며 행동으로 옮겼는지 실천한 것을 적어봅시다.

▶ 오늘 하나님이 보시기에 합당한 삶을 살았으면 감사한 것을 적어 봅시다.

▶ 오늘의 기도 제목을 적어 봅시다.

지혜는 실천을 목적으로 해야 한다

오늘의 성경 말씀을 읽으시고 묵상한 후 풀어보시면 유익합니다.

잠언은 삶의 지혜를 공급해 준다. 지식은 정보를 제공하지만 지혜는 그 지식을 어떻게 효과 있게 실천하는가? 방법을 알려준다. 그렇기 때문에 나의 삶에 적용시켜야 한다. 적용하는 만큼 성숙해지고 행복에 이른다.

9. 악인의 세대에서 삶의 평탄한 길을 가는 비결은 무엇을 멀리 피해야 하는가? (잠 5:1-6)
   1) 거짓말　2) 부패　3) 음행　4) 교만

10. 악인은 자기의 악에 걸리며 그의 무슨 줄에 매이는가? (잠 5:22)

11. 게으른 자는 누구에게 가서 그가 하는 것을 지혜를 얻는다고 하는가? (잠 6:6)
   1) 베짱이　2) 거미　3) 사마귀　4) 개미

12. 법은 빛이요 훈계의 책망은 무슨 길인가? (잠 6:23)
   1) 교만　2) 생명　3) 명철　4) 반성

13. 다음 (　　) 안에 들어갈 말은 무엇인가? (잠 8:13)
   "여호와를 경외하는 것은 악을 미워하는 것이다. 나는 (　　　　　) 과 거만과 악한 (　　　) 과 (　　　) 한 입을 미워하느니라."

14. 다음 (　　) 안에 공통으로 들어갈 말은 무엇인가? (잠 8:17)
"나를 (　　　　) 하는 자들이 나의 (　　　　) 를 입으며 나를 간절히 찾는 자가 나를 만날 것이니라."

15. 여호와를 경외하는 것이 지혜의 근본이고 거룩하신 자를 아는 것이 무엇이라 하였는가?(잠 9:10)
1) 지혜　2) 지식　3) 명철　4) 총명

16. 지혜로우면 그 지혜가 유리할 것이나 거만하면 너 홀로 무엇을 당하는가? (잠 9:12)

| 실천 사항 |

▶ 오늘의 말씀을 읽으시고 나에게 유익한 말씀이 무엇인지 깨달아봅시다.

▶ 오늘 말씀으로 나의 삶에 적용하며 행동으로 옮겼는지 실천한 것을 적어봅시다.

▶ 오늘 하나님이 보시기에 합당한 삶을 살았으면 감사한 것을 적어 봅시다.

▶ 오늘의 기도 제목을 적어 봅시다.

입술을 잘 다스려라

오늘의 성경 말씀을 읽으시고 묵상한 후 풀어보시면 유익합니다.

말과 언어는 인간의 의사를 소통하는 가장 중요한 통로이지만 말을 잘못하면 독을 뿜는 것 같고 다툼을 일으키지만 지혜로운 말을 하면 생명을 얻을 뿐 아니라 사람의 마음을 얻는다. 성도의 말은 언제나 덕을 세워야 한다. 타인에게 덕을 세우는 자세의 삶을 살자.

17. 다음 ( ) 안에 들어갈 말은 무엇인가? (잠 10:12)
"( ) 은 다툼을 일으켜도 ( ) 은 모든 허물을 가리느니라."

18. 말이 많으면 허물을 면하기 어려우나 입술을 제어하는 자는 무엇이 있는가? (잠 10:19)
1) 징계 2) 복 3) 상 4) 유익

19. 다음 ( ) 안에 공통으로 들어갈 말은 무엇인가? (잠 11:25)
"구제를 좋아하는 자는 풍족하여질 것이요. 남을 ( ) 하게 하는 자는 자기도 ( ) 하여지리라."

20. 사람은 그 지혜대로 칭찬을 받으려니와 마음이 굽은 자는 무엇을 받는가? (잠 12:8)
1) 벌 2) 징계 3) 멸시 4) 수욕

21. 미련한 자는 자기 행위를 바른 줄로 여기나 지혜로운 자는 무엇을 듣는가? (잠 12:15)

1) 칭찬 2) 권고 3) 교훈 4) 진리

22. 어떤 길은 사람이 보기에 바르나 결국에는 무슨 길인가? (잠 14:12)

1) 패역 2) 생명 3) 멸망 4) 사망

23. 여호와를 경외하는 것이 무슨 샘이라 사망의 그물에서 벗어나게 하는가? (잠 14:27)

1) 구원 2) 은혜 3) 생명 4) 화평

24. 나라를 영화롭게 하기 위해서 필요한 것은 무엇인가? (잠 14:34)

1) 지혜 2) 공의 3) 공평 4) 충효

| 실천 사항 |

▶ 오늘의 말씀을 읽으시고 나에게 유익한 말씀이 무엇인지 깨달아봅시다.

▶ 오늘 말씀으로 나의 삶에 적용하며 행동으로 옮겼는지 실천한 것을 적어봅시다.

▶ 오늘 하나님이 보시기에 합당한 삶을 살았으면 감사한 것을 적어 봅시다.

▶ 오늘의 기도 제목을 적어 봅시다.

현 시대에 배워야 할 지혜들

오늘의 성경 말씀을 읽으시고 묵상한 후 풀어보시면 유익합니다.

가는 말이 고와야 오는 말이 곱듯 과격한 말이 노를 격동하고, 유순하고 온순한 혀는 분노를 누그러트린다. 의인의 말은 언제나 남에게 유익을 끼치고 항상 정결함이 있으며, 깊은 의미가 있으며 기쁨이 넘쳐흐른다.

25. 분을 쉽게 내는 자는 다툼을 일으켜도 노하기를 더디 하는 자는 무엇을 그치게 하는가? (잠 15:18)

1) 분노 2) 싸움 3) 시비 4) 화

26. 여호와는 악인을 멀리 하실지라도 의인의 무엇은 듣는가? (잠 15:29)

1) 훈계 2) 간절한 외침 3) 고통 4) 기도

27. 사람이 마음으로 자기의 길을 계획할지라도 그의 걸음을 인도하는 사람은 누구인가? (잠 16:9)

28. 마음의 경영은 사람에게 있어도 말의 응답은 여호와로부터 나온다는 말씀과 관련된 구절이 16장에 나온다. 몇 절인가? (잠 16:1)

29. 도가니는 은을, 풀무는 금을 연단하지만 여호와는 우리의 무엇을 연단하시는가? (잠 17:3)

1) 육체 2) 마음 3) 지식 4) 행위

30. 마음에 즐거움은 양약이라도 심령의 무엇이 뼈를 마르게 하는가? (잠 17:22)

1) 행동 2) 생각 3) 근심 4) 증오

31. 사람의 마음에 교만은 무엇의 선봉인가? (잠 18:12)

1) 다툼 2) 사망 3) 재앙 4) 멸망

32. 죽고 사는 것이 무엇의 힘에 달렸는가? (잠 18:21)

| 실천 사항 |

▶ 오늘의 말씀을 읽으시고 나에게 유익한 말씀이 무엇인지 깨달아봅시다.

▶ 오늘 말씀으로 나의 삶에 적용하며 행동으로 옮겼는지 실천한 것을 적어봅시다.

▶ 오늘 하나님이 보시기에 합당한 삶을 살았으면 감사한 것을 적어 봅시다.

▶ 오늘의 기도 제목을 적어 봅시다.

지혜의 말씀들 1

오늘의 성경 말씀을 읽으시고 묵상한 후 풀어보시면 유익합니다.

누구든지 비천하게 되기를 바라는 자는 없다. 존귀하게 되기를 원하는 사람들은 지극히 작은 일이라 할지라도 주께서 맡겨주신 일이라 생각하고 최선을 다해야 한다. 하나님은 자기의 소견이나 방법을 따름이 아니라 하나님의 뜻에 충실한 사람을 존귀하게 하신다.

33. 지혜를 얻는 자는 자기 영혼을 사랑하고 명철을 지키는 자는 무엇을 얻는가? (잠 19:8)
    1) 상급 2) 복 3) 기쁨 4) 만족

34. 집과 재물은 조상에게서 상속받지만 슬기로운 아내는 누가 주시는가? (잠 19:14)

35. 다음 ( ) 안에 공통으로 들어갈 말은 무엇인가? (잠 20:3)
    "( ) 을 멀리 하는 것이 사람에게 영광이거늘 미련한 자마다 ( ) 을 일으키느니라."

36. 두루 다니며 한가롭게 이야기하는 자는 남의 무엇을 누설하니 사귀지 말라고 하는가? (잠 20:19)

37. 여호와께서 제사드리는 것보다 기쁘시게 여기는 것은 무엇을 행하는 것인가? (잠 21:3)
    1) 정의와 공평 2) 인자와 성실 3) 의와 공평 4) 공의와 정의

38. 다음 (　　) 안에 공통으로 들어갈 말은 무엇인가? (잠 21:21)

"(　　　　) 와 인자를 따라 구하는 자는 생명과 (　　　　) 와 영광을 얻느니라."

39. 재물보다는 명예를 택하고 은이나 금보다 무엇을 택하라 하였는가? (잠 22:1)

1) 영광　2) 보상　3) 은총　4) 생명

40. 노를 품은 자와 사귀지 말며 울분한 자와는 무엇을 하지 말라 하는가? (잠 22:24)

1) 교제　2) 동행　3) 대화　4) 압제

| 실천 사항 |

▶ 오늘의 말씀을 읽으시고 나에게 유익한 말씀이 무엇인지 깨달아봅시다.

▶ 오늘 말씀으로 나의 삶에 적용하며 행동으로 옮겼는지 실천한 것을 적어봅시다.

▶ 오늘 하나님이 보시기에 합당한 삶을 살았으면 감사한 것을 적어 봅시다.

▶ 오늘의 기도 제목을 적어 봅시다.

20 . . . (제26주 수요일) **오늘의 말씀: 잠 23-27장**

지혜의 말씀들 2

오늘의 성경 말씀을 읽으시고 묵상한 후 풀어보시면 유익합니다.

지혜는 성도의 영혼과 육체에 만족을 주어 하나님의 뜻을 이루도록 이끌어준다. 그러하기에 선한 일을 행하는 자는 생명의 부활을 악한 일을 행한 자는 사망의 부활을 맞이하게 되므로 지혜는 악인들의 득의함에 대해 불평하지 않도록 가르친다.

41. 다음 ( ) 안에 들어갈 말은 무엇인가? (잠 23:17)
"네 마음으로 죄인의 ( ) 을 부러워하지 말고 항상 ( ) 를 경외하라."

42. 악인은 마음에 강포를 품고 그들의 입술에는 무엇을 말하는가? (잠 24:2)
1) 불평 2) 증오 3) 재앙 4) 원망

43. 경우에 합당한 말은 아로새긴 은 쟁반에 무엇인가? (잠 25:11)
1) 꿀 2) 금귀고리 3) 순금장식 4) 금사과

44. 25장의 솔로몬의 잠언을 편집한 사람들은 누구인가? (잠 25:1)
1) 아굴 2) 요시아 3) 히스기야의 신하들 4) 르무엘

45. 말에는 채찍이요 나귀에는 재갈이요 미련한 자의 등에는 무엇인가? (잠 26:3)

46. 나무가 다하면 불이 꺼지고 말쟁이가 없어지면 무엇이 쉬는가? (잠 26:20)
1) 거짓말 2) 다툼 3) 시기 4) 분노

47. 다음 ( ) 안에 들어갈 말은 무엇인가? (잠 27:1)
"너는 내일 일을 ( ) 하지 말라. 하루 동안에 무슨 일이 일어날는지 네가 알 수 없음이니라."

48. 비 오는 날에 떨어지는 물방울은 어떤 사람을 말하는가? (잠 27:15)
1) 다투는 여자 2) 질투심 많은 여자 3) 교만한 여자 4) 화내는 여자

| 실천 사항 |

▶ 오늘의 말씀을 읽으시고 나에게 유익한 말씀이 무엇인지 깨달아봅시다.

▶ 오늘 말씀으로 나의 삶에 적용하며 행동으로 옮겼는지 실천한 것을 적어봅시다.

▶ 오늘 하나님이 보시기에 합당한 삶을 살았으면 감사한 것을 적어 봅시다.

▶ 오늘의 기도 제목을 적어 봅시다.

주를 의지하는 삶

오늘의 성경 말씀을 읽으시고 묵상한 후 풀어보시면 유익합니다.

사람은 홀로 살아갈 수가 없기에 누군가에게 의지를 하고자 한다. 하나님을 의지하고 말씀에 의지하면 누구도 하나님의 방패를 뚫을 수 없다. 성도는 그분의 말씀을 겸허한 마음으로 받아들이고 온 마음을 다해 순종하면 형통한 삶을 살아갈 수 있다.

49. 다음 ( ) 안에 공통으로 들어갈 말은 무엇인가? (잠 28:4)
"( ) 을 버린 자는 악인을 칭찬하나 ( ) 을 지키는 자는 악인을 대적하느니라."

50. 자기 죄를 숨기는 자는 형통하지 못하나 죄를 고백하고 깨닫는 자는 무엇을 받는가? (잠 28:13)
1) 용서 2) 불쌍히 여김 3) 사랑 4) 선처

51. 어리석은 자는 자기의 이것을 다 드러내도 지혜로운 자는 이것을 억제한다. 이것은? (잠 29:11)
1) 행동 2) 감정 3) 노(怒) 4) 불평

52. 사람이 교만하면 낮아지고 마음이 겸손하면 무엇을 얻는다고 하였는가? (잠 29:23)

53. 미련하여 스스로 높은 체하거나 악한 일을 도모하면 네 손으로 이것을 막으라. 이것은? (잠 30:32)
1) 눈 2) 교만 3) 귀 4) 입

54. 잠언 31장은 르무엘 왕을 훈계한 잠언이다. 훈계한 사람은 누구인가? (잠 31:1)

1) 선지자　2) 여호와　3) 어머니　4) 왕의 신하

55. 왕이 술을 마시지 말라고 하는 교훈을 한 이유는 무엇인가? (잠 31:5)

1) 주정하기 때문에　2) 법을 잊어버리기 때문에

3) 다른 사람에게 피해를 주기 때문에　4) 왕의 체면 때문에

56. 고운 것도 거짓되고 아름다운 것도 헛되나 여호와를 경외하는 여자는 이것을 받는다. 이것은 무엇인가? (잠 31:30)

1) 복　2) 상금　3) 기쁨　4) 칭찬

| 실천 사항 |

▶ 오늘의 말씀을 읽으시고 나에게 유익한 말씀이 무엇인지 깨달아봅시다.

▶ 오늘 말씀으로 나의 삶에 적용하며 행동으로 옮겼는지 실천한 것을 적어봅시다.

▶ 오늘 하나님이 보시기에 합당한 삶을 살았으면 감사한 것을 적어 봅시다.

▶ 오늘의 기도 제목을 적어 봅시다.

[잠언 해답]

1) 지식, 지혜, 훈계 2) 4 3) 3 4) 1 5) 지혜 6) 2 7) 의인, 악인 8) 마음 9) 3 10) 죄 11) 4 12) 2 13) 교만, 행실, 패역 14) 사랑 15) 3 16) 해 17) 미움, 사랑 18) 1 19) 윤택 20) 3 21) 2 22) 4 23) 3 24) 2 25) 3 26) 4 27) 여호와 28) 9 절 29) 2 30) 3 31) 4 32) 혀 33) 2 34) 여호와 35) 다툼 36) 비밀 37) 4 38) 공의 39) 3 40) 2 41) 형통, 여호와 42) 3 43) 4 44) 3 45) 막대기 46) 2 47) 자랑 48) 1 49) 율법 50) 2 51) 3 52) 영예 53) 4 54) 3 55) 2 56) 4

21. 전도서 (傳道書, ECCLESIASTES)

1. 내용

이 세상의 온갖 부귀영화를 누렸던 이스라엘의 솔로몬왕이 그의 인생 말년에 지난날을 회개하고 기록한 내용이다.

'헛되다'로 시작해서 결론 직전까지 무려 37회에 걸쳐 '헛되다'로 계속되는 염세주의와 무신론적 사상으로 가득 찬 것처럼 보인다.

이 책을 통해 솔로몬왕은 하나님 없는 인생이 얼마나 헛되고 무가치하며 불행한 삶인지, 그와는 반대로 우리가 하나님을 사랑하고 그분의 말씀에 순종하는 삶이 얼마나 가치 있고 행복한 것인지를 묘사한다.

2. 흐름과 내용 구성

생의 의미를 밝혀주는 책으로 크게 인생의 허무함과 헛된 노력(전도자의 개인 체험과 인생의 일반적 명언들), 인생을 위한 충고(전도자의 실제적 충고와 전도자가 얻은 결론)로 구성되었다.

이 세상의 모든 목표와 세속적 복들이 그 자체를 목적으로 할 때 결국은 공허하고 허망하게 된다는 것을 보여줌으로써 하나님 없이 살아가는 '해 아래' 인생의 현주소를 보여줌과 동시에 이런 무의미한 인생이 정녕 가치 있고 행복하며 영원한 복락을 누릴 수 있는 비결은 '해 위에' 계시는 하나님을 바라보는 것을 가르친다.

3. 목적

인간은 스스로 삶의 의미를 찾고 완성할 능력이 없으며, 이를 위한 인간의 모든 것이 헛되다고 말한다. 인간은 하나님과의 근원적인 관계 회복을 통해 참된 삶을 살 수 있음을 보여주고, 하나님이 없는 인생은 쾌락 · 재물 · 지식으로도 결코 만족을 누릴 수 없음을 가르치며, 의미 있는 삶을 사는 비결은 하나님을 경외하는 것뿐임을 가르친다.

4. 본서에 나타난 하나님의 섭리

허무주의와 운명론에 사로잡혀 있는 무신론자의 독백과 같은 느낌을 받지만 허망하고 무가치한 인생을 가치 있고 복된 인생으로 바꾸는 비결은 바로 하나님을 경외하고 그 분의 명령을 지키는 것임을 밝힌다.

사람의 결과물은 결국 모두 헛되다는 것으로 창조자이신 하나님을 경외하는 것만이 허무의 늪에서 벗어날 수 있다는 메시지가 담겨 있다.

솔로몬의 전도서

오늘의 성경 말씀을 읽으시고 묵상한 후 풀어보시면 유익합니다.

솔로몬이 기록한 잠언은 젊어서 기록한 것이라면 전도서는 인생을 다 살아보고 겪은 깨달음을 기록한 것이다. 오죽하면 인생을 다 살고 보니 해 아래서 행하는 일들이 다 헛되다고 다섯 번씩 힘주어서 말했겠는가? 깊이 묵상할 때 우리의 삶의 질을 높여줄 것이다.

1. 전도서는 누구의 말씀인가? (전 1:1)
   1) 다윗　2) 솔로몬　3) 르무엘　4) 압살롬

2. 다음 (　　) 안에 공통으로 들어갈 말은 무엇인가? (전 1:2)
   "(　　　) 헛되며 (　　　) 헛되니 모든 것이 헛되도다."

3. 해 아래에서 행하는 모든 일을 보니 다 헛되다고 하며 무엇을 잡으려는 것이라 했는가? (전 1:14)
   1) 뜬구름　2) 명예　3) 바람　4) 쾌락

4. 전도자가 시험 삼아 즐겁게 누려보려 한 것은 무엇인가? (전 2:1)
   1) 술　2) 쾌락　3) 여자　4) 진수성찬

5. 전도자가 낙을 위해 한 일이다. 아닌 것은 무엇인가? (전 2:4-5)
   1) 집 짓고 포도원 운영　2) 동산과 과수원 만듦
   3) 소와 양떼의 소유를 많이 가짐　4) 여자들은 옆에 둠

6. 다음 (　　) 안에 들어갈 말은 무엇인가? (전 2:11)

"모든 것이 다 헛되어 (　　　) 을 잡는 것이며 해 아래에서 (　　　) 한 것이로다."

7. 전도자가 사는 것은 미워하는 이유는 무엇인가? (전 2:17)

1) 허무하기 때문에　　2) 해 아래에서 하는 일이 괴롭기 때문에

3) 부질없음을 느껴서　　4) 수고한 만큼 얻지 못해서

8. 사람이 먹고 마시며 수고하는 것보다 이것을 더 기쁘게 하는 것은 없다. 이것은 무엇인가? (전 2:24)

| 실천 사항 |

▶ 오늘의 말씀을 읽으시고 나에게 유익한 말씀이 무엇인지 깨달아봅시다.

▶ 오늘 말씀으로 나의 삶에 적용하며 행동으로 옮겼는지 실천한 것을 적어봅시다.

▶ 오늘 하나님이 보시기에 합당한 삶을 살았으면 감사한 것을 적어 봅시다.

▶ 오늘의 기도 제목을 적어 봅시다.

모든 일에는 때가 있다

오늘의 성경 말씀을 읽으시고 묵상한 후 풀어보시면 유익합니다.

기회가 주어졌을 때 잘 포착해야 목적을 달성할 수 있으며 자기가 원하는 성과를 거둘 수 있다. 기회를 잘 포착한다는 것은 현재의 일에 충실하다는 것과 맥락을 같이 하니 지금 해야 할 일을 잘 찾아서 부지런히 힘써 기회를 잘 활용하자.

9. 범사에 기한이 있고 천하만사가 다 때가 있다고 하였는데 아닌 것은 무엇인가? (전 3:1-8)

   1) 지킬 때와 버릴 때　　2) 슬퍼할 때와 춤출 때
   3) 전쟁할 때와 평화일 때　　4) 다툼할 때와 화낼 때

10. 다음 (　　) 안에 들어갈 말은 무엇인가? (전 3:21)

   "(　　　) 들의 혼은 위로 올라가고 (　　　) 의 혼은 아래 곧 땅으로 내려가는 줄을 누가 알랴."

11. 산 자보다 오래전 죽은 사람이 복되지만 이보다도 아직 태어나지 않은 자가 복되다고 한 이유는 무엇인가? (전 4:2-3)

   1) 산 자들이 고통이 많아서　　2) 세상은 악하므로
   3) 악한 것을 보지 않아서　　4) 태어난 순간 고통이므로

12. 걱정이 많으면 꿈이 생기고 말이 많으면 우매한 자의 이것이 나타난다. 이것은 무엇인가? (전 5:3)

   1) 실수　　2) 진노　　3) 화　　4) 소리

13. 다음 ( ) 안에 공통으로 들어갈 말은 무엇인가? (전 5:5)

"( ) 하고 갚지 아니하는 것보다 ( ) 하지 아니하는 것이 더 나으니."

14. 꿈이 많으면 헛된 일들이 많아지고 이것이 많아도 헛된 일이 많아지니 하나님을 경외하다 이것은 무엇인가? (전 5:7)

1) 재산 2) 말 3) 명예 4) 지혜

15. 자신의 재물과 부요와 존귀를 자신의 뜻과 관계없이 누가 누리게 되어 마음을 무겁게 하는가? (전 6:1-2)

16. 자신의 입을 위해 수고하는 자의 이것을 채울 수 없다. 이것은 무엇인가? (전 6:7)

1) 식욕 2) 욕망 3) 지혜 4) 성욕

| 실천 사항 |

▶ 오늘의 말씀을 읽으시고 나에게 유익한 말씀이 무엇인지 깨달아봅시다.

▶ 오늘 말씀으로 나의 삶에 적용하며 행동으로 옮겼는지 실천한 것을 적어봅시다.

▶ 오늘 하나님이 보시기에 합당한 삶을 살았으면 감사한 것을 적어 봅시다.

▶ 오늘의 기도 제목을 적어 봅시다.

과유불급(過猶不及)

오늘의 성경 말씀을 읽으시고 묵상한 후 풀어보시면 유익합니다.

무엇이든지 지나치면 좋지 않다. 성도는 매사에 의를 지키고 선을 행하되 모든 것이 거치는 자가 아니라 조화를 이루고 아름답게 만드는 지혜가 있어야 한다. 이것이 전도자가 주는 교훈이다. 세상은 악하다. 그러나 주를 기뻐하는 성도는 세상을 이기며 살 수 있다.

17. 다음 (　　) 안에 공통으로 들어갈 말은 무엇인가? (전 7:11-12)

"(　　)는 유산 같이 아름답고 햇빛을 보는 자에게 유익이 되도다. (　　　)의 그늘 아래에 있음은 돈의 그늘 아래에 있음과 같으나 (　　　)에 관한 지식이 더 유익함은 (　　　)가 그 (　　　) 있는 자를 살리기 때문이니라."

18. 형통한 날에는 기뻐하고 어떠한 날 뒤돌아보아야 하는가? (전 7:14)

1) 슬픈　2) 좋은　3) 곤고　4) 불행

19. 하나님은 사람을 정직하게 지으셨으나 사람이 많은 무엇을 낸 것인가? (전 7:29)

1) 욕심　2) 꾀　3) 화　4) 분노

20. 사람의 지혜는 그의 얼굴에 무엇이 나게 하는가? (전 8:1)

21. 지혜자의 마음은 적당한 때를 알게 하며 적절한 이것을 내리게 한다. 이것은 무엇인가? (전 8:5)

1) 선택　2) 판단　3) 결정　4) 방법

22. 다음 (　　) 안에 들어갈 말은 무엇인가? (전 8:6)

"무슨 일이든지 (　　　　) 와 판단이 있으므로 사람에게 임하는 (　　　　) 가 심함 이니라."

23. 악인들은 이것에 따라 벌을 받는 의인들도 있고, 의인들의 이것에 따라 상을 받는 악인들도 있다. 이것은 무엇인가? (전 8:14)

24. 이것을 찬양하는 것은 사람이 먹고 마시고 즐거워하는 것보다 더 나은 것이 해 아래 없다. 이것은 무엇인가? (전 8:15)

1) 양선　2) 화평　3) 절제　4) 희락

| 실천 사항 |

▶ 오늘의 말씀을 읽으시고 나에게 유익한 말씀이 무엇인지 깨달아봅시다.

▶ 오늘 말씀으로 나의 삶에 적용하며 행동으로 옮겼는지 실천한 것을 적어봅시다.

▶ 오늘 하나님이 보시기에 합당한 삶을 살았으면 감사한 것을 적어 봅시다.

▶ 오늘의 기도 제목을 적어 봅시다.

우매자와 지혜자

오늘의 성경 말씀을 읽으시고 묵상한 후 풀어보시면 유익합니다.

아무리 많은 권세를 가졌을지라도 지혜를 얻지 못한 자는 그의 우매함으로 가지고 있는 모든 것을 잃지만 지혜자는 그 얻은 지혜로 생명의 보존함을 얻고 또한 그 집은 귀한 보배와 기름이 넘치게 된다. 우리가 가는 길이 지혜자의 길인지 우매자의 길인지 잘 점검해 나가자.

25. 의인들이나 지혜자들이나 그들의 행위가 사랑을 받을지 이것을 받을지 아무도 모른다. 무엇인가? (전 9:1)

1) 미움 2) 기쁨 3) 보상 4) 은총

26. 생명의 소중함을 나타내며 산 개가 죽은 이것보다 낫기 때문이라 했다. 이것은 무엇인가? (전 9:4)

1) 염소 2) 호랑이 3) 사자 4) 돼지

27. 장차 들어갈 이곳에는 일도, 계획도, 지식도, 지혜도 없다고 하는데 이곳은 어디인가? (전 9:10)

28. 돌들을 떠내는 자는 그로 말미암아 상할 것이요, 나무를 쪼개는 자는 그로 말미암아 이것을 당한다. 이것은 무엇인가? (전 10:9)

1) 위험 2) 곤경 3) 위기 4) 부상

29. 지혜로운 자의 입의 말은 은혜로우나 우매한 자의 이것은 자기를 삼킨다. 이것은 무엇인가? (전 10:12)

1) 지위 2) 행위 3) 실수 4) 입술

30. 우매한 자들의 특징이 아닌 것은 무엇인가? (전 10:14-15)

1) 말을 많이 한다.
2) 수고는 자신을 피곤하게 한다.
3) 성읍에 들어갈 줄도 모른다.
4) 사전에 준비를 한다.

31. 마음속이라도 왕을 저주하지 말고 침실에서도 부자를 저주하지 말라. 공중의 새와 날짐승도 전한다는 뜻은 무엇인가? (전 10:20)

1) 듣는 귀가 여럿 있으니 조심하라.
2) 말을 전하지 말라.
3) 말에 씨가 있다.
4) 말을 함부로 하지 말라.

32. 다음 (　　) 안에 들어갈 말은 무엇인가? (전 11:10)

"그런즉 (　　　　　) 이 네 마음에서 떠나게 하며 (　　　　　) 이 네 몸에서 물러가게 하라. 어릴 때와 검은 머리의 시절이 다 헛되니라."

| 실천 사항 |

▶ 오늘의 말씀을 읽으시고 나에게 유익한 말씀이 무엇인지 깨달아봅시다.

▶ 오늘 말씀으로 나의 삶에 적용하며 행동으로 옮겼는지 실천한 것을 적어봅시다.

▶ 오늘 하나님이 보시기에 합당한 삶을 살았으면 감사한 것을 적어 봅시다.

▶ 오늘의 기도 제목을 적어 봅시다.

전도서는 인생의 지침서

오늘의 성경 말씀을 읽으시고 묵상한 후 풀어보시면 유익합니다.

전도자는 이 책의 가르침이 올바른 진리라고 가르치며 지혜로운 말은 그 어느 것보다 힘이 있다고 결론을 맺고 있다. 인생을 빠르게 지나가고 노년이 되며 그 후에는 심판이 있다는 사실을 젊어서부터 알고 대비하라는 것이다.

33. 청년의 때에 창조주를 기억하라며 은유적 표현을 하는데 하지 않은 것은 무엇인가? (전 12:1–2)
   1) 곤고한 날이 이르기 전에 2) 아무 낙이 없다고 할 해들이 가깝기 전에
   3) 해와 빛과 달과 별들이 어둡기 전에 4) 비 뒤에 태양이 다시 일어나기 전에

34. 노년의 신체적 변화를 은유적으로 표현하였는데 본문에 나오는 것이 아닌 것은 무엇인가? (전 12:3–5)
   1) 힘 있는 자들이 구부러짐 2) 맷돌소리가 커짐
   3) 살구나무가 꽃이 핌 4) 메뚜기도 짐이 됨

35. 죽음에 대한 비유적 표현이다. 맞지 않는 것은 무엇인가? (전 12:6–8)
   1) 항아리가 샘 곁에서 깨짐 2) 은줄이 풀림
   3) 바퀴가 우물 위에서 깨짐 4) 길거리 문이 닫혀짐

36. 전도자는 지혜자여서 누구에게 지식을 가르쳤는가? (전 12:9)

37. 다음 (　　) 안에 들어갈 말은 무엇인가? (전 12:11)

"지혜자들의 말씀들은 찌르는 (　　　　)를 같고 회중의 스승들의 말씀들은 잘 박힌 (　　　　) 같으니 다 한 목자가 주신 바이니라."

38. 책을 많이 만들고 짓는 것은 끝이 없으며 많이 공부하는 것은 몸을 어떻게 하는가? (전 12:12)

1) 지혜 있게　2) 피곤하게　3) 어리석게　4) 복잡하게

39. 모든 사람의 본분이라고 하는 교훈은 무엇인가? (전 12:13)

1) 자기가 좋아하는 신을 따른다.
2) 선지자의 말을 따른다.
3) 하나님을 경외하고 그 명령을 지켜야 한다.
4) 율법만 지킨다.

40. 하나님은 모든 행위와 모든 은밀한 일을 선악간에 어떻게 하시는가? (전 12:12)

| 실천 사항 |

▶ 오늘의 말씀을 읽으시고 나에게 유익한 말씀이 무엇인지 깨달아봅시다.

▶ 오늘 말씀으로 나의 삶에 적용하며 행동으로 옮겼는지 실천한 것을 적어봅시다.

▶ 오늘 하나님이 보시기에 합당한 삶을 살았으면 감사한 것을 적어 봅시다.

▶ 오늘의 기도 제목을 적어 봅시다.

[전도서 해답]

1) 2 2) 헛되고 3) 3 4) 2 5) 4 6) 바람, 무익 7) 2 8) 마음 9) 4 10) 인생, 짐승 11) 3 12) 4 13) 서원 14) 2 15) 다른 사람 16) 1 17) 지혜 18) 3 19) 2 20) 광채 21) 2 22) 때, 화 23) 행위 24) 4 25) 1 26) 3 27) 스올 28) 1 29) 4 30) 4 31) 1 32) 근심, 악 33) 4 34) 2 35) 4 36) 백성 37) 채찍, 못 38) 2 39) 3 40) 심판

22. 아가 (雅歌, SONG OF SONG)

1. 내용

이스라엘 왕 솔로몬과 술람미의 한 포도원지기 여인의 청초하고 순결한 사랑을 주제로 담은 한 편의 아름다운 '러브 스토리'이다.

하나님과 하나님의 백성, 그리스도와 성도, 남편과 아내 사이의 사랑 등 세상에 존재하는 하나님의 다양한 사랑을 보여주고 있다. 그렇지만 이 책의 진정한 가치는 자기 백성을 향한 하나님의 지고한 사랑과 교회를 그리스도의 아가페적인 순수한 사랑을 알려주는 데 있다. 그만큼 하나님의 거룩한 뜻이 담겨 있다.

2. 해석 방법

사랑의 책인 아가서는 사랑을 구함, 만남과 헤어짐, 결혼과 첫날밤, 잃었다가 되찾음, 성숙한 사랑으로 나뉘어져 있다.

고대로부터 유대인들이 좋아했던 해석으로 솔로몬을 하나님으로, 술람미 여인을 이스라엘 백성으로 비유한 비유적(풍유적) 해석 방법을 썼다.

또한 극적 해설법(술람미 여인을 사랑한 솔로몬을 보여주는 일종의 극이라는 것, 목자가설은 제3인물을 등장시키는데 술람미 여인은 솔로몬의 구애에도 불구하고 다른 사람을 사랑했다는 것이다. 그래서 익명의 독자를 그리스도로, 술람미 여인을 성도로, 솔로몬 성도를 유혹하는 세상 즐거움의 상징으로 묘사함)을 사용했다.

3. 목적

남녀간의 진지한 사랑과 모범을 제시하였고, 하나님이 원하시는 결혼의 순결성 강조, 성도간의 온전한 사랑이 어떤 모습으로 유지되어야 하는지를 일깨워준다.

4. 본서에 나타난 하나님의 섭리

하나님이 택한 백성에게 보여주기를 원하시는 뜻이 무엇인지를 알아야 된다. 사랑하는 사람을 위해서는 어떠한 고통과 수고, 갈등과 아픔도 능히 극복할 수 있고 무엇보다 순결을 지킴으로써 서로간의 신뢰가 필요하다.

본서는 신랑 되시는 하나님께서 신부가 된 성도가 지켜야 할 근본적인 도리가 무엇인지를 알게 하시며, 연가 형식을 빌러 성도들을 일깨워 주고 있다.

솔로몬의 연가

오늘의 성경 말씀을 읽으시고 묵상한 후 풀어보시면 유익합니다.

솔로몬과 술람미 여인과의 연민과 사랑을 노래한다. 그러나 이것은 인생들을 사랑하시는 하나님과 그 하나님을 사랑하면서도 말씀대로 살지 못하고 피해 도망 다니는 인생들과의 관계를 유비적(類比的)으로 그린 것이다. 하나님은 사랑이시다.

1. 예루살렘 딸의 검은 피부를 무엇에 비유했는가? (아 1:5)
   1) 염소 새끼 2) 포도 3) 건포도 4) 게달의 장막

2. 여자가 아름답지 못한 것은 오빠들이 무엇을 지키게 해서 그렇다고 하였는가? (아 1:6)
   1) 장막 2) 포도원 3) 왕의 침상 4) 양떼

3. 솔로몬이 마음으로 사랑했던 여인은 무엇을 하는 사람인가? (아 1:8)
   1) 포도원 지기 2) 목자 3) 농부 4) 가정부

4. 남녀를 서로 비유하는 말로 여자는 수선화, 백합화로 비유를 하였는데 남자는 무엇으로 비유하였나? (아 2:1-3)

5. 사과로 나를 시원하게 하고 건포도로 나의 무엇을 도우라 하였는가? (아 2:5)
   1) 능력 2) 힘 3) 혜안 4) 지혜

6. 여인이 사랑을 고백하며 내 사랑이 원하기 전까지 흔들지 말고 어떻게도 말라 하는가? (아 2:7)

1) 싸우지 말라　　2) 고백하지 말라　　3) 깨우지 말라　　4) 아파하지 말라

7. 향내 풍기며 연기 기둥처럼 거친 들에서 오는 자를 의미하는 사람은 누구인가? (아 3:6)

1) 신랑　　2) 신부　　3) 상인　　4) 순찰자

8. 솔로몬 왕의 가마는 어디 나무로 만들었는가? (아 3:9)

1) 애굽　　2) 아람　　3) 레바논　　4) 암몬

| 실천 사항 |

▶ 오늘의 말씀을 읽으시고 나에게 유익한 말씀이 무엇인지 깨달아봅시다.

▶ 오늘 말씀으로 나의 삶에 적용하며 행동으로 옮겼는지 실천한 것을 적어봅시다.

▶ 오늘 하나님이 보시기에 합당한 삶을 살았으면 감사한 것을 적어 봅시다.

▶ 오늘의 기도 제목을 적어 봅시다.

주님을 칭송함

오늘의 성경 말씀을 읽으시고 묵상한 후 풀어보시면 유익합니다.

신부에게는 신랑이 가장 특별한 분으로 보이는 법이다. 신랑을 사랑하는 신부의 가장 큰 기쁨은 신랑을 높이고 모든 사람 앞에서 칭송하는 일일 것이다. 성도가 주님을 참으로 사랑한다면 말로든지 행위로든지 그 분께 불경함이 없도록 항상 조심해야 한다.

9. 여인의 아름다움을 노래하며 여인의 이것은 방금 목욕한 털 깎은 암양 같다고 했다. 이것은 무엇인가? (아 4:2)
   1) 얼굴 2) 몸 3) 발 4) 이

10. 여인의 입술은 홍색 실 같고 여인의 목은 다윗의 무엇 같다고 하는가? (아 4:3-4)
   1) 무기 2) 방패 3) 망대 4) 용사

11. 신랑은 신부의 눈길 한 번에 마음을 빼앗겼고 신부의 구슬 목걸이에 무엇을 빼앗겼는가? (아 4:9)

12. 신부는 잠근 동산, 덮은 우물, 봉한 무엇인가? (아 4:12)
   1) 향기 2) 샘 3) 포도주 4) 향품

13. 내 신부는 동산, 우물, 샘이라 지칭하였는데 누구를 가리키는가? (아 4:12)

14. 예루살렘 딸들에게 술람미 여인이 자기가 사랑하는 자를 만났을 때 무슨 말을 전해 달라고 부탁하였는가? (아 5:8)

1) 사랑한다　　2) 상사병이 낫다

3) 기다리지 못하겠다　　4) 헤어지자

15. 뺨은 향기로운 꽃밭 같고 풀 언덕과 같다고 하였는데 무엇을 비유한 것인가? (아 5:13)

1) 얼굴 모습　　2) 순금　　3) 수염　　4) 곱슬머리

16. 남자의 아름다움을 비유하며 다리는 화반석 기둥 같고 몸은 무엇을 입힌 상아판 같다고 하였는가? (아 5:14-15)

1) 홍옥　　2) 호마노　　3) 금　　4) 청옥

| 실천 사항 |

▶ 오늘의 말씀을 읽으시고 나에게 유익한 말씀이 무엇인지 깨달아봅시다.

▶ 오늘 말씀으로 나의 삶에 적용하며 행동으로 옮겼는지 실천한 것을 적어봅시다.

▶ 오늘 하나님이 보시기에 합당한 삶을 살았으면 감사한 것을 적어 봅시다.

▶ 오늘의 기도 제목을 적어 봅시다.

진실된 사랑

오늘의 성경 말씀을 읽으시고 묵상한 후 풀어보시면 유익합니다.

그리스도인이란 그리스도에 속한 사람이다. 성도는 비록 이 세계에 살고 있지만 세상에 속한 사람들이다. 그러므로 그리스도께 청결과 순수, 열심 등이 있어야 한다. 사람이 몸뿐 아니라 정신과 인격이 함께 성숙해지듯 사랑과 함께 신앙도 성숙해져야 한다.

17. 여자의 아름다움을 표현한 것이 아닌 것은 무엇인가? (아 6:1)
 1) 목은 목욕한 암양 같다. 2) 머리카락은 염소 같다.
 3) 뺨은 석류 같다. 4) 예루살렘 같이 곱다.

18. 왕에게 80명의 후궁과 시녀가 많은데 왕비는 몇 명이 있는가? (아 6:8)

19. 돌아오라고 간절하게 외치는 아가서의 주인공 여자는 누구인가? (아 6:13)
 1) 디르사 여자 2) 술람미 여자 3) 예루살렘 여자 4) 사마리아 여자

20. 술람미 여자는 배꼽은 둥근 잔 같이 생겼고 넓적다리가 무엇처럼 둥근가? (아 7:1-2)
 1) 공 2) 유방 3) 머리 4) 구슬

21. 남자는 여인에 대한 사랑 노래를 하며 종려나무에 가슴은 포도송이에 입은 부드러운 무엇에 비유하는가? (아 7:7-9)
 1) 레몬주 2) 석류주 3) 포도주 4) 살구주

22. 포도 움과 꽃술은 무엇을 상징하는가? (아 7:12)

1) 여자 2) 농부 3) 남자 4) 포도원지기

23. 거친 들에서 올라오는 여자가 지칭하는 것은 누구인가? (아 8:5)

1) 신부 2) 포도원지기 3) 하인 4) 신랑

24. 노루와 사슴처럼 빨리 오라고 고백하는데 누가 누구에게 하는 것인가? (아 8:14)

1) 남자가 여자에게 2) 오빠가 포도원지기 누이에게

3) 여자가 남자에게 4) 남자가 친구에게

| 실천 사항 |

▶ 오늘의 말씀을 읽으시고 나에게 유익한 말씀이 무엇인지 깨달아봅시다.

▶ 오늘 말씀으로 나의 삶에 적용하며 행동으로 옮겼는지 실천한 것을 적어봅시다.

▶ 오늘 하나님이 보시기에 합당한 삶을 살았으면 감사한 것을 적어 봅시다.

▶ 오늘의 기도 제목을 적어 봅시다.

[아가 해답]

1) 4 2) 2 3) 2 4) 사과나무 5) 2 6) 3 7) 2 8) 3 9) 4 10) 3 11) 마음 12) 2 13) 술람미 여인 14) 2 15) 3 16) 4 17) 1 18) 60 명 19) 2 20) 4 21) 3 22) 1 23) 1 24) 3

23. 이사야 (ISAIAH)

1. 내용

이사야 선지자는 하나님의 백성들에게 그들이 하나님을 떠나 계속해서 불순종하고 죄를 짓는다면 하나님의 징벌이 있을 것이라 경고한다.

주변 나라와 택한 백성이라도 불의하고 범죄자는 준엄한 심판이 따르지만, 심판 중에도 회개하는 자를 구원과 위로를 주시기에 혼란한 시기에 이스라엘 백성들이 끝까지 하나님을 믿고 의지하도록 독려했다. 메시야에 대한 예언과 메시야 왕국을 노래함으로써 위로와 소망을 전하였기에 우리는 세상 마지막날 재림하실 메시야에 의해 수행될 심판과 구원으로 향하고 있음을 실감나게 다루고 있다.

2. 배경

대략 20세의 나이에 선지자로 소명을 받은 이사야는 웃시야, 요담, 아하스, 히스기야, 므낫세 등 5명이 통치하던 시대에 사역하였다. 그 당시에는 국제 질서가 급격히 재편되고 국내외적으로 혼란스러운 상황에서 하나님의 거룩한 뜻을 선포하며 하나님께 돌아오도록 소망의 메시지를 전하던 때이다.

3. 흐름과 내용 구성

심판과 구원의 책으로 죄악과 심판, 역사적 사건, 위로와 회복으로 구성되었다.

4. 목적

쇠퇴해 가는 유다 왕국을 바라보며 각성과 회개를 촉구하고 범죄로 인한 패망, 하지만 그래도 끝까지 포기하지 않고 하나님의 은혜로 회복되리라는 소망을 전한다.

5. 본서에 나타난 하나님의 섭리

본서의 목적은 하나님께서 심판에 있지 않고 당신의 백성을 죄에서 구원함에 있다. 사실 이러한 하나님의 섭리가 그 당시 북이스라엘 주변국에만 있는 것이 아니라 하나님의 구원의 섭리는 현대를 살아가는 우리에게도 변함없이 적용된다.

죄를 구원하시기 위해 그리스도께서 오셨고, 또 재림하실 그리스도께서 다시 오셔 구원과 심판이 있을 것이기에 우리는 이 교훈을 토대로 그리스도께서 다시 원하시는 순종의 삶을 살아가야 한다.

유다 땅에 보내진 선지자 이사야

오늘의 성경 말씀을 읽으시고 묵상한 후 풀어보시면 유익합니다.

선지자 이사야는 유다 왕 웃시야, 요담, 아하스, 히스기야가 통치할 때 보내졌다. 이사야는 유다의 멸망과 메시야를 통한 구원을 예언하는 내용으로 성경과 같이 66장 중 39장은 멸망과 심판을, 27장은 구원을 다루고 있다.

1. 선지자 이사야가 활동할 때 왕이 아닌 사람은? (사 1:1)
   1) 요담　2) 히스기야　3) 웃시야　4) 요시야

2. 선지자 이사야가 본 계시는 어느 나라에 관한 것인가? (사 1:1)

3. 다음 ( ) 안에 들어갈 말은 무엇인가? (사 1:18)
   "너희의 죄가 주홍 같을지라도 ( ) 과 같이 희어질 것이요. 진홍같이 붉을지라도 ( ) 같이 희게 되리라."

4. 율법은 시온에서 나오고 여호와 말씀은 어디에서 나올 것이라 하였는가? (사 2:3)
   1) 유다　2) 예루살렘　3) 애굽　4) 블레셋

5. 여호와의 날은 어떤 자들에게 임한다고 하였는가. 아닌 것은 무엇인가? (사 2:12)
   1) 교만한 자　2) 거만한 자　3) 불순종하는 자　4) 자고한 자

6. 주께서 야곱 족속을 버린 이유는 그들이 블레셋 족속들과 같이 무엇을 하였기 때문인가? (사 2:6)

1) 우상 숭배　　2) 점　　3) 몰렉　　4) 전쟁

7. 예루살렘에 멸망하고 유다가 엎드려진 것은 그들의 무엇이 여호와를 거역했기 때문인가? (사 3:8)

8. 여호와께서 장로들과 고관들을 심문하러 오시는 이유는 이것을 삼켰기 때문이다. 이것은 무엇인가? (사 3:14)

1) 양식　　2) 물　　3) 기름　　4) 포도원

| 실천 사항 |

▶ 오늘의 말씀을 읽으시고 나에게 유익한 말씀이 무엇인지 깨달아봅시다.

▶ 오늘 말씀으로 나의 삶에 적용하며 행동으로 옮겼는지 실천한 것을 적어봅시다.

▶ 오늘 하나님이 보시기에 합당한 삶을 살았으면 감사한 것을 적어 봅시다.

▶ 오늘의 기도 제목을 적어 봅시다.

이사야를 부르시는 하나님

오늘의 성경 말씀을 읽으시고 묵상한 후 풀어보시면 유익합니다.

이사야가 환상 중에 하나님의 보좌를 본다. 높이 들린 보좌에 하나님의 옷자락이 성전에 가득하고 천사들이 화답하여 찬양하는 소리가 땅을 흔든다. 두려워하는 이사야에게 하나님은 그의 죄를 사하시고 선지자로 부르신다.

9. 여호와께서 거하시는 이곳에 낮에는 구름과 연기, 밤에는 화염의 빛이 거한다고 한 이곳은 어디인가? (사 4:5)

   1) 호렙 산　2) 하길라 산　3) 시온 산　4) 아바림 산

10. 다음 (　　) 안에 공통으로 들어갈 말은 무엇인가? (사 5:1)

   "나는 내가 사랑하는 자를 위하여 노래하되 내가 사랑하는 자의 (　　　) 을 노래하리라. 내가 사랑하는 자에게 (　　　) 에 있음이여, 심히 기름진 산이로다."

11. 하나님의 백성이 무엇으로 말미암아 사로잡힐 것이라 하였는가? (사 5:13)

   1) 욕망　2) 무지함　3) 우상　4) 사탄

12. 스스로 지혜롭다 하고 명철하다는 자들에게 뭐가 있는가? (사 5:21)

13. 이사야를 선지자로 부르실 때는 언제인가? (사 6:1)

   1) 히스기야가 즉위할 때　2) 요시야가 즉위할 때

   3) 요담 왕이 죽을 때　4) 웃시야 왕이 죽던 해

14. 그루터기가 남아 있는 것 같이 거룩한 이것이 이 땅의 그루터기다. 이것은 무엇인가? (사 6:13)

1) 씨　2) 열매　3) 공의　4) 꽃

15. 예루살렘을 공격한 사람들이 누구를 세워 왕으로 삼고자 하였는가? (사 7:6)

1) 르말이야 아들　2) 디브엘 아들　3) 히스기야 아들　4) 아사 아들

16. 다음 (　　) 안에 들어갈 말은 무엇인가? (사 7:14)

"주께서 친히 징조를 너희에게 주실 것이라. 보라 처녀가 잉태하여 아들을 낳을 것이요 그의 이름을 (　　　　) 이라."

| 실천 사항 |

▶ 오늘의 말씀을 읽으시고 나에게 유익한 말씀이 무엇인지 깨달아봅시다.

▶ 오늘 말씀으로 나의 삶에 적용하며 행동으로 옮겼는지 실천한 것을 적어봅시다.

▶ 오늘 하나님이 보시기에 합당한 삶을 살았으면 감사한 것을 적어 봅시다.

▶ 오늘의 기도 제목을 적어 봅시다.

하나님의 심판과 메시아의 오심

오늘의 성경 말씀을 읽으시고 묵상한 후 풀어보시면 유익합니다.

하나님은 이사야의 아들들의 이름을 통해 이스라엘에 다가올 앗수르를 통한 심판을 경고한다. 심판의 내용은 참혹하지만 하나님은 긍휼을 베푸셔서 사람들을 남겨두고 그들을 통해 다시 회복시키실 것을 말씀하시므로 멸망이 목적이 아니고 사랑하시기 때문에 징계하신다고 한다.

17. 여호와 하나님은 이사야에게 서판에 통용 문자로 무엇이라 쓰라고 하였는가? (사 8:1)

18. 마헬살랄하스바스는 누구인가? (사 8:3)
 1) 선지자 2) 유다 왕 3) 제사장 4) 이사야 아들

19. 평강의 왕이 올 때 무겁게 멘 멍에와 그들의 어깨의 채찍과 누구의 막대기가 꺾이는가? (사 9:4)
 1) 앗수르 왕 2) 유다 왕 3) 압제자 4) 바벨론 왕

20. 다음 ( ) 안에 들어갈 말은 무엇인가? (사 9:6)
 "이는 한 아기가 우리에게 낫고 한 아들을 우리에게 주신바 되었는데 그의 어깨에는 ( )를 메었고 그의 이름은 ( )라, 모사라, 전능하신 하나님이라. ( )하시는 아버지라. 평강의 왕이라 할 것임이라."

21. 하나님은 이 나라를 채찍으로 사용하신 후 역사의 무대에서 영영 사라지게 했다. 이 나라는 어디인가? (사 10:5)
 1) 블레셋 2) 앗수르 3) 바벨론 4) 모압

22. 다음 (   ) 안에 공통으로 들어갈 말은 무엇인가? (사 11:2)

"그의 위에 여호와의 (   ) 곧 지혜와 총명의 (   ) 이요 모략과 재능의 (   ) 이요 지식과 여호와를 경외하는 (   ) 이 강림하시리니."

23. 공의로 허리띠를 삼으며 이것으로 그의 몸의 띠로 삼는다. 이것은 무엇인가? (사 11:5)

1) 정의　　2) 은총　　3) 성실　　4) 인자

24. 12장의 감사 찬송은 이스라엘을 애굽에서 이끌어내셨듯이 이 나라에서 이끌어내실 하나님께 감사하는데 이 나라는 어디인가? (사 12장)

1) 블레셋　　2) 애굽　　3) 바벨론　　4) 바사

| 실천 사항 |

▶ 오늘의 말씀을 읽으시고 나에게 유익한 말씀이 무엇인지 깨달아봅시다.

▶ 오늘 말씀으로 나의 삶에 적용하며 행동으로 옮겼는지 실천한 것을 적어봅시다.

▶ 오늘 하나님이 보시기에 합당한 삶을 살았으면 감사한 것을 적어 봅시다.

▶ 오늘의 기도 제목을 적어 봅시다.

이방 나라들을 위한 심판 1

오늘의 성경 말씀을 읽으시고 묵상한 후 풀어보시면 유익합니다.

하나님은 바벨론 모압을 심판하신다고 한다. 다른 나라들을 괴롭히며 자신들의 힘을 자랑하므로 멸망에 이르게 된 것이다. 이들은 교만, 오만, 거만함 때문이다. 모압도 영화가 다 사라지고 통곡하게 되는 심판도 교만 때문이다. 교만은 패망의 선봉임을 잊지 말자.

25. 하나님은 바벨론을 치는 몽둥이로 이곳 사람을 선택하셨다. 이 사람들은 긍휼과 베풀지 않는데 이 사람은 누구인가? (사 13:18)
   1) 애굽 사람 2) 메대 사람 3) 블레셋 사람 4) 앗수르 사람

26. 힘이 있다고 교만하게 행하는 것은 두려운 일이다. 강한 힘도 그 분이 꺾어버리시면 소용없다. 여호와는 악인의 몽둥이와 통치자의 무엇을 꺾으셨나? (사 14:5)

27. 다음 ( ) 안에 공통으로 들어갈 말은 무엇인가? (사 16:6)
   "우리가 모압의 ( )을 들었나니 심히 ( )하도다. 그가 거만하여 ( )하며 분노함도 들었거니와 그의 자랑이 헛되도다."

28. 다윗의 왕위는 무엇으로 굳게 되었는가? (사 16:5)
   1) 슬기로움으로 2) 성실함으로 3) 공의로 4) 인자함으로

29. 다메섹은 이 나라의 수도이며 군사적, 상업적으로 중심지이다. 어느 나라인가? (사 17:1)
   1) 애굽 2) 아람 3) 블레셋 4) 바사

30. 아람의 충동질을 받고 형제국을 친 이 나라도 비참한 모습이다. 야곱의 영광은 수효가 많다는 것인데 하나님의 징계로 많은 사람이 죽었다. 이 나라는 어디인가? (사 17:4-5)

31. 수풀 속 처소와 같이 황폐한 것은 구원의 하나님을 잊어버리고 능력의 반석을 이곳에 두지 않은 까닭이라고 했는데 어디인가? (사 17:9-10)

1) 성전　　2) 지성소　　3) 마음　　4) 제단

32. 다음 (　　) 안에 들어갈 말은 무엇인가? (사 17:14)

"보라 저녁에 두려움을 당하고 아침이 오기 전에 그들이 없어졌나니 이는 우리를 노략한 자들의 (　　　　) 이요 우리를 강탈한 자들의 (　　　　) 이니라."

| 실천 사항 |

▶ 오늘의 말씀을 읽으시고 나에게 유익한 말씀이 무엇인지 깨달아봅시다.

▶ 오늘 말씀으로 나의 삶에 적용하며 행동으로 옮겼는지 실천한 것을 적어봅시다.

▶ 오늘 하나님이 보시기에 합당한 삶을 살았으면 감사한 것을 적어 봅시다.

▶ 오늘의 기도 제목을 적어 봅시다.

이방 나라들을 위한 심판 2

오늘의 성경 말씀을 읽으시고 묵상한 후 풀어보시면 유익합니다.

하나님은 앗수르의 멸망 소식을 구스에 먼저 알린다. 앗수르는 하나님의 진노에 의해 유다를 침공하기 전 천사에 의해 멸망되고 권세와 부의 상징이었던 애굽은 하나님께서 친히 임하셔서 벌하신다. 애굽은 우상숭배의 대표적인 나라로 늘 하나님의 저주와 경고를 받았다.

33. 다음 (　　) 안에 들어갈 말은 무엇인가? (사 18:4)

"여호와께서 내게 이르시되 내가 나의 처소에서 조용히 감찰함이 쬐이는 (　　　　) 같고 가을 더위에 (　　　　) 같도다."

34. 애굽 땅 변경에는 여호와를 위하여 기둥이 있고 중앙에는 무엇이 있는가? (사 19:19)

35. 여호와께서 앗수르 사르곤 왕 때 이사야가 벗은 몸과 발로 다니며 예언한 나라는 어디인가? (사 20:1-3)

1) 암몬과 두로　2) 블레셋과 에돔　3) 애굽과 구스　4) 바벨론과 바사

36. 다음은 어느 나라에 대한 멸망 예언인가? (사 21:2)

1) 아람　2) 바벨론　3) 두로　4) 구스

37. "품꾼의 정한 기한 같이 일 년 내에 게달의 영광이 다 쇠멸하리니"는 어느 나라에 대한 경고인가? (사 21:16)

1) 아라비아　2) 애굽　3) 두마　4) 이스라엘

38. 환상의 골짜기에 대한 경고는 어느 것을 말하는가? (사 22:1-11)

1) 바벨론의 파괴　　2) 예루살렘의 몰락과 파괴

3) 바벨론의 포로　　4) 두로의 몰락

39. 자기를 위하여 왕의 묘실과 같이 큰 묘를 미리 만들어 놓으며 권세를 남용한 자로 국고와 왕궁을 관리한 이 사람은? (사 22:15-16)

40. 관직에서 쫓겨난 자의 후임으로 여호와께서 예루살렘 주민과 유다의 아버지가 될 것이라며 세우신 힐기야의 아들은 누구인가? (사 22:19-21)

1) 여호야김　　2) 아비아달　　3) 엘리야김　　4) 야호사밧

| 실천 사항 |

▶ 오늘의 말씀을 읽으시고 나에게 유익한 말씀이 무엇인지 깨달아봅시다.

▶ 오늘 말씀으로 나의 삶에 적용하며 행동으로 옮겼는지 실천한 것을 적어봅시다.

▶ 오늘 하나님이 보시기에 합당한 삶을 살았으면 감사한 것을 적어 봅시다.

▶ 오늘의 기도 제목을 적어 봅시다.

하나님의 심판

오늘의 성경 말씀을 읽으시고 묵상한 후 풀어보시면 유익합니다.

세계 모든 나라를 심판하시되 한 시대에 한 왕을 위한 심판이 아니라 종말적 심판이 행해짐을 보여준다. 또 최종적인 승리를 선언하시는 하나님을 볼 수 있다. 그러므로 믿는 사람들은 세상에서 강하고 담대함으로 주님을 바라보아야 한다.

41. "감람나무를 흔듦 같고 포도를 거둔 후에 그 남은 것을 주움 같을 것이니라." 이 같은 일이 어디에서 일어날 것이라고 하였는가? (사 24:13)

42. 여호와께서는 그의 이것으로 모압을 벌하시며 그의 손이 능숙함에도 불구하고 그를 누르신다고 하셨나? (사 25:11)

1) 욕망 2) 교만 3) 야욕 4) 쾌락

43. 다음 ( ) 안에 공통으로 들어갈 말은 무엇인가? (사 26:3)

"주께서 심지가 견고한 자를 ( ) 하고 ( ) 하도록 지키시리니 이는 그가 주를 신뢰함이니라."

44. 여호와께서는 이것을 성벽과 외벽으로 삼으리라 했는데 이것은 무엇인가? (사 26:1)

1) 석축 2) 철제(철) 3) 목재 4) 구원

45. 다음 ( ) 안에 들어갈 말은 무엇인가? (사 26:10)

"악인은 ( ) 을 입을지라도 ( ) 를 배우지 아니하며 정직한 자의 땅에서 ( ) 를 행하고 여호와의 위엄을 돌아보지 아니하는도다."

46. 주의 이슬은 이런 이슬이니 땅이 죽은 자들을 내놓으리로다. 이 이슬은 무엇인가? (사 26:19)

1) 투명한　　2) 영롱한　　3) 빛난　　4) 보석 같은

47. 그 날에 여호와께서 날랜 뱀, 꼬불꼬불한 뱀 리워야단을 벌하고 바다에 있는 무엇을 죽이시는가? (사 27:1)

48. "후일에 야곱의 뿌리가 박히며 이스라엘의 움이 돋고 꽃이 필 것"이라며 무엇이 지면을 채운다고 하였는가? (사 27:6)

1) 상급　　2) 평강　　3) 은총　　4) 결실

| 실천 사항 |

▶ 오늘의 말씀을 읽으시고 나에게 유익한 말씀이 무엇인지 깨달아봅시다.

▶ 오늘 말씀으로 나의 삶에 적용하며 행동으로 옮겼는지 실천한 것을 적어봅시다.

▶ 오늘 하나님이 보시기에 합당한 삶을 살았으면 감사한 것을 적어 봅시다.

▶ 오늘의 기도 제목을 적어 봅시다.

백성들을 위한 책망

오늘의 성경 말씀을 읽으시고 묵상한 후 풀어보시면 유익합니다.

지도자들은 물질적인 부에 물들어 술에 취하고 말씀에 신실하지 못했고 백성들은 형식적인 신앙에 젖어 있다. 또 이스라엘 백성들은 위기와 고난, 어려움을 만날 때마다 하나님을 의지하지 않고 강대국 이집트를 의지했다. 우리도 하나님보다 다른 것을 의지하지 않는가?

49. 정의를 측량줄로 삼고 공의를 무엇으로 삼으라고 했는가? (사 28:17)

50. 하나님은 밭을 고르게 하고 파종하여 추수하는 비유를 통해 이스라엘에서 열매를 거두시는 이것을 가르쳐주신다. 이것은 무엇인가? (사 28:23-29)
    1) 지혜와 모략　2) 지혜와 재물　3) 지혜와 상급　4) 지혜와 지식

51. "슬프다 아리엘이여." 이 아리엘은 무엇을 가리키는가? (사 29:1)
    1) 모압　2) 아스글론　3) 예루살렘　4) 에시온게벨

52. 마음이 혼미한 자들은 총명하게 되고 원망하던 자들은 무엇을 받는가? (사 29:24)
    1) 용서　2) 교훈　3) 미움　4) 화

53. 유다는 하나님보다 이 나라를 의뢰하며 피를 범하여 이사야 선지자를 통해 심판의 예고를 받는데 이 나라는 어디인가? (사 30:1-5)
    1) 하람　2) 구스　3) 앗수르　4) 애굽

54. 다음 중 하나님께서 진노의 도구로 쓰신 것이 아닌 것은 무엇인가? (사 30:30)
1) 화염 2) 폭풍 3) 낙뢰 4) 우박

55. 하나님을 의지하지 않고 애굽에 도움을 구하려 한 그들에게 무엇이 있다고 하는가? (사 31:1)

56. 여호와의 불은 시온에 있는데 예루살렘에 있는 것은 무엇인가? (사 31:9)

| 실천 사항 |

▶ 오늘의 말씀을 읽으시고 나에게 유익한 말씀이 무엇인지 깨달아봅시다.

▶ 오늘 말씀으로 나의 삶에 적용하며 행동으로 옮겼는지 실천한 것을 적어봅시다.

▶ 오늘 하나님이 보시기에 합당한 삶을 살았으면 감사한 것을 적어 봅시다.

▶ 오늘의 기도 제목을 적어 봅시다.

공의와 정의의 지도자

오늘의 성경 말씀을 읽으시고 묵상한 후 풀어보시면 유익합니다.

이사야 선지자는 앞으로 이스라엘을 공의와 정의로 다스리며 치우치지 않을 지도자, 왕이 나올 것을 알려준다. 성령의 인도하심을 받아 화평과 평안, 안전을 가져다줄 왕이다. 히스기야 왕인데 메시야를 상징한다.

57. 다음 ( ) 안에 공통으로 들어갈 말은 무엇인가? (사 32:8)

"( ) 한 자는 ( ) 한 일을 계획하나니 그는 항상 ( ) 한 일에 서리라."

58. 다음 ( ) 안에 공통으로 들어갈 말은 무엇인가? (사 32:17)

"( ) 안의 열매는 화평이요 ( ) 의 결과는 영원한 평안과 안전이라."

59. 여호와께서는 정의와 공의를 시온에 충만하게 하시며 이 시대에 평안함이 있고 구원과 지혜와 이것은 풍성하게 된다. 이것은 무엇인가? (사 33:5-6)

60. 여호와는 우리의 재판장이고 율법을 세우신 이고 왕이시니 그가 우리를 무엇 하실 것인가? (사 33:22)

1) 회복 2) 호위 3) 윤택 4) 구원

61. 소들이 도살장에 내려가니 그 땅들이 피를 취하여 이것이 기름으로 윤택하리라. 이것은 무엇인가? (사 34:7)

62. 다음 ( ) 안에 들어갈 말은 무엇인가? (사 34:16)

"너희는 (   ) 에서 찾아 읽어보라. 이것들 가운데서 빠진 것이 하나도 없고 제 짝이 없는 것이 없으리니 이는 여호와의 입이 이를 명령하셨고 그의 영이 이것들을 모으셨음이라."

63. 하나님이 구원하러 오시는 날 맹인의 눈이 밝을 것이며 못 듣는 사람의 무엇이 열리는가? (사 35:5)

64. 여호와의 속량함을 받은 자들은 머리 위에 희락을 띠고 기쁨과 즐거움을 얻어 슬픔과 무엇이 사라지는가? (사 35:10)

1) 근심 2) 탄식 3) 미움 4) 죄

| 실천 사항 |

▶ 오늘의 말씀을 읽으시고 나에게 유익한 말씀이 무엇인지 깨달아봅시다.

▶ 오늘 말씀으로 나의 삶에 적용하며 행동으로 옮겼는지 실천한 것을 적어봅시다.

▶ 오늘 하나님이 보시기에 합당한 삶을 살았으면 감사한 것을 적어 봅시다.

▶ 오늘의 기도 제목을 적어 봅시다.

히스기야의 신앙

오늘의 성경 말씀을 읽으시고 묵상한 후 풀어보시면 유익합니다.

우리가 어떤 문제가 닥쳤을 때 하나님 앞에 무릎을 꿇고 기도하는 것이 최상의 방법이다. 히스기야의 기도는 하나님께 상달되었으며 그 응답이 즉시 이사야에게 왔다. 우리가 알아야 할 것은 하나님의 응답은 하나님의 말씀에 순종하고 하나님의 뜻을 이루는 자에게 임한다.

65. 앗수르 왕 산헤립이 유다 성을 쳐서 빼앗을 때 유다왕은 누구인가? (사 36:1)
 1) 므낫세 2) 히스기야 3) 아하스 4) 요시야

66. 랍사게가 대군을 이끌고 히스기야 왕에게 갈 때 앗수르 왕은 어디에 있었는가? (사 36:2)

67. 랍사게의 말을 전해들은 히스기야 왕은 자기의 옷을 찢고 굵은 베옷을 입고 어디로 갔는가? (사 37:1)
 1) 왕궁 2) 앗수르 3) 여호와의 전 4) 이사야

68. 여호와의 사자가 앗수르 군사들을 쳐 죽인 사람은 모두 몇 명인가? (사 37:36)
 1) 17 만 5 천 명 2) 18 만 5 천 명 3) 15 만 5 천 명 4) 14 만 5 천 명

69. 병들어 죽게 된 히스기야가 이사야에게 유언하며 "내가 주 앞에서 진실과 전심으로 행하고 목전에서 어떻게 한 것을 기억해 달라"고 하였는데 무엇인가? (사 38:3)
 1) 악 2) 진심 3) 선 4) 통곡

70. 히스기야가 얼굴을 벽으로 향하고 여호와께 기도한 후 히스기야의 수명이 얼마나 연장되었는가? (사 38:2-5)

1) 10 년　2) 15 년　3) 20 년　4) 25 년

71. 히스기야가 병들었다가 나았다는 소식을 듣고 히스기야에게 글과 예물을 보낸 바벨론 왕은 누구인가? (사 39:1)

72. 히스기야가 바벨론의 사자들에게 보물 창고와 보배로운 기름과 또 무엇을 보여줬는가? (사 39:2)

1) 성전　2) 궁전　3) 침실　4) 무기고

| 실천 사항 |

▶ 오늘의 말씀을 읽으시고 나에게 유익한 말씀이 무엇인지 깨달아봅시다.

▶ 오늘 말씀으로 나의 삶에 적용하며 행동으로 옮겼는지 실천한 것을 적어봅시다.

▶ 오늘 하나님이 보시기에 합당한 삶을 살았으면 감사한 것을 적어 봅시다.

▶ 오늘의 기도 제목을 적어 봅시다.

위로하시는 하나님

오늘의 성경 말씀을 읽으시고 묵상한 후 풀어보시면 유익합니다.

앞 장까지는 하나님의 서슬 퍼런 책망과 심판이 이어졌지만 이제부터는 위로의 메시지가 선포된다. 징계가 끝났고 그 죄를 용서받았기 때문이다. 이제 창조주 하나님께서는 지렁이 같고 버러지 같은 이스라엘이지만 도우실 것이라고 말씀한다.

73. 하나님께서 "너희는 위로하라. 내 백성을 위로하라"고 하신 말씀은 유다 백성들이 이것 값을 용서받았기 때문이다. 이것은 무엇인가? (사 40:1-2)

74. 다음 (　　) 안에 들어갈 말은 무엇인가? (사 40:8)
"풀은 마르고 꽃은 시드나 우리 (　　　) 은 영원히 서리라."

75. 74 문항에서 말하는 꽃은 무엇을 의미하는가? (사 40:8)
1) 애굽　2) 유다 백성　3) 바벨론　4) 히스기야

76. 다음 (　　) 안에 들어갈 말은 무엇인가? (사 40:31)
"오직 여호와를 (　　　) 하는 자는 새 힘을 얻으리니 독수리가 날개 치며 올라감 같을 것이요, 달음박질하여도 (　　　) 하지 아니하겠고 걸어가도 (　　　) 하지 아니하리로다."

77. "두려워하지 말라. 내가 너와 함께 함이라. 놀라지 말라. 나는 네 하나님이 됨이라." 이 말은 하나님께서 누구에게 한 말인가? (사 41:10)
1) 우상숭배한 자　2) 여호와를 앙망하는 자　3) 이스라엘 백성　4) 타민족들

78. 상한 갈대를 꺾지 아니하며 꺼져가는 이것을 끄지 아니하는 것은 무엇인가?
(사 42:3)

79. 여호와 내가 네 손을 잡아 너를 보호하고 무엇으로 너를 불렀는가? (사 42:6)
1) 의 2) 언약 3) 구원 4) 사명

80. 다음 ( ) 안에 들어갈 말은 무엇인가? (사 42:21)
"여호와께서 그의 ( ) 로 말미암아 기쁨으로 ( ) 을 크게 하며 ( ) 하게 하려 하셨으나"

| 실천 사항 |

▶ 오늘의 말씀을 읽으시고 나에게 유익한 말씀이 무엇인지 깨달아봅시다.

▶ 오늘 말씀으로 나의 삶에 적용하며 행동으로 옮겼는지 실천한 것을 적어봅시다.

▶ 오늘 하나님이 보시기에 합당한 삶을 살았으면 감사한 것을 적어 봅시다.

▶ 오늘의 기도 제목을 적어 봅시다.

은혜로 말미암은 구원

오늘의 성경 말씀을 읽으시고 묵상한 후 풀어보시면 유익합니다.

하나님은 이스라엘 백성들의 범죄와 우상숭배로 말미암아 징계를 내리시지만 이제 매를 거두시고 위로하시고 새 힘을 준다. 너희는 내 것이고 내 백성이라고 말씀하신다. 이제는 내가 너희와 함께 할 테니 두려워하지 말라고 하신다. 사랑의 하나님이시기 때문이다.

81. 여호와 하나님께서 이스라엘을 위하여 속량물로 내어준 나라가 아닌 것은 무엇인가? (사 43:3)

1) 하람 2) 애굽 3) 구스 4) 스바

82. 여호와께서 이스라엘 백성들을 지으신 이유를 분명하게 밝히고 있다. 맞는 것은 무엇인가? (사 43:21)

1) 구원받은 백성으로 선택하려고 2) 여호와를 찬양하게 하려고
3) 사랑하는 백성으로 삼으려고 4) 나라를 세우기 위하여

83. 다음 ( ) 안에 들어갈 말은 무엇인가? (사 44:6)

"나는 ( ) 이요 나는 ( ) 이라. 나 외에 다른 신이 없느니라."

84. 여호와 하나님께서는 빛도 짓고 어둠도 창조하시며 평안도 짓고 무엇도 창조하는 여호와라 하였는가? (사 45:7)

85. 다음 ( ) 안에 공통으로 들어갈 말은 무엇인가요? (사 45:21-22)

"나 외에 다른 신은 없나니 나는 공의를 행하며 ( ) 을 베푸는 하나님이라. 나

외에 다른 이가 없느니라. 땅의 모든 끝이여 내게로 돌이켜 (   ) 을 받으라. 나는 하나님이라 다른 이가 없느니라."

86. 이들은 바벨론의 대표적인 우상 신인데 엎드려지고 구부러진 이 신들은 무엇인가? (사 46:1)

1) 몰렉, 느보 2) 벨, 몰렉 3) 벨, 느보 4) 마세라, 벨

87. 네가 악을 의지하고 스스로 나를 보는 자가 없다 한 것은 무엇이 너를 유혹하였다고 하였는가? (사 47:10)

88. 이스라엘 백성들은 여호와 이름으로 맹세하고 기념하면서도 이들에게는 진실도 없고 이것도 없다고 했다. 이것은 무엇인가? (사 48:1)

1) 순종 2) 공의 3) 인애 4) 소망

| 실천 사항 |

▶ 오늘의 말씀을 읽으시고 나에게 유익한 말씀이 무엇인지 깨달아봅시다.

▶ 오늘 말씀으로 나의 삶에 적용하며 행동으로 옮겼는지 실천한 것을 적어봅시다.

▶ 오늘 하나님이 보시기에 합당한 삶을 살았으면 감사한 것을 적어 봅시다.

▶ 오늘의 기도 제목을 적어 봅시다.

이사야의 구원의 메시지

오늘의 성경 말씀을 읽으시고 묵상한 후 풀어보시면 유익합니다.

하나님이 이제 그들을 구원하심으로 긍휼을 베푸시고 그리스도를 통한 구원을 말한다. 하나님의 구원은 이스라엘만이 아니라 전 세계 모든 나라 족속들에게 이어진다. 그것은 예수 그리스도를 통한 구원이다. 예수는 하나님의 고귀한 아들이다. 죄악 가운데 있는 인생을 영원히 해방할 구원자이다.

89. "여호와께서 태에서부터 나를 부르셨고 내 어머니의 복중에서부터 내 이름을 부르셨다." 이 말이 가리키는 게 아닌 것은? (사 49:1)
　1) 왕　2) 이스라엘 백성　3) 선지자　4) 메시야

90. "그들이 주리거나 목마르지 아니할 것이며 더위와 볕이 그들이 상하지 아니하리니 이는 그들을 긍휼히 여기는 이가 그들을 이끌되 샘물 근원으로 인도할 것임이라"고 하였는데 긍휼히 여기는 이는 누구인가? (사 49:10)
　1) 선지자　2) 왕　3) 복술가　4) 여호와

91. 유다는 회개하지 않아 하나님은 그들에게 징벌 대신 고난을 허락해서 그들 스스로 돌아오기를 바라며 팔았다. 그들이 팔린 이유는 무엇인가? (사 50:1)
　1) 죄악 때문에　2) 우상을 숭배하여　3) 여호와를 거역하여　4) 불순종 때문에

92. 다음 (　　) 안에 들어갈 말은 무엇인가? (사 50:10)
"흑암 중에 빛이 없는 자라도 여호와의 이름을 (　　　　　) 하며 자기 하나님께 (　　　　　) 할지어다."

93. 이것은 모든 사람이 따라야 할 법이요, 규례이며, 규범이다. 하나님께서는 이것을 만민의 빛으로 세우셨는데 무엇인가? (사 51:4)

1) 인애 2) 공의 3) 율법 4) 징표

94. 예루살렘을 향해 깨어 일어나라고 경고하는 말씀이 아닌 것은 무엇인가? (사 51:17-19)

1) 여호와의 손에서 분노의 잔을 마심 2) 모두 다 취해서 인도할 자가 없음
3) 황폐와 멸망과 기근과 칼이 임함 4) 주의 말씀을 입에 둠

95. 바벨론을 떠난 이스라엘 백성에게 주의 사항을 당부하였다. 아닌 것은 무엇인가? (사 52:11-12)

1) 부정한 것을 만지지 말라 2) 제물을 드리고 나오라
3) 도망치듯 다니지 말라 4) 스스로 정결하라

96. 고난 받는 종들에 관한 예언 중 아닌 것은 무엇인가? (사 52:13-15)

1) 지극히 존귀하게 된다 2) 나라들을 놀라게 한다
3) 왕들이 그의 입을 봉한다 4) 깨닫지 못한다

| 실천 사항 |

▶ 오늘의 말씀을 읽으시고 나에게 유익한 말씀이 무엇인지 깨달아봅시다.

▶ 오늘 말씀으로 나의 삶에 적용하며 행동으로 옮겼는지 실천한 것을 적어봅시다.

▶ 오늘 하나님이 보시기에 합당한 삶을 살았으면 감사한 것을 적어 봅시다.

▶ 오늘의 기도 제목을 적어 봅시다.

그리스도의 고난

오늘의 성경 말씀을 읽으시고 묵상한 후 풀어보시면 유익합니다.

하나님의 구원은 이스라엘뿐만 아니라 전 세계로 이어진다. 예수님은 세상 죄를 짊어지시기 위해 고난받는 메시아로 이 세상에 오실 것을 이사야 선지자를 통해 미리 예언한다. 그 분은 우리의 질고를 지고 우리의 슬픔을 당하셨고 징계와 채찍을 맞아 우리를 치유하셨다.

97. 여호와 종에 관한 것을 묘사한 것이다. 아닌 것은 무엇인가? (사 53:2-3)
   1) 고운 모양도 없고 풍채도 없다
   2) 흠모할 만한 아름다움도 없다
   3) 멸시를 받아 사람들에게 버림받았다
   4) 귀하게 여겼다

98. 다음 ( ) 안에 들어갈 말은 무엇인가? (사 53:5)
   "그가 찔림은 우리의 ( ) 때문이요 그가 상함은 우리의 ( ) 때문이라. 그가 징계를 받으므로 우리는 ( )를 누리고 그가 채찍을 맞으므로 우리는 나음을 얻었도다."

99. 여호와께서 종에게 상함을 받기를 원하고 질고를 당하게 하여 그의 영혼을 무슨 제물로 드리기 원하셨나? (사 53:10)

100. 여호와께서 이스라엘에게 잉태하지 못하여 출산하지 못했지만 노래하라고 권고한 이유는 이것을 얻기 위함인데 무엇인가? (사 54:1-3)
   1) 열방 2) 자손 3) 의 4) 상급

101. 미래의 예루살렘은 홍보석으로 성벽을 짓고 석류석으로 성문을 만들고 지경을 다 이것으로 꾸미는데 무엇인가? (사 54:12)

102. 누구든지 주께로 나아가 귀를 기울여 들으면 무엇이 살게 되는가? (사 55:13)

1) 자손　2) 예루살렘　3) 영혼　4) 인생

103. 여호와를 만날 만한 때에 찾고 가까이 계실 때 어떻게 하여야 하는가? (사 55:6)

1) 기도한다　2) 매달린다　3) 듣는다　4) 부른다

104. 다음 (　　) 안에 들어갈 말은 무엇인가? (사 55:7)

"악인은 그의 (　　　) 을 불의한 자는 그의 (　　　) 을 버리고 여호와께로 돌아오라. 그리하면 그가 긍휼히 여기시리라. 우리 하나님께로 돌아오라. 그가 너그럽게 용서하시리라."

| 실천 사항 |

▶ 오늘의 말씀을 읽으시고 나에게 유익한 말씀이 무엇인지 깨달아봅시다.

▶ 오늘 말씀으로 나의 삶에 적용하며 행동으로 옮겼는지 실천한 것을 적어봅시다.

▶ 오늘 하나님이 보시기에 합당한 삶을 살았으면 감사한 것을 적어 봅시다.

▶ 오늘의 기도 제목을 적어 봅시다.

인간의 죄와 하나님의 의

오늘의 성경 말씀을 읽으시고 묵상한 후 풀어보시면 유익합니다.

하나님이 원하시는 것은 정의를 지키고 의를 행하는 것이다. 정의와 공의는 인생들이 하나님 말씀을 따라 행할 때 자연스럽게 이루어진다. 하나님의 마음을 알고 주님과 동행하며 하나님이 기뻐하시는 삶을 살면 의가 따라오게 되어 있는데 겉으로는 금식하고 참여해도 사랑과 인애가 없다.

105. 하나님은 복 받을 자에게 기념물과 영원한 이것을 주신다고 말씀하셨는데 무엇인가? (사 56:5)

1) 증표　2) 이름　3) 안락　4) 형통

106. 이스라엘의 파수꾼들의 행동이 아닌 것은 무엇인가? (사 56:10-11)

1) 맹인이요 무지하다　2) 벙어리 개들이라 짖지 못한다
3) 꿈꾸는 자들이다　4) 잠자기를 싫어한다

107. 의인, 바른 길로 가는 사람들은 평화로운 곳으로 가 이곳에서 편히 쉬는데 어디인가? (사 57:2)

1) 의자　2) 동산　3) 침상　4) 떨기나무

108. 이스라엘이 부르짖을 때 여호와를 의뢰하는 자는 땅을 차지하고 거룩한 이것을 기업으로 얻게 되는데 무엇인가? (사 57:12-13)

1) 성전　2) 왕위　3) 샘　4) 산

109. 다음 (   ) 안에 공통으로 들어갈 말은 무엇인가? (사 57:19)

"입술의 열매를 창조하는 자 여호와가 말하노라. 먼 데 있는 자에게든지 가까운 데 있는 자에게든지 (   ) 이 있을지어다. (   ) 이 있을지어다. 내가 그를 고치리라."

110. 여호와는 겸손한 자의 영과 통회하는 자의 이것을 소생시키는데 무엇인가? (사 57:15)

1) 땅 2) 마음 3) 혼 4) 가정

111. 그리스도인들이 이 날에 대해 가져야 할 올바른 태도는 이 날을 여호와의 성일로서 존귀히 여겨야 하는데 어떤 날인가? (사 58:13)

112. 여호와께서 사람이 없음을 보고 중재자가 없음을 이상히 여기시고 자기의 무엇으로 구원을 베푸셨는가? (사 59:16)

1) 눈 2) 입 3) 팔 4) 능력

| 실천 사항 |

▶ 오늘의 말씀을 읽으시고 나에게 유익한 말씀이 무엇인지 깨달아봅시다.

▶ 오늘 말씀으로 나의 삶에 적용하며 행동으로 옮겼는지 실천한 것을 적어봅시다.

▶ 오늘 하나님이 보시기에 합당한 삶을 살았으면 감사한 것을 적어 봅시다.

▶ 오늘의 기도 제목을 적어 봅시다.

하나님의 영광의 회복

오늘의 성경 말씀을 읽으시고 묵상한 후 풀어보시면 유익합니다.

고난을 주었지만 한번 사랑하신 하나님의 사랑은 변함이 없으셔서 이스라엘을 회복시키므로 하나님의 영광을 드러내신다. 하나님은 시온을 회복하사 그 문이 항상 열려 있게 하신다. 이는 그리로 수많은 사람이 들어와 하나님의 백성이 되고 거룩한 자녀가 되길 바란다.

113. 다음 ( ) 안에 공통으로 들어갈 말은 무엇인가? (사 60:1)

"일어나라 ( )을 발하라. 이는 네 ( )이 이르렀고 여호와의 영광이 네 위에 임하였음이니라."

114. 다음 중 여호와의 속성이 아닌 것은 무엇인가? (사 60:16)

1) 야곱의 전능자 2) 구원자 3) 능력자 4) 전능하신 하나님

115. 다음 ( ) 안에 들어갈 말은 무엇인가? (사 60:20)

"다시는 네 ( ) 가지지 아니하며 네 ( )이 물러가지 아니할 것은 여호와가 네 영원한 ( )이 되고 네 슬픔의 날이 끝날 것임이라."

116. 여호와의 영이 내린 예언자는 마음이 상한 자를 고치며 포로에게 자유를, 갇힌 자에게 놓임을 선포하며 가난한 자에게는 무엇을 전하는가? (사 61:1)

117. 여호와께서 시온의 후손을 만민 가운데 알리어 이를 보는 자가 그들을 뭐라고 하였는가? (사 61:9)

1) 여호와께 상 받는 자손 2) 여호와께 칭찬받는 자손

3) 여호와께 복 받은 자손 4) 여호와께 은혜 받은 자손

118. 다음 (　　) 안에 들어갈 말은 무엇인가? (사 61:10-11)

"땅이 싹을 내며 동산이 거기 뿌린 것을 움돋게 함 같이 주 여호와께서 (　　　　) 와 (　　　　) 을 모든 나라 앞에 솟아나게 하시리라."

119. 다음 (　　) 안에 공통으로 들어갈 말은 무엇인가? (사 62:3)

"너는 또 여호와의 (　　　　) 의 아름다운 관, 네 하나님의 (　　　　) 의 왕관이 될 것이라."

120. 추수한 자가 그것을 먹고 누구를 찬송하는가? (사 62:9)

| 실천 사항 |

▶ 오늘의 말씀을 읽으시고 나에게 유익한 말씀이 무엇인지 깨달아봅시다.

▶ 오늘 말씀으로 나의 삶에 적용하며 행동으로 옮겼는지 실천한 것을 적어봅시다.

▶ 오늘 하나님이 보시기에 합당한 삶을 살았으면 감사한 것을 적어 봅시다.

▶ 오늘의 기도 제목을 적어 봅시다.

하나님의 임재

오늘의 성경 말씀을 읽으시고 묵상한 후 풀어보시면 유익합니다.

이사야 선지자는 부정한 자, 더러운 옷 같은 이스라엘을 위해 구원을 중보하고 하나님의 진노를 거둬 달라 기도하고 있고 하나님께서 완전하게 지으신 나라, 영원한 나라에 주님께서 하나님의 영광에 둘러싸여 강림하시고 임재하신다. 모두가 주 앞에서 엎드리게 된다.

121. 화려한 의복 큰 능력으로 걷고 공의를 말하는 자로 이것의 능력을 가졌는데 무엇인가? (사 63:1)

1) 권능 2) 구원 3) 심판 4) 화평

122. 다음 ( ) 안에 공통으로 들어갈 말은 무엇인가? (사 63:7)

"내가 여호와께서 우리에게 베푸신 모든 ( )와 그의 찬송을 말하며 그의 사랑을 따라 그의 많은 ( )를 따라 이스라엘 집에 베푸신 큰 은총을 말하리라."

123. 이스라엘이 반역하여 주의 성령을 근심하게 하니 여호와께서 하신 행동은 무엇인가? (사 63:10)

1) 떠나셨다 2) 죄악을 덮었다 3) 치셨다 4) 숨으셨다

124. 우리의 의는 더러운 옷 같으며 잎사귀처럼 시드는 이유는 무엇 때문인가? (사 64:6)

1) 교만 2) 죄악 3) 불순종 4) 분노

125. 다음 ( ) 안에 들어갈 말은 무엇인가? (사 64:8)

"우리는 ( )이요 주는 ( )이시니 우리는 다 주의 손으로 지으신 것이니라."

126. 주의 뜻을 알고도 저버린 사람들, 주의 은혜를 입고도 우상 앞에 상 차리고 술 붓고 절하는 사람들에게는 긍휼을 베풀지 않는다. 이들이 섬긴 우상들은 누구인가? (사 65:11)

127. 새 예루살렘에서는 이 나이에 죽는 사람을 젊은 사람이라고 하는데 몇 세인가? (사 65:20)

1) 100 세 2) 120 세 3) 150 세 4) 180 세

128. 여호와께서는 매월 초하루와 이때 모든 혈육이 내 앞에 나와서 예배를 드리라고 하였는가? (사 66:23)

1) 칠월절 2) 무교절 3) 안식일 4) 유월절

| 실천 사항 |

▶ 오늘의 말씀을 읽으시고 나에게 유익한 말씀이 무엇인지 깨달아봅시다.

▶ 오늘 말씀으로 나의 삶에 적용하며 행동으로 옮겼는지 실천한 것을 적어봅시다.

▶ 오늘 하나님이 보시기에 합당한 삶을 살았으면 감사한 것을 적어 봅시다.

▶ 오늘의 기도 제목을 적어 봅시다.

[이사야 해답]

1) 4 2) 유다와 예루살렘 3) 눈, 양털 4) 2 5) 3 6) 2 7) 언어와 행위 8) 4 9) 3 10) 포도원 11) 2 12) 화 13) 4 14) 1 15) 2 16) 임마누엘 17) 마헬살랄하스바스 18) 4 19) 3 20) 정사, 기묘자, 영존 21) 2 22) 영 23) 3 24) 3 25) 2 26) 규 27) 교만 28) 4 29) 2 30) 이스라엘 31) 3 32) 몫, 보응 33) 일광, 운무 34) 제단 35) 3 36) 2 37) 1 38) 2 39) 셉나 40) 3 41) 세계 민족 중에 42) 2 43) 평강 44) 4 45) 은총, 의, 불의 46) 3 47) 용 48) 4 49) 저울추 50) 1 51) 3 52) 2 53) 4 54) 3 55) 화 56) 여호와의 풀무 57) 존귀 58) 공의 59) 지식 60) 4 61) 흙 62) 여호와의 책 63) 귀 64) 2 65) 2 66) 라기스 67) 3 68) 2 69) 3 70) 2 71) 므로닥발라단 72) 4 73) 죄 74) 하나님의 말씀 75) 2 76) 앙망, 곤비, 피곤 77) 3 78) 등불 79) 1 80) 의, 교훈, 존귀 81) 1 82) 2 83) 처음, 마지막 84) 환란 85) 구원 86) 3 87) 지혜와 지식 88) 2 89) 1 90) 4 91) 1 92) 의뢰, 의지 93) 2 94) 4 95) 2 96) 4 97) 4 98) 허물, 죄악, 평화 99) 속건제물 100) 1 101) 보석 102) 3 103) 4 104) 길, 생각 105) 2 106) 4 107) 3 108) 4 109) 평강 110) 2 111) 안식일 112) 3 113) 빛 114) 4 115) 해, 달, 빛 116) 아름다운 소식 117) 3 118) 공의, 찬송 119) 손 120) 여호와 121) 2 122) 자비 123) 3 124) 2 125) 진흙, 토기장이 126) 갓, 무니 127) 1 128) 3

24. 예레미야 (JEREMIAH)

1. 내용

타락과 부패로 파멸의 깊은 수렁으로 빠지는 상황 속에서 끝까지 눈물로 회개를 촉구하는 선지자의 동족 사랑이 배어 있다. 하나님을 거역하고 우상숭배와 불순종하면 하나님의 무서운 징벌을 받아 포로로 끌려갈 것이라 호소하다 온갖 고초를 겪지만, 그래도 새로운 구원 언약을 선포하며 소망과 비전을 제시해 준다.

2. 배경

유다의 3대 선왕인 요시야 왕 때부터 시드기야 왕으로 이어지며 멸망당하는 혼란기로 하나님께 철저한 회개만이 살길이라고 촉구하던 시기이다.

3. 흐름과 내용 구성

예레미야서는 새 예언의 책으로 소명과 예언(환상을 봄, 선지자의 확신), 유대에 대한 예언(유다의 멸망 선포, 예레미야의 생애와 사건), 열방에 대한 예언(멸망), 심판 성취(예루살렘 함락과 성전 파괴)로 이뤄졌다.

4. 목적

다가올 심판을 경고함으로써 유다 백성에게 회개를 촉구하고 본토 회복과 새 언약을 제시함으로써 환난 중에도 소망을 가지고 하나님을 의지하도록 격려한다.

5. 본서에 나타난 하나님의 섭리

선지자 시대 유다 백성은 죄가 극에 달해 멸망이 임박하였음을 알고 다른 선지자들보다 유다의 파멸을 선포하였다. 그렇지만 유다 백성은 회개를 거부하고 파멸을 선택했지만 하나님은 끝까지 포기하기 않으시고 때가 되면 다시 유다 백성과 새 언약을 맺고 하나님께서 영원하고 변치 않는 하나님이 되어 주시겠다고 약속하여 주신다.

이런 약속은 예수 그리스도로 말미암아 성취되었음을 말해 준다. 하나님의 형벌은 멸망 그 자체의 목적보다 회개하고 변화되어 돌아오기를 만들기 위함이다. 본서를 통해 하나님이 크신 은혜를 발견하게 될 터인데 하나님의 백성으로 어떻게 살아가야 하는지 다시금 뒤돌아 볼 때이다.

예레미야 선지자의 삶

오늘의 성경 말씀을 읽으시고 묵상한 후 풀어보시면 유익합니다.

예레미야 선지자는 제사장의 아들로 태어나 유다 요시 왕부터 나라가 멸망할 때까지 40 여년간을 선지자로 섬기며, 나라가 극도로 타락하여 바벨론에 포로로 끌려갈 것을 눈물로 예언하며 박해를 받고 고통과 눈물로 선지자의 사명을 다한다.

1. 예레미야 선지자는 누구의 아들인가? (렘 1:1)

2. 유다 왕 요시야 13년에 무엇이 예레미야에게 임하였는가? (렘 1:2)
   1) 하나님의 권능 2) 하나님의 능력 3) 하나님의 말씀 4) 하나님의 은총

3. 이 말씀은 어느 왕이 사로잡혀 가기까지 임하였나? (렘 1:3)
   1) 여호야김 2) 시드기야 3) 요시야 4) 여호사밧

4. 여호와 하나님께서 누구를 유다와 함께 이방 민족들 모두를 위한 선지자로 세우셨나? (렘 1:5)
   1) 이사야 2) 에스겔 3) 예레미야 4) 아모스

5. 다음 ( ) 안에 공통으로 들어갈 말은 무엇인가? (렘 1:9)
   여호와께서 그의 손을 내밀어 내 ( ) 에 대시며 여호와께서 내게 이르시되 "보라 내가 내 말을 네 ( ) 에 두었노라."

6. 예레미야가 첫 번째 본 환상은 무엇인가? (렘 1:11)

1) 감람나무 가지 2) 살구나무 가지 3) 포도나무 가지 4) 잣나무 가지

7. 예레미야가 두 번째 환상으로 본 것은 그 윗면이 북에서부터 기울어졌는데 무엇인가? (렘 1:13)

1) 끓는 가마 2) 문짝 3) 항아리 4) 쇠기둥

8. 여호와 하나님께서 그들을 심판하시고 죄악을 징계하신 이유는 무엇인가? (렘 1:16)

1) 교만 2) 더러운 제물 3) 우상숭배 4) 이방인과 결혼

| 실천 사항 |

▶ 오늘의 말씀을 읽으시고 나에게 유익한 말씀이 무엇인지 깨달아봅시다.

▶ 오늘 말씀으로 나의 삶에 적용하며 행동으로 옮겼는지 실천한 것을 적어봅시다.

▶ 오늘 하나님이 보시기에 합당한 삶을 살았으면 감사한 것을 적어 봅시다.

▶ 오늘의 기도 제목을 적어 봅시다.

하나님의 뜻

오늘의 성경 말씀을 읽으시고 묵상한 후 풀어보시면 유익합니다.

하나님은 지금까지 이스라엘 백성들을 어떻게 돌보시고 사랑하셨는가를 세세히 말씀하신다. 그럼에도 불구하고 너희가 생수의 근원이 되는 나를 버렸고 물을 가두지 못할 터진 웅덩이를 팠다고 말씀하신다. 혹시 나도 하나님의 뜻보다는 내 생각과 내 의지대로 살아가고 있는 것 아닙니까?

9. 유다 백성들은 하나님께 영광과 감사를 드리기보다 오히려 불의를 더 행하였다. 하나님을 배반하고 선지자들은 무엇을 따랐는가? (렘 2:8)
   1) 몰렉 2) 바알 3) 아세라 4) 갓

10. 유다 백성이 지은 두 가지 악 중 하나는 여호와를 버린 것이고 또 하나는 이것을 판 것인데 무엇인가? (렘 2:13)

11. 여호와께서는 반역한 유다를 생각할 때 이스라엘의 배역은 더 이렇게 생각될 정도인데 무엇인가? (렘 2:13)
   1) 측은하게 2) 안타깝게 3) 의롭게 4) 자랑스럽게

12. 예레미야가 북방에서 재난과 큰 멸망을 가져온다고 했는데 여기서 말하는 북방은 어느 나라인가? (렘 4:6)
   1) 앗수르 2) 애굽 3) 바사 4) 바벨론

13. 다음 ( ) 안에 공통으로 들어갈 말은 무엇인가? (렘 4:22)
   "내 백성은 나를 알지 못하는 미련한 자요, ( )이 없는 미련한 자식이라. 악을 행하기에는 ( )이 있으나 선을 행하기에는 무지하도다."

14. 하나님께서는 예레미야에게 정의를 행하며 진리를 구하는 자 한 사람이라도 찾으면 어떻게 하신다 하였는가? (렘 5:11)

1) 구원 2) 인정 3) 용서 4) 금식

15. 예레미야는 자기 출신 지파인 이 자손의 피난을 외쳤는데 어느 지파인가? (렘 6:1)

1) 스불론 2) 르우벤 3) 갓 4) 베냐민

16. 다음 ( ) 안에 공통으로 들어갈 말은 무엇인가? (렘 6:14)

"그들이 내 백성의 상처를 가볍게 여기면서 말하기를 ( ) 하다 ( ) 하다 하나 ( ) 이 없도다."

| 실천 사항 |

▶ 오늘의 말씀을 읽으시고 나에게 유익한 말씀이 무엇인지 깨달아봅시다.

▶ 오늘 말씀으로 나의 삶에 적용하며 행동으로 옮겼는지 실천한 것을 적어봅시다.

▶ 오늘 하나님이 보시기에 합당한 삶을 살았으면 감사한 것을 적어 봅시다.

▶ 오늘의 기도 제목을 적어 봅시다.

성전에서 선포되는 하나님의 말씀

오늘의 성경 말씀을 읽으시고 묵상한 후 풀어보시면 유익합니다.

선지자는 성전 문 앞에서 하나님의 말씀을 선포한다. 죄들을 열거하면서 다가올 멸망을 선포하며, 동시에 회개도 촉구한다. 성전과 말씀을 가지고도 범하는 이스라엘 백성들을 녹이고 연산하시겠다고 선언한다. 참고 견디기 어려운 고통과 고난을 통해 연단하시겠다고 하신다.

17. 하나님께서 "너희 길과 행위를 바르게 하라. 그리하면 내가 너희로 이곳에서 살게 하리라." 말씀하시는데 여기에서 바른 행위가 아닌 것은 무엇인가? (렘 7:3-6)
    1) 이웃들 사이에 정의를 행하라　　2) 무죄한 자의 피를 흘리지 말라
    3) 다른 신을 따라 화를 자초 말라　　4) 고아나 과부를 압제하라

18. 힌놈의 아들 골짜기에 이 사당을 건축하고 그들의 자녀들을 불살랐다. 이 사당의 이름은? (렘 7:31)

19. "너희가 어찌 우리는 지혜가 있고 우리에게는 여호와의 율법이 있다 말하겠느냐" 이 말씀에서는 무엇을 나타내고 있는가? (렘 8:8)
    1) 겸손　　2) 교만　　3) 조심성　　4) 책망

20. 병든 딸 유다 백성들이 이제라도 그 죄를 뉘우치고 회개하고 돌아오면 고칠 약도 또 누가 있다고 하는가? (렘 8:22)
    1) 선지자　　2) 박수　　3) 술객　　4) 의사

21. 유대의 4가지 죄가 아닌 것은 무엇인가? (렘 9:3-6)

1) 거짓말과 행악의 죄 2) 이웃을 속이고 비방한 죄

3) 속이는 일과 배신의 피 4) 이웃을 탐한 죄

22. 다음 ( ) 안에 들어갈 말은 무엇인가? (렘 9:24)

"자랑하는 자는 이것으로 자랑할지니 곧 ( ) 하여 나를 아는 것과 나 여호와는 ( ) 과 정의와 ( ) 를 땅에 행하는 자인 줄 깨닫는 것이라. 나는 이 일을 기뻐하노라. 여호와의 말씀이니라."

23. 여호와는 참 하나님이시고 어떤 하나님이시고 영원하신 왕이신가? (렘 10:10)

24. 다음 ( ) 안에 들어갈 말은 무엇인가? (렘 10:12)

"여호와께서 그의 ( ) 으로 땅을 지으셨고 그의 ( ) 로 세계를 세우셨고 그의 ( ) 로 하늘을 펴셨으며."

| 실천 사항 |

▶ 오늘의 말씀을 읽으시고 나에게 유익한 말씀이 무엇인지 깨달아봅시다.

▶ 오늘 말씀으로 나의 삶에 적용하며 행동으로 옮겼는지 실천한 것을 적어봅시다.

▶ 오늘 하나님이 보시기에 합당한 삶을 살았으면 감사한 것을 적어 봅시다.

▶ 오늘의 기도 제목을 적어 봅시다.

심판에 대한 경고

오늘의 성경 말씀을 읽으시고 묵상한 후 풀어보시면 유익합니다 .

순종하면 복을 받고 불순종하면 저주가 임할 것을 맹세하였지만 이스라엘은 언약을 버리고 우상을 숭배하고 온갖 죄를 범하였는데 이제 그 언약대로 징계 , 재앙 , 심판을 내리실 것을 말씀하신다 . 우리는 진정 이 시대에서 주의 명령에 따라 빛과 소금의 역할을 다하고 있는지 뒤돌아보자 .

25. 이스라엘의 하나님 여호와께서 언약의 말을 따르지 않는 자는 무엇을 받는다고 하는가? (렘 11:3)

1) 고난 2) 저주 3) 최후 통첩 4) 경고

26. 아나돗 사람들은 예레미야에게 여호와의 이름으로 예언하지 말라고 강요했다. 이런 완악한 자들을 여호와께서 무엇으로 벌을 내리시겠다고 하는가? (렘 11:21-22)

27. 예레미야가 여호와께 "왜 악한 자의 길이 형통하고 이러한 자가 평안함이 무슨 까닭이냐"고 질문한다. 이러한 자는 어떤 자인가? (렘 12:1)

1) 불순종 2) 패역 3) 반역 4) 불평

28. 하나님은 마음이 완악해진 유다와 예루살렘을 깨우치시기 위해 허리띠의 징표를 통해 경고하시는데 무엇 때문인가? (렘 13:1-7)

1) 우상숭배 2) 교만 3) 불순종 4) 거짓

29. 여호와의 이름으로 거짓 예언을 하는 자들은 무엇으로 멸망하는가? (렘 14:14-15)

30. 유다 왕 히스기야의 아들은 누구인가? (렘 15:4)

1) 요시야　　2) 요압　　3) 여호야다　　4) 므낫세

31. 다음 (　　) 안에 들어갈 말은 무엇인가? (렘 15:16)

"주의 말씀은 내게 (　　　) 과 내 마음의 (　　　) 이오나"

32. 여호와께서는 "너를 악한 자의 손에서 건지며 무서운 자의 손에서 무엇을 하리라" 하였는가? (렘 15:21)

1) 징계　　2) 기도　　3) 구원　　4) 위로

| 실천 사항 |

▶ 오늘의 말씀을 읽으시고 나에게 유익한 말씀이 무엇인지 깨달아봅시다.

▶ 오늘 말씀으로 나의 삶에 적용하며 행동으로 옮겼는지 실천한 것을 적어봅시다.

▶ 오늘 하나님이 보시기에 합당한 삶을 살았으면 감사한 것을 적어 봅시다.

▶ 오늘의 기도 제목을 적어 봅시다.

안식일의 교훈

오늘의 성경 말씀을 읽으시고 묵상한 후 풀어보시면 유익합니다.

안식일을 거룩히 하여 어떤 일도 하지 말라고 했는데 이스라엘이 이를 범해 심판을 받는다. 유다 백성이 포로로 잡혀가게 된 원인 중 하나이다. 하나님의 명령대로 안식일을 거룩히 지키면 땅에서 존귀한 백성으로 높임을 받는다. 주일 성수를 하나님께 드리는 성도가 되자.

33. 여호와께서 이 땅에서 아내도 맞이하지 말고 자녀를 두지 말라는 이유가 아닌 것은 무엇인가? (렘 16:2-4)

1) 독한 병에 죽어도 슬퍼하지 않는다 2) 시체는 공중의 새와 짐승의 밥이 된다
3) 칼과 기근에 망한다 4) 자녀가 크면 전쟁에 나가야 된다

34. 다음 ( ) 안에 공통으로 들어갈 말은 무엇인가? (렘 16:17)

"내 ( ) 이 그들의 행위를 살펴보므로 그들이 내 얼굴 앞에서 숨기지 못하며 그들의 ( ) 이 내 목전에서 숨겨지지 못함이라."

35. 유다의 죄는 금강석 끝 철필로 제단 뿔과 어느 판에 새겨졌는가? (렘 17:1)

1) 목판 2) 철판 3) 마음판 4) 종이판

36. 여호와를 의지하며 여호와를 의뢰하는 사람은 무엇을 받는가? (렘 17:7)

1) 칭찬 2) 복 3) 상급 4) 기업

37. 만물보다 거짓되고 심히 부패한 것은 무엇인가? (렘 17:9)

1) 죄 2) 불순종 3) 마음 4) 육신

38. 다음 (　　) 안에 공통으로 들어갈 말은 무엇인가? (렘 17:21-22)

"너희는 스스로 삼가서 (　　　　　) 에 짐을 지고 예루살렘 문으로 들어오지 말며 (　　　　) 에 너희 집에서 짐을 내지 말며 어떤 일이라도 하지 말고 내가 너희 조상들에게 명령함 같이 (　　　　) 을 거룩히 할지어다."

39. 토기장이 비유에서 진흙은 유다 백성을, 토기장이는 하나님의 손에 비유된다. 이 비유를 통해 무엇을 교훈하는가? (렘 18:6)

1) 하나님의 권능과 은혜　　2) 하나님의 위엄과 자비

3) 하나님의 사랑과 긍휼　　4) 하나님의 주권과 섭리

40. 예레미야를 모략하는 자들이 꾀를 내어 예레미야를 무엇으로 치자고 하였는가? (렘 18:18)

| 실천 사항 |

▶ 오늘의 말씀을 읽으시고 나에게 유익한 말씀이 무엇인지 깨달아봅시다.

▶ 오늘 말씀으로 나의 삶에 적용하며 행동으로 옮겼는지 실천한 것을 적어봅시다.

▶ 오늘 하나님이 보시기에 합당한 삶을 살았으면 감사한 것을 적어 봅시다.

▶ 오늘의 기도 제목을 적어 봅시다.

재앙과 예레미야의 핍박

오늘의 성경 말씀을 읽으시고 묵상한 후 풀어보시면 유익합니다.

이스라엘을 향한 재앙과 예언이 계속되니 사람들은 선지자를 때리고 가두며 핍박하고 조롱한다. 하나님의 사랑은 영원 불변한데 인간은 하나님을 쉽게 저버리고 만다. 그것은 불신이며 불의와 불법인데 그 결과 저주와 재앙의 심판을 맞이하게 된다.

41. 하나님은 질투하시는 하나님이신데도 백성들은 바알을 위하여 산당을 건축하고 무엇을 번제로 불살라 드리는 죄를 지었나? (렘 19:5)

1) 새끼 염소 2) 암양 3) 아들 4) 소

42. 토기장이의 토기를 사서 함께 가는 자의 눈앞에서 그 옹기를 깨뜨리라고 한 말씀에 담긴 뜻은 무엇인가? (렘 19:1-10)

1) 이스라엘의 회복 2) 이스라엘의 멸망
3) 이스라엘의 구원 4) 이스라엘의 교만

43. 선지자 예레미야를 때리고 목에 나무 고랑을 채운 제사장은 누구인가? (렘 20:1-2)

44. 여호와께서 마골밋사빕에게 "너와 네 집에 사는 모든 사람이 포로가 되어 이곳에서 죽어 묻힐 것"이라 하였는데 어디인가? (렘 20:6)

1) 앗수르 2) 바사 3) 애굽 4) 바벨론

45. 시드기야 왕이 예레미야에게 사람을 보내 어느 나라가 우리를 침공하니 하나님께 간구하여 달라고 하였는가? (렘 21:1-2)

1) 바사 2) 애굽 3) 바벨론 4) 앗수르

46. 성읍에 사는 자는 칼과 기근과 전염병에 죽지만 너희를 에워싼 갈대인에게 이것하는 자는 산다고 했다. 무엇인가? (렘 21:9)

47. 예레미야가 왕궁에서 말씀 순종을 촉구한 것이 아닌 것은 무엇인가? (렘 22:1-3)

1) 정의와 공의를 행하라
2) 탈취당한 자를 압제자 손에서 건지라
3) 무죄한 자의 피를 흘리지 말라
4) 이방인은 학대를 하라

48. 너희는 죽은 자를 위하여 울지도 애통하지 말고 잡혀 간 자를 위하여 슬피 울라고 한 이유는 무엇인가? (렘 22:10)

1) 고국을 그리워하기 때문에
2) 부모가 잡혀 갔기 때문에
3) 자식들이 잡혀 갔기 때문에
4) 다시 돌아와 고국을 보지 못하여

| 실천 사항 |

▶ 오늘의 말씀을 읽으시고 나에게 유익한 말씀이 무엇인지 깨달아봅시다.

▶ 오늘 말씀으로 나의 삶에 적용하며 행동으로 옮겼는지 실천한 것을 적어봅시다.

▶ 오늘 하나님이 보시기에 합당한 삶을 살았으면 감사한 것을 적어 봅시다.

▶ 오늘의 기도 제목을 적어 봅시다.

거짓 선지자

오늘의 성경 말씀을 읽으시고 묵상한 후 풀어보시면 유익합니다.

재림의 날이 가까이 올수록 사탄은 거짓 선지자들을 자기의 종으로 삼아 영적 유언비어를 선포한다. 참 선지자는 오직 하나님이 허락하신 말씀만 외친다. 하나님을 예레미야를 통하여 바벨론 포로로 70 년간 징계를 받고 회복시켜 주실 것을 말씀하신다.

49. 여호와께서는 내 목장의 양떼를 멸하며 흩어지게 하는 목자에게 무엇이 있다고 하는가? (렘 23:1)

1) 복　2) 화　3) 상급　4) 칭찬

50. 다음 (　　) 안에 공통으로 들어갈 말은 무엇인가? (렘 23:5-6)

"다윗에게 한 의로운 가지를 일으킬 것이라. 그가 왕이 되어 지혜롭게 다스리며 세상에서 정의와 (　　　) 를 행할 것이며 그의 날에 유다는 구원을 받겠고 이스라엘은 평안히 살 것이며 그의 이름은 여호와 우리의 (　　　) 라 일컬음을 받으리라."

51. 사마리아 선지자들이 의지하는 것은 무엇인가? (렘 23:13)

1) 여호와　2) 몰렉　3) 바알　4) 아세라

52. 무화과 광주리에 대한 계시는 유다 왕 여고냐가 바벨론에 잡혀가고 누가 대를 이어 왕이 된 때인가? (렘 24:1-8)

53. 하나님께서는 멸망을 자초한 유다 백성들에게 몇 년 동안 바벨론 왕을 섬겨야 한다고 말씀하셨는가? (렘 25:11)

1) 50 년　2) 60 년　3) 70 년　4) 80 년

54. 여호와께서 유다 백성을 종노릇시킨 바벨론 왕과 그의 나라 갈대아인의 땅을 무엇으로 말미암아 폐허가 되게 하신다고 하였나? (렘 25:12)

1) 불순종　　2) 죄악　　3) 우상숭배　　4) 교만

55. "너는 내 손에서 이 진노의 술잔을 받아가지고…"에서 진노의 술잔이 묘사하는 것은 무엇인가? (렘 25:15)

1) 회복　　2) 고난　　3) 심판　　4) 경고

56. 다음 (　　) 안에 공통으로 들어갈 말은 무엇인가? (렘 25:35-36)

"(　　　　) 들은 도망할 수 없겠고 양 떼의 인도자들은 도주할 수 없으리로다. (　　　　) 들이 부르는 소리와 양 떼의 인도자들이 애곡하는 소리여 여호와가 그들의 초장을 황폐하게 함이로다."

| 실천 사항 |

▶ 오늘의 말씀을 읽으시고 나에게 유익한 말씀이 무엇인지 깨달아봅시다.

▶ 오늘 말씀으로 나의 삶에 적용하며 행동으로 옮겼는지 실천한 것을 적어봅시다.

▶ 오늘 하나님이 보시기에 합당한 삶을 살았으면 감사한 것을 적어 봅시다.

▶ 오늘의 기도 제목을 적어 봅시다.

거짓 선지자들과 고난받는 예레미야

오늘의 성경 말씀을 읽으시고 묵상한 후 풀어보시면 유익합니다.

예레미야의 경고에 거짓 선지자와 제사장과 백성들이 합심하여 예레미야를 죽이려고 하지만 하나님께서 보호해 주신다. 베드로나 바울, 스데반은 복음을 전할 때 한결같이 박해하고 죽이려 하는 무리가 있었다. 그러나 한결같이 당당했다.

57. 하나님께서 예레미야 선지자에게 예언의 말씀을 하되 어디에서 예배하는 자들에게 전하라고 하였는가? (렘 26:2)

58. 모레셋 사람 미가가 유다의 모든 백성에게 예언하는데 시온은 밭 같이 경작지가 되며 예루살렘은 이것이 되고 이 성전의 산은 산당의 숲과 같이 된다고 하였다. 이것은 무엇인가? (렘 26:18)

59. 유다 민족의 죄악이 가득함으로 하나님께서 바벨론을 통해 징계하시는데 겸손한 마음으로 이것을 목에 메고 그와 그의 백성을 섬기는 것만이 사는 길이라 하였다. 이것은 무엇인가? (렘 27:12)
1) 쇠고랑 2) 짐 3) 멍에 4) 우상

60. 거짓 선지자들은 하나님의 거룩한 성전의 이것이 탈취당하지 않는다고 말하나 예레미야는 이것은 탈취당한다고 말하는데 이것은 무엇인가? (렘 27:16-22)
1) 보석 2) 기구 3) 언약궤 4) 율법 책

61. 기브온앗술의 아들로 유다 왕 히스기야가 다스릴 때 거짓 선지자로 사역한 사람이다. 누구인가? (렘 28:1)

62. 거짓 선지자들의 삶에 속하지 않는 것은 어느 것인가? (렘 28:1-4)

1) 헛된 것을 가르치며 행한다.　　2) 거짓된 것을 따르게 한다

3) 거짓 선지자의 최후는 멸망이다　　4) 여호와께 상급을 받는다

63. 다음 (　　) 안에 들어갈 말은 무엇인가? (렘 29:11-13)

"너희를 향한 나의 생각을 내가 아나니 (　　　) 이요 재앙이 아니니라. 너희에게 미래와 (　　　) 을 주는 것이니라. 너희가 내게 부르짖으며 내게 와서 (　　　) 하면 내가 너희들의 기도를 들을 것이요. 너희가 온 (　　　) 으로 나를 구하면 나를 찾을 것이요 나를 만나리라."

64. 이 사람은 바벨론 포로 중에서 일하는 거짓 선지자로 예레미야를 체포하라고 제사장 스바냐에게 편지를 보냈는데 누구인가? (렘 29:24-25)

1) 힐기야　　2) 에스겔　　3) 스마야　　4) 호세야

| 실천 사항 |

▶ 오늘의 말씀을 읽으시고 나에게 유익한 말씀이 무엇인지 깨달아봅시다.

▶ 오늘 말씀으로 나의 삶에 적용하며 행동으로 옮겼는지 실천한 것을 적어봅시다.

▶ 오늘 하나님이 보시기에 합당한 삶을 살았으면 감사한 것을 적어 봅시다.

▶ 오늘의 기도 제목을 적어 봅시다.

나는 너희의 하나님이 되리라

오늘의 성경 말씀을 읽으시고 묵상한 후 풀어보시면 유익합니다.

이스라엘은 내 백성이 되고 나는 그들의 하나님이 될 것이라는 하나님의 애절한 말씀이 들린다. 하나님은 이스라엘의 피를 물어 반드시 심판하시고 70 년의 징계를 행하신다. 멸망시킴이 목적이 아니고 깨닫게 하는 징계가 목적이기에 돌아오게 하신다는 소망의 메시지를 준다.

65. 예레미야는 백성들의 이것을 예언한다. 바벨론에서 귀향은 이스라엘의 회복의 날이요, 여호와의 날인데 예언한 이것은 무엇인가? (렘 30:1-3)
　1) 해방　2) 통일　3) 구원　4) 압제

66. 하나님 백성의 구원은 이방들과 원수들에게는 무엇으로 이어지는가? (렘 30:11)
　1) 구원　2) 멸망　3) 회복　4) 은총

67. 새 언약의 하나님은 어떤 하나님이신가? 이중 아닌 것은 무엇인가? (렘 31:31-34)
　1) 보호자이신 하나님　2) 사랑의 하나님
　3) 압제하시는 하나님　4) 임마누엘 하나님

68. 성은 하나넬 망대로부터 모퉁이 문에 이르기까지 누구를 위하여 건축될 것이라고 하였는가? (렘 31:38)

69. 예레미야 시대에는 백성들이 이것과 몰렉에게 제사를 드림으로 하나님과의 언약을 통해 받은 은혜를 송두리째 포기하였는데 이것은 무엇인가? (렘 32:35)
　1) 아세라　2) 금송아지　3) 아스다롯　4) 바알

70. 여호와께서 기쁨으로 복을 주되 나의 마음과 무엇을 다하여 그들을 이 땅에 심는다고 하셨는가? (렘 32:41)

1) 사랑　　2) 은총　　3) 정성　　4) 긍휼

71. 여호와께서 그날 그때 누구에게 한 공의로운 가지가 나게 하여 그가 이 땅에서 정의와 공의를 실행할 것이라 하였는가? (렘 33:15)

1) 솔로몬　　2) 다윗　　3) 요시야　　4) 므낫세

72. 다음 (　　) 안에 공통으로 들어갈 말은 무엇인가? (렘 33:21)

"내 종 다윗에게 세운 나의 (　　　　) 도 깨뜨려 그에게 그의 자리에 앉아 다스릴 아들이 없게 할 수 있겠으며 내가 나를 섬기는 레위인 제사장에게 세운 (　　　　) 도 파할 수 있으리라."

| 실천 사항 |

▶ 오늘의 말씀을 읽으시고 나에게 유익한 말씀이 무엇인지 깨달아봅시다.

▶ 오늘 말씀으로 나의 삶에 적용하며 행동으로 옮겼는지 실천한 것을 적어봅시다.

▶ 오늘 하나님이 보시기에 합당한 삶을 살았으면 감사한 것을 적어 봅시다.

▶ 오늘의 기도 제목을 적어 봅시다.

20　.　.　.(제32주 화요일)　**오늘의 말씀: 렘 34-36장**

멸망을 선포해도 회개하지 않는 사람들

오늘의 성경 말씀을 읽으시고 묵상한 후 풀어보시면 유익합니다.

이집트에서 종이 되었던 이스라엘을 해방시킨 하나님이 자국 백성을 노비로 삼지 말라고 하였건만 언약을 맺고도 번복하는 저들을 향해 칼, 전염병, 기근이 오히려 너희를 노비 삼을 것이라고 선포한다. 불순종하는 이스라엘에게 진노하고 선포한 대로 실행한다.

73. 시드기야 왕은 바벨론 왕 느부갓네살에게 옹립되어 왕이 되었지만 자기를 섭정자 삼은 바벨론을 반역하였다. 불순종한 시드기야는 칼에 죽지 않고 어떻게 죽을 것이라 하였는가? (렘 34:1–5)

1) 비참하게　2) 목메임　3) 떨어져서　4) 평안히

74. 율법에 동족으로서 종이 된 자는 6년 동안 종노릇하고 이 해에는 무조건 해방을 명했다. 언제인가? (렘 34:14)

1) 7 년　2) 8 년　3) 9 년　4) 10 년

75. 하나님께서 예레미야에게 레갑 사람들을 데려다가 포도주를 마시게 하라고 명하지만 그들의 선조 이 사람이 그 자손들에게 영원히 마시지 말라고 명령해서 마시지 않는다. 그 선조는 누구인가? (렘 35:5–6)

76. 레갑 자손은 피난 중에도 그 선조들의 명령을 준행하고 술을 마시지 않았다. 그러나 이 사람들은 선지자의 메시지도 듣지 않고 순종치 않았다. 누구인가? (렘 35:14)

77. 온 유다와 예루살렘이 하나님의 말씀을 버리고 불신앙과 불경건으로 치닫고 있을 때도 레갑 족속은 조상들의 무엇을 충실히 따랐는가? (렘 35:18-19)

1) 명예 2) 믿음 3) 명령 4) 신

78. 하나님을 예레미야에게 무엇을 가져다가 요시야의 날부터 오늘까지 내게 네게 일러준 모든 말을 기록하라고 하였는가? (렘 36:1-2)

79. 예레미야가 누구를 불러다가 선지자가 불러주는 대로 여호와의 모든 말씀을 기록하였는가? (렘 36:4)

1) 그마랴 2) 사반 3) 들라야 4) 바룩

80. 여호와의 말씀이 적힌 두루마리를 고관과 백성들 앞에서 낭독한 사람은 누구인가? (렘 36:11-13)

1) 여후디 2) 시드기야 3) 바룩 4) 미가야

| 실천 사항 |

▶ 오늘의 말씀을 읽으시고 나에게 유익한 말씀이 무엇인지 깨달아봅시다.

▶ 오늘 말씀으로 나의 삶에 적용하며 행동으로 옮겼는지 실천한 것을 적어봅시다.

▶ 오늘 하나님이 보시기에 합당한 삶을 살았으면 감사한 것을 적어 봅시다.

▶ 오늘의 기도 제목을 적어 봅시다.

멸망하는 예루살렘

오늘의 성경 말씀을 읽으시고 묵상한 후 풀어보시면 유익합니다.

시드기야 왕을 끝으로 유다가 멸망한다. 성은 불태워지고 백성들은 바벨론에 포로로 끌려간다. 수없이 징계를 달게 받으라고 외쳤건만 거절했고 예레미야의 예언대로 멸망된 것이다. 하나님을 두려워하지 않아 비참한 종말을 맞이한 유다를 보며 우리는 철저히 순종해야 한다.

81. 바로의 군대가 애굽에서 나왔다는 소문에 예루살렘을 에워쌌다가 떠나간 사람들은 누구인가? (렘 37:5)

1) 애굽인　　2) 갈대아인　　3) 바사인　　4) 두로인

82. 예레미야가 슬그머니 예루살렘을 빠져나가려 했으나 문지기 우두머리에게 붙잡혀 억울한 누명을 쓰고 서기관 누구의 집에 투옥되었는가? (렘 37:15)

1) 바룩　　2) 스바냐　　3) 요나단　　4) 여후갈

83. 예레미야를 끌어다가 감옥 구덩이에 던져넣었는데 이 구덩이는 어떤 구덩이였는가? (렘 38:6)

1) 돌 구덩이　　2) 징창 구덩이　　3) 볏짚 구덩이　　4) 곡식 구덩이

84. 예레미야가 감옥 뜰, 시위대 뜰에도 갇혔는데 예레미야는 이곳에서 언제까지 갇혀 있었는가? (렘 38:28)

1) 바벨론이 몰락할 때까지　　2) 예루살렘이 함락되는 날까지
3) 1 차 포로로 끌려갈 때까지　　4) 금식을 시작할 때까지

85. 바벨론 왕이 예루살렘을 함락하고 시드기야의 아들과 귀족을 죽이고 또 시드기야의 이것을 빼고 쇠사슬로 결박했다. 이것은 무엇인가? (렘 39:1-7)

86. 바벨론 왕 느부갓네살이 누구를 선대하고 해하지 말라고 명령했는가? (렘 39:11-12)

1) 느부사시반 2) 느부사라단 3) 예레미야 4) 아히감

87. 느부사라단이 백성들과 예레미야를 결박하여 끌고 갈 때 여호와께 범죄하고 그의 무엇에 순종하지 아니하여 이전 일이 벌어졌다고 하였나? (렘 40:3)

88. 유다의 총독으로 세우심을 받은 아히감의 아들은 누구인가? (렘 40:7)

1) 느다냐 2) 요하단 3) 스라야 4) 그다랴

| 실천 사항 |

▶ 오늘의 말씀을 읽으시고 나에게 유익한 말씀이 무엇인지 깨달아봅시다.

▶ 오늘 말씀으로 나의 삶에 적용하며 행동으로 옮겼는지 실천한 것을 적어봅시다.

▶ 오늘 하나님이 보시기에 합당한 삶을 살았으면 감사한 것을 적어 봅시다.

▶ 오늘의 기도 제목을 적어 봅시다.

애굽으로 도망친 사람들

오늘의 성경 말씀을 읽으시고 묵상한 후 풀어보시면 유익합니다.

멸망이 목적이 아니고 깨닫고 돌아오라는 징계가 목적이기에 징계를 받으라고 하셨지만 일부 사람들이 애굽으로 가 애굽 신을 섬기어 하나님을 진노케 하신다. 하나님은 이스라엘에서 우상 숭배한 것도 부족해 애굽 신에게 분향하냐며 이들을 향해 멸망시킬 것을 맹세한다.

89. 이스마엘이 그다랴와 함께 있던 모든 유다 사람과 거기에 있는 갈대아 군사를 죽였는데 이곳은 어디인가? (렘 41:3)
 1) 벧엘 2) 기브온 3) 미스바 4) 가불

90. 유다의 총독 그다랴에게 불만을 품고 그를 죽인 사람은 누구인가? (렘 41:1-3)
 1) 미아가 2) 요하난 3) 여사냐 4) 이스마엘

91. 다음 ( ) 안에 공통으로 들어갈 말은 무엇인가? (렘 42:6)
 "우리가 당신을 우리 하나님 여호와께 보냄은 그의 목소리가 우리에게 좋든지 좋지 않든지를 막론하고 (   ) 하려 함이라. 우리가 우리 하나님 여호와의 목소리를 (   ) 하면 우리에게 복이 있으리라 하니라."

92. 사람들은 자기 생각을 관철시키기 위하여 하나님의 뜻이라고 이것을 부린다. 이것은 재앙을 부른다. (렘 42:15-17)
 1) 꾀 2) 고집 3) 심술 4) 투정

93. 예레미야에게 하나님의 말씀이 임하며 큰 돌 여러 개를 가져다가 궁전 대문의 벽돌로 쌓은 축대에 무엇으로 감추라고 하였는가? (렘 43:8-9)
 1) 돌 2) 짚 3) 진흙 4) 천막

94. 유다가 멸망한 이후에 예레미야의 마지막 심판의 말씀이 선포되는데 누구를 향한 것인가? (렘 44:1-2)

1) 애굽에 있는 유다 백성　　2) 바벨론에 있는 유다 백성

3) 끌려가지 않은 백성　　4) 유다에 있는 이방인

95. 유다인들이 피난하여 거하던 애굽 땅 바드로스에서 누구에게 분향을 하였는가? (렘 44:15-17)

96. 다음 (　　) 안에 들어갈 말은 무엇인가? (렘 45:3)

"네가 일찍이 말하기를 (　　　) 로다. 여호와께서 나의 (　　　) 에 슬픔을 더하셨으니 나는 너의 탄식으로 피곤하여 (　　　) 을 찾지 못하는도다."

| 실천 사항 |

▶ 오늘의 말씀을 읽으시고 나에게 유익한 말씀이 무엇인지 깨달아봅시다.

▶ 오늘 말씀으로 나의 삶에 적용하며 행동으로 옮겼는지 실천한 것을 적어봅시다.

▶ 오늘 하나님이 보시기에 합당한 삶을 살았으면 감사한 것을 적어 봅시다.

▶ 오늘의 기도 제목을 적어 봅시다.

이스라엘의 하나님

오늘의 성경 말씀을 읽으시고 묵상한 후 풀어보시면 유익합니다.

하나님은 택한 백성을 버리지 않으셨지만 애굽과 주변 바벨론가 같은 나라는 멸망시켰다. 이방 민족을 통하여 이스라엘 백성들을 연단시켰다. 하나님은 블레셋을 완전히 멸망시키겠다고 하시고 이스라엘을 조롱한 모압도 멸망당할 것을 예레미야를 통해 말씀하신다.

97. 유다 요시야 왕의 아들로 왕이 된 자는 누구인가? (렘 46:2)

98. 애굽을 향한 예언에서 여호와는 애굽을 심히 아름다운 무엇으로 표현을 하였는가? (렘 46:20)

1) 수송아지 2) 암양 3) 암송아지 4) 숫염소

99. 애굽을 향한 예언 뒤에 이스라엘에게 주신 하나님의 말씀이 아닌 것은 무엇인가? (렘 46:27-28)

1) 내가 너를 먼 곳에서 구원하며 네 자손을 포로된 땅에서 구원할 것이다.
2) 내 종 야곱아 내가 너와 함께 있으니 두려워하지 말라.
3) 내가 너를 흩었던 나라들을 도와줄 것이다.
4) 내가 너를 법도대로 징계할 것이여 무죄한 자로 여기지 않을 것이다.

100. 블레셋에 관한 예언 중에 두로와 시돈에 남아 있는 도와줄 자를 다 어떻게 한다고 하였는가? (렘 47:4)

1) 놓아준다 2) 끊어버린다 3) 밀어낸다 4) 거절한다

101. 다음 (　　) 안에 공통으로 들어갈 말은 무엇인가? (렘 48:10)

"여호와의 일을 게을리하는 자는 (　　) 를 받을 것이요 자기 칼을 금하여 피를 흘리지 아니하는 자도 (　　) 를 받을 것이로다."

102. 여호와께서 이곳에서 제사하고 그 신에게 분향하는 사람을 끊어버린다. 이곳은 어디인가? (렘 48:35)

1) 몰렉 산당　　2) 아세라 산당　　3) 모압 산당　　4) 바알 산당

103. 모압이 어떻게 여호와를 거슬러 멸망하고 다시 나라를 이루지 못하는 심판을 받게 되었나? (렘 48:42)

1) 패역　　2) 자만　　3) 불순종　　4) 불평

104. 다음 (　　) 안에 공통으로 들어갈 말은 무엇인가? (렘 48:44)

"두려움에서 도망하는 자는 (　　) 에 떨어지겠고 (　　) 에서 나오는 자는 올무에 걸리리니. 이는 내가 모압이 벌받을 해가 임하게 할 것임이라. 여호와의 말씀이니라."

| 실천 사항 |

▶ 오늘의 말씀을 읽으시고 나에게 유익한 말씀이 무엇인지 깨달아봅시다.

▶ 오늘 말씀으로 나의 삶에 적용하며 행동으로 옮겼는지 실천한 것을 적어봅시다.

▶ 오늘 하나님이 보시기에 합당한 삶을 살았으면 감사한 것을 적어 봅시다.

▶ 오늘의 기도 제목을 적어 봅시다.

남은 7 개 민족을 심판하시는 하나님

오늘의 성경 말씀을 읽으시고 묵상한 후 풀어보시면 유익합니다.

암몬, 에돔, 다메섹, 게달, 하솔, 엘람 그리고 바벨론까지 모든 나라가 심판을 받는다. 어떤 경우라도 하나님 앞에서 겸손해야 한다. 유다의 멸망도 현실이 되고 하나님은 바벨론에 항복하면 주어진 삶을 살 것이라 경고했지만 불순종하다 눈이 뽑히고 쇠사슬에 묶여 죽을 때까지 감옥에 갇힌다.

105. 예레미야 49장에 각국에 대한 심판이 나오는데 심판의 대상이 아닌 곳은 어디인가? (렘 49장)

1) 암몬 2) 다메섹 3) 에돔 4) 앗수르

106. 암몬 족속은 롯의 아들 누구의 후손인가? (렘 49:1-6)

1) 에서 2) 이스마엘 3) 벤암미 4) 베냐민

107. 바벨론에 대한 예언 중에서 바벨론이 함락되고 벨과 신상들은 수치를 당하고 므로닥과 이것이 부스러진다고 하였는데 무엇인가? (렘 50:2)

1) 아세라 2) 금송아지 3) 몰렉 4) 우상

108. 바벨론이 멸망한 이유는 무엇 때문인가? (렘 50:29)

1) 불순종 2) 교만 3) 패역 4) 전쟁

109. 책 읽기를 다한 후에 책에 돌을 매어 어디 속에 던지라 하는가? (렘 51:63)

110. 시드기야는 누구의 모든 행위를 본받아 여호와 보시기에 악을 행하였나? (렘 52:2)

1) 여호야김 2) 므낫세 3) 여호야긴 4) 여호아하스

111. 바벨론 왕 느부갓네살의 어전 사령관은 누구인가? (렘 52:12)

112. 포로에서 37년 만에 석방되어 죄수복을 갈아입고 어느 왕보다 높임을 받고 선대를 받은 왕은 누구인가? (렘 52:31-33)

| 실천 사항 |

▶ 오늘의 말씀을 읽으시고 나에게 유익한 말씀이 무엇인지 깨달아봅시다.

▶ 오늘 말씀으로 나의 삶에 적용하며 행동으로 옮겼는지 실천한 것을 적어봅시다.

▶ 오늘 하나님이 보시기에 합당한 삶을 살았으면 감사한 것을 적어 봅시다.

▶ 오늘의 기도 제목을 적어 봅시다.

[예레미야 해답]

1) 힐기야 2) 3 3) 2 4) 3 5) 입 6) 2 7) 1 8) 3 9) 1 10) 웅덩이 11) 3 12) 4 13) 지각 14) 3 15) 4 16) 평강 17) 4 18) 도벳 19) 2 20) 4 21) 4 22) 명철, 사랑, 공의 23) 살아계신 24) 권능, 지혜, 명철 25) 2 26) 칼과 기근 27) 3 28) 2 29) 칼과 기근 30) 4 31) 기쁨, 즐거움 32) 3 33) 4 34) 눈 35) 3 36) 2 37) 3 38) 안식일 39) 4 40) 혀 41) 3 42) 2 43) 바스훌 44) 4 45) 3 46) 항복 47) 4 48) 4 49) 2 50) 공의 51) 3 52) 시드기야 53) 3 54) 2 55) 3 56) 목자 57) 여호와 성전 58) 돌 무더기 59) 3 60) 2 61) 힐기야 62) 4 63) 평안, 희망, 기도, 마음 64) 3 65) 1 66) 2 67) 3 68) 여호와 69) 4 70) 3 71) 2 72) 언약 73) 4 74) 1 75) 요나답 76) 유다 77) 3 78) 두루마기 책 79) 4 80) 3 81) 2 82) 3 83) 2 84) 2 85) 눈 86) 3 87) 목소리 88) 4 89) 3 90) 4 91) 순종 92) 2 93) 3 94) 1 95) 하늘의 여왕 96) 화, 고통, 평안 97) 여호야김 98) 3 99) 3 100) 2 101) 저주 102) 3 103) 2 104) 함정 105) 4 106) 3 107) 4 108) 2 109) 유브라데강 110) 1 111) 느부사라단 112) 여호야긴

25. 예레미야 애가 (LAMENTATIONS)

1. 내용

탄식의 책을 일컫는 다섯 장의 짧은 시 형식으로 구성된 이 책은 남왕국 유다의 수도 예루살렘이 바벨론 군대에 의해 멸망된 직후 선지자 예레미야가 눈물로 지은 슬픈 노래이다. 영화롭던 도성이 멸망당한 참담한 현실을 탄식하며 죄악에 대해 회개와 극심한 슬픔 속에서도 하나님의 언약을 믿는 가운데, 다시 회복될 날을 소망하며 우리가 겪는 고통 속으로 오셔서 동참하시는 하나님의 회복과 구원의 찬란한 빛을 느낄 수 있다.

2. 배경

애굽과 연대하던 유대 왕국이 바벨론의 공격을 받고 마침내 멸망한다. 이런 상황 속에서 나라 잃은 망국의 한을 노래 부르며, 징계하시는 가운데새 언약을 통해 긍휼로 베푸시는 하나님의 구원할 때를 배경으로 한다.

3. 흐름과 내용 구성

첫 번째 애가(예루살렘이 황폐하게 무너짐), 두 번째 애가(예루살렘 참상, 하나님의 진노), 세 번째 애가(선지자의 탄식과 고통, 슬픔 기도), 네 번째 애가(멸망 원인과 참상), 다섯 번째 애가(선지자의 열망, 회복을 간구함)로 이뤄졌다.

4. 목적

하나님의 도성 예루살렘의 멸망에 대한 슬픔과 탄식을 표현하고 멸망의 원인이 범죄 때문임을 상기시키며, 그로 인해 백성들의 회개를 촉구하고 실의에 빠진 백성들에게 소망을 북돋워준다.

5. 본서에 나타난 하나님의 섭리

하나님께 택한 백성일지라도 죄를 지으면 반드시 심판받고 철저하게 뉘우치고 회개하는 자는 감싸고 위로하며 치유해 주시는 분임을 깨닫게 된다. 회개하면 이전보다 더욱 아름답고 온전한 상태로 영화롭게 해주시는 분이기에 죄를 짓고 살아간다면 돌이키는 자에게 은혜를 베푸시는 하나님의 따뜻한 사랑을 가슴 깊이 느낄 수 있다.

예루살렘의 곤경

오늘의 성경 말씀을 읽으시고 묵상한 후 풀어보시면 유익합니다.

성과 성전은 파괴되고 백성들은 포로로 끌려갔다. 이 상황에서 예레미야는 아파 울며 괴로워하고 있다. 이렇게 비참한 상태가 된 것은 이스라엘 죄악 때문이다. 예레미야는 이런 멸망의 모습에 눈물이 흘러넘쳐 눈이 상하였고 창자가 끊어지고 간이 쏟아졌다고 한다.

1. 애가에서 말하는 예루살렘의 변화가 아닌 것은 무엇인가? (애 1:1)
   1) 사람이 많았는데 이제는 적막하다. 2) 열국 중에 크던 자가 과부같이 되었다.
   3) 공주 같던 자가 강제 노동자가 되었다. 4) 열국들이 모두 등을 돌렸다.

2. 다음 ( ) 안에 공통으로 들어갈 말은 무엇인가? (애 1:5)
   "그의 ( )들이 머리가 되고 그의 원수들이 형통함은 그의 죄가 많아 여호와께서 그를 곤고하게 하셨음이라. 어린 자녀들이 ( )에게 사로잡혔도다."

3. 죄로 인해 예루살렘은 기근을 겪게 되었고 그들은 생존하기 위해 무엇으로 먹을 것을 바꾸었는가? (애 1:11)

4. 다음 ( ) 안에 들어갈 말은 무엇인가? (애 1:22)
   "그들의 모든 ( )을 주 앞에 가지고 오게 하시고 나의 모든 ( )들로 말미암아 내게 행하신 것 같이 그들에게 행하옵소서. 나의 탄식이 많고 나의 ( )이 병들었나이다."

5. 하나님은 그들이 시온 가운데서 절기와 안식일 등을 잊어버리게 하시고 왕과 제사장을 어떻게 하였는가? (애 2:6)

1) 상급　　2) 멸시　　3) 칭찬　　4) 보응

6. 왕과 지도자들이 율법 없는 이방인들 가운데 있고 그 성의 선지자들은 이것을 받지 못했는데 무엇인가? (애 2:9)

7. 선지자들은 헛되고 어리석은 이것을 보아 네 죄악을 드러내어서 사로잡힌 것을 돌이키지 못하였는데 무엇을 보았는가? (애 2:14)

1) 미혹　　2) 장치　　3) 묵시　　4) 석상

8. 바벨론 군대가 정복하기 위해 밀려왔을 때 제사장들과 선지자들이 어디에서 살육을 당했는가? (애 2:20)

| 실천 사항 |

▶ 오늘의 말씀을 읽으시고 나에게 유익한 말씀이 무엇인지 깨달아봅시다.

▶ 오늘 말씀으로 나의 삶에 적용하며 행동으로 옮겼는지 실천한 것을 적어봅시다.

▶ 오늘 하나님이 보시기에 합당한 삶을 살았으면 감사한 것을 적어 봅시다.

▶ 오늘의 기도 제목을 적어 봅시다.

예레미야의 간구

오늘의 성경 말씀을 읽으시고 묵상한 후 풀어보시면 유익합니다.

예레미야는 울며 가슴 치고 아파하면서도 악이 없으시고 공의이신 하나님께 기도하며 소망을 둔다. 하나님께서는 예레미야의 음성을 들으시고 그의 기도에 응답하셨다. 그분은 우리가 구할 때 허락하시며, 부르짖을 때 응답하시는 사랑의 하나님이시다.

9. 다음 ( ) 안에 공통으로 들어갈 말은 무엇인가? (애 3:25-26)

"기다리는 자들에게나 구하는 영혼들에게 (   )는 선하시도다. 사람이 (   )의 구원을 바라고 잠잠히 기다림이 좋도다."

10. 악이나 불의를 행하지 않았음에도 벌을 받게 되는 사람은 없다. 모든 사람은 자기의 이것으로 인해 벌을 받는다. 이것은 무엇인가? (애 3:39)

1) 죄 2) 행위 3) 패악 4) 불순종

11. 예레미야는 아름다운 것들이 파괴되고 변하여 추하게 된 이것을 보고 슬퍼하였다. 이곳은 하나님의 영광이 충만했던 곳이다. 이곳은 어디인가? (애 4:1)

12. 예루살렘 포위 기간 동안 사람들의 상태로 젖먹이가 목말라도 물을 줄 사람 없고 어린아이가 이것을 구하나 떼어줄 사람이 없다고 하는데 이것은 무엇인가? (애 4:4)

13. 예루살렘의 비극을 묘사하면서 굶주림에 시달려 죽는 자들보다 어떻게 죽은 자들이 낫다고 하는가? (애 4:9)

1) 전염병 2) 대적 손에 3) 칼 4) 재난

14. 예루살렘 포위가 몰락의 원인은 선지자와 제사장들의 무엇 때문인가? (애 4:13)
1) 패악　　2) 죄악　　3) 불순종　　4) 교만

15. 유다 재난의 중요한 원인은 양식을 얻기 위해 애굽 사람과 앗수르 사람과 이것을 했기 때문이다. 이것은 무엇인가? (애 5:6)
1) 협상　　2) 화해　　3) 악수　　4) 친교

16. 다음 (　　) 안에 들어갈 말은 무엇인가? (애 5:17)
"우리가 헛되이 (　　　　) 을 바라므로 우리의 눈이 상함이여 , 우리를 (　　　　) 하지 못할 나라를 바라보고 바라보았도다 ."

| 실천 사항 |

▶ 오늘의 말씀을 읽으시고 나에게 유익한 말씀이 무엇인지 깨달아봅시다 .

▶ 오늘 말씀으로 나의 삶에 적용하며 행동으로 옮겼는지 실천한 것을 적어봅시다 .

▶ 오늘 하나님이 보시기에 합당한 삶을 살았으면 감사한 것을 적어 봅시다 .

▶ 오늘의 기도 제목을 적어 봅시다 .

[예레미야 애가 해답]

1) 4 2) 대적 3) 보물 4) 악, 죄악, 마음 5) 2 6) 여호와의 묵시 7) 3 8) 주의 성소 9) 여호와 10) 1 11) 성소 12) 떡 13) 3 14) 2 15) 3 16) 도움, 구원

26. 에스겔 (EZEKIEL)

1. 내용

에스겔 선지자는 바벨론 2차 침공 때 여호야긴 왕과 함께 포로로 끌려가 바벨론 그발 강가에서 소명을 받고 포로가 된 유다 백성들에게 그 모든 일이 죄악에 대한 하나님의 심판임을 일깨워주며, 이제라도 회개하고 하나님께 의지하면 하나님의 은혜로 새 예루살렘이 회복될 수 있음을 선포하며 위로와 소망을 전한다.

2. 배경

앗수르가 바벨론에 의해 함락되고 애굽이 대패하는 등 국제 질서가 재편될 때 유다 왕국도 바벨론에 의해 공격받고 위태로워 극도로 혼란스러울 때를 배경으로 한다.

3. 흐름과 내용 구성

크게 네 가지로 나눌 수 있다. 에스겔의 소명(환상과 소명, 파송), 유대에 임할 심판(상징적 행동, 환상 중의 성전, 여러 경고와 각종 비유), 열방에 임할 심판(암몬, 모압, 에돔, 두로, 블레셋, 시돈, 애굽, 앗수르 멸망 선포), 회복과 승리(에스겔의 임무, 마른뼈 환상곡에 대한 예언, 새 성전, 새 예배 환상, 거룩한 새 땅)로 구성되었다.

4. 목 적

유다 백성의 바벨론 유수와 예루살렘 멸망이 죄 때문임을 상기시키며 회개를 촉구하고 열방의 멸망을 경고함으로써 하나님은 온 세상의 통치자요, 절대 주권자이심을 선포하며 포로지에 끌려간 이스라엘 백성에게 위로와 소망을 심어준다.

5. 본서에 나타난 하나님의 섭리

하나님께서는 선민이라도 범죄하고 회개하지 않으면 멸망시키는 것을 유다 백성은 잊고 살았다. 하나님께서는 당신의 백성이 거룩하고 선하심을 본받아 신앙의 정결을 지키며 순결하게 살기를 원하신다. 이런 사실을 일깨워주기 위하여 하나님께서는 선지자에게 환상을 보여주고 다시금 합당한 자로서 살아가게끔 자격을 갖추길 원하신다. 지금 이 순간도 소망을 주시는 당신의 말씀을 기억하면서 합당한 삶을 살아가야 됨을 잊지 말아야 한다.

에스겔을 선지자로 부르시다

오늘의 성경 말씀을 읽으시고 묵상한 후 풀어보시면 유익합니다.

바벨론 포로로 5 년 후 에스겔이 나이 30 세에 영의 눈이 열려 하나님의 보좌와 하나님을 본다. 하나님은 타락한 이스라엘 백성을 구원할 계획을 이루기 위해 에스겔에게 말씀과 능력을 주셨다. 에스겔은 하나님의 능력과 지혜와 용기를 겸손하게 받아들여 사명자가 되었다.

1. 에스겔이 그발 강가에서 환상을 보았을 때는 언제인가? (겔 1:1-2)
   1) 여호야긴이 사로잡힌 지 3 년　2) 여호야긴이 사로잡힌 지 5 년
   3) 여호야긴이 사로잡힌 지 7 년　4) 여호야긴이 사로잡힌 지 8 년

2. 이스라엘 포로들이 그발 강가에서 예루살렘 성전을 생각하며 울 때 무엇이 있었는가? (겔 1:15-21)
   1) 하나님의 권능　2) 하나님의 위엄　3) 하나님의 환상　4) 하나님의 은혜

3. 여호와께서 패역한 백성 이스라엘 자손에게 선지자로 누구를 보냈는가? (겔 2:2-5)

4. 하나님께서 에스겔에게 주신 두루마리 책에 담겨 있는 내용이 아닌 것은 무엇인가? (겔 2:9-10)
   1) 심판　2) 애곡　3) 재앙　4) 애가

5. 하나님께서 주신 두루마리를 내가 먹으니 그 맛이 어떻게 되었다고 표현하였나? (겔 3:3)
   1) 쓰다　2) 꿀 같다　3) 시다　4) 안 맞다

6. 하나님께서 반역하는 족속들이라도 무서워하지 말라며 에스겔의 이마를 이것 같이 하셨는데 무엇인가? (겔 3:9)

7. 7일 후에 여호와께서는 에스겔을 무엇으로 세우셨는가? (겔 3:16-17)
1) 제사장 2) 술객 3) 파수꾼 4) 목자

8. 하나님께서는 에스겔의 이것을 입천장에 붙게 하심으로 패역한 족속들을 책망하지 못하게 하셨다. 무엇인가? (겔 3:26)

| 실천 사항 |

▶ 오늘의 말씀을 읽으시고 나에게 유익한 말씀이 무엇인지 깨달아봅시다.

▶ 오늘 말씀으로 나의 삶에 적용하며 행동으로 옮겼는지 실천한 것을 적어봅시다.

▶ 오늘 하나님이 보시기에 합당한 삶을 살았으면 감사한 것을 적어 봅시다.

▶ 오늘의 기도 제목을 적어 봅시다.

예루살렘을 향한 예언

오늘의 성경 말씀을 읽으시고 묵상한 후 풀어보시면 유익합니다.

하나님은 예루살렘 성이 무너지는 것을 에스겔에게 그림을 그리게 하는 등 여러 가지를 보여준다. 하나님은 우상을 선택한 이스라엘을 향해 그 심판이 이제 임박했음을 선포한다. 그들은 그 분의 권고에 대해 귀를 막고 있었으므로 성치당하고 말았다.

9. 여호와께서는 에스겔에게 왼쪽으로 누워 이스라엘 족속의 죄악을 짊어지되 네가 눕는 날수대로 그 죄악을 담당한다고 하셨는데 며칠 동안 하여야 하는가? (겔 4:4-5)
   1) 350 일　2) 380 일　3) 390 일　4) 400 일

10. 여호와께서 에스겔에게 오른쪽으로 누워 유다 족속의 죄악을 담당하라며 이 날짜를 정해주시고 하루가 1년이라고 하셨다. 며칠 동안 하여야 하는가? (겔 4:6)

11. 이스라엘 족속이 형벌을 받을 수밖에 없었던 이유는 이방인보다 악을 행하고 하나님의 성소를 더럽혔기 때문이다. 그것은 무엇인가? (겔 5:11)
   1) 우상숭배　2) 모든 미운 물건과 가증한 일
   3) 더러운 제물　4) 이스라엘의 패역

12. 이스라엘에 죄에 대한 형벌을 내리셨는데 아닌 것은 무엇인가? (겔 5:14-17)
   1) 이방인에게 모욕거리가 되게 한다　2) 기근을 보내 의뢰하는 양식을 끊는다
   3) 악한 짐승을 보내 외롭게 한다　4) 홍수로 쓸어 버린다

13. 이스라엘이 죄를 깨달은 후에야 주의 경고가 의미하는 것이 무엇이며 그것이 얼마나 두려운가를 느끼며 하나님을 기억하게 되는데 언제인가? (겔 6:9)

1) 살아남은 자가 이방인 가운데 거할 때 2) 포로로 끌려가 고통을 당할 때
3) 고향으로 돌아오지 못한다고 느낄 때 4) 성소가 파괴되는 것을 보았을 때

14. 이스라엘 지도자에게 여호와께서 징벌을 내리며 선지자에게는 묵시가 헛될 것이고 제사장에게는 율법이 없어지고 장로에게는 무엇이 없어진다고 하는가? (겔 7:26)

15. 에스겔이 본 하나님의 형상은 "허리 아래의 모양은 불같고 허리 위에는 광채가 나서 이것 같다."고 표현했는데 무엇인가? (겔 8:2)

16. 이스라엘 족속의 장로 칠십 명이 그 앞에 섰으며 "이스라엘 백성들뿐 아니라 그 지도자들이 이것에 빠졌다. 영적 지도자의 타락이 문제였는데 무엇인가? (겔 8:11)

1) 불순종 2) 우상숭배 3) 교만 4) 패악

| 실천 사항 |

▶ 오늘의 말씀을 읽으시고 나에게 유익한 말씀이 무엇인지 깨달아봅시다.

▶ 오늘 말씀으로 나의 삶에 적용하며 행동으로 옮겼는지 실천한 것을 적어봅시다.

▶ 오늘 하나님이 보시기에 합당한 삶을 살았으면 감사한 것을 적어 봅시다.

▶ 오늘의 기도 제목을 적어 봅시다.

분노의 예루살렘

오늘의 성경 말씀을 읽으시고 묵상한 후 풀어보시면 유익합니다.

마침내 예루살렘이 무너진다. 하나님이 선택하시고 세워 함께 하시겠다고 말씀하시던 예루살렘 성전도 무너지고 하나님의 영광이 떠나간다. 진정한 회개를 하지 않아 모든 것이 다 무너진다. 불순종과 우상숭배에 대한 엄연한 심판이 도래한 것이다.

17. 이스라엘을 심판하기 위한 예루살렘을 관할하는 자의 손에는 심판의 도구인 죽이는 무기가 있었고 그중 한 사람은 허리에 서기관의 이것을 찼다. 무엇인가? (겔 9:4)

18. 여호와께서 가는 베옷을 입은 사람에게 명령한 것은 이마에 이것을 그리라고 했는데 무엇인가? (겔 9:4)
1) 점　　2) 줄　　3) 표　　4) 별

19. 하나님이 가는 베옷을 입은 자들에게 명령하여 그룹들 사이에서 무엇을 가져가라고 하셨는가? (겔 10:6)

20. 에스겔이 본 환상 중 그룹들의 얼굴 모습 중에 둘째 면은 사람의 얼굴인데 넷째 면은 무슨 얼굴인가? (겔 10:14)
1) 그룹　　2) 사자　　3) 호랑이　　4) 독수리

21. 에스겔은 네 얼굴과 네 날개가 있고 날개 밑에는 사람의 손 형상이 있고 그 얼굴의 형상을 지닌 그룹을 어디에서 보았다고 하였는가? (겔 10:21-22)

22. 다음 (   ) 안에 들어갈 말은 무엇인가? (겔 11:20)

"내 율례를 따르며 내 (   ) 를 지켜 행하게 하리니 그들은 내 백성이 되고 나는 그들의 (   ) 이 되리라."

23. 반역하는 족속들은 볼 눈이 있어도 보지 못하고 들을 이것이 있어도 듣지 않는다. 이것은 무엇인가? (겔 12:2)

24. 다음 (   ) 안에 공통으로 들어갈 말은 무엇인가? (겔 12:23)

"그러므로 너는 그들에게 이르기를 주 여호와께서 이같이 말씀하시기를 내가 이 (   ) 을 그치게 하리니 사람이 다시는 이스라엘 가운데에서 이 (   ) 을 사용하지 못하리다."

| 실천 사항 |

▶ 오늘의 말씀을 읽으시고 나에게 유익한 말씀이 무엇인지 깨달아봅시다.

▶ 오늘 말씀으로 나의 삶에 적용하며 행동으로 옮겼는지 실천한 것을 적어봅시다.

▶ 오늘 하나님이 보시기에 합당한 삶을 살았으면 감사한 것을 적어 봅시다.

▶ 오늘의 기도 제목을 적어 봅시다.

거짓 선지자의 종말

오늘의 성경 말씀을 읽으시고 묵상한 후 풀어보시면 유익합니다.

예레미야와 에스겔은 이스라엘의 멸망과 심판을 예언하였으나 거짓 선지자들은 이스라엘의 평강을 예언했다. 사람들은 거짓 선지자의 달콤한 예언에 취해 있어 하나님은 거짓 선지자를 심판한다. 하나님은 이스라엘의 죄악이 소돔과 고모라보다 더 크다고 말씀하신다.

25. 이 사람들은 공회에 참석할 수도 없고 이스라엘 선민의 호적에도 기록될 수 없는데 이들은 누구인가? (겔 13:9)

1) 제사장 2) 장로 3) 거짓 선지자 4) 술객

26. 다음 ( ) 안에 공통으로 들어갈 말은 무엇인가? (겔 13:16)

"이들은 예루살렘에 대하여 예언하기를 ( ) 이 없으나 ( ) 의 묵시를 보았다고 하는 이스라엘의 선지자들이니라. 주 여호와의 말씀이니라."

27. 장로들은 하나님께서 용납할 수 없는 위선자들이다. 이것을 섬기면서 하나님께 나오는 것은 하나님의 율례를 어기는 일인데 이들은 무엇을 섬겼는가? (겔 14:1-5)

28. 노아, 다니엘, 욥 등 이 세 사람은 자기의 무엇으로 자기의 생명만 건지는가? (겔 14:14)

1) 상급 2) 공의 3) 행위 4) 복

29. 포도나무가 열매 맺지 못할 때 아무 데도 쓸데없고 오직 땔감으로 적당하듯 이 주민들도 그와 같은데 누구인가? (겔 15:6)

30. 이스라엘 백성들은 범죄하고 하나님을 배반하여 결국 하나님 앞에서 버림받게 되었다. 징계 결과가 아닌 것은? (겔 15:1-8)

1) 쓸모없는 존재가 되겠다고 하셨다 2) 그 땅은 황폐하게 되리라고 하셨다
3) 하나님이 대적자가 되시겠다고 하셨다 4) 패역하여 징벌을 받는다고 하셨다

31. 유다 백성들은 이것을 위하여 그들의 몸과 재물과 음식물과 심지어 그들의 자녀까지도 바쳤다. 이것은 무엇인가? (겔 16:19-21)

32. 다음 ( ) 안에 공통으로 들어갈 말은 무엇인가? (겔 16:59-60)

"나 주 여호와가 이같이 말하노라. 네가 맹세를 멸시하며 ( ) 을 배반하였은즉 내가 네 행한 대로 네게 행하리라. 그러나 내가 너의 어렸을 때 너와 세운 ( ) 을 기억하고 너와 영원한 ( ) 을 세우리라."

| 실천 사항 |

▶ 오늘의 말씀을 읽으시고 나에게 유익한 말씀이 무엇인지 깨달아봅시다.

▶ 오늘 말씀으로 나의 삶에 적용하며 행동으로 옮겼는지 실천한 것을 적어봅시다.

▶ 오늘 하나님이 보시기에 합당한 삶을 살았으면 감사한 것을 적어 봅시다.

▶ 오늘의 기도 제목을 적어 봅시다.

환상과 계시를 통한 예루살렘의 멸망

오늘의 성경 말씀을 읽으시고 묵상한 후 풀어보시면 유익합니다.

에스겔은 다른 선지자에 비해 많은 환상을 본다. 몸은 비록 바벨론에 끌려왔지만, 하나님의 눈으로 세상을 분별하게 한다. 유다 왕조가 바벨론을 통한 하나님의 징계 섭리에 순응하였다면 멸망하지 않았을 것이다. 애굽을 의지하나 멸망한 것을 보면서 하나님 섭리를 깨닫자.

33. 유다 백성들은 하나님을 의지하지 않고 이웃 나라인 애굽을 의지했다. 애굽을 의지한 이유가 아닌 것은 무엇인가? (겔 17:7-10)

1) 하나님의 능력을 믿지 못해서 2) 회개하기 싫어서
3) 인간의 수단을 의지해서 4) 전쟁하기 싫어서

34. "내가 백향목 꼭대기에서 높은 가지를 꺾어다가 심으리라."에서 높은 가지는 무엇을 의미하는가? (겔 17:22)

1) 다윗 자손 2) 사울 자손 3) 블레셋 자손 4) 느부갓네살 자손

35. 다음 ( ) 안에 공통으로 들어갈 말은 무엇인가? (겔 18:4)

"모든 ( )이 내게 속한지라 아버지의 ( )이 내게 속함 같이 그의 아들의 ( )도 내게 속하였나니 범죄하는 그 ( )은 죽으리라."

36. 율례를 따르며 규례를 지켜 진실하게 행하는 사람은 이것이니 반드시 살게 된다고 하셨는데 무엇인가? (겔 18:9)

37. 악인이 그 행한 악을 떠나 정의와 공의를 행하면 그의 무엇이 보전되는가? (겔 18:27)

1) 육체 2) 죄악 3) 영혼 4) 생명

38. 이전에는 세속의 욕망을 성취하기 위하여 살았지만 이제는 하나님의 거룩한 뜻을 위해 살라는 말씀은 무엇인가? (겔 18:31)

1) 욕심을 버려라　　2) 우상을 섬기지 마라

3) 이방인과 결혼하지 마라　　4) 마음과 영을 새롭게 하라

39. 암사자는 다윗 왕가에 비유되고 암사자가 낳은 첫 번째 사자 새끼는 누구인가? (겔 19:2, 왕하 23:31-34)

40. 주어진 복과 사명을 저버리면 하나님은 그 뿌리를 뽑으신다. 포도나무는 가장 무서운 심판을 받았는데 어디를 가리키는가? (겔 19:3)

1) 예루살렘　　2) 애굽　　3) 블레셋　　4) 앗수르

| 실천 사항 |

▶ 오늘의 말씀을 읽으시고 나에게 유익한 말씀이 무엇인지 깨달아봅시다.

▶ 오늘 말씀으로 나의 삶에 적용하며 행동으로 옮겼는지 실천한 것을 적어봅시다.

▶ 오늘 하나님이 보시기에 합당한 삶을 살았으면 감사한 것을 적어 봅시다.

▶ 오늘의 기도 제목을 적어 봅시다.

유대의 멸망을 전하는 에스겔

오늘의 성경 말씀을 읽으시고 묵상한 후 풀어보시면 유익합니다.

이스라엘 전 역사를 돌아보며 그 시대 시대마다 어떤 죄를 지었는지 열거하며 심판은 반드시 이루어짐을 선포한다. 축복의 땅에서 살지 못하고 이방에 추방당하고 고난받는 이유를 밝힌다. 임박한 심판은 이미 심판의 죄목이 극에 달했음을 보여준다.

41. 하나님께서 이스라엘을 애굽에서 인도하신 이유가 아닌 것은 무엇인가? (겔 20:9-11)

1) 내 이름을 위함　2) 내 이름을 이방인의 눈앞에서 더럽히지 않기 위해
3) 율례와 규례를 알게 하려고　4) 포로 생활이 힘들어 보여서

42. 하나님께서는 불순종하는 이스라엘을 마땅히 심판하셔야 했지만 당신의 이것을 더럽히지 않기 위해 징계를 유보했다. 이것은 무엇인가? (겔 20:13-14)

1) 권능　2) 위엄　3) 이름　4) 능력

43. 선택받은 백성은 하나님께서 세워주신 이것을 지켜야 거룩한 백성이 되는데 오히려 규례를 행하지 않고 율례를 멸시하며 더럽혔다. 이것은 무엇인가? (겔 20:24)

44. 하나님께서는 이것을 들어 이스라엘과 암몬 족속을 멸망하게 한다. 하나님의 심판 도구인 이것은 무엇인가? (겔 21:2-23)

1) 공성퇴　2) 칼　3) 우레　4) 불

45. 이스라엘의 모든 고관들이 저지른 죄와 관련이 없는 것은 무엇인가? (겔 22:6-7)

1) 나그네를 학대했다 2) 조롱짓거리를 했다

3) 부모를 업신여겼다 4) 고아와 과부를 해(害)했다

46. 두 자매는 어렸을 때부터 음행을 계속했는데 이는 이스라엘의 우상숭배에 관한 비유인데 오홀라는 사마리아를 가리키고 오홀리바는 어디를 가리키는가? (겔 23:3-4)

47. 주 여호와께서 피를 흘린 성읍을 무엇에 비유하셨는가? (겔 24:6)

48. 에스겔의 기뻐하는 아내를 여호와께서 쳐서 빼앗아도 에스겔은 주의 명령에 따라 이것을 나타내지 못하는데 무엇인가? (겔 24:17)

| 실천 사항 |

▶ 오늘의 말씀을 읽으시고 나에게 유익한 말씀이 무엇인지 깨달아봅시다.

▶ 오늘 말씀으로 나의 삶에 적용하며 행동으로 옮겼는지 실천한 것을 적어봅시다.

▶ 오늘 하나님이 보시기에 합당한 삶을 살았으면 감사한 것을 적어 봅시다.

▶ 오늘의 기도 제목을 적어 봅시다.

하나님의 백성을 조롱한 민족들에 대한 심판

오늘의 성경 말씀을 읽으시고 묵상한 후 풀어보시면 유익합니다.

주변국들이 이스라엘의 무너짐을 보고 기뻐 조롱하니 하나님은 이런 주변국들을 심판한다. 암몬, 모압, 세일, 에돔, 블레셋, 두로 등 나라에 대한 심판이 선포된다. 두로는 이스라엘을 조롱하고 교만하며 바알 우상의 중심지로 하나님의 큰 심판을 받는다.

49. 암몬 족속이 "아하, 좋다!"라고 말할 때는 어느 때인가? (겔 25:3)
   1) 이스라엘 땅이 황폐할 때　　2) 유다 족속이 사로잡힐 때
   3) 발을 구르며 마음을 다할 때　　4) 내 성소가 더럽힘을 받을 때

50. 에돔이 여호와께 심판을 받은 이유는 무엇인가? (겔 25:12)
   1) 예루살렘을 침공하여　　2) 앗수르와 연합해서
   3) 하나님의 성소를 더럽혀서　　4) 유다 족속을 쳐서 원수를 갚아

51. "내가 너를 대적하여 바다가 그 파도를 굽이치게 함 같이 여러 민족들이 와서 너를 치게 하리니" 여호와의 이 말씀은 한 나라에 대한 심판을 예언한 것이다. 어디인가? (겔 26:3)
   1) 시돈　2) 블레셋　3) 두로　4) 에돔

52. 세계적인 상업도시인 두로는 하나님의 진노를 사서 역사적으로 침략이 계속되어 전쟁 마당이 되었고, 사람이 살 수 없는 황폐한 성읍이 되었다. 두로를 침공한 두 왕은 누구인가? (겔 26:19-21)
   1) 느부갓네살 왕과 알렉산더 대왕　　2) 다리오 왕과 알렉산더 대왕
   3) 느부갓네살 왕과 다리오 왕　　4) 느부갓네살 왕과 요시야 왕

53. 이것을 지어 부르라고 하신 뜻은 하나님을 배반하고 헛된 일에만 기울인 까닭으로 망하게 된다는 의미인데 무엇인가? (겔 27:2)

54. 두로에게 행하여진 하나님의 심판이 아닌 것은 무엇인가? (겔 27:36)

1) 공포의 대상이 된다　　2) 영원히 다시 있지 못한다

3) 많은 민족의 상인이 비웃는다　　4) 동풍에 다 날아간다

55. 두로 왕은 자신의 재물과 지혜로 자신을 신격화했고 마음이 어떠해져 여호와께서 심판할 것이라 했는데 무엇인가? (겔 28:2)

1) 패악　　2) 탐욕　　3) 교만　　4) 타락

56. 하나님께서는 시돈에 의해 큰 치욕을 당하였기에 시돈을 황폐하게 하고 멸하겠다며 전쟁과 무엇으로 심판을 하시는가? (겔 28:23)

1) 홍수　　2) 전염병　　3) 기근　　4) 가뭄

| 실천 사항 |

▶ 오늘의 말씀을 읽으시고 나에게 유익한 말씀이 무엇인지 깨달아봅시다.

▶ 오늘 말씀으로 나의 삶에 적용하며 행동으로 옮겼는지 실천한 것을 적어봅시다.

▶ 오늘 하나님이 보시기에 합당한 삶을 살았으면 감사한 것을 적어 봅시다.

▶ 오늘의 기도 제목을 적어 봅시다.

애굽에 심판을 선포

오늘의 성경 말씀을 읽으시고 묵상한 후 풀어보시면 유익합니다.

하나님께서 에스겔 선지자를 통하여 애굽을 심판한다. 하나님께서 이집트를 지으셨고 사랑하셨지만 이집트는 우상을 숭배하고 교만하여 마침내 큰 심판을 받게 된다. 심판을 받은 이집트는 미약한 나라가 된다고 했는데 실제로 오늘날 보면 미약한 나라다.

57. 애굽은 바로의 교만으로 패망의 길을 가게 되었는데 하나님은 누구를 시켜 멸망하게 하였는가? (겔 29:18)

58. 느부갓네살 왕이 애굽의 바로를 치고 승전고를 울릴 때 여호와께서는 이스라엘에 무엇을 돋아나게 하신다고 하셨나? (겔 29:21)
   1) 혹 2) 상처 3) 뿔 4) 머리칼

59. 느부갓네살 왕의 군대에 의하여 멸망하게 될 애굽 최후의 날의 비극을 예언하며 무슨 날이 가깝다고 하였는가? (겔 30:3)

60. 애굽에 대한 심판 내용이 아닌 것은 무엇인가? (겔 30:10-19)
   1) 죽임당한 자로 땅에 가득함 2) 강을 마르게 함
   3) 딸들이 포로가 됨 4) 우상을 더 우대함

61. 앗수르의 몰락을 가져온 이유는 무엇인가? (겔 31:10)
   1) 허상 2) 교만 3) 우상숭배 4) 포악

62. 다음 ( ) 안에 공통으로 들어갈 말은 무엇인가? (겔 31:18)

"너의 영광과 위대함이 ( ) 의 나무들 중에서 어떤 것과 같은고. 그러나 네가 ( ) 의 나무들과 함께 지하에 내려갈 것이요."

63. 여러 나라에서 바로는 바다 가운데의 큰 악어인데 무엇으로 생각을 하였는가? (겔 32:2)

1) 여우 2) 곰 3) 사자 4) 노루

64. 하나님께서는 애굽의 영화로움이 이것 받지 않은 자들과 함께 치욕의 나락에 떨어질 것을 말씀하시는데 이것은 무엇인가? (겔 32:18-20)

| 실천 사항 |

▶ 오늘의 말씀을 읽으시고 나에게 유익한 말씀이 무엇인지 깨달아봅시다.

▶ 오늘 말씀으로 나의 삶에 적용하며 행동으로 옮겼는지 실천한 것을 적어봅시다.

▶ 오늘 하나님이 보시기에 합당한 삶을 살았으면 감사한 것을 적어 봅시다.

▶ 오늘의 기도 제목을 적어 봅시다.

파수꾼으로 에스겔을 세우다

오늘의 성경 말씀을 읽으시고 묵상한 후 풀어보시면 유익합니다.

하나님은 에스겔을 이스라엘의 파수꾼으로 세운다. 파수꾼은 깨어 성을 지키는 사람인데 나팔 소리가 확실해야 한다. 적이 몰려온다 해도 파수꾼은 나팔을 불지 않으면 전쟁에서 패하게 된다. 그리스도인들은 하나님 나라의 시민으로서 영혼의 파수꾼임을 명심해야 한다.

65. 여호와께서 에스겔을 이스라엘 족속의 무엇으로 삼았는가? (겔 33:7)

66. 다음 ( ) 안에 공통으로 들어갈 말은 무엇인가? (겔 33:11)
"나는 ( ) 이 죽는 것을 기뻐하지 아니하고 ( ) 이 그의 길에서 돌이켜 떠나시는 것을 기뻐하노라."

67. 의인이 돌이켜 그 공의에서 떠나 이것을 범하면 그가 그 가운데에서 죽는다. 이것은 무엇인가? (겔 33:18)

68. 하나님은 순종하는 목자를 선택하신다. 하나님이 약속하신 참 목자는 누구인가? (겔 34:23)

69. 다음 ( ) 안에 공통으로 들어갈 말은 무엇인가? (겔 34:26)
"내가 그들에게 ( ) 을 내리고 내 산 사방에 ( ) 을 내리며 때를 따라 소낙비를 내리되 ( ) 된 소낙비를 내리리라."

70. "내가 너를 대적하여 내 손을 네 위에 펴서 네가 황무지와 공포의 대상이 되게 할지라." 이 말은 여호와께서 어느 산에 대한 예언인가? (겔 35:1-3)

1) 그리심 2) 에발 3) 세일 4) 시내

71. 에돔은 옛날부터 이스라엘에 이것을 품고 있어 이스라엘이 환난당할 때 그들에게 칼을 휘둘렀다. 이것은 무엇인가? (겔 35:5)

72. 에돔이 3년 후 황폐하게 된 이유가 아닌 것은 무엇인가? (겔 35:5-15)

1) 이스라엘은 영원히 미워해서 2) 이스라엘 땅을 차지하기 위해서

3) 하나님을 훼방해서 4) 하나님께 불순종하여

| 실천 사항 |

▶ 오늘의 말씀을 읽으시고 나에게 유익한 말씀이 무엇인지 깨달아봅시다.

▶ 오늘 말씀으로 나의 삶에 적용하며 행동으로 옮겼는지 실천한 것을 적어봅시다.

▶ 오늘 하나님이 보시기에 합당한 삶을 살았으면 감사한 것을 적어 봅시다.

▶ 오늘의 기도 제목을 적어 봅시다.

이스라엘을 회복시키는 하나님

오늘의 성경 말씀을 읽으시고 묵상한 후 풀어보시면 유익합니다.

하나님은 이스라엘을 징계하여 축복의 땅에서 쫓아내고 고난을 허락하시고 이방인들에게 조롱과 짓밟힘을 당하게 하셨지만 완전한 멸망이 아니고 돌이키게 하심이 목적이기 때문에 하나님의 주권으로 다시 돌이키고 회복시킬 것을 약속하신다.

73. "심히 즐거워하는 마음과 멸시하는 심령으로 내 땅을 빼앗아 노략하여 자기 소유로 삼았음이다" 이것은 어느 나라를 말하는 것인가? (겔 36:5)

1) 이방인과 아담 2) 이방인과 앗수르

3) 이방인과 에돔 4) 이방인과 블레셋

74. 가지를 내고 열매를 내는 것은 이것에 대한 복이다. 그 땅의 소유자인 이느다엘이 포로에서 돌아와 경작하게 되는 것은 하나님의 크신 은총이고 복이다. 무엇인가? (겔 36:8)

1) 생육 2) 토지 3) 회복 4) 흉년

75. 하나님께서는 이스라엘에게 모든 더러운 것에서와 우상숭배에서 이것을 약속하셨다. 무엇인가? (겔 36:25)

76. 다음 ( ) 안에 공통으로 들어갈 말은 무엇인가? (겔 36:26)

"또 새 영을 너희 속에 두고 새 ( ) 을 너희에게 주되 너희 육신에서 굳은 ( ) 을 제거하고 부드러운 ( ) 을 줄 것이며."

77. 마른 뼈들이 살아나 큰 군대를 이룬 것은 무엇을 의미하는가? (겔 37:1-10)

1) 이스라엘의 환상　　2) 이스라엘의 회복

3) 이스라엘의 멸망　　4) 이스라엘의 침공

78. "무덤을 열고 거기서 나오게 한다"는 것은 그들이 바벨론 포로 생활로 절망 가운데 있을 때 이 땅에서 나오게 한다는 뜻인데 이 땅은 무슨 땅인가? (겔 37:12-13)

1) 풍요　2) 좌절　3) 원수　4) 낙망

79. "두 막대기가 연합하여 하나 되게 하나" 함은 어느 나라가 하나 되는 것을 의미하는가? (겔 37:15-19)

80. 하나님 교회에서 이것의 언약은 주님을 모시는 데 가장 중요하다. 그래서 히브리 기자는 "모든 사람과 더불어 화평함과 거룩함을 따르라. 이것이 없이는 아무도 주를 보지 못하리다."고 하셨는데 이것은 무슨 언약인가? (겔 37:26)

| 실천 사항 |

▶ 오늘의 말씀을 읽으시고 나에게 유익한 말씀이 무엇인지 깨달아봅시다.

▶ 오늘 말씀으로 나의 삶에 적용하며 행동으로 옮겼는지 실천한 것을 적어봅시다.

▶ 오늘 하나님이 보시기에 합당한 삶을 살았으면 감사한 것을 적어 봅시다.

▶ 오늘의 기도 제목을 적어 봅시다.

마곡왕 곡에 대한 심판

오늘의 성경 말씀을 읽으시고 묵상한 후 풀어보시면 유익합니다.

에스겔은 이스라엘 주변국 심판을 다룬 뒤 이제이스라엘 곧 하나님의 나라를 대적하는 전 인류적인 전쟁과 심판을 곡과 마곡이라는 이름으로 그리고 있다. 마지막 종말 때 세상 모든 나라가 하나님을 대적하여 대전쟁이 일어나지만 하나님이 심판하신다.

81. 하나님의 도구로 쓰인 곡은 어느 나라의 왕인가? (겔 38:2)
   1) 블레셋 2) 두발 3) 에돔 4) 아람

82. 곡과 연합군이 치려고 한 나라는 어느 곳인가? (겔 38:4-9)
   1) 블레셋 2) 에돔 3) 앗수르 4) 이스라엘

83. 곡의 군대가 하나님의 백성 이스라엘을 침략한 것은 이것의 약탈 때문이다. 그것은 이것을 겁탈하며 노략질하리라고 했기 때문이다. 이것은 무엇인가? (겔 38:12-13)

84. 하나님께서는 곡과 마곡을 무엇으로 심판하신다고 하였는가? 이중 아닌 것은 무엇인가? (겔 38:22)
   1) 지진 2) 유황 3) 우박 4) 물

85. 곡의 무기가 몇 년 동안 이스라엘에 거주하는 자들의 땔감으로 사용되는가? (겔 39:9)
   1) 5 년 2) 6 년 3) 7 년 4) 8 년

86. 의기양양했던 곡의 군대가 살육당하여 그 시체를 묻는 데 몇 달이 걸렸는가? (겔 39:14)

1) 5 개월　2) 6 개월　3) 7 개월　4) 8 개월

87. 곡의 살육당한 시체들이 매장당한 골짜기는 어디인가? (겔 39:15)

1) 기브온　2) 하몬곡　3) 아골　4) 환상

88. 포로 생활을 하고 있는 백성들에게 소망을 주는 하나님의 약속이다. 이중 아닌 것은 무엇인가? (겔 39:25-29)

1) 회복　2) 은혜　3) 평안　4) 믿음

| 실천 사항 |

▶ 오늘의 말씀을 읽으시고 나에게 유익한 말씀이 무엇인지 깨달아봅시다.

▶ 오늘 말씀으로 나의 삶에 적용하며 행동으로 옮겼는지 실천한 것을 적어봅시다.

▶ 오늘 하나님이 보시기에 합당한 삶을 살았으면 감사한 것을 적어 봅시다.

▶ 오늘의 기도 제목을 적어 봅시다.

회복되는 성전

오늘의 성경 말씀을 읽으시고 묵상한 후 풀어보시면 유익합니다.

하나님은 에스겔에게 모든 심판이 종식되고 하나님이 영원히 계시는 성전의 회복을 노래한다. 에스겔은 환상을 통해 새 성전에 대한 설계도를 하나님께 받았다. 우리가 그분을 섬김에 있어 항상 주의하고 염두에 두어야만 할 것은 그분이 정하신 방법에 온전히 따라야 한다.

89. 에스겔은 환상을 통하여 이것에 대한 설계도를 하나님께 받았는데 무엇인가? (겔 40:1-5)

1) 지성소 2) 요새 3) 새 성막 4) 새 성전

90. 북쪽과 남쪽을 향한 문에는 일곱 층계가 있는데 안뜰 남쪽, 동쪽, 북쪽 문에는 올라가는 몇 개의 층계가 있는가? (겔 40:20-37)

1) 8 개 2) 10 개 3) 15 개 4) 20 개

91. 골방들은 성전의 남,북,서 편으로 돌아가며 전벽에 대응하여 지어졌는데 각층마다 몇 개의 방이 있는가? (겔 41:6)

1) 10 개 2) 20 개 3) 30 개 4) 40 개

92. 다음 ( ) 안에 공통으로 들어갈 말은 무엇인가? (겔 41:18)

"널빤지에는 ( )들과 종려나무를 새겼는데 두 ( ) 사이에 종려나무 한 그루가 있으며 각 ( )에 두 얼굴이 있으니."

93. 신비롭고 거룩하게 장식된 성전 내부의 벽은 바닥에서 천정까지 모두 널빤지로 가렸는데 그 널빤지에는 그룹들과 이것이 새겨졌는데 무엇인가? (겔 41:18)

1) 무화과나무 2) 감람나무 3) 종려나무 4) 포도나무

94. 제사장들이 쓰는 골방은 모두 성별되었는데 측량된 골방은 무엇을 하는 곳인가. 관계없는 것은 무엇인가? (겔 42:1-14)

1) 제사장들이 지성 물을 먹는 곳　　2) 지성 물(제물)을두는 곳

3) 거룩한 옷을 두는 곳　　4) 영광을 체험하는 곳

95. 하나님의 영광이 새 성전으로 돌아오시는 계시를 보여주시는 것이 아닌 것은 무엇인가? (겔 43:1-5)

1) 하나님의 영광이 동편으로부터 오심　　2) 하나님의 음성이 맑은 물소리 같음

3) 땅은 영광으로 말미암아 빛이 남　　4) 여호와의 영광이 서문으로 들어옴

96. 이것을 치라는 것은 죄인을 향하신 하나님의 불변의 언약을 뜻하는데 무엇인가? (겔 43:24)

| 실천 사항 |

▶ 오늘의 말씀을 읽으시고 나에게 유익한 말씀이 무엇인지 깨달아봅시다.

▶ 오늘 말씀으로 나의 삶에 적용하며 행동으로 옮겼는지 실천한 것을 적어봅시다.

▶ 오늘 하나님이 보시기에 합당한 삶을 살았으면 감사한 것을 적어 봅시다.

▶ 오늘의 기도 제목을 적어 봅시다.

성전에 계시는 여호와 하나님

오늘의 성경 말씀을 읽으시고 묵상한 후 풀어보시면 유익합니다.

에스겔이 본 새 성전에 영광이 가득하였다고 한 것은 여호와께서 그 문을 통하여 임재하였다는 증표다. 하나님의 영광이 가득한 하나님의 보좌로부터 흘러내리는 그 광채로 하나님의 나라는 밝아지고 하나님의 사람들은 거기서 주님을 예배할 것이다.

97. 하나님께서는 에스겔에게 이 문은 다시 열지 못할 문이라고 말씀하셨는데 이것의 의미가 아닌 것은 무엇인가? (겔 44:2)
   1) 하나님의 절대주권을 의미함 (계 3:7)
   2) 영원히 닫힐 문을 예시함 (마 25:10)
   3) 성전된 마음의 문은 세속을 향해 굳게 닫혀야 함 (고전 3:16-17)
   4) 속된 것의 출입을 막음

98. "마음과 몸에 할례를 받지 아니한 이방인은 내 성소에 들어오지 못하리라." 이 이방인은 누구인가? (겔 44:9, 왕상 12:31)

99. 제사장들의 거룩한 직분이 아닌 것은 무엇인가? (겔 44:17-22)
   1) 하나님께서 명하신 대로 입을 것
   2) 머리털을 적당히 깎을 것
   3) 직무를 수행할 때 포도주를 마시지 말 것
   4) 혼인 때 성결을 지키지 않아도 됨

100. "한 구역을 거룩한 땅으로 삼아 여호와께 예물을 드릴지니" 이 말씀은 하나님은 거룩하시니 하나님께 드리는 것은 무엇이나 이렇게 드리는 정성이 필요하다. 이것 하는 자체가 거룩하기 때문인데 무엇인가? (겔 45:1)
   1) 구별 2) 교제 3) 화목 4) 열납

101. 죄를 지은 자가 흠 없고 정결한 숫양을 잡아 피를 흘림으로써 죄를 사함 받는 제사는 무엇인가? (겔 45:17)

1) 소제　　2) 번제　　3) 자원제　　4) 속죄제

102. 이것은 구속받기 위함이 아니고 구속받은 사람이 그 은혜를 보답하며 드리는 제사인데 무엇인가? (겔 45:17)

1) 속죄제　　2) 화목제　　3) 감사제　　4) 번제

103. 군주가 지원하여 번제를 준비하거나 감사제를 준비하여 여호와께 드릴 때 그를 위하여 어느 쪽 문을 열고 드리고 나간 후에 문을 닫으라 하였는가? (겔 46:12)

1) 동쪽　　2) 서쪽　　3) 남쪽　　4) 북쪽

104. 다음 (　　) 안에 공통으로 들어갈 말은 무엇인가?(겔 46:18)

"군주는 백성의 기업을 빼앗아 그 (　　　　) 에서 쫓아내지 못할지니 군주가 자기 아들에게 기업으로 줄 것은 자기 (　　　　) 으로만 할 것임이다. 백성이 각각 그 (　　　　) 을 떠나 흩어지지 않게 할 것이니라."

| 실천 사항 |

▶ 오늘의 말씀을 읽으시고 나에게 유익한 말씀이 무엇인지 깨달아봅시다.

▶ 오늘 말씀으로 나의 삶에 적용하며 행동으로 옮겼는지 실천한 것을 적어봅시다.

▶ 오늘 하나님이 보시기에 합당한 삶을 살았으면 감사한 것을 적어 봅시다.

▶ 오늘의 기도 제목을 적어 봅시다.

새 예루살렘과 천국

오늘의 성경 말씀을 읽으시고 묵상한 후 풀어보시면 유익합니다.

에스겔은 우리가 영원히 살 천국의 모습을 그려주고 있다. 하나님의 보좌로부터 흐르는 생수가 닿은 곳마다 회복과 치유, 행복이 넘쳐나게 될 것이다. 심령을 비옥하게 하는 강물, 영적 풍요와 결실을 가져다주는 강물은 하나님의 은혜의 강물이다.

105. 성전을 비옥하게 하는 강물, 영적 풍요와 결실을 가져다주는 강물은 하나님 은혜의 강물이다. 이 물은 성전의 어디에서 흘러나오는가? (겔 47:1-2)
    1) 지성소　　2) 문지방　　3) 물두덩　　4) 두 기둥 밑

106. 다음 (　　) 안에 공통으로 들어갈 말은 무엇인가? (겔 49:4)
    "다시 천 척을 (　　　　　) 하고 내게 물을 건너게 하시니 물이 무릎에 오르고 다시 천 척을 (　　　　) 하고 내게 물을 건너게 하시니 물이 허리에 오르고"

107. 강 좌우에 과실나무가 자라서 열매를 맺었는데 그 열매는 먹을 만하였는데 잎사귀는 어디에 쓰였는가? (겔 47:12)

108. 하나님께서 타국인을 본토에서 난 이스라엘 족속 같이 여기고 그들로 이스라엘과 함께 기업을 얻게 하되 타국인이 머물러 사는 그 지파에서 이것을 줄 것을 명했다. 이것은 무엇인가? (겔 47:21-23)

109. 땅의 분배와 관련하여 북쪽으로 7개 지파가 차지했는데 아닌 지파는 누구인가? (겔 48:1-8)
    1) 아셀　　2) 므낫세　　3) 르우벤　　4) 갓

110. 땅의 분배와 관련하여 남쪽으로 5개 지파가 차지했는데 아닌 지파는 누구인가? (겔 48:23-28)

1) 베냐민 2) 시므온 3) 잇사갈 4) 에브라임

111. 북쪽 성읍의 문들은 이스라엘 지파의 이름을 따랐다. 북쪽에 문이 세 개 있는데 르우벤 문, 유다 문인데 하나는 무슨 문인가? (겔 48:31)

1) 스불론 문 2) 아셀 문 3) 레위 문 4) 납달리 문

112. 다음 ( ) 안에 들어갈 말은 무엇인가? (겔 48:35)

"그 사방의 합계는 만 팔천 척이라 그날 후로는 그 성읍의 이름을 ( )라 하리라."

| 실천 사항 |

▶ 오늘의 말씀을 읽으시고 나에게 유익한 말씀이 무엇인지 깨달아봅시다.

▶ 오늘 말씀으로 나의 삶에 적용하며 행동으로 옮겼는지 실천한 것을 적어봅시다.

▶ 오늘 하나님이 보시기에 합당한 삶을 살았으면 감사한 것을 적어 봅시다.

▶ 오늘의 기도 제목을 적어 봅시다.

[에스겔 해답]

1) 2 2) 3 3) 에스겔 4) 1 5) 2 6) 금강석 7) 3 8) 혀 9) 3 10) 40 일 11) 2 12) 4 13) 1 14) 책략 15) 단쇠 16)2 17) 먹그릇 18) 3 19) 불 20) 4 21) 그발 강가 22) 규례 , 하나님 23) 귀 24) 속담 25) 3 26) 평강 27) 우상 28) 2 29) 예루살렘 30) 4 31) 우상숭배 32) 언약 33) 4 34) 1 35) 영혼 36) 의인 37) 3 38) 4 39) 여호아하스 40) 1 41) 4 42) 3 43) 안식일 44) 2 45) 2 46) 예루살렘 47) 녹슨 가마 48) 슬픔 49) 3 50) 4 51) 3 52) 1 53) 슬픈 노래 (애가) 54) 4 55) 3 56) 2 57) 느부갓네살 58) 3 59) 여호와의 날 60) 4 61) 2 62) 에덴 63) 3 64) 할례 65) 파수꾼 66) 악인 67) 죄악 68) 다윗 69) 복 70) 3 71) 한 72) 4 73) 3 74) 2 75) 정결 76) 마음 77) 2 78) 3 79) 이스라엘과 유다 80) 화평 81) 2 82) 4 83) 물건 (재물) 84) 4 85) 3 86) 3 87) 2 88) 4 89) 4 90) 1 91) 3 92) 그룹 93) 3 94) 4 95) 4 96) 소금 97) 여로보암 98) 4 99) 4 100) 1 101) 4 102) 3 103) 1 104) 산업 105) 2 106) 측량 107) 약재료 108) 기업 109) 4 110) 4 111) 3 112) 여호와 삼마

27. 다니엘 (DANIEL)

1. 내용

본서는 환상과 묵시의 책으로 구약 성경 유일의 묵시 문학으로 '구약의 계시록'이라 불리며 놀랍고 신비한 계시의 환상들로 가득 차 있다.

바벨론의 1차 침공 때 포로로 잡혀가 두 왕국과 네 명의 통치자 아래서 70여년간 공직자로서 선지자로 사역했던 다니엘이 역경의 시기에 신앙을 굳게 지켜낸 이야기다.

하나님의 주권에 대한 환상을 통해 하나님이 우리와 함께 계시며 역사를 이루어 가심을 확인시켜 준다. 이스라엘과 세계 나라들이 운명에 대한 미래의 역사를 묵시문학적 상징주의 표현으로 전달해 주며 영화로운 미래 소망을 갖게 한다.

2. 배경

앗수르, 애굽, 유다를 멸망시킨 강대국 바벨론도 바사제국 고레스에게 멸망당하고 1차 포로로 끌려간 다니엘은 바벨론, 바사 제국에서 고위 관리를 지내며 선지자로 사명을 다하는 것을 배경으로 한다.

3. 흐름과 내용 구성

다니엘서는 다니엘의 역사(다니엘 이력, 느브갓네살, 벨사살과 다리오), 다니엘의 묵시(네 짐승, 숫양과 숫염소, 70 이레 종말 환상)로 구성되었다.

4. 목적

포로 이스라엘 백성에게 하나님의 절대 주권과 우월성을 보여주고, 하나님만이 세계 역사를 주관하시는 분임을 가르치며, 고난 중에도 하나님을 바라보며 위로받도록 격려한다.

5. 본서에 나타난 하나님의 섭리

믿음을 지키는 자들이 현실 세계에서 고난받으나 끝까지 믿음을 지키고 의로운 삶을 살아갈 때 하나님께서는 은혜를 베푸시어 영화롭고 존귀한 자로 살아가게 해주신다. 이런 하나님의 약속은 부득이 다니엘 시대뿐만 아니라 현대를 살아가는 우리들의 삶에도 언제나 유익한 것이다.

포로로 끌려간 다니엘과 세 친구

오늘의 성경 말씀을 읽으시고 묵상한 후 풀어보시면 유익합니다.

유다는 BC 586 년 바벨론에 의해 멸망하기 전 BC 605 년 바벨론이 예루살렘을 1 차로 공격했을 때 다니엘을 비롯한 귀족들을 포로로 끌고 갔다 . 다니엘은 유다로부터 잡혀온 포로의 신분이었으나 왕의 명을 받은 환관장에게 발탁되어 왕국에 등용되었다 .

1. 느부갓네살 왕이 환관장 아스부나스에게 말하여 이스라엘 자손 중에 뽑아 그들에게 무엇을 가르치라고 하였는가? (단 1:3-4)
   1) 갈대아 사람의 예절　　2) 갈대아 사람의 궁중 법도
   3) 갈대아 사람의 학문와 언어　　4) 갈대아 사람의 언어와 법도

2. 환관장에게 뽑힌 다니엘과 세 친구가 아닌 사람은? (단 1:6)
   1) 미사엘　　2) 하나냐　　3) 헤스본　　4) 아사랴

3. 환관장이 그들의 이름을 바벨론 식으로 고쳤다. 다니엘, 하나냐, 미사엘, 아시랴의 새 이름이 순더대로 맞게 나열된 것은 어느 것인가? (단 1:7)
   1) 벨드사살 , 메삭 , 아벳느고 , 사드락　　2) 벨드사살 , 사드락 , 메삭 , 아벳느고
   3) 벨드사살 , 아벳느고 , 메삭 , 사드락　　4) 벨드사살 , 사드락 , 아벳느고 , 메삭

4. 다니엘은 우상에게 절한 음식을 먹지 않고 무엇을 먹을 것을 요청하였는가? (단 1:12)

5. 환관장에게 다니엘의 요청을 받고 며칠 동안 시험하였는가? (단 1:12-14)
   1) 5 일　　2) 7 일　　3) 10 일　　4) 15 일

6. 왕의 음식을 먹는 대신 채식을 먹어도 그들의 용모가 괜찮으면 그들의 요청을 들어주려 함이지만 다니엘의 목적은 이것에 절한 음식을 먹지 않기 위한 것이다. (단 1:8-16)

7. 하나님께서는 네 소년에게 무엇을 주셨는가? (단 1:17)
   1) 지혜와 명철　2) 학문과 지혜　3) 학문과 환상　4) 명철과 꿈

8. 다니엘은 왕과 다른 사람으로부터 지혜와 총명을 인정받고 온 나라의 박수와 술객보다 몇 배가 낫다고 인정하였나? (단 1:20)
   1) 7 배　2) 10 배　3) 15 배　4) 20 배

| 실천 사항 |

▶ 오늘의 말씀을 읽으시고 나에게 유익한 말씀이 무엇인지 깨달아봅시다.

▶ 오늘 말씀으로 나의 삶에 적용하며 행동으로 옮겼는지 실천한 것을 적어봅시다.

▶ 오늘 하나님이 보시기에 합당한 삶을 살았으면 감사한 것을 적어 봅시다.

▶ 오늘의 기도 제목을 적어 봅시다.

역사의 주인이신 하나님

오늘의 성경 말씀을 읽으시고 묵상한 후 풀어보시면 유익합니다.

하나님께서 다니엘에게는 특별히 모든 환상과 꿈을 깨달아 아는 은사를 주셨다. 이 은사는 느부갓네살이 연이어 꾸는 꿈을 해석해 줌으로써 역사의 주인이 하나님이시며 만국을 다스리는 분도 하나님이심을 명실상부하게 드러내는 사건들을 보여준다.

9. 바벨론의 지혜자들을 죽이려고 한 근위대장은 누구인가? (단 2:14)
   1) 느부사라단 2) 그다랴 3) 아히감 4) 아리옥

10. 찬송은 이분께 드려야 할 제사이고, 그 이름을 증거하는 입술의 열매이다. 그래서 참된 지혜와 능력은 이분께 속해 있다. 이분은 누구인가? (단 2:20)

11. 왕과 다니엘이 본 신상의 설명이 바르게 연결되지 않은 것은 무엇인가? (단 2:32-33)
    1) 머리 - 순금 2) 가슴과 두 팔 - 은
    3) 배와 넓적다리 - 진흙 4) 종아리 - 쇠

12. 느부갓네살 왕은 금 신상과 세우고 그것에 절하게 하였다. 금 신상이 세워진 곳은 바벨론 지방 어디인가? (단 3:1)
    1) 시날 평지 2) 두라 평지 3) 두로 평지 4) 두발 평지

13. 하나님을 경배하고 우상숭배를 거절한 사드락, 메삭, 아벳느고는 평소보다 몇 배나 뜨겁게 한 풀무불에 던져졌는가? (단 3:19-20)
    1) 3 배 2) 5 배 3) 7 배 4) 9 배

14. 느부갓네살은 하나님을 찬송하며 사람을 구원할 다른 신은 없으니 하나님께 경솔하게 말하는 자는 어떻게 한다고 조사를 내렸는가? (단 3:29)

1) 추방　2) 멸절　3) 박해　4) 멸시

15. 느부갓네살 왕은 누가 최고의 통치자 되심을 온 천하 만백성에게 선포하였는가? (단 4:1-2)

16. 다음 (　　) 안에 들어갈 말은 무엇인가? (단 4:34)

"그 기한이 차매 나 느부갓네살이 하늘을 우러러보았더니 내 (　　　　) 이 다시 내게로 돌아온지라 이에 내가 지극히 높으신 이에게 (　　　　) 하며 영생하시는 이를 (　　　　) 하고 경배하였나니 그 권세는 영원한 권세요 그 나라는 대대로 이르리로다."

| 실천 사항 |

▶ 오늘의 말씀을 읽으시고 나에게 유익한 말씀이 무엇인지 깨달아봅시다.

▶ 오늘 말씀으로 나의 삶에 적용하며 행동으로 옮겼는지 실천한 것을 적어봅시다.

▶ 오늘 하나님이 보시기에 합당한 삶을 살았으면 감사한 것을 적어 봅시다.

▶ 오늘의 기도 제목을 적어 봅시다.

다니엘을 통해 영광받으시는 하나님

오늘의 성경 말씀을 읽으시고 묵상한 후 풀어보시면 유익합니다.

하나님은 하나님을 모독하는 바벨론 왕 벨사살을 다니엘을 통해 심판하시며 나라를 바꾸신다. 하나님께만 거룩하게 사용되어야 할 성전의 그릇을 쾌락을 추구하는 술잔으로 사용하다가 하나님의 진노를 사 연회 중 벽의 글씨를 본 바로 그날 죽임을 당하고 나라가 바뀐다.

17. 벨사살 왕이 귀족 천명과 왕후, 후궁들과 함께 큰 잔치를 베풀고 술을 마실 때 사용한 금, 은 그릇은 어디에서 가져온 것인가? (단 5:1-3)
 1) 바사의 성전 2) 바벨론 그릇 창고 3) 바벨론 왕궁 4) 예루살렘 성전

18. 사람들의 손가락이 나타나서 왕궁 촛대 맞은편 석회벽에 글자를 썼는데 그 글자 쓰는 것을 본 왕은 누구인가? (단 5:5)
 1) 느부갓네살 2) 벨사살 3) 다리오 4) 고레스

19. 벨사살 왕은 벽에 쓴 글씨를 읽고 해석하면 자주색 옷을 입히고 금사슬을 목에 걸어주고 나라의 셋째 무엇으로 삼는다고 하였는가? (단 5:6)
 1) 술객 2) 지혜자 3) 통치자 4) 갈대아 술사

20. 벨사살 왕에게 석회석 벽 글자를 해석할 사람을 소개한 이는 누구인가? (단 5:10)
 1) 갈대아 술사 2) 귀족 3) 점쟁이 4) 왕비

21. 왕이 다니엘을 높이려 하자 총리들과 고난들이 질투하여 제거할 음모를 꾸몄는데 다니엘이 하나님께 기도하면 이것을 어긴 죄로 고발하기도 했다. 이것은 무엇인가? (단 6:6-8)

22. 다니엘은 위험을 알면서도 전혀 타협하지 않고 하루에 몇 번씩 무릎을 꿇고 하나님께 기도하였는가? (단 6:10)

1) 한 번　　2) 두 번　　3) 세 번　　4) 네 번

23. 다니엘은 종교 금령을 어긴 죄로 어디에 던져졌는가? (단 6:24)

1) 여우 굴　　2) 사자 굴　　3) 호랑이 굴　　4) 늑대 굴

24. 다니엘이 사자 굴에 넣으라고 명한 다리오 왕은 지혜롭지 못한 행동에 후회하며 밤새 이것을 하며 괴로워했다. 무엇인가? (단 6:18)

| 실천 사항 |

▶ 오늘의 말씀을 읽으시고 나에게 유익한 말씀이 무엇인지 깨달아봅시다.

▶ 오늘 말씀으로 나의 삶에 적용하며 행동으로 옮겼는지 실천한 것을 적어봅시다.

▶ 오늘 하나님이 보시기에 합당한 삶을 살았으면 감사한 것을 적어 봅시다.

▶ 오늘의 기도 제목을 적어 봅시다.

하나님의 영원한 나라

오늘의 성경 말씀을 읽으시고 묵상한 후 풀어보시면 유익합니다.

선지자는 하나님으로부터 말씀을 받아 그 시대의 사람들에게 전하는 사람이다. 하나님께서 당신의 비밀을 2 동 선지자들에게 알리신 후에 행하신다. 이것이 2 분의 법칙이므로 주의 종들은 자기 시대에 하나님의 비밀을 맡은 사람들이다. 다니엘이 받은 제시를 통해 우리는 세상 나라들이 영원하지 못하다는 것을 깨닫는다.

25. 다니엘이 본 큰 짐승 환상은 어디에서 나왔는가? (단 7:3)
    1) 강　2) 바다　3) 하늘　4) 들

26. 다니엘이 본 환상 중의 짐승이 아닌 것은 무엇인가? (단 7:4-6)
    1) 산　2) 곰　3) 표범　4) 독수리

27. 다음 (　) 안에 들어갈 말은 무엇인가? (단 7:10)
    "불이 강처럼 흘러 그의 앞에서 나오며 그를 섬기는 자는 (　　　) 이요, 그 앞에서 모셔 선 자는 (　　　) 이며 심판을 베푸는 데 책들이 펴 놓였더라."

28. 다니엘이 본 네 큰 짐승이 의미하는 것은 무엇인가? (단 7:7)
    1) 세상에 일어날 네 왕　2) 사라지는 네 왕
    3) 네 개의 도시　4) 네 가지 재앙들

29. 다니엘이 벨사살 왕 3년에 두 번째 환상을 보았는데 이 환상을 본 곳은 어디인가? (단 8:1-2)

30. “내가 눈을 들어 본 즉 강가에 두 볼 가진 숫양이 섰는데…” 이 말에서 두 볼가진 숫양은 어느 나라를 가리키는가? (단 8:3)

1) 애굽과 앗수르　　2) 바벨론과 아람　　3) 메데와 바사　　4) 수리아와 애굽

31. “한 숫염소가 서쪽에서 와서 두루 다니되….” 이 말에서 숫염소는 어느 나라를 가리키는가? (단 8:5)

1) 헬라 제국　　2) 바벨론　　3) 로마　　4) 시리아

32. 다니엘이 본 두 번째 환상을 깨닫게 한 천사의 이름은 무엇인가? (단 8:15-16)

| 실천 사항 |

▶ 오늘의 말씀을 읽으시고 나에게 유익한 말씀이 무엇인지 깨달아봅시다.

▶ 오늘 말씀으로 나의 삶에 적용하며 행동으로 옮겼는지 실천한 것을 적어봅시다.

▶ 오늘 하나님이 보시기에 합당한 삶을 살았으면 감사한 것을 적어 봅시다.

▶ 오늘의 기도 제목을 적어 봅시다.

민족의 고통을 끌어안는 다니엘

오늘의 성경 말씀을 읽으시고 묵상한 후 풀어보시면 유익합니다.

다니엘은 말씀들을 읽으며 이스라엘 백성들이 왜 바벨론에 포로로 이 고통을 받고 있는지, 그리고 그 징계 기간이 70 년이나 된다는 것을 알고 가슴을 때리며 금식하며 기도하고, 그런 다니엘에게 하나님은 미래에 될 일 들을 보여주시고 우리에게 전한다.

33. 다니엘이 예레미야의 예언을 깨닫게 된 것은 무엇을 통해서인가? (단 9:2)
 1) 기도 2) 책 3) 예언 4) 환상

34. 가브리엘 천사가 다니엘에게 무엇을 주려고 왔다고 하였는가? (단 9:21-22)

35. 다니엘이 환상을 볼 때 했던 행동이 아닌 것은 무엇인가? (단 10:2-3)
 1) 세 이레 동안 슬퍼함 2) 떡을 먹지 않음
 3) 고기와 포도주를 입에 대지 않음 4) 기름을 발랐음

36. 다음 ( ) 안에 공통적으로 들어갈 말은 무엇인가? (단 10:19)
 "큰 은총을 받은 사람이여 두려워하지 말라 평안하라 ( ) 하라 ( ) 하라. 그가 이같이 내게 말하매 내가 곧 힘이 나서 이르되 내 주께서 나를 ( ) 하게 하셨사오니 말씀하옵소서."

37. 남방왕과 북방왕은 무슨 도전으로 화친을 하였는가? (단 7:6)
 1) 초공 헌납 2) 휴전 약속 3) 정략 결혼 4) 군사 교환

38. "군대는 그의 편에 서서 성소를 더럽히며 매일 드리는 제사를 폐하며 멸망케 하는 가증한 것을 세운다"고 한 왕은 누구인가? (단 11:28-31)

1) 동방 왕　　2) 시방 왕　　3) 남방 왕　　4) 북방 왕

39. 다음 ( ) 안에 공통적으로 들어갈 말은 무엇인가? (단 12:3)

"지혜 있는 자는 궁창의 (　　　　) 과 같이 (　　　　) 날 것이요. 많은 사람을 옳은 대로 돌아오게 한 자는 별과 같이 영원토록 (　　　　) 나리다."

40. 다니엘에게 마지막 때까지 이 말을 간수하고 글은 어떻게 하라고 하였는가? (단 12:4)

1) 낭독　　2) 폐기　　3) 봉함　　4) 다른 사람에게 읽게 함

| 실천 사항 |

▶ 오늘의 말씀을 읽으시고 나에게 유익한 말씀이 무엇인지 깨달아봅시다.

▶ 오늘 말씀으로 나의 삶에 적용하며 행동으로 옮겼는지 실천한 것을 적어봅시다.

▶ 오늘 하나님이 보시기에 합당한 삶을 살았으면 감사한 것을 적어 봅시다.

▶ 오늘의 기도 제목을 적어 봅시다.

[다니엘 해답]

1) 3 2) 3 3) 2 4) 채식 5) 3 6) 우상 7) 2 8) 2 9) 4 10) 하나님 11) 3 12) 2 13) 3 14) 2 15) 하나님 16) 총명 , 감사 , 찬양 17) 4 18) 2 19) 3 20) 4 21) 금령 22) 3 23) 2 24) 금식 25) 2 26) 4 27) 천천 , 만만 28) 1 29) 을래 강변 30) 3 31) 1 32) 가브리엘 33) 2 34) 지혜와 총명 35) 4 36) 강건 37) 3 38) 4 39) 빛 40) 3

28. 호세아 (HOSEA)

1. 내용

북이스라엘의 마지막 때 사마리아를 중심으로 예언 활동한 선지자 호세아의 사역을 다룬 것이다. 선지자 가정을 통해 벌어지는 이 일은 부정한 아내에 대한 호세아의 한결 같은 사랑으로 이스라엘을 향한 하나님의 변치 않는 사랑을 생생하게 보여주고 있다. 호세아는 깊은 죄악과 우상 숭배에 빠진 북왕국 이스라엘 백성들에게 하나님의 준엄한 심판을 선포하면서 백성들이 회개하고 돌아올 것을 강력히 촉구하나 이 회개 역시 하나님의 사랑과 은혜로 이루어지는 것임을 보여준다.

2. 배경

북이스라엘 사상 최고의 황금기에 수도 사마리아를 중심으로 이뤄지는데, 곧 이들은 사치와 타락으로 이어져 점점 쇠퇴하여 앗수르에게 패망당할 때이다.

3. 흐름과 내용 구성

음란한 부인(고멜)과 호세아(가정을 통해 주시는 하나님의 교훈), 타락한 이스라엘과 하나님(이스라엘 범죄에 대한 심판, 최종적 회복에 대한 약속)으로 구성됐다.

4. 목적

음란한 아내 고멜을 끝끝내 포기하지 않았던 호세아의 사랑을 통해 이스라엘을 향한 하나님의 불변하는 사랑과 은혜를 일깨워주고, 그래도 회개하지 않는다면 하나님의 준엄한 심판을 피할 수 없음을 알려준다.

5. 본서에 나타난 하나님의 섭리

자신을 떠나간 음란한 아내 고멜과 그 사이에 태어난 아이들의 이름을 통해 하나님의 섭리와 사랑을 가르친다. 하나님의 사랑을 거부하고 범죄한 자들에게 임할 공의롭고 준엄한 심판을 보여주는 동시에 하나님의 징계를 받고 회개하고 돌아오는 자를 향해 베푸시는 하나님의 은총과 사랑을 상징적으로 보여준다.

돌이켜보면 범죄한 백성에 대한 하나님의 징계와 배신조차도 택한 백성을 향한 하나님의 변함없고 신실한 사랑임을 확신한다.

이스라엘의 남편되신 하나님

오늘의 성경 말씀을 읽으시고 묵상한 후 풀어보시면 유익합니다.

이스라엘 백성들을 아내처럼 여기시고 스스로 이스라엘의 남편이라고 칭하시는 하나님, 그러나 그 아내인 이스라엘은 본 남편 하나님을 버리고 음란한 삶을 산다. 그런데도 그런 이스라엘을 한없이 사랑하시고 품으시는 하나님을 1-3 장에서 보여준다.

1. 북왕국 이스라엘에서 예언 활동을 하던 호세아는 어느 왕때 하나님의 말씀을 전했는가? (호 1:1)

   1) 요아스 2) 아하스 3) 여로보암 4) 요담

2. 호세아는 하나님의 명성으로 음란한 아내 이 사람을 맞이해 결혼하는데 이는 하나님의 신부되는 이스라엘이 하나님을 배반하고 영적으로 간음함을 보여주기 위해서다. 이 사람은 누구인가? (호 1:2-3)

3. 여호와께서 첫아들의 이름을 이스라엘이라고 지은 것은 한 나라의 멸망은 선언한 것인데 어느 왕조인가? (호 1:4)

   1) 다윗 왕조 2) 오므리 왕조 3) 웃시야 왕조 4) 예후 왕조

4. 다음 ( ) 안에 공통으로 들어갈 말은 무엇인가? (호 2:6)

   "그러므로 내가 가시로 그 ( ) 을 막으며 담을 쌓아 그로 그 ( ) 을 찾지 못하게 하리니."

5. 선지자는 하나님께 받은 은혜를 이것에 돌리는 이스라엘의 우상숭배, 음행을 책망하는데 무엇인가? (호 2:13)

   1) 아세라 2) 바알 3) 드라빔 4) 주상

6. 여호와께서 백성을 거친 들로 데리고 가서 위로하고 그의 포도원을 그에게 주고 이 곳을 소망의 문으로 삼겠다고 한 골짜기는 어디인가? (호 2:14-15)

1) 헤브론 골짜기　　2) 아알론 골짜기

3) 아골 골짜기　　4) 이스라엘 골짜기

7. 여호와께서 언약을 맺으시겠다고 하신 것 중에 아닌 것은 무엇인가? (호 2:18)

1) 바다의 고기　　2) 들짐승　　3) 공중의 새　　4) 땅의 곤충

8. 여호와께서 음녀가 된 고멜을 긍휼히 여겨 몸값을 지불하고 데리고 오라고 하였는데 그녀의 몸값은 얼마인가? (호 3:2)

1) 은 다섯 개와 보리 반 호멜　　2) 은 열 개와 보리 한 호멜

3) 은 열다섯 개와 보리 한 호멜 반　　4) 은 이십 개와 보리 두 호멜

| 실천 사항 |

▶ 오늘의 말씀을 읽으시고 나에게 유익한 말씀이 무엇인지 깨달아봅시다.

▶ 오늘 말씀으로 나의 삶에 적용하며 행동으로 옮겼는지 실천한 것을 적어봅시다.

▶ 오늘 하나님이 보시기에 합당한 삶을 살았으면 감사한 것을 적어 봅시다.

▶ 오늘의 기도 제목을 적어 봅시다.

지식이 없어 망하는 이스라엘

오늘의 성경 말씀을 읽으시고 묵상한 후 풀어보시면 유익합니다.

이 세상에서 가장 어리석은 것은 하나님을 아는 지식이 없는 자들이다. 하나님께서 그런 인생들에 논쟁, 심판하신다. 그들에게는 진실이 없고, 인애도 없다. 하나님을 잊고 사는 자들은 타락한 인생이요, 비참한 인생이다. 하나님은 이스라엘이 하나님을 아는 지식이 없어 한탄한다.

9. 여호와께서 이 땅의 주민들과 논쟁하시며 이 땅에는 이것이 없다고 하였는데 아닌 것은 무엇인가? (호 4:1)

   1) 진실　2) 긍휼　3) 인애　4) 지식

10. 하나님을 모르는 인생은 비참하다. 그들은 저주와 속임과 이것과 도둑질과 간음과 포악뿐인데 이것은 무엇인가? (호 4:2)

11. 여호와께서 제사장들을 심판하는 이유에 해당하지 않는 것은 무엇인가? (호 4:6-7)

   1) 반성할수록 범죄함　2) 지식을 버림
   3) 하나님의 율법을 잊음　4) 제물 드리는 것을 빠뜨림

12. 여호와의 백성이 나무에게 묻고 그 막대기는 그들에게 고하니, 이는 그들이 이 마음에 미혹되어 하나님을 버리고 음행하였기 때문인데 무슨 마음인가? (호 4:12)

   1) 패역　2) 교만　3) 음란　4) 우상

13. 산꼭대기에서 제사를 지낼 때 이 나무 그늘이 좋은데 무슨 나무인가? 이 중에서 아

닌 것은 무엇인가? (호 4:13)

1) 참나무 2) 상수리나무 3) 버드나무 4) 포도나무

14. 이스라엘과 에브라임과 유다가 이 죄악으로 인해 결국 넘어지는데 무엇인가? (호 5:5)

1) 불순종 2) 패역 3) 교만 4) 우상

15. 호세아는 하나님의 형벌로 유다와 이스라엘의 무엇이 잊을 것을 예언하였는가? (호 5:8-15)

16. 다음 ( ) 안에 들어갈 말은 무엇인가? (호 6:6)

"나는 ( ) 를 원하고 제사를 원하지 아니하며 ( ) 보다 하나님을 ( ) 것을 원하노라"

| 실천 사항 |

▶ 오늘의 말씀을 읽으시고 나에게 유익한 말씀이 무엇인지 깨달아봅시다.

▶ 오늘 말씀으로 나의 삶에 적용하며 행동으로 옮겼는지 실천한 것을 적어봅시다.

▶ 오늘 하나님이 보시기에 합당한 삶을 살았으면 감사한 것을 적어 봅시다.

▶ 오늘의 기도 제목을 적어 봅시다.

심판을 선언하시는 하나님

오늘의 성경 말씀을 읽으시고 묵상한 후 풀어보시면 유익합니다.

하나님에 대하여 무지하고 세상의 물질과 부유에 취해 우상숭배를 일삼는 이스라엘을 향한 경고와 징계의 심판을 선언한다. 하나님이 그들의 죄악을 바라보고 기억하고 계심에도 불구하고 의식조차 못하고 회개하고 부르짖기는커녕 썩은 제물로 제사를 자주 드렸다.

17. 백성과 왕, 지도자들 모두가 무엇으로 서로를 기쁘게 하며 악을 시행하고, 화덕같이 뜨거워졌는가? (호 7:3-4)

1) 술수　　2) 거짓말　　3) 우상　　4) 음행

18. 다음 (　　) 안에 들어갈 말은 무엇인가? (호 7:6)

"그들이 가까이 올 때 그들의 마음은 간교하여 (　　　　) 같으니 그들의 분노는 밤새도록 자고 아침에 피우는 (　　　　) 같도다."

19. 사마리아에서는 이것으로 하나님을 대신하여 우상을 만들었으나 멸절되고 이스라엘은 열방에 먹히며 죄의 제단이 패망할 것을 예언했다. 이것은 무엇인가? (호 8:5-6)

20. 에브라임은 죄를 위하여 무엇을 많이 만들어 이것이 그에게 범하도록 만들었는가? (호 8:11)

21. 다음 (　　) 안에 공통으로 들어갈 말은 무엇인가? (호 9:8)

"에브라임은 나의 (　　　　)과 함께 한 파수꾼이며 선지자는 모든 길에 친 새 잡는 자의 그물과 같고 그의 (　　　　)의 전에는 원한이 있도다."

22. 다음 ( ) 안에 공통으로 들어갈 말은 무엇인가? (호 9:16)

"에브라임은 매를 맞아 그 뿌리가 말라 (   ) 를 맺지 못하나니 비록 아이를 낳을지라도 내가 그 사랑하는 태의 (   ) 를 죽이리라."

23. 하나님께서는 우상숭배로 음행한 이스라엘을 앗수르에 넘기어 수치를 당하고 폐허가 되게 하며 사사시대의 이성처럼 이스라엘을 징계한다고 했는데 이 성은 어디인가? (호 10:1-10)

24. 다음 ( ) 안에 공통으로 들어갈 말은 무엇인가? (호 10:12)

"너희가 자기를 위하여 (   ) 를 심고 인애를 거두라 너희 묵은 땅을 기경하라 지금이 곧 여호와를 찾을 때니 마침내 여호와께서 오사 (   ) 를 비처럼 너희에게 내리시리라."

| 실천 사항 |

▶ 오늘의 말씀을 읽으시고 나에게 유익한 말씀이 무엇인지 깨달아봅시다.

▶ 오늘 말씀으로 나의 삶에 적용하며 행동으로 옮겼는지 실천한 것을 적어봅시다.

▶ 오늘 하나님이 보시기에 합당한 삶을 살았으면 감사한 것을 적어 봅시다.

▶ 오늘의 기도 제목을 적어 봅시다.

사랑의 메시지

오늘의 성경 말씀을 읽으시고 묵상한 후 풀어보시면 유익합니다.

하나님은 이스라엘을 아들처럼 여기셨다. 그래서 죄에 대해서 의로우시므로 벌하시고 진노하셨던 것이다. 채찍으로 때리시고 여자와 아이까지 사정없이 치셨던 하나님께서 이제는 마음을 돌이켜 긍휼과 자비를 베푸시며 회복도 말씀하신다.

25. 이스라엘 백성의 죄악의 근원은 직접 통치하시는 왕으로서의 하나님을 거절하는 데 있다. 하나님께서 우리에게 베푼 것이 아닌 것은 무엇인가? (호 11:4)
    1) 사랑의 줄로 그들을 이끌었다. 2) 그들의 목에서 멍에를 벗겨주셨다.
    3) 그들 앞에 먹을 것을 두었다. 4) 우상숭배에서 벗어나게 했다.

26. 하나님은 에브라임이 애굽에서부터는 새 같이, 앗수르에서는 이것 같이 떨며 온다고 하였는데 무엇인가? (호 11:11)

27. 다음 ( ) 안에 들어갈 말은 무엇인가? (호12:6)
    "그런즉 너의 하나님께로 돌아와서 ( ) 와 ( ) 를 지키며 항상 너의 하나님을 바랄지니라."

28. 사람의 모든 행위에는 보상이 따르게 마련인데 이스라엘은 하나님께 배은망덕으로 인하여 이것과 부끄러움을 당하게 되었는데 이것은 무엇인가? (호 12:14)
    1) 파 2) 위협 3) 수치 4) 고통

29. 에브라임은 무엇으로 자기를 위하여 우상을 부어 만들었는가? (호 13:2)
    1) 금 2) 은 3) 동 4) 놋쇠

30. 하나님의 사랑을 이것 한 사마리아는 완전히 멸망당했다. 비참하게 어린아이 아이 밴 여인이 배가 갈라지는 멸망의 길로 갔는데, 이것은 무엇인가? (호 13:16)

31. 이스라엘이 소망을 잃었을지라도 하나님은 그들에게 새 생명을 주시려고 선지자를 통해 구속을 선포하는데 무엇인가? (호 14:1-2)

1) 기도하라 2) 대적하지 말라 3) 돌아오라 4) 우상숭배하지 마라

32. 다음 ( ) 안에 들어갈 말은 무엇인가? (호 14:9)

"누가 지혜가 있어 이런 일을 깨달으며 누가 총명이 있어 이런 일을 알겠느냐. ( )는 정직하니 의인은 그 길로 다니거니와 그러나 죄인은 그 길에 걸려 넘어지리라."

| 실천 사항 |

▶ 오늘의 말씀을 읽으시고 나에게 유익한 말씀이 무엇인지 깨달아봅시다.

▶ 오늘 말씀으로 나의 삶에 적용하며 행동으로 옮겼는지 실천한 것을 적어봅시다.

▶ 오늘 하나님이 보시기에 합당한 삶을 살았으면 감사한 것을 적어 봅시다.

▶ 오늘의 기도 제목을 적어 봅시다.

[호세아 해답]

1) 3 2) 고멜 3) 4 4) 길 5) 2 6) 3 7) 1 8) 3 9) 2 10) 살인 11) 4 12) 3 13) 4 14) 3 15) 전쟁 16) 인애, 번제, 아는 17) 2 18) 화덕, 불꽃 19) 송아지 20) 제단 21) 하나님 22) 열매 23) 기브아 24) 공의 25) 4 26) 비둘기 27) 인애, 정의 28) 3 29) 2 30) 배반 31) 3 32) 여호와의 도

29. 요엘 (JOEL)

1. 내용

요엘서는 하나님의 사랑을 알려준다. 하나님께서는 자연을 통해 두렵고 무서운 메뚜기 떼의 재앙을 통해 하나님의 준엄한 심판을 경고한다.

이 재앙의 날이 '여호와 날'이다. 그날에 하나님께 불순종한 악인들은 하나님의 심판을 받아 멸망하고, 신실한 백성은 구원을 받게 된다. 선지자는 재앙의 날이 구원의 날이 될 수 있음을 상기시키며 죄악에서 돌이켜 회개할 것을 촉구한다.

이렇듯 하나님이 모든 피조물과 역사를 홀로 주관하시며 당신의 백성을 위해 구원을 완성하신다.

2. 배경

할머니 아달랴가 다윗 왕가에 속한 일족을 모두 살해할 때 유일하게 살아남아 고모의 손에 성전에서 양육받다가 고모부 대제사장 여호야다가 혁명을 일으켜 아달랴를 축출하고 왕위에 올라 여호야다의 섭정이 시작되던 때이다.

3. 흐름과 내용 구성

유다가 당한 재앙(자연재해와 형벌, 회개를 촉구), 다가올 여호와의 날(종말적 구원의 약속, 이방의 심판, 유다의 회복과 축복)로 구성되었다.

4. 목적

유다 땅에 임한 메뚜기 떼 재앙과 가뭄 재앙을 통해 장차 임할 여호와의 날의 두려운 심판을 일깨워 주며, 죄악을 깨닫고 돌이키는 자에게는 하나님으로부터 회복의 은총과 여호와의 날에 궁극적 구원이 주어진다는 소망을 안겨준다.

5. 본서에 나타난 하나님의 섭리

자연재앙을 통해 범죄하는 백성들에게 하나님의 질책과 경고를 전하지만 하나님은 죄를 지었을 때 채찍으로 때리면서도 상처 입은 자들을 싸매시고 위로하는 분이시다. 마음을 찢고 회개하는 자에게는 용서하시어 더 크고 풍성한 것으로 채워주시는 분도 하나님이다. 여호와의 날은 심판의 날이기도 하지만 회개하여 하나님께 죄 사함을 받은 자에게는 은총의 날이다.

크고 두려운 여호와의 날

오늘의 성경 말씀을 읽으시고 묵상한 후 풀어보시면 유익합니다.

요엘은 메뚜기 대재앙은 아무것도 아니며 크고 두려운 여호와의 심판 날이 올 것을 전하면서 종말시 임할 최종적인 심판의 날도 선포한다. 그날이 심판의 날이 아니라 구원의 날이 되도록 준비하고 회개하는 것밖에 다른 방법이 없다.

1. 예언자 요엘의 아버지는 누구인가? (욜 1:1)
   1) 도비야 2) 브두엘 3) 삭굴 4) 산발랏

2. 네 가지 곤충의 재앙은 송두리째 갉아 버리는 재앙의 혹독함을 의미하는데 이 곤충 재앙이 아닌 것은 무엇인가? (욜 1:4)
   1) 팥중이 2) 메뚜기 3) 느치 4) 사마귀

3. 요엘은 유다 백성이 이것을 하고 회개하며 하나님께 돌아오라고 촉구한다. 또 이것을 선포하고 거국적으로 기도하고 여호와께 부르짖으라고 하는데 이것은 무엇인가? (욜 1:14)

4. 여호와께서는 이스라엘에게 어떻게 하고 내게 돌아오라고 외치셨는가? 이 중에 아닌 것은 무엇인가? (욜 2:12)
   1) 금식하라 2) 울며 애통하라 3) 마음을 다하라 4) 순종하라

5. 다음 ( ) 안에 들어갈 말은 무엇인가? (욜 2:13)
   "그는 은혜로우시며 자비로우시며 노하기를 더디 하시며 ( ) 가 크시사 뜻을 돌이켜 ( ) 을 내리지 아니하시나니."

6. "누구든지 여호와의 이름을 부르는 자는 무엇을 얻는다"고 하였는가? (욜 2:32)

1) 평강　　2) 구원　　3) 복　　4) 희락

7. 피난처들 위협하는 민국의 민족들은 어디에서 심판을 당하는가? (욜 3:12)

1) 아골 골짜기　　2) 아알론 골짜기

3) 여호사밧 골짜기　　4) 이스라엘 골짜기

8. "애굽은 황무지가 되고 에돔은 황무한 들이 되는"것은 이 자손에게 포악을 행하고 무죄한 피를 흘렸기 때문인데 어느 자손인가? (욜 3:19)

1) 에브라임　　2) 유다　　3) 갓　　4) 스불론

| 실천 사항 |

▶ 오늘의 말씀을 읽으시고 나에게 유익한 말씀이 무엇인지 깨달아봅시다.

▶ 오늘 말씀으로 나의 삶에 적용하며 행동으로 옮겼는지 실천한 것을 적어봅시다.

▶ 오늘 하나님이 보시기에 합당한 삶을 살았으면 감사한 것을 적어 봅시다.

▶ 오늘의 기도 제목을 적어 봅시다.

[요엘 해답]

1) 2 2) 4 3) 금식일 4) 4 5) 인애, 재앙 6) 2 7) 3 8) 2

30. 아모스 (AMOS)

1. 내용

여로보암 2세는 솔로몬 이후 최고의 황금기를 누리지만 외적 번영을 사치와 향락, 계층간의 갈등과 소외 현상, 우상 숭배와 불신앙 등 종교적인 위선, 도덕적 부패, 사회적 불법으로 타락했다. 하나님께서는 남유다 농부였던 아모스를 북이스라엘로 파송하여 지배계층의 불의와 위선을 고발하여 불법과 불의와 불공정을 몰아내고 공동체 안에서 정의와 공의를 실현할 것을 선포했다.

2. 배경

북이스라엘 여로보암 2세 당시 북이스라엘은 아람 왕 벤하닷 3세가 앗수르에게 패하여 북방으로부터의 위협이 사라져 한동안 국가의 안정을 이룰 수 있었지만 오히려 국가의 안정과 번영은 도덕적 부패와 종교적 타락으로 이어졌다. 아모스 선지자가 북이스라엘로 가서 우상 숭배가 만연했던 벧엘, 길갈, 사마리아를 사역할 때이다.

3. 흐름과 내용 구성

아모스의 예언과 설교(열방에 대한 심판 선포 및 선민에 대한 예언), 환상과 약속(세 가지 설교, 다섯 가지 심판, 환상, 회복과 구원 약속)으로 구성됐다.

4. 목적

부패한 백성들에게 하나님의 심판을 경고함으로써 회개하고 공의를 실천하라고 가르치고 있다. 주의 백성이 타락되고 부패한 세상에서 어떻게 살아가는 것이 진정으로 하나님의 뜻인지 알려준다.

5. 본서에 나타난 하나님의 섭리

"오직 정의를 물 같이, 공의를 마르지 않는 강 같이 흐르게 할지어다(암 5:24)"의 강렬한 외침은 하나님께서 북이스라엘 백성에게 원하시는 것을 보여준다. 당시는 솔로몬 이후 최고의 황금기를 이뤘지만 영적으로 빈곤함을 불러왔다. 사치와 향락, 도덕적 부패, 빈부의 격차가 극에 달하고 불의와 불법이 성행하여 회개를 촉구하고 어떻게 살아가는 것이 하나님의 뜻인지 발견하고 공의를 이루는 것임을 제시해 준다.

아모스의 묵시

오늘의 성경 말씀을 읽으시고 묵상한 후 풀어보시면 유익합니다.

아모스는 예언자의 모델이다. 유대 지역 드고아 출신으로 목자였으나 하나님의 부르심으로 사마리아와 주변국의 죄를 고발하고 심판을 선포한 선지자다. 아모스의 예언은 심판주로서의 여호와의 모습을 보여주며 물질의 부요에 취해 정의와 공의가 사라진 죄들을 지적한다.

1. 드고아 목자 중 이스라엘에 대하여 이상을 받은 예언자는 누구인가? (암 1:1)
   1) 미가야 2) 요엘 3) 호세아 4) 아모스

2. 아모스가 예언을 받을 때 이스라엘의 왕은 누구인가? (암 1:1)
   1) 여호아하스 2) 요람 3) 여로보암 4) 요아스

3. 아모스 선지자는 길르앗의 아이 밴 여인의 배를 갈랐던 이 자손의 심판을 예언했는데 어느 자손인가? (암 1:13)
   1) 에돔 2) 모압 3) 블레셋 4) 암몬

4. 유다의 3대 죄악이 아닌 것은 무엇인가? (암 2:4)
   1) 율법을 멸시한 죄 2) 거짓 것에 미혹된 죄
   3) 절기를 지키지 않은 죄 4) 율례를 지키지 않은 죄

5. 이스라엘의 죄악을 아모스 선지자가 지적한 것이 아닌 것은 무엇인가? (암 2:6-8)
   1) 은을 받고 의인을 팔음 2) 신 한 켤레를 받고 가난한 자 팔음
   3) 궁 입구에서 전당 잡은 옷 위에 누움 4) 신전에서 벌금으로 얻은 포도주를 마심

6. 선지자의 역할이 아닌 것은 무엇인가? (암 3:1-8)

1) 여호와의 전능을 전해야 한다　2) 여호와의 비밀을 전해야 한다

3) 여호와의 보응을 전해야 한다　4) 여호와의 말씀을 전해야 한다

7. 이스라엘이 저지른 죄악은 모두 이웃 나라들에게서 배운 것들인데 여호와께서 이스라엘의 죄에 대한 보응이 아닌 것은 무엇인가? (암 3: 9-15)

1) 이스라엘을 쇠약하게 함　2) 극심한 가뭄으로 고통을 당하게 함

3) 학대와 포학과 겁탈을 당하게 함　4) 우상숭배의 방종을 무너지게 함

8. 여호와의 완전한 보응은 제단의 이것을 꺾어 땅에 떨어뜨리고 여러 궁들이 파괴되며 무너지게 하시는데 이것은 무엇인가? (암 3:14)

1) 손잡이　2) 뿔　3) 진설병　4) 기둥 .

| 실천 사항 |

▶ 오늘의 말씀을 읽으시고 나에게 유익한 말씀이 무엇인지 깨달아봅시다 .

▶ 오늘 말씀으로 나의 삶에 적용하며 행동으로 옮겼는지 실천한 것을 적어봅시다 .

▶ 오늘 하나님이 보시기에 합당한 삶을 살았으면 감사한 것을 적어 봅시다 .

▶ 오늘의 기도 제목을 적어 봅시다 .

정의와 공의를 잃어버린 세상

오늘의 성경 말씀을 읽으시고 묵상한 후 풀어보시면 유익합니다.

아모스의 주제는 정의와 공의다. 정의와 공의를 잃어버리고 형식적인 예배와 제물을 드리고 있는 이스라엘을 고발하고 있는데 이는 곧 우리에게 주시는 말씀이다. 이스라엘이 부에 취해 망각하고 형식적인 예배를 드리는데 우리의 예배를 돌봐야 한다.

9. 이스라엘 백성이라 할지라도 죄를 지었을 땐 그 합법성에 의하여 심판을 받게 되는데 그 이유가 아닌 것은 무엇인가? (암 4:1)
   1) 힘없는 자를 학대하여 2) 가난한 자들 압제하여
   3) 순종하지 않아서 4) 술을 마시게 하므로

10. 아모스는 누룩 넣은 것을 불살라 이것을 드리고 낙헌제를 소리 내어 선포하라고 했다. 이것은 무엇인가? (암 4:5)
   1) 감사제 2) 수은제 3) 화목제 4) 속죄제

11. 하나님은 불붙는 가운데서 빼낸 무슨 조각같이 되었으나 너희가 내게 돌아오지 않았다고 책망하였는가? (암 4:11)

12. 여호와의 날을 사모하는 자에게 그날은 빛이 아니라 무엇이라고 하는가? (암 5:18)
   1) 영광 2) 광명 3) 심판 4) 어둠

13. 다음 ( ) 안에 들어갈 말은 무엇인가? (암 5:24)
   "오직 ( )를 물 같이, ( )를 마르지 않는 강 같이 흐르게 할지어다."

14. 이스라엘이 수없이 하나님께 단죄를 당하는 벌을 받을 것은 이것 때문이다. 이것을 섬기는 자들은 멸망을 예언하는데 무엇인가? (암 5:26)

15. 패망의 원인은 자만이다. 이들은 정의를 쓸개로 공의의 열매를 무엇으로 바꾸었는가? (암 6:12)

16. 아모스는 교만한 이스라엘 백성들에게 심판을 선언하며 한 나라에 의해 멸망을 예언하는데 이 나라는 어디인가? (암 6:14)

1) 바벨론　2) 앗수르　3) 블레셋　4) 애굽

| 실천 사항 |

▶ 오늘의 말씀을 읽으시고 나에게 유익한 말씀이 무엇인지 깨달아봅시다.

▶ 오늘 말씀으로 나의 삶에 적용하며 행동으로 옮겼는지 실천한 것을 적어봅시다.

▶ 오늘 하나님이 보시기에 합당한 삶을 살았으면 감사한 것을 적어 봅시다.

▶ 오늘의 기도 제목을 적어 봅시다.

다섯 가지 환상과 하나님의 심판

오늘의 성경 말씀을 읽으시고 묵상한 후 풀어보시면 유익합니다.

아모스는 다섯 개의 환상을 보게 되는데 메뚜기, 불, 다림줄, 여름실과 성전파괴의 환상이다. 이들이 모두 다 불순종하고 회개치 않는 이스라엘과 유다를 향한 심판의 메시지이다. 하나님은 미리 보여주며 돌아서기를 촉구한다.

17. 아모스가 본 환상이 아닌 것은 무엇인가? (암 7:1-9)
    1) 다림줄 2) 메뚜기 3) 불 4) 개구리

18. 여호와께서 이것을 내 백성 가운데 두고 용서하지 않겠다고 하셨는데 이것은 무엇인가? (암 7:8)
    1) 불 2) 메뚜기 3) 여름 과일 한 광주리 4) 다림줄

19. "나는 선지자가 아니며 선지자의 아들도 아니라 나는 목자요 뽕나무를 재배하는 자로다"라고 아마사에게 이야기한 사람은 누구인가? (암 7:14)

20. 여호와께서 "이스라엘의 끝이 이르렀다. 즉 내가 그를 용서하지 않겠다"며 아모스에게 보여주신 광주리 안에는 무엇이 들어 있었는가? (암 8:1-3)

21. 여호와 날에 여호와께서 모든 기근을 땅에 내려 보낸다고 하였는데 그 기준이 아닌 것은 무엇인가? (암 8:11)
    1) 양식의 기근 2) 물의 갈함 3) 말씀의 기근 4) 영혼의 기근

22. 하나님의 구원은 우리들이 어느 곳에 있더라도 문제가 되지 않지만, 죄인은 어느 곳에 숨더라도 하나님의 심판이 따른다. 심판이 따르는 곳이 아닌 것은 무엇인가? (암 9:2-4)

1) 스올　2) 갈멜산 꼭대기　3) 바다　4) 바위 속

23. 여호와께서는 범죄한 나라를 어디에서 멸망하게 한다고 하시는가? (암 9:8)

24. 여호와의 날은 무슨 날인가? (암 9:11)

1) 구원의 날　2) 심판의 날　3) 소망의 날　4) 기쁨의 날

| 실천 사항 |

▶ 오늘의 말씀을 읽으시고 나에게 유익한 말씀이 무엇인지 깨달아봅시다.

▶ 오늘 말씀으로 나의 삶에 적용하며 행동으로 옮겼는지 실천한 것을 적어봅시다.

▶ 오늘 하나님이 보시기에 합당한 삶을 살았으면 감사한 것을 적어 봅시다.

▶ 오늘의 기도 제목을 적어 봅시다.

[아모스 해답]

1) 4 2) 3 3) 4 4) 3 5) 3 6) 1 7) 2 8) 2 9) 3 10) 2 11) 나무 12) 4 13) 정의, 공의 14) 우상 15) 쑥 16) 2 17) 4 18) 4 19) 아모스 20) 여름 과일 21) 4 22) 4 23) 지면 24) 2

31. 오바댜 (OBADAIAH)

1. 내용

이 책은 구약에서 가장 짧은 21절의 분량이지만 에돔에 대해 가장 준엄하고 강도 높은 심판을 선포하고 있다. 하나님의 선민인 형제의 나라 유다 백성을 잔인하게 괴롭힌 에서의 후손 에돔 족속뿐만 아니라, 에돔과 같이 하나님의 백성에게 대적하는 모든 나라와 민족들을 반드시 멸망하고 심판하시며 당신의 백성과 나라를 더욱 견고하게 세우신다.

2. 배경

오바댜는 유다 출신의 선지자이지만 에돔 왕국의 멸망을 선포했다. 에돔과 유다는 형제국이지만 예루살렘이 침공당할 때 기뻐하고, 그 기회를 이용해 약탈을 일삼고 유다 백성을 적국에 넘기는 등 만행을 일삼았다. 로마 제국에 멸망당하기 전까지 벌어진 일들이 배경이다.

3. 흐름과 내용 구성

크게 두 개로 나누면 에돔의 멸망과 유다의 회복이다. 유다의 멸망(에돔의 몰락, 죄악상, 심판), 유다의 회복(야곱 족속의 회복, 이스라엘의 회복과 복된 미래)로 구성됐다.

4. 목적

유다를 대적해 온 에돔의 파멸을 통해 유다의 회복을 알리고 에돔으로 대표되는 불신세력의 비극적 종말을 소개해 메시야로 인한 남은 자들의 구원을 확신시킨다.

5. 본서에 나타난 하나님의 섭리

멸망의 원인은 하나님께 불순종하고 교만하기 때문에 하나님의 준엄한 심판을 받는다. 본서에서 에돔의 멸망 원인도 마찬가지이다. 자기 힘만 믿고 교만했으며, 자기의 지혜만 의지하고 자랑한 죄악이며, 형제의 나라 고통이 오히려 기쁨이고 약탈로 인한 축적뿐이었다. 유다 백성이 에돔에게 어려움을 당하는 것은 하나님이 알고 계시기에 그들을 멸망시키시고 친히 택한 백성을 다스릴 것이라 말한다.

하나님께서 친히 다스릴 때 백성들이 참된 평화와 안식을 얻어 고통과 근심 속에서 해방되어 살아가는 것이다.

에서의 후손 에돔의 심판

오늘의 성경 말씀을 읽으시고 묵상한 후 풀어보시면 유익합니다.

이스라엘은 야곱의 후손이고 에돔은 에서의 후손이므로 형제 사이인데 바벨론을 도와 이스라엘을 멸망시키는 데 앞장서서 하나님께서 진노하시고 심판한다. 에돔은 아무도 자기를 땅에서 끌어 내릴 수 없다고 생각했으나 하나님께서는 그를 끌어내셨다.

1. 오바댜의 예언은 에서의 후손인 이 나라를 향한 예언인데 어느 나라인가? (옵 1:1)
   1) 애굽 2) 에돔 3) 모압 4) 블레셋

2. 에돔은 이것으로 인하여 심판을 받았는데 무엇인가? (옵 1:3)
   1) 불순종 2) 패악 3) 교만 4) 불의

3. 다음 ( ) 안에 들어갈 말은 무엇인가? (옵 1:8)
   "여호와의 말씀이니라. 그날에 내가 에돔에서 ( ) 있는 자를 멸하며 에서의 산에서 ( ) 있는 자를 멸하지 아니하겠느냐"

4. 에돔의 죄는 네 형제에게 포학한 것이었으며, 이로 말미암아 부끄러움을 당하게 되었는데 이 형제는 누구인가? (옵 1:10)

5. 하나님은 각 나라와 각 사람을 심판하실 때는 그들의 이것에 따라 갚아주시는데 이것은 무엇인가? (옵 1:15)
   1) 어리석음 2) 죄악 3) 행위 4) 야욕

6. 하나님을 거역하고 패역한 길로 달음질했던 만국은 그 죄악의 잔으로 인해 이렇게 되고 만다. 어떻게 되는가? (옵 1:16)

7. '야곱 족속은 불이 되고 요셉 족속은 불꽃이 되지만 에돔(에서) 족속은 무엇이 된다고 하는가? (옵 1:18)

1) 장식　　2) 지푸라기　　3) 불쏘시개　　4) 젖은 막대기

8. 구원받은 자들이 어디에 올라가서 에서의 산을 심판하는가? (옵 1:21)

1) 에발산　　2) 심산　　3) 시온산　　4) 시내산

| 실천 사항 |

▶ 오늘의 말씀을 읽으시고 나에게 유익한 말씀이 무엇인지 깨달아봅시다.

▶ 오늘 말씀으로 나의 삶에 적용하며 행동으로 옮겼는지 실천한 것을 적어봅시다.

▶ 오늘 하나님이 보시기에 합당한 삶을 살았으면 감사한 것을 적어 봅시다.

▶ 오늘의 기도 제목을 적어 봅시다.

[오바댜 해답]

1) 2 2) 3 3) 지혜, 지각 4) 야곱 5) 3 6) 초토화 7) 2 8) 3

32. 요나 (JONAH)

1. 내용

하나님께서 요나를 선지자로 삼아 먼 나라로 파송한다. 유다 공동체의 배타적이고 폐쇄적인 선민의식과 구원관을 배척하고 이방 민족들도 구원하시는 하나님의 사랑과 구원의 보편성을 일깨워준다. 본서는 이스라엘 백성만을 위한 하나님이 아니라 이방인들의 하나님, 온 세상의 모든 민족을 사랑하시는 만민의 하나님을 보여준다는 의미에서 구약의 복음서라고도 한다.

2. 배경

요나서의 배경이 되는 니느웨는 고대 앗수르 제국의 수도이다. 이스라엘과는 서로 대적하는 나라로 패전국이나 포로에게는 잔인하기로 소문난 이 나라에 요나 선지자는 니느웨로 보내시는 하나님의 지시를 거부하고 다시스로 가는 무역항에 올랐다가 물고기 뱃속에서 3일 동안 기도 후 살아나 니느웨에 가서 복음을 전하는 과정이다.

3. 흐름과 내용 구성

다시스로 도망치는 요나(선지자의 소명, 불순종, 물고기 뱃속, 회개 기도), 니느웨로 향하는 요나(선지자의 재소명, 니느웨의 회개, 책망받는 선지자, 박 넝쿨 사건)로 구성됐다.

4. 목적

여호와는 단지 이스라엘의 하나님이실 뿐 아니라 이방 모든 민족들의 주가 되심을 확인시키고, 선민의식에 젖어 있던 이스라엘의 오만함을 고쳐 선교의 사명을 일깨워준다. 의로운 일을 하면서 실수하는 요나를 통해 우리도 잘못할지라도 하나님께 쓰임받을 수 있는 존재가 됨을 가르친다.

5. 본서에 나타난 하나님의 섭리

하나님이 아브라함을 불러내어 열국의 아버지로 삼은 것도, 하나님께서 이스라엘 백성을 택한 것도 결국은 만민을 구원하기 위한 도구로 사용했다. 하나님은 요나 선지자를 통해 이런 만민의 구원에 모범을 보여주셨다. 이런 맥락에서 본다면 만민을 구원하시는 하나님의 의지가 잘 드러남을 알게 되고 하나님은 사람을 사랑하심을 일깨워준다.

요나의 소명

오늘의 성경 말씀을 읽으시고 묵상한 후 풀어보시면 유익합니다.

요나 선지자가 보내심을 받은 곳은 앗수르의 수도 니느웨이다. 이 앗수르는 이스라엘을 계속하여 괴롭히다가 멸망시킨 나라다. 그럼에도 불구하고 하나님은 이방 나라인 니느웨도 회개하고 구원받기를 원하고 계신다는 것을 요나서에서 보여준다.

1. 여호와께서 요나에게 "니느웨로 가서 백성들의 잘못을 책망하라"고 할 때 요나는 한아님의 낯을 피하여 어디로 가는 배를 탔는가? (욘 1:2-3)

2. 폭풍으로 배가 침몰할 위기에 처할 때 선원들이 한 행동들이 아닌 것은 무엇인가? (욘 1:4-7)

   1) 제물을 놓고 제사지 배려함　　2) 각각 자기의 신을 부름
   3) 배를 가볍게 하려고 물건을 바다에 던짐　　4) 제비를 뽑아 재앙이 누군지 알고자 함

3. 하나님께서는 무엇을 예비하셔서 요나를 구출하셨는가? (욘 7:17)

   1) 큰 거북　　2) 큰 물고기　　3) 고래　　4) 물고기떼

4. 다음 (　　) 안에 들어갈 말은 무엇인가? (욘 2:9)

   "나는 (　　　) 하는 목소리로 주께 제사를 지내며 나의 (　　　) 을 주께 갚겠나이다. 구원은 여호와께 속하였나이다 하니라"

5. 다시스로 도망하던 요나는 주의 손에 붙들려 이곳으로 가서 여호와의 말씀을 선포하였는데 어디인가? (욘 3:1-3)

6. 니느웨는 며칠 동안 걸을 만큼 큰 성읍인가? (욘 3:3)
 1) 하루 2) 이틀 3) 사흘 4) 이레

7. 하나님의 메시지를 듣고 니느웨가 회개하여 구원을 받게 되자 요나는 불만이 가득했지만 하나님은 이것을 통하여 사랑을 일깨워줬는데 무엇인가? (욘 4:1-6)

8. 큰 성읍 니느웨에는 좌우를 분변하지 못하는 자가 얼마나 되는가? (욘 4:11)
 1) 십만여 명 2) 십일만여 명 3) 십이만여 명 4) 십삼만여 명

| 실천 사항 |

▶ 오늘의 말씀을 읽으시고 나에게 유익한 말씀이 무엇인지 깨달아봅시다.

▶ 오늘 말씀으로 나의 삶에 적용하며 행동으로 옮겼는지 실천한 것을 적어봅시다.

▶ 오늘 하나님이 보시기에 합당한 삶을 살았으면 감사한 것을 적어 봅시다.

▶ 오늘의 기도 제목을 적어 봅시다.

[요나 해답]

1) 다시스 2) 1 3) 2 4) 감사 , 서원 5) 니느웨 6) 3 7) 박 넝쿨 8) 3

33. 미가 (MICAH)

1. 내용

본서는 선지자가 번영의 시기에 우상 숭배와 도덕적 타락으로 죄악이 만연하여 불법과 부패로 치닫고 있을 때, 남유다와 북이스라엘을 향해 경고와 심판의 메시지와 함께 위로와 회복의 메시지를 선포했다. 하나님이 공의로운 심판을 선포하시지만 동시에 끝까지 믿음을 지키고 인내하는 자를 향한 위로와 구원의 메시지도 놓치지 않는다.

2. 배경

미가 선지자가 활동하던 당시 앗수르가 북이스라엘을 멸망시키고, 후계자 산헤립이 유다 왕국을 노려 유다 왕 아하스는 앗수르와 친교를 맺으며, 앗수르의 우상을 들여와 우상 숭배와 도덕적 타락에 빠졌으나 히스기야가 종교개혁을 추진하며 신앙 회복을 선언하던 시기이다.

3. 흐름과 내용 구성

회개 촉구에 대한 책망과 심판 선언(두 왕국 심판과 심판 원인, 지도자 심판), 종말적 구원과 메시야 예언(구원의 약속, 메시야의 약속), 회개를 촉구하는 하나님의 경고와 긍휼(하나님의 변론, 최후의 구원)로 꾸며졌다.

4. 목적

우상 숭배와 권력자들의 착취 등 죄악상을 고백하고 다가올 하나님의 공의로운 심판을 깨닫게 하며, 여호와 신앙을 견지하는 남은 자에게 주어진 구원과 메시야의 도래를 확신시키며 결국 메시야를 통해 회복될 것이라는 메시지를 전한다.

5. 본서에 나타난 하나님의 섭리

불법과 불의가 성행되고 우상 숭배로 종교적 타락을 가져왔지만 선지자는 이런 지도층에게 공의의 법을 선포하고 힘없는 백성들에게 자비와 사랑의 실천을 촉구하며 지난 날의 죄를 회개하고 하나님과 동행할 것을 촉구하였다.

그러면서 불순종하는 자에게는 심판이 이어지지만 순종하는 자에게는 구원을 중심으로 상기시켜 준다. 현대를 살아가는 우리들은 메시야로 인한 영원한 구원이 무엇인지 제대로 알고 살아가야 한다.

20 . . .(제38주 화요일 **오늘의 말씀: 미 1-3장**

이스라엘의 심판과 메시야의 도래

오늘의 성경 말씀을 읽으시고 묵상한 후 풀어보시면 유익합니다.

BC 700 년경 불의와 타락이 생활화되어 돌이킬 희망조차 잃어버릴 만큼 죄에 빠진 이스라엘과 유다의 죄를 깨우친다. 또한 심판을 선언하면서 메시야가 도래하여 이스라엘을 회복하고 나아가 종말에 세상 모든 나라를 심판하시며 믿는 자들을 구원한다.

1. 여호와께서 모레셋 사람인 이 사람을 통해 사마리아(북 왕국 이스라엘의 수도)와 예루살렘(남 왕국 유다의 수도)의 멸망을 경고했는데 이 사람은 누구인가? (미 1:1)

2. 하나님께서는 이곳에서 역사하시는데 거짓 선지자들은 이곳에서 말씀을 듣기보다는 책망이 없는 우상을 섬기며 따랐다. 이곳은 어디인가? (미 1:2)

3. 하나님께서 우상을 숭배하는 나라를 모두 폐하시고 그 값을 전한 이것 값으로 돌리시며 멸망으로 인해 애통해하시고 애가를 부르는데 이것은 무슨 값인가? (미 1:7)

4. 예언을 멸시하고 불쌍한 자의 겉옷을 벗기며 부녀자와 아이들을 멸시하는 자들을 어떻게 한다고 경고하는가? (미 2:8-10)
   1) 사망 2) 멸망 3) 심판 4) 추방

5. 하나님께서 유다와 이스라엘이 멸망하여도 그 민족을 기억하시고 나중에 이 사람을 모아 보스라의 양떼 같이 돌보시는 구원을 선포하는데 누구인가? (미 2:12)
   1) 성전지기들 2) 이스라엘의 남은 자
   3) 제사장들 4) 부녀자와 아이들

6. 이 사람들은 약을 기뻐하며 백성들에게 실을 찢는 듯한 고통을 주었는데 여호와께서 그들의 행위대로 갚으실 것을 경고하는데 이 사람들은 누구인가? (미 3:1-4)

1) 이스라엘의 장병들　　2) 이스라엘의 제사장

3) 이스라엘의 지도자　　4) 이스라엘의 왕

7. 다음 (　　) 안에 들어갈 말은 무엇인가? (미 3:8)

"오직 나는 여호와의 영으로 말미암아 능력과 (　　　) 와 용기도 충만해져서 야곱의 (　　　) 과 이스라엘의 (　　　) 를 그들에게 보이리라"

8. 유다의 죄악이 커져 하나님께서 유다를 떠나 미기는 그들이 죄악을 개탄하며 "우두머리들은 뇌물을 위해 재판하며 제사장은 삯을 위해 설교하고 선지자는 돈을 위하여 무엇을 친다"고 하였는가? (미 3:11)

| 실천 사항 |

▶ 오늘의 말씀을 읽으시고 나에게 유익한 말씀이 무엇인지 깨달아봅시다.

▶ 오늘 말씀으로 나의 삶에 적용하며 행동으로 옮겼는지 실천한 것을 적어봅시다.

▶ 오늘 하나님이 보시기에 합당한 삶을 살았으면 감사한 것을 적어 봅시다.

▶ 오늘의 기도 제목을 적어 봅시다.

하나님 나라를 완성하시다

오늘의 성경 말씀을 읽으시고 묵상한 후 풀어보시면 유익합니다 .

새 예루살렘 성을 지으시고 주님을 믿고 따르는 모든 백성을 회복시키시고 영원한 평화를 허락하신다 . 하나님께서 미가 선지자를 통하여 보여주시는 것은 "정의를 행하고 인자를 사랑하고 하나님과 함께 행하는 것이다 .

9. 이것은 시온에서부터 나오고 여호와의 말씀은 예루살렘에서부터 나온다고 했는데 이것은 무엇인가? (미 4:2)

   1) 은총 2) 율법 3) 권능 4) 능력

10. 여호와께서는 공의로 모든 나라들을 재판하시고 백성들이 전생하기 위해 만든 칼로 보습을 만들고 창을 이것으로 만들어 평화롭게 살며 주께서 축복 주실 것을 말하는데 이것은 무엇인가? (미 4:3)

11. 베들레헴에서 누가 탄생할 텐데 그의 근본은 상고에 영원에 있다고 예언했는데, 그는 누구인가? (미 5:2)

12. 하나님께서는 복술하는 자, 점쟁이, 손으로 새긴 우상과 주상, 그리고 무엇을 다 멸절시키겠다고 하였는가? (미 5:12-14)

13. 다음 ( ) 안에 들어갈 말은 무엇인가? (미 6:8)

   "사람이 주께서 선한 것은 무엇임을 네게 보이셨나니 여호와께서 네게 구하시는 것은 오직 (   ) 를 행하며 (   ) 를 사랑하며 (   ) 하게 네 하나님과 함께 행하는 것이 아니냐 ."

14. 백성들이 불의에 대한 경고의 외침을 듣고도 깨닫지 못해 불이익을 받은 것이 아닌 것은 무엇인가? (미 6:14-15)

1) 먹으나 배부르지 못하다　　2) 씨를 뿌리나 추수하지 못한다

3) 수욕을 담당할 것이다　　4) 화목하지 못하게 된다

15. 다음 (　　) 안에 들어갈 말은 무엇인가? (미 7:4)

"그들의 가장 선한 자라도 (　　　　) 같고 가장 정직한 자라도 (　　　　) 울타리보다 더하도다. 그들의 파수꾼들의 날 곧 이들 가운데에 형벌의 날이 임하였으니 이제는 그들이 요란하리로다"

16. 하나님께서는 옛적에 조상에게 맹세한 대로 야곱에게서는 성실을 베푸셨고 아브라함에게는 무엇을 더했는가? (미 7:20)

| 실천 사항 |

▶ 오늘의 말씀을 읽으시고 나에게 유익한 말씀이 무엇인지 깨달아봅시다.

▶ 오늘 말씀으로 나의 삶에 적용하며 행동으로 옮겼는지 실천한 것을 적어봅시다.

▶ 오늘 하나님이 보시기에 합당한 삶을 살았으면 감사한 것을 적어 봅시다.

▶ 오늘의 기도 제목을 적어 봅시다.

[미가 해답]

1) 미가 2) 성전 3) 기생 4) 2 5) 2 6) 3 7) 정의, 허물, 죄 8) 점 9) 2 10) 낫 11) 메시야
12) 아세라 목상 13) 정의, 인자, 겸손 14) 4 15) 가시, 찔레 16) 인애

34. 나훔 (NAHUM)

1. 내용

본서는 앗수르의 도심 니느웨가 심판과 멸망에 대한 예언으로 이뤄졌다. 나훔 선지자는 요나 시대의 회개 정신을 상실하고 교만에 빠진 니느웨의 멸망이 필연적이라 역설한다.

니느웨 백성이 교만에 빠져 깊은 죄악에 빠져 살았기 때문이다. 하나님께 대적하는 자는 심판하지만 의로운 자는 하나님의 자비와 보호를 받게 된다는 사실을 분명하게 선포하고 있다.

2. 배경

앗수르, 앗술, 바니팔 통치 시기로 최강의 국력을 자랑하던 때에 선지자는 하나님의 명을 좇아 니느웨의 멸망을 선포하였다. 선지자의 말대로 얼마 되지 않아 니느웨는 바벨론에 의해 함락되고 멸망되던 시기이다.

3. 흐름과 내용 구성

하나님의 진노에 의한 니느웨의 멸망 선포(하나님의 성품, 멸망과 구원), 하나님의 심판(멸망에 대한 이상, 황폐해진 니느웨), 애가(멸망 원인과 불가피성)로 흐름이 이어진다.

4. 목적

하나님을 대적하는 잔악하고 죄악된 세력은 필연적으로 공의로운 심판을 피할 수 없음을 알린다.

하나님은 세상에서 가장 강력한 세력보다 더 강하고 능하신 절대 주권과 능력을 지니신 분임을 알리며, 앗수르의 칼날 앞에 떨고 있던 유다를 위로해 준다.

5. 본서에 나타난 하나님의 섭리

1세기 전 선지자 요나를 니느웨에 보내 회개를 촉구하시고 심판을 면케 한 니느웨인데 하나님께서 나훔 선지자를 보내 멸망을 선포하신다.

니느웨가 멸망을 선포받게 된 것은 하나님의 뜻을 거스르고 대적했기 때문이다. 하나님께 불순종하고 거스르는 자는 결단코 하나님의 은총을 입을 수가 없다. 니느웨에 대한 하나님의 준엄한 심판을 다시금 되새겨 보아야 한다.

앗수르의 멸망을 선포하는 나훔

오늘의 성경 말씀을 읽으시고 묵상한 후 풀어보시면 유익합니다.

나훔 선지자는 유다의 엘고스 출신으로 BC 633-612 년경에 활동하며 북이스라엘을 멸망시킨 앗수르와 수도 나르웨를 향해 심판과 멸망을 선포한다. 잔인과 포악, 교만이 넘친 앗수르를 심판했고 실제로 어마어마했던 앗수르는 BC 612 년에 멸망한다.

1. 하나님은 당신을 거스르는 자와 대적하는 자에게 절대로 관용을 베푸시지 않고 그들에게 보복과 무엇을 품으시는가? (나 1:2)

2. 심판의 날에는 악인은 진멸되고 하나님을 사랑하는 자들은 큰 기쁨을 누리게 되는데 악인들의 모습이 아닌 것은 무엇인가? (나 1:10-12)
   1) 가시덤불 같이 엉클어진다　　2) 술을 마신 것 같아 비틀거린다
   3) 그들의 수가 많고 강해도 멸절된다　　4) 시원을 갚게 된다

3. 다음 ( ) 안에 공통으로 들어갈 말은 무엇인가? (나 2:2)
   "여호와께서 야곱의 ( )을 회복하시되 이스라엘의 ( ) 같게 하시나니 이는 약탈자들이 약탈하였고 또 그들의 포도나무 가지를 없이 하였음이라"

4. 이 성읍은 "예로부터 물이 모인 못같더니 이제 모두 도망하니 서라 서라 하니 돌아보는 자가 없도다." 이 성읍은 어디인가? (나 2:8)
   1) 예루살렘　2) 니느웨　3) 사마리아　4) 여리고

5. 하나님의 심판으로 니느웨 성읍이 초토화되고 바벨론 군사들에게 탈취당하는 고통

을 받는데 해당하지 않는 것은 어느 것인가? (나 2:7-10)

1) 왕후가 벌거벗은 몸으로 끌려감 2) 도망쳐 서라 외쳐도 돌아보지 않음

3) 주민이 낙담하여 무릎이 서로 부딪침 4) 모든 낯이 환하게 밝음

6. 하나님의 심판이 내릴 성읍에 문제점들 중 해당되지 않는 것은 무엇인가? (나 3:1)

1) 거짓이 가득함 2) 탈취가 떠나지 않음 3) 포악이 가득함 4) 재판을 헌납함

7. 다음 ( ) 안에 들어갈 말은 무엇인가? (나 3:12)

"네 모든 산성은 ( ) 의 처음 익은 열매가 흔들기만 하면 먹는 자의 입에 떨어짐과 같으리라"

8. 하나님의 심판을 받은 성읍의 상처는 고칠 수 없고 부상이 중하다는 소식을 듣는 자들이 모든 손뼉을 치며 기뻐하는 이유는 항상 무엇을 당했기 때문인가? (나 3:19)

1) 파괴 2) 투정 3) 행패 4) 손찌검

| 실천 사항 |

▶ 오늘의 말씀을 읽으시고 나에게 유익한 말씀이 무엇인지 깨달아봅시다.

▶ 오늘 말씀으로 나의 삶에 적용하며 행동으로 옮겼는지 실천한 것을 적어봅시다.

▶ 오늘 하나님이 보시기에 합당한 삶을 살았으면 감사한 것을 적어 봅시다.

▶ 오늘의 기도 제목을 적어 봅시다.

[나눔 해답]

1) 진노 2) 4 3) 영광 4) 2 5) 4 6) 4 7) 무화과 나무 8) 3

35. 하박국 (HABAKKUK)

1. 내용

하나님은 과연 살아 역사하시는가? 과연 의로운 분인가? 그렇다면 왜 세상에는 악인이 잘 되고, 의인은 고통받는 것일까?

하박국 선지자는 이같은 문제를 놓고 신앙적 갈등을 겪었지만, 이런 신정론(神正論)적 질문에 명쾌한 대답을 제시해 주는 것 또한 하박국서에 담겨 있다. 선지자는 기도하며 하나님께 질문하여 마침내 하나님의 섭리하에 악인은 망하고, 의인은 그 믿음으로 구원받는다는 이신득의(以信得義) 사상을 일깨워 주었다.

2. 배경

중동의 신흥강국 앗수르가 멸망하고 바벨론이 중근동을 제패하여 신흥강대국으로 급부상하며 중근동의 신질서가 재편되던 시기이다.

3. 흐름과 내용 구성

하나님과 하박국의 대화(악이 계속되는데도 하나님은 왜 침묵하는가. 악한 나라를 통해 이스라엘과 악인들도 벌한다), 하박국의 찬양(기도와 찬송, 은혜 회복, 진노 중에 긍휼을 기도, 하나님의 섭리를 찬양, 하나님을 향한 신뢰)으로 구성됐다.

4. 목적

모든 사건의 배후에 하나님의 의로운 손길이 개입하고 있으며, 눈에 보이는 일들로 그릇된 가치관을 찾거나 신앙의 혼선을 갖지 말고, 하나님을 의지하는 믿음으로 살아갈 것을 가르친다. 하나님을 굳게 신뢰하는 삶이 가장 충만한 삶이라는 것을 깨닫게 된다.

5. 본서에 나타난 하나님의 섭리

"의인은 그 믿음으로 말미암아 살리라"(2:4)는 말씀이 우리에게 주는 메시지가 강하다. 선지자는 어찌하여 의인이 잘못되고 악인이 득세하는지 혼란스러워하며, 갈등과 고뇌 속에 빠졌지만 궁극적으로 악인은 심판당하고 의인은 그 믿음으로 말미암아 구원을 얻게 되리라는 놀라운 신비의 대답을 얻는다. 오늘을 살아가는 성도들이 이와 같은 고뇌에 빠질 때 하박국서를 깊게 묵상하면 그 해답이 우리의 방향을 명쾌하게 제시해 줄 것이다.

하박국 선지자의 질문과 응답

오늘의 성경 말씀을 읽으시고 묵상한 후 풀어보시면 유익합니다.

남방 유다가 멸망한 것은 BC 586 년인데 하박국 선지자는 BC 610 년경에 기록한 점으로 보아 율법이 해이하고 공의가 땅에 떨어지며 타락했을 때, 하나님께서 하박국 선지자를 통해 심판을 선포한다. 하박국이 질문하고 응답받고 찬양하며 기록한 선지서다.

1. 다음 ( ) 안에 공통적으로 들어갈 말은 무엇인가? (합 1:4)

"이러므로 율법이 해이하고 ( ) 가 전혀 시행되지 못하오니 이는 악인이 의인을 에워쌌으므로 ( ) 가 굽게 행하여짐이리다."

2. 하나님께 불평했던 유다 백성의 죄에 대하여 어떤 방법으로 심판하실 것을 하박국이 말하였나? (합 1:6)

1) 기근을 내린다　　2) 전염병을 터뜨린다
3) 갈대아 사람을 통해 심판하신다　　4) 전생으로 전멸시킨다

3. 하나님께서 갈대아인들은 어떤 사람들이라고 하박국에게 말하였나. 아닌 것은 무엇인가? (합 1:6-10)

1) 사람과 성급하다　　2) 표범보다 빠르다
3) 왕들을 멸시한다　　4) 견고한 성을 부러워한다

4. 하박국은 하나님께 두 번째 불평을 하고서 어떤 행동을 취하였는가? (합 2:1)

1) 금식하며 기다림　　2) 성전에서 기다림
3) 파수하는 곳, 성루에서 대답을 기다림　　4) 기도하며 응답을 기다림

5. 다음 ( ) 안에 들어갈 말은 무엇인가? (합 2:4)

"보라 이의 마음은 (　　　　　) 하며 그 속에서 (　　　　) 하지 못하나 의인은 그의 (　　　) 으로 말미암아 살리라"

6. 하나님의 화가 선고된다는 것은 불행한 일인데 해당되지 않는 것은 어떤 것인가? (합 2:9-12)

1) 착취한 돈으로 자기 집을 건축한다　2) 부당한 이익을 취하는 자

3) 피로 성읍을 건설한 자　4) 불의로 성을 건축하는 자

7. 절박한 심정에서도 하박국은 주께 이것을 간구한다. 진노 중에라도 이것을 잊지 마시도록 간구하는데 이것은 무엇인가? (합 3:2)

1) 사망　2) 긍휼　3) 은총　4) 지혜

8. 다음 (　　) 안에 들어갈 말은 무엇인가? (합 3:17-18)

"비록 무화과나무가 (　　　　) 하지 못하며, 포도나무에 (　　　　) 가 없으며 감람나무에 (　　　　) 이 없으며, 밭에 먹을 것이 없으며, 우리에 양이 없으며, 외양간에 소가 없을지라도 나는 여호와로 말미암아 즐거워하며, 나의 구원의 하나님으로 말미암아 기뻐하리로다"

| 실천 사항 |

▶ 오늘의 말씀을 읽으시고 나에게 유익한 말씀이 무엇인지 깨달아봅시다.

▶ 오늘 말씀으로 나의 삶에 적용하며 행동으로 옮겼는지 실천한 것을 적어봅시다.

▶ 오늘 하나님이 보시기에 합당한 삶을 살았으면 감사한 것을 적어 봅시다.

▶ 오늘의 기도 제목을 적어 봅시다.

[하박국 해답]

1) 정의 2) 4 3) 4 4) 3 5) 교만 , 정직 , 믿음 6)1 7) 2 8) 무성 , 열매 , 소출

36. 스바냐 (ZEPHANIAH)

1. 내용

스바냐서도 오엘서나 아모스서와 같이 '여호와의 날'로 꾸며져 있다. 선지자도 유다의 타락과 말씀을 선포하며 경고를 담고 있다. '여호와의 날'은 무엇인가?

그날은 죄악에 대하여 하나님께서 마침내 두려운 심판을 베푸시지만 고난 중에도 신앙을 지키는 의로운 자에게는 구원의 날이요, 은혜의 날이다.

2. 배경

요시야 왕의 종교개혁 때 우상 숭배를 철폐하고 신앙회복운동을 위해 혼신을 다하던 때로 이 시기의 선지자 스바냐도 왕을 도와 신앙 부흥운동에 앞장섰다.

3. 흐름과 내용 구성

스바냐는 여호와 날에 있을 심판(유다, 열국, 예루살렘에 대한 심판)과 여호와의 날에 있을 구원(열방, 이스라엘 구원, 회복에 대한 약속과 기쁨의 찬양)으로 구성됐다.

4. 목적

여호와의 날에 있을 심판을 경고함으로써 돌이켜 회개하고, 이방인과 이스라엘 중에서 남은 자에게 주어질 하나님의 구원을 일깨워 줘 그 신앙을 더욱 돈독하게 해준다. 돌이켜보면 하나님의 심판은 긍휼과 회복을 위한 것으로 하나님의 은총을 입은 자들은 남은 자가 되어 하나님의 기쁨을 경험한다.

5. 본서에 나타난 하나님의 섭리

조부와 부왕으로 이어지던 통치 기간 동안 이어진 우상 숭배, 사치와 타락과 부패가 끊이지 않고 계속 부패하던 시기에 요시야 왕의 종교 개혁은 쉽지 않았다. 하나님께서 선지자를 보내 죄짓고 회개하지 않는 자들은 심판받고, 죄악된 세상에서도 하나님을 두려워하며 참고 인내하는 자들은 반드시 구원을 얻게 된다는 위로의 메시지를 선포한다.

스바냐 선지자의 예언

오늘의 성경 말씀을 읽으시고 묵상한 후 풀어보시면 유익합니다.

스바냐는 히스기야 왕의 4 대손으로 왕족이었으며 요시야 왕과는 7 촌간이다. 요시야가 종교개혁을 단행하기 전에 스바냐를 통해 타락한 유다의 멸망을 선포했고 요시야는 이에 영향을 받아 종교 개혁을 단행한 것으로 보인다. 하나님의 심판과 구원을 예언한다.

1. 예언자 스바냐는 어느 왕이 다스릴 때 활동을 하였는가? (습 1:1)

   1) 요담 2) 시드기야 3) 요시야 4) 므낫세

2. 하나님의 집에서 심판이 시작되는데 하나님께서는 구체적으로 경고를 하는데 아닌 것은 무엇인가? (습 1:4-6)

   1) 우상숭배하는 자 2) 재물을 드리지 않는 백성
   3) 하나님과 우상을 겸하여 섬기는 자 4) 불충실한 제사장

3. 여호와의 희생의 날에 여호와께서는 복도 내리지 않고 화도 내리지 않는다고 생각하는 자를 무엇으로 찾아 벌을 내릴 것이다 하였는가? (습 1:12)

4. 다음 ( ) 안에 들어갈 말은 무엇인가? (습 2:3)

   "여호와의 규례를 지키는 세상의 모든 겸손한 자들아. 너희는 여호와를 찾으며 ( )와 ( )을 구하라. 너희가 혹시 여호와의 분노의 날에 숨김을 얻으리라"

5. 블레셋에게 재앙을 선포하는데 네 개의 대표적인 큰 성읍 중 가사는 버림을 당하고 아스 글론은 폐허가 되며 아스돗은 대낮에 쫓겨나며 에그론은 어떻게 된다고 하는가? (습 2:4)

1) 불사른다 2) 뽑힌다 3) 무너진다 4) 물에 잠긴다

6. 모압과 암몬은 교만의 땅이다. 여호와께서 심판하시며 모압은 소돔같이 암몬은 어디 같을 것이라 경고했는가? (습 2:8-9)

7. 예루살렘의 주민들의 죄들이 아닌 것은 무엇인가? (습 3:2)

1) 하나님께 나아갔다 2) 명령을 듣지 않았다

3) 교훈을 받지 않았다 4) 여호와를 의뢰하지 않았다

8. 다음 ( ) 안에 들어갈 말은 무엇인가? (습 3:17)

"너의 하나님 여호와가 너의 가운데에 계시니 그는 구원을 베푸실 ( ) 이시라 그가 너로 말미암아 기쁨을 이기지 못하시며 너를 잠잠히 ( ) 하시며 너로 말미암아 즐거이 부르며 기뻐하시리라."

| 실천 사항 |

▶ 오늘의 말씀을 읽으시고 나에게 유익한 말씀이 무엇인지 깨달아봅시다.

▶ 오늘 말씀으로 나의 삶에 적용하며 행동으로 옮겼는지 실천한 것을 적어봅시다.

▶ 오늘 하나님이 보시기에 합당한 삶을 살았으면 감사한 것을 적어 봅시다.

▶ 오늘의 기도 제목을 적어 봅시다.

[스바냐 해답]

1) 3 2) 2 3) 등불 4) 공의, 겸손 5) 2 6) 고모다 7) 1 8) 전능자, 사랑

37. 학개 (HAGGAI)

1. 내용

학개 선지자는 포로기 이후 가장 먼저 활동한 선지자인데 바벨론에서 고국 땅 예루살렘으로 돌아온 유다 백성은 파괴된 성전을 재건하는 일에 착수했지만 사마리아인과 이방인 등 성전 건축을 방해하는 자들이 많았다.

하지만 성전 건축은 하나님의 임재와 하나님의 뜻을 순종하는 것이며 무너진 믿음을 회복하는 것이라고 촉구했다.

2. 배경

고레스 칙령에 의해 유다 백성은 스룹바벨 인솔하에 귀환하여 예루살렘에 정착하여 성전 재건에 착수했으나 사마리아 사람들과 이방인들의 방해로 성전 공사가 중단되는 등 성전 재건 착수를 반복하던 시기이다.

3. 흐름과 내용 구성

학개서는 네 편의 계시로 이루어져 있다. 첫 번째 설교(책망과 호소, 성전 건축 독려), 두 번째 설교(새 성전과 미래의 영광), 세 번째 설교(순종에 대한 복, 바른 예배 회복을 촉구), 네 번째 설교(하나님의 약속, 장래의 복)로 구성되어 있다.

4. 목적

성전 재건 작업을 중단한 채 영적 무기력 상태에 놓여 있던 백성들을 각인시켜 재건 사업을 재개하도록 하고, 또한 성전으로 상징되는 여호와 신앙을 복구함으로써 하나님 앞에서 복된 인생을 살아나갈 수 있도록 가르친다.

5. 본서에 나타난 하나님의 섭리

성전 재건은 단절된 하나님과의 관계 회복을 의미하는 동시에 하나님 중심적 삶으로 복귀하는 것을 의미한다.

성전 건축을 촉구하면서 지난날의 잘못된 예배와 부정한 삶을 지적하고 바른 예배를 드릴 것을 호소하고 바른 예배가 회복될 때 하나님과의 관계가 복원되며, 바른 예배가 드려지는 성전이 성전으로서 가치가 있음을 일깨워준다.

학개 선지자의 권신

오늘의 성경 말씀을 읽으시고 묵상한 후 풀어보시면 유익합니다.

개 선지자는 BC 520 년에 이스라엘 백성들이 포로로부터 귀환하여 성전을 재건하다가 주변의 방해로 중지된 후 16 년이 흐른 시점에서 중단된 성전 재건을 촉구한다. 그리고 이스라엘 백성들은 힘을 얻어 성전 건축을 재개하고 감격적인 완공을 한다.

1. 학개 선지자는 어느 왕 시대에 하나님께 말씀을 받았는가? (학 1:1)
   1) 느부갓네살 2) 벨사살 3) 다리오 4) 고레스

2. 학개는 스가랴와 함께 귀환한 백성들에게 이것을 재건하도록 격려한 선지자인데 이것은 무엇인가? (학 1:8)

3. 다음 ( ) 안에 공통적으로 들어갈 말은 무엇인가? (학 1:14)
   "여호와께서 스알디엘의 아들 유다 총독 스룹바벨의 ( ) 과 여호사닥의 아들 대제사장 여호수아의 ( ) 과 남은 모든 백성의 ( ) 을 감동시키매 그들이 와서 만군의 여호와 그들의 하나님의 전 공사를 하였으니"

4. 다리오 왕 7월 21일에 학개 선지자가 행한 설교에서 학개 선지자는 스룹바벨과 여호수아와 모든 백성에게 어떻게 하라고 촉구하였는가? (학 2:4)

5. 학개 선지자를 통해 백성과 지도자들에게 격려하며 하나님의 언약의 말씀과 하나님의 이것이 계속해서 머무르고 계시니 두려워 말라고 했는데 이것은 무엇인가? (학 2:5)

6. 여호와께서 내린 재앙이 아닌 것은 무엇인가? (학 2:17)

1) 곡식을 마르게 함 2) 전염병 3) 깜부기 재앙 4) 우박으로 치심

7. 당시 대제사장은 여호수아인데 총독은 누구인가? (학 2:21)

8. 하나님께서는 스룹바벨을 택하여 '인장으로 삼으리니'라고 하셨는데 이것은 스룹바벨이 누구에 대한 예표를 상징하는가? (학 2:23)

| 실천 사항 |

▶ 오늘의 말씀을 읽으시고 나에게 유익한 말씀이 무엇인지 깨달아봅시다.

▶ 오늘 말씀으로 나의 삶에 적용하며 행동으로 옮겼는지 실천한 것을 적어봅시다.

▶ 오늘 하나님이 보시기에 합당한 삶을 살았으면 감사한 것을 적어 봅시다.

▶ 오늘의 기도 제목을 적어 봅시다.

[학개 해답]

1) 3 2) 성전 3) 마음 4) 굳세게 하라 5) 영 6) 2 7) 스룹 바벨 8) 메시야

38. 스가랴 (ZECHARIAH)

1. 내용

환상과 비전을 제시하여 주는 책으로 상징적 수사법을 동원하여 묘사한다. 성전 건축은 장차 오실 약속된 메시야를 육적 · 영적으로 맞이하기 위한 일임을 일깨워준다.

크게 두 부분으로 나눠 전반부에는 포로에서 돌아온 사람들의 성결과 회개, 중단된 성전 건축 재건에 대한 내용이 담겨 있다. 후반부에는 성전이 완공된 후 실현될 메시야의 재림과 통치에 대한 내용을 담고 있다.

2. 배경

1차 포로 귀환 때 예루살렘으로 돌아온 스가랴는 본격적으로 사역을 시작한 것은 17년이 지난 후였다. 이때는 학개 선지자가 두 번째, 세 번째 예언을 하던 시기이고 예루살렘을 중심으로 한 사역이 그 배경이다.

3. 흐름과 내용 구성

스가랴의 내용 구성은 경고와 희망의 메시지를 전하는 전반부(여덟가지 환상, 위선을 책망, 불손종에 대한 회개 촉구, 이스라엘 회복과 영광), 후반부(심판과 회복의 약속, 메시야 왕국과 통치 회복)를 다룬다.

4. 목적

14년간 중단되었던 성전 재건 작업을 다시 시작하도록 독려하고, 성전 재건은 메시야의 도래를 위한 준비로서 악인들은 심판을 받지만 택한 백성, 곧 시온 백성은 메시야로 인해 온전히 회복될 것이라는 믿음을 확신시켜 준다.

5. 본서에 나타난 하나님의 섭리

선지자는 메시야의 초점에서부터 재림, 세상 종말과 새 예루살렘에 이르기까지 장래의 모든 인류 역사가 장차 메시야와 그분의 왕국 중심으로 전개될 것을 분명하게 보여주고 아직 성취되지 않는 세상의 종말 역시 선지자가 보여준다.

성전 재건을 격려하는 스가랴

오늘의 성경 말씀을 읽으시고 묵상한 후 풀어보시면 유익합니다.

바벨론 포로에서 돌아온 후 학개 선지자가 성전 재건을 촉구하던 동시대에 스가랴가 이어서 성전 재건을 격려한다. 스가랴는 여덟 개의 환상을 본다. 이 일로 이스라엘은 큰 힘을 얻게 되고 성전 재건이 활기차게 이루어진다.

1. 스가랴는 바사의 어느 왕 때 하나님으로부터 말씀을 받았는가? (슥 1:1)
   1) 고레스 2) 느부갓네살 3) 벨사살 4) 다리오

2. 스가랴 선지자가 계시를 본 때는 밤이었는데 그 골짜기는 어디인가? (슥 1:8)
   1) 여호사밧 골짜기 2) 화석류 골짜기 3) 아알론 골짜기 4) 아골 골짜기

3. "오호라 너희는 북방 땅에서 도피할지어다." 여기에서 말하는 북방 땅은 어느 곳인가? (슥 2:6)
   1) 아람 2) 애굽 3) 바벨론 4) 앗수르

4. 대제사장 여호수아는 이스라엘 백성을 상징하는데 그의 더러운 옷은 백성들의 무엇을 상징하는가? (슥 3:3-4)
   1) 우상숭배 2) 죄 3) 악 4) 불순종

5. 스가랴가 본 8가지 환상이 아닌 것은 무엇인가? (슥 1-6장)
   1) 네 뿔과 대장장이 네 명 2) 순금 등잔대와 두 감람나무
   3) 날아가는 두루미 4) 에바 속의 청년

6. 에바는 유대인들이 곡식을 되는 계랑기 즉 말을 의미하는데 말 안에 갇힌 여인은 무엇을 의미하는가? (슥 5:7-8)

1) 바벨론의 포로　2) 죄와 악의 양　3) 죄인　4) 어린 여자아이

7. 네 병거의 이상 중 넷째 병거는 어룽지고 건강한 말이 메었는데 둘째 병거는 어느 말이 메었는가? (슥 6:3)

1) 흰 말　2) 붉은 말　3) 검은 말　4) 노란 말

8. 다음 (　　) 안에 들어갈 말은 무엇인가? (슥 6:15)

"먼데 사람들이 와서 (　　　　) 을 건축하리니 만군의 여호와께서 나를 너희에게 보내신 줄을 너희가 알리라"

| 실천 사항 |

▶ 오늘의 말씀을 읽으시고 나에게 유익한 말씀이 무엇인지 깨달아봅시다.

▶ 오늘 말씀으로 나의 삶에 적용하며 행동으로 옮겼는지 실천한 것을 적어봅시다.

▶ 오늘 하나님이 보시기에 합당한 삶을 살았으면 감사한 것을 적어 봅시다.

▶ 오늘의 기도 제목을 적어 봅시다.

예루살렘의 회복

오늘의 성경 말씀을 읽으시고 묵상한 후 풀어보시면 유익합니다.

이스라엘의 범죄로 인하여 하나님께서는 이들 중에 계실 수가 없었으나 이제 다시 돌아오심을 말씀하신다. 또 이제는 금식이 변하여 기쁨과 즐거움 희락의 절기가 되게 하시겠다고 말씀하신다. 불순종하며 매 맞지 말고 순종하며 복을 받고 살아가는 성도가 되라.

9. 호와께서는 금식보다 이것을 원하신다. 하나님께서는 단지 음식을 먹지 않는 금식보다는 겸손하게 죄를 뉘우치는 이것과 회개의 마음을 원하신다. 이것은 무엇인가? (슥 7:5-7)

1) 기도　2) 청송　3) 제물　4) 제사

10. 하나님께서 스가랴를 통하여 이스라엘 백성들에게 전한 말이다. 아닌 것은 무엇인가? (슥 7:8-14)

1) 진실한 재판을 행하라　2) 궁핍한 자는 멀리하라
3) 서로 해하려고 마음에 도모하지 말라　4) 인애와 긍휼을 베풀라

11. 아름다운 땅을 황폐하게 한 원인이 아닌 것은 무엇인가? (슥 7:12-14)

1) 마음을 금강석 같게 하고 청종치 않음　2) 큰 진노가 여호와께 나옴
3) 불러도 듣지 않음　4) 절기를 지키지 않음

12. 다음 ( ) 안에 공통으로 들어갈 말은 무엇인가? (슥 8:2)

"내가 시온을 위하여 크게 ( ) 하며 그를 위하여 크게 분노함으로 ( ) 하노라"

13. 회복된 성읍에 대한 약속이다. 재앙으로 폐허된 예루살렘 성읍이 회복된다는 주의 메시지가 아닌 것은 무엇인가? (슥 8:1-8)

1) 잊지 말고 절기를 드리게 함 2) 주께서 시온으로 돌아오심

3) 흩어진 자들을 사방에서 모으심 4) 진리와 공의로 언약을 세우심

14. 다음 중 하나님께서 이스라엘 백성을 향한 구원 행사가 아닌 것은?(슥 8:12)

1) 평강의 씨앗을 얻을 것이라 2) 포도나무가 열매를 맺는다

3) 땅이 산물을 낸다 4) 하늘이 비를 내린다

15. 스가랴가 백성들에게 가르치며 이웃과 더불어 진리를 말하고 성문에서 진실하고 화평한 재판을 베풀고 마음에 서로 해하기를 도모하지 말고 이것을 좋아하지 말라고 했는데 이것은 무엇인가? (슥 8:16-17)

16. 그날에는 말이 다른 백성 열 명이 유다 사람과 함께 가려던 이유는 무엇인가? (슥 8:23)

1) 하나님이 함께하시기에 2) 하나님께 순종하려고

3) 하나님께 징계받을까 봐 4) 하나님의 명령이 두려워

| 실천 사항 |

▶ 오늘의 말씀을 읽으시고 나에게 유익한 말씀이 무엇인지 깨달아봅시다.

▶ 오늘 말씀으로 나의 삶에 적용하며 행동으로 옮겼는지 실천한 것을 적어봅시다.

▶ 오늘 하나님이 보시기에 합당한 삶을 살았으면 감사한 것을 적어 봅시다.

▶ 오늘의 기도 제목을 적어 봅시다.

메시야의 오심과 완성

오늘의 성경 말씀을 읽으시고 묵상한 후 풀어보시면 유익합니다.

이스라엘 멸망에 기뻐했던 주변국을 심판한다. 그들의 지혜롭고 능력이 대단하고 부유했지만 상관없다 예수그리스도의 오심. 나귀 타고 오시며 공의와 정의, 구원을 베푸시는 주님에 대한 말씀은 바로 스가랴 선지자가 예언했다. 평강의 왕으로 모시는 예수님을 예언한다.

17. 두로는 자기를 위하여 요새를 건축하며 은을 티끌 같이 금을 거리의 무엇 같이 쌓았는가? (슥 9:3)
    1) 진흙 2) 모래 3) 석축 4) 짚

18. 장차 구원을 베풀 왕에 대하여 묘사를 하였는데 아닌 것은 무엇인가? (슥 9:9)
    1) 공의로 우심 2) 구원을 베푸심 3) 겸손함 4) 심판을 하심

19. 여호와께서 무엇으로 말미암아 갇힌 자들을 물 없는 구덩이에서 놓았다고 하였는가? (슥 9:11)

20. 다음 ( ) 안에 들어갈 말은 무엇인가? (슥 10:2)
    "드라빔 들은 ( ) 한 것을 말하며 복술자는 ( ) 하지 않은 것을 보고 거짓 꿈을 말한즉 그 ( ) 가 헛되므로 백성들이 양 같이 유리하며 목자가 없으므로 곤고를 당하나니"

21. 스가랴는 유다 나라의 회복과 그 대적들의 멸망을 예언하는데 아닌 것은 무엇인가? (슥 10:11)

1) 나일의 깊은 곳이 다 마름　　2) 앗수르의 교만이 낮아짐
3) 애굽의 규가 없어짐　　4) 사막으로 변함

22. 잣나무, 백향목, 상수리나무들이 쓰러진 것을 요단의 자랑이 쓰러졌다고 한 비유는 무엇인가? (슥 11:2-3)

1) 강대한 지배자들의 심판　　2) 성전파괴 예시
3) 유다족속의 귀향　　4) 겁탈과 강포 시작

23. 이스라엘을 심판하는 두 막대기의 비유로 하나는 은총이다 하고 하나는 무엇이라 하며 양 떼를 먹이셨는가? (슥 11:7)

24. "칼이 그의 팔과 오른쪽 눈에 내리고, 팔이 마르고, 오른쪽 눈은 아주 멀어 버릴 것이라" 이 말씀은 누구에게 임하는 징벌인가? (슥 11:17)

| 실천 사항 |

▶ 오늘의 말씀을 읽으시고 나에게 유익한 말씀이 무엇인지 깨달아봅시다.

▶ 오늘 말씀으로 나의 삶에 적용하며 행동으로 옮겼는지 실천한 것을 적어봅시다.

▶ 오늘 하나님이 보시기에 합당한 삶을 살았으면 감사한 것을 적어 봅시다.

▶ 오늘의 기도 제목을 적어 봅시다.

우주적 종말의 심판

오늘의 성경 말씀을 읽으시고 묵상한 후 풀어보시면 유익합니다.

우주적 종말 때 있을 영적 전쟁에 관해 예언한다. 세상 끝에 임할 교회(예루살렘)와 사탄(이방)의 세력과의 전쟁을 예언하는데 요한계시록의 아마겟돈 전쟁 같다. 죄와 더러움을 씻는 샘은 예수 그리스도의 보혈을 의미하고 거짓 선지자와 사탄의 활동이 드러남을 예언한다.

25. 다음 ( ) 안에 공통적으로 들어갈 말은 무엇인가? (슥 12:7)
"여호와가 먼저 ( ) 장막을 구원하리니 이는 다윗의 집의 영광과 예루살렘 주민의 영광이 ( ) 보다 더하지 못하지 하려 함이니라"

26. 여호와가 예루살렘 주민을 보호하는데 적절하지 못한 표현은 어느 것인가? (슥 12:8)
1) 이 중에 악한 자가 그날에 다윗 같다 2) 다윗 족속은 하나님 같다
3) 무리 앞에 있는 여호와 사자 같다 4) 다윗은 영적 승리자가 아니다

27. "예루살렘에 큰 애통에 있으리니 므깃도 골짜기 하다드림몬에 있던 애통과 같은 것이다." 이 말씀은 여호와께서 애굽에서 죽음을 맞이한 이 왕의 눈물처럼 깊고 아름다운 회개의 눈물이 있을 것이라 했는데 이 왕은 누구인가? (슥 12:11)
1) 시므이 2) 요시야 3) 여호람 4) 요아스

28. 여호와 하나님께서는 죄와 더러움을 씻는 무엇을 주신다고 하셨는가? (슥 13:1)

29. '여호와께서 아시는 한 날'에 그 날은 무엇이 있으라고 하셨는가? (슥 14:7)
1) 어둠 2) 빛 3) 통곡 4) 지혜

30. 예루살렘을 친 모든 백성에게 여호와께서 내리신 재앙이 아닌 것은 무엇인가? (슥 14:12)

1) 귀가 주무르며 썩는다 2) 눈동자가 눈구멍 속에다 썩는다
3) 혀가 입 속에서 썩는다 4) 살이 썩는다

31. 예루살렘을 치러왔던 이방 나라 중에 남은 자가 해마다 올라와서 그 왕 만군의 여호와께 경배하며 지킬 절기는 무엇인가? (슥 14:16)

1) 칠칠절 2) 유월절 3) 초막절 4) 나팔절

32. 다음 ( ) 안에 들어갈 말은 무엇인가? (슥 14:18)

"만일 애굽 족속이 올라오지 아니할 때에는 비 내림이 있지 아니하리니 여호와께서 ( ) 을 지키려 올라오지 아니하는 이방 나라들의 사람을 치시는 ( ) 을 그에게 내리실 것이다."

| 실천 사항 |

▶ 오늘의 말씀을 읽으시고 나에게 유익한 말씀이 무엇인지 깨달아봅시다.

▶ 오늘 말씀으로 나의 삶에 적용하며 행동으로 옮겼는지 실천한 것을 적어봅시다.

▶ 오늘 하나님이 보시기에 합당한 삶을 살았으면 감사한 것을 적어 봅시다.

▶ 오늘의 기도 제목을 적어 봅시다.

[스가랴 해답]

1) 4 2) 2 3) 3 4) 2 5) 4 6) 2 7) 3 8) 여호와의 전 9) 2 10) 2 11) 4 12) 질투 13) 1 14) 4 15) 거짓 맹세 16) 1 17) 1 18) 4 19) 언약의 피 20) 허탄, 진실, 위로 21) 4 22) 1 23) 연합 24) 양떼를 버린 목자 25) 유다 26) 4 27) 2 28) 샘 29) 2 30)1 31) 3 32) 초막절, 재앙

39. 말라기 (MALACHI)

1. 내용

구약 성경의 마지막 책으로 구약과 신약을 이어주는 과도기의 가교 역할을 한다. 이스라엘 백성이 오랜 세월 동안 메시야를 기다려도 오지 않자 염증을 느끼며 신앙생활에 모두가 지치고 실망한 상태로 지낼 때, 구약의 마지막 선지자 말라기가 등장하여 유다 백성에게 하나님과 맺었던 약속을 상기시키면서 이스라엘 백성들의 불신앙을 꾸짖는 동시에 다시금 메시야의 도래를 일깨워준다.

2. 배경

총독 느헤미야가 예루살렘 성곽을 완성하고 다스리던 시기라고도 하고, 느헤미야가 바사로 갔다가 다시 돌아온 그 공백기에 말라기 선지자가 활동한 것으로 보는데 예루살렘을 중심으로 사역하였다.

3. 흐름과 내용 구성

영적 각성을 일깨워준다. 하나님의 책망과 충고(하나님의 사랑과 증거, 제사장의 죄, 백성의 죄, 하나님의 구원)과 하나님의 약속(메시야의 강림과 엘리야 출현)을 알리고 있다.

4. 목적

성전 재건 후 메시야 왕국의 도래와 큰 변화를 기대하다 이뤄지지 않자 영적 나태와 도덕적 타락으로 치닫는 백성에게 회개를 촉구하고 메시야의 도래를 다시 확신시킨다. 고난의 원인이 하나님의 무관심이 아닌 백성들의 불신앙에서 기인함을 깨달아 새로운 영적 각성운동으로 신앙 회복을 유도한다.

5. 본서에 나타난 하나님의 섭리

학개, 스가랴 선지자 이후에도 메시야 왕국이 도래치 않자 그들은 영적 순결을 잃고 점점 불신앙에 빠졌다. 어릴 때 하나님께서 말라기 선지자를 부르셔서 유다 백성에게 신앙을 회복하고 메시야 왕국을 대망하도록 위로하고 권면하며, 또 메시야 강림을 준비할 하나님 사자(세례 요한)가 출현할 것이라고 예언하셨다. 이런 메시야의 강림과 그에 앞서 강림을 준비할 선지자의 출현 소식은 큰 위로와 소망이 되었다.

구약의 마지막 선지자 말라기

오늘의 성경 말씀을 읽으시고 묵상한 후 풀어보시면 유익합니다.

바벨론 포로에서 세 차례 돌아온 뒤 성전 재건, 말씀 회복, 성벽 재건이 다 마쳤음에도 삶의 형편이 좋아지지 않게 되자 신앙을 떨구고 현실에 대해 타협하고 세상 것을 우선시하는 이스라엘 백성들의 타락상을 현실감 있게 깨우친다. 메시야가 오시기 전 엘리야가 올 것도 말씀하신다.

1. 여호와께서는 누구를 미워하여 그들의 산들을 황폐하게 하였고 그들의 산업을 광야의 이리에게 넘겼는데, 이 사람은 누구인가? (말 1:3)

2. 말라기 시대 제사장들이 저지른 행위가 아닌 것은 무엇인가? (말 1:7-8)
   1) 더러운 떡을 제단에 바침   2) 눈먼 희생 제물을 바침
   3) 희생 제물을 편취함   4) 병든 것을 드림

3. 하나님이 명령을 내리신 것은 레위와 세운 언약 때문인데 그 분의 언약은 생명과 평강의 언약인데 그것을 준 이유는 무엇인가? (말 2:4-5)
   1) 사랑   2) 공의   3) 경외   4) 분별

4. 여호와는 짝지어 주신 것을 임의로 나누는 이것을 미워하는데 이것은 무엇인가? (말 2:16)

5. 언약의 사자가 임하여 레위 자손을 깨끗하게 하려는 것은 무엇인가? (말 3:3-4)
   1) 제사 의식을 경건케 하려고   2) 공의로운 제물을 바치도록 함
   3) 레위자손이 더럽힘을 당하여   4) 죄악을 씻게 하려고

6. 다음 (　　) 안에 공통으로 들어갈 말은 무엇인가? (말 3:16)

"그때에 (　　　　) 를 경외하는 자들이 피차에 말하매 (　　　　) 께서 그것을 분명히 들으시고 (　　　　) 를 경외하는 자와 그 이름을 존중히 여기는 자를 위하여 (　　　　) 앞에 있는 기념 책에 기록하셨느니라."

7. 여호와의 날에 교만한 자와 악한 자가 이것처럼 불살라지는데 이것은 무엇인가? (말 4:1)

8. 여호와의 크고 두려운 날이 이르기 전에 너희에게 보내겠다고 하신 선지자는 누구인가? (말 4:5)

| 실천 사항 |

▶ 오늘의 말씀을 읽으시고 나에게 유익한 말씀이 무엇인지 깨달아봅시다.

▶ 오늘 말씀으로 나의 삶에 적용하며 행동으로 옮겼는지 실천한 것을 적어봅시다.

▶ 오늘 하나님이 보시기에 합당한 삶을 살았으면 감사한 것을 적어 봅시다.

▶ 오늘의 기도 제목을 적어 봅시다.

[말라기 해답]

1) 에서 2) 3 3) 3 4) 이혼 5) 2 6) 여호와 7) 지푸라기 8) 엘리야

1. 마태복음 (MATTHEW)

1. 내용

구약이 하나님의 언약에 초점이 맞추어져 있다면 신약은 메시야의 언약이 예수 그리스도를 통해 어떻게 성취되고 있는지를 보여준다. 마태복음은 예수를 '다윗의 자손'으로 표현하며 그 예수가 바로 이스라엘 백성들이 대망하던 메시야이자 구원의 왕이라는 사실을 선포한다. 이런 점에서 본서는 언약 성취의 첫발을 힘차게 내딛는 관문이라 할 수 있고, 하나님의 모든 창조와 구원이 어떤 식으로 예수 안에서 완성되는지를 보여준다.

2. 배경

예수 그리스도의 출생지 베들레헴, 어린 시절을 보내신 나사렛, 공생의 중심지 갈릴리 지방, 북부 사역중심지 두로와 제자들을 훈련시킨 가이사랴, 빌립보와 십자가에 달려 돌아가심으로써 인류 구원의 대업을 완수하신 예루살렘이 주배경이다.

3. 흐름

크게 네 단계로 왕의 등장, 왕의 선포, 왕의 가르침과 배척, 왕의 수난과 부활로 메시야의 탄생부터 부활과 지상 대명령으로 이뤄졌다.

4. 목적

다윗이 자손 예수가 그토록 대망하던 메시야 왕임을 증거하고 유대교에서 기독교로 개종한 성도에게 구약의 예언이 예수에게서 성취되었음을 가르치기 위해 기록됨을 알린다.

5. 본서에 나타난 하나님의 섭리

첫 장부터 '왕의 족보'를 싣고 있는 것은 예수님께서 유대인의 왕으로 세상에 오셨음을 분명하게 보여주고, 하나님의 아들이며 세상의 왕이심을 나타내며, 하늘과 땅의 모든 권세를 하나님께 받았고, 현세에도 내세에 이르기까지 유일무이하신 왕은 바로 예수 그리스도 한 분이라는 것과 메시야에 관해 예언된 구약의 많은 예언들이 예수에게 적용되고 있음을 증명한다.

예수 그리스도의 족보

오늘의 성경 말씀을 읽으시고 묵상한 후 풀어보시면 유익합니다.

예수님의 족보를 아브라함부터 시작하는 것은 하나님께서 아브라함에게 예수님을 보내실 것을 약속했기 때문이다. 그리스도께서 아브라함과 다윗의 자손이라는 증거 속에는 그분의 역할을 특징짓는 중요한 의미가 있다. 예수님의 탄생이 성령님에 의한 것이고 구약 예언의 성취를 소개한다.

1. 다음 ( ) 안에 들어갈 말은 무엇인가? (마 1:1)
   "( ) 과 ( ) 의 자손 예수그리스도의 계보라"

2. 예수그리스도의 계보에 여인 세 명이 등장하는데 아닌 사람은 누구인가? (마 1:3-5)
   1) 다말 2) 라합 3) 룻 4) 그두라

3. 다윗의 계보에 다윗은 우리아의 아내에게서 솔로몬을 낳고 하였는데 우리아의 아내였던 이 여인은 누구인가? (마 1:6)

4. 다음 ( ) 안에 공통적으로 들어갈 말은 무엇인가? (마 1:17)
   "그런즉 모든 대 수가 아브라함부터 다윗까지 ( ) 대요 다윗부터 바벨론으로 사로잡혀 갈 때까지 ( ) 대요 바벨론으로 사로잡혀 간 후부터 그리스도까지 ( ) 대더라"

5. 예수그리스도는 마리아가 요셉과 약혼하고 동거하기 전에 어떻게 잉태된 것이 나타났는가? (마 1:18)

6. 가만히 끊고자 하는 요셉에게 누가 나타나 무서워하지 말라고 네 아내 마리아를 데리고 오라고 하였나? (마 1:9)

7. 다음 ( ) 안에 들어갈 말은 무엇인가? (마 1:21)
"아들을 낳으리니 이름을 ( ) 라 하라 이는 그가 자기 백성을 그들의 ( ) 에서 구원할 자이심이라"

8. 하나님께서 우리와 함께 계시다"는 무엇의 번역인가?(마 1:23)

| 실천 사항 |

▶ 오늘의 말씀을 읽으시고 나에게 유익한 말씀이 무엇인지 깨달아봅시다.

▶ 오늘 말씀으로 나의 삶에 적용하며 행동으로 옮겼는지 실천한 것을 적어봅시다.

▶ 오늘 하나님이 보시기에 합당한 삶을 살았으면 감사한 것을 적어 봅시다.

▶ 오늘의 기도 제목을 적어 봅시다.

죄에서 구원할 예수님

오늘의 성경 말씀을 읽으시고 묵상한 후 풀어보시면 유익합니다.

예수님께서는 구약의 실패한 역사를 재연하고 잃어버린 그 자리로부터 다시 구속 사역을 완성 하시는 예수님의 모습을 보여준다. 예수님은 왜 천국부터 소개하셨을까요? 그 천국은 아담과 하와가 잃어버린 에덴동산이고 이스라엘이 누리지 못한 젖과 꿀이 흐르는 땅이기 때문이다.

9. 동방 박사들은 주님께 엎드려 경배를 드렸을 뿐만 아니라 귀한 예물을 드려 경의를 표했는데 아닌 것은 무엇인가? (마 2:1-11)
   1) 비단 2) 황금 3) 유향 4) 몰약

10. 요셉이 애굽으로 피신하게 된 것은 우연이 아니라 꿈에 누가 나타나 이 일을 지시해 애굽으로 간 것인가? (마 2:13)

11. 세례 요한이 유대 광야에서 무엇하라, 천국이 가까이 왔다고 하였는가? (마 3:20)
   1) 찬양 2) 기도 3) 회개 4) 순종

12. 세례 요한은 물로 세례를 베풀지만 내 뒤에 오실 분은 불과 무엇으로 세례를 베푸신다고 하였는가? (마 3:11)

13. 예수께서 세례를 받으시고 물에서 올라오실 때 이것이 열리고 하나님의 성령이 비둘기 같이 내려 임했는데 이것은 무엇인가? (마 3:16)
   1) 성막 2) 성전 3) 반석 4) 하늘

14. 다음 (　　) 안에 들어갈 말은 무엇인가? (마 4:4)

" 사람이 (　　　　) 으로만 살 것이 아니요 , 하나님의 입으로부터 나오는 모든 (　　　　) 으로 살 것이라"

15. 예수그리스도께서 마귀에게 남은 시험이 아닌 것은 무엇인가? (마 4:4-11)

1) 돌을 떡덩어리가 되게 하라　　2) 성전 꼭대기에서 뛰어내리리라

3) 내게 엎드려 경배하라　　4) 하나님을 시험하라

16. 예수님의 3대 사역은 갈릴리부터 시작되었는데 아닌 것은 무엇인가? (마 4:23)

10) 백성들께 빛이 되었다　　2) 모든 병과 약한 것을 고친다

3) 전파하신다　　4) 가르치신다

| 실천 사항 |

▶ 오늘의 말씀을 읽으시고 나에게 유익한 말씀이 무엇인지 깨달아봅시다 .

▶ 오늘 말씀으로 나의 삶에 적용하며 행동으로 옮겼는지 실천한 것을 적어봅시다 .

▶ 오늘 하나님이 보시기에 합당한 삶을 살았으면 감사한 것을 적어 봅시다 .

▶ 오늘의 기도 제목을 적어 봅시다 .

신약의 십계명 산상수훈

오늘의 성경 말씀을 읽으시고 묵상한 후 풀어보시면 유익합니다.

구약에 십계명이 있다면 신약에는 산상수훈이 있다. 구약의 잘못을 지키거나 오해하고 있는 율법을 바로잡아 주시는데 구약이 행동한 결과를 가지고 판단하였다면 신약은 행동하는 사람의 근본 동기를 중요시한다. 신약의 법은 마음으로부터 실천을 강조하는 법이다.

17. 심령이 가난한 자가 받는 축복은 다음 중 어느 것인가? (마 5:3)
 1) 위로 2) 긍휼 3) 천국 4) 하나님의 아들

18. 다음 ( ) 안에 들어갈 말은 무엇인가? (마 5:8)
 "마음이 ( ) 한 자는 복이 있나니 그들이 ( ) 을 볼 것임이요"

19. 다음 ( ) 안에 공통적으로 들어갈 말은 무엇인가? (마 5:23-24)
 "그러므로 ( ) 을 제단에 드리려다가 거기서 네 형제에게 원망들을 만한 일이 있는 것이 생각나거든 ( ) 을 제단 앞에 두고 먼저 가서 형제와 화목하고 그 후에 와서 ( ) 을 드리라"

20. 다음 ( ) 안에 공통으로 들어갈 말은 무엇인가? (마 6:4-15)
 "너희가 사람의 잘못을 ( ) 하면 너희 하늘 아버지께서도 너희 잘못을 ( ) 하시려니와 너희가 사람의 잘못을 ( ) 하지 아니하면 너희 아버지께서도 너희 잘못을 ( ) 하지 아니하시리라"

21. 한 사람이 두 주인을 삼기지 못하는 것처럼 사람은 하나님과 무엇을 겸하여 섬기지 못하는가? (마 6:24)
 1) 재물 2) 우상 3) 신앙 4) 믿음

22. 다음 (   ) 안에 공통으로 들어갈 말은 무엇인가? (마 7:1-2)
"(   ) 을 받지 아니하려거든 (   ) 하지 말라. 너희가 (   ) 하는 그 (   ) 으로 너희가 (   ) 을 받을 것이요, 너희가 헤아리는 그 헤아림으로 너희가 헤아림을 받을 것이니라."

23. 이곳으로 인도하는 문을 좁고 길이 협착하여 찾는 자가 적다고 하였는데 이것은 무엇인가? (마 7:14)

24. 가르침을 듣고 행하는 사람은 집을 어디에 지었다고 비유를 하였는가? (마 7:24)
1) 모래 2) 언덕 3) 바닷가 4) 반석

| 실천 사항 |

▶ 오늘의 말씀을 읽으시고 나에게 유익한 말씀이 무엇인지 깨달아봅시다.

▶ 오늘 말씀으로 나의 삶에 적용하며 행동으로 옮겼는지 실천한 것을 적어봅시다.

▶ 오늘 하나님이 보시기에 합당한 삶을 살았으면 감사한 것을 적어 봅시다.

▶ 오늘의 기도 제목을 적어 봅시다.

천국 복음을 주시는 예수님

오늘의 성경 말씀을 읽으시고 묵상한 후 풀어보시면 유익합니다.

예수님의 사역이 시작된다. 질병을 고쳐주시고 귀신 들린 사람들을 자유케 하고 육신의 문제를 해결해 주신 주님이 천국 복음을 증거해 주신다. 사람들이 느끼고 아파하는 것을 먼저 고쳐주시고 영혼을 구원하신다. 그러나 먼저 믿음이 있는가를 확인한다. 나는 믿음이 있는가?

25. 예수님께서 나병환자를 고쳐주신 후에 누구에게 보아라고 말씀하셨나? (마 8:2-4)

26. 예수님께서 "이스라엘 중 아무에게서도 이만한 믿음을 보지 못하였노라"고 칭송한 사람은 누구인가? (마 8:10)

1) 나병환자　2) 혈루증 여인　3) 백부장　4) 가나안 여자의 딸

27. 베드로의 장모는 어떤 병으로 앓아누웠는가? (마 8:14)

1) 혈루증　2) 열병　3) 나병　4) 중풍병

28. 배 위에서 예수님께서 꾸짖은 대상은 무엇과 무엇인가? (마 8:26)

29. 예수님께서는 귀신 들린 자 몇 사람을 고치셨는가? (마 8:28)

1) 한 명　2) 두 명　3) 세 명　4) 네 명

30. 사람들이 데리고 온 중풍 병자에게 예수님께서 어떤 말씀을 하셔서 서기관들이 신성 모독을 하였다고 속으로 생각하였는가? (마 9:2-3)

1) 네 죄 사함을 받았느니라　　2) 침상을 가지고 집으로 가라

3) 일어나 걸어가라　　4) 작은 자야 안심하라

31. 예수님께서는 제사를 원하지 않고 이것을 원하고 의인을 부르러 온 것이 아니고 이것을 부르러 왔다 하셨는데 이것들은 무엇과 무엇인가? (마 9:13)

32. 혈루증을 앓은 여자는 몇 년 동안 앓다가 예수님의 겉옷을 만지고 고침을 받았는가? (마 9:20-22)

1) 10 년　　2) 12 년　　3) 15 년　　4) 20 년

| 실천 사항 |

▶ 오늘의 말씀을 읽으시고 나에게 유익한 말씀이 무엇인지 깨달아봅시다.

▶ 오늘 말씀으로 나의 삶에 적용하며 행동으로 옮겼는지 실천한 것을 적어봅시다.

▶ 오늘 하나님이 보시기에 합당한 삶을 살았으면 감사한 것을 적어 봅시다.

▶ 오늘의 기도 제목을 적어 봅시다.

제자들을 세우시는 예수님

오늘의 성경 말씀을 읽으시고 묵상한 후 풀어보시면 유익합니다.

천국 복음을 땅끝까지 전파하시기 위해 제자들을 부르신다. 주님의 12 명의 제자 중에 한 사람은 배반하고 대부분 어부 출신을 비롯한 평범한 시민들이지만 성령님께 붙들려 사람을 낚는 어부들이 되었다. 제자들에게 귀신을 추방하며 모든 병과 약한 것을 고치는 전능도 주셨다.

33. 다음 중 예수님의 열두 제자들이 아닌 사람은 누구인가? (마 10:2-4)
   1) 베드로와 안드레 2) 야고보와 요한 3) 마태와 누가 4) 빌립과 도마

34. 예수께서 열두 제자들을 파송하면서 어디로 가라고 하였는가? (마 10:5-6)
   1) 이방인의 길 2) 이스라엘 집의 잃어버린 양
   3) 사마리아 고을 4) 이스라엘 전지역

35. 무엇을 말할까 염려하지 말라며, 우리 속에서 말씀하시는 분은 무엇이라고 하였는가? (마 10:19-20)

36. 다음 (   ) 안에 들어갈 말은 무엇인가? (마 11:28-30)
   "수고하고 무거운 짐진 자들아 다 내게로 오라 내가 너희를 쉬게 하리라 나는 마음이 (   ) 하고 (   ) 하니 나의 멍에를 메고 내게 배우라 그리하면 너희 마음이 (   ) 을 얻으리니 이는 내 멍에는 쉽고 내 짐은 가벼움이라"

37. 예수님께서 귀신 들린 자들을 고쳐주실 때 바리새인들은 예수님께서 누구의 힘을 입어 귀신을 쫓아낸다고 하였는가? (마 12:22-24)
   1) 성령 2) 귀신 3) 바알세불 4) 복술자

38. 사람에 대한 모든 죄와 모독은 사하심을 얻지만, 이것을 모독하면 사하심을 얻지 못하는데 무엇인가? (마 12:31)

39. 서기관과 바리새인들이 예수님께 표적을 요구하였을 때 예수님께서 무슨 표적을 보여주신다고 하였는가? (마 12:38-39)

1) 풍랑 위를 걷는 표적　　2) 물을 포도주로 변하는 표적

3) 선지자 요나의 표적　　4) 오병이어의 표적

40. 예수님께서는 누가 내 어머니요 형제요 자매라고 하였는가? (마 12:48-50)

1) 한 가정에서 사는 자　　2) 하나님을 따르는 자

3) 율법을 지키는 자　　4) 아버지의 뜻대로 하는 자

| 실천 사항 |

▶ 오늘의 말씀을 읽으시고 나에게 유익한 말씀이 무엇인지 깨달아봅시다.

▶ 오늘 말씀으로 나의 삶에 적용하며 행동으로 옮겼는지 실천한 것을 적어봅시다.

▶ 오늘 하나님이 보시기에 합당한 삶을 살았으면 감사한 것을 적어 봅시다.

▶ 오늘의 기도 제목을 적어 봅시다.

천국의 비밀을 공개하시는 예수님

오늘의 성경 말씀을 읽으시고 묵상한 후 풀어보시면 유익합니다.

예수님은 본격적으로 천국의 비밀을 전하니 유대인들의 반감과 핍박이 점점 거세지는 것을 보시고 아파하신다. 예수님이 천국을 전하기 위해 이 땅에 오셨고 마 13 장에서는 천국의 비밀 일곱 개를 보여주신다. 어떤 곤경 중에서라도 주님은 우리와 함께하시고 위로해 주신다.

41. 네 가지 땅에 떨어진 씨를 뿌리는 비유에서 해당하지 않는 것은 무엇인가? (마 13:1-8)

    1) 길 가　　2) 돌밭　　3) 가시 떨기　　4) 모래

42. 말씀을 듣고 즉시 기쁨으로 받되 그 속에 뿌리가 없어 잠시 견디다가 말씀으로 말미암아 환란과 박해 때 넘어지는 자를 설명한 것은 무엇인가? (마 13:20-21)

    1) 가시 떨기　　2) 길 가　　3) 돌밭　　4) 좋은 땅

43. 천국은 마치 사람이 자기 밭에 갔다 심은 무엇 한 알 같다고 하였는가? (마 13:31)

44. 세례 요한을 자기 생일 때 목 베어 죽게 한 유다의 분봉 왕은 누구인가? (마 14:1-10)

45. 예수께서 떡 다섯 개와 물고기 두 마리로 몇 명을 배불리 먹게 하였는가? (마 14:17-21)

    1) 삼천 명　　2) 사천 명　　3) 오천 명　　4) 육천 명

46. 바리새인과 서기관들이 예수님의 제자들이 떡 먹을 때 손을 씻지 않느냐며 무엇을 범하였다고 비난하였는가? (마 15:1-2)

1) 율법 2) 장로들의 전통 3) 규례 4) 계명

47. 사람을 더럽히게 하는 것은 씻지 않는 손으로 먹는 것이 아니라 이것들이라 하였는데 아닌 것은 무엇인가? (마 15:19-20)

1) 악한 생각 2) 거짓 증언 3) 살인 4) 불순종

48. 예수께서 떡 일곱 개와 작은 생선 두 마리로 사천 명을 배불리 먹이시고 몇 광주리를 차게 거두었는가? (마 15:34-39)

1) 다섯 2) 여섯 3) 일곱 4) 여덟

| 실천 사항 |

▶ 오늘의 말씀을 읽으시고 나에게 유익한 말씀이 무엇인지 깨달아봅시다.

▶ 오늘 말씀으로 나의 삶에 적용하며 행동으로 옮겼는지 실천한 것을 적어봅시다.

▶ 오늘 하나님이 보시기에 합당한 삶을 살았으면 감사한 것을 적어 봅시다.

▶ 오늘의 기도 제목을 적어 봅시다.

말씀을 쏟아부으시는 예수님

오늘의 성경 말씀을 읽으시고 묵상한 후 풀어보시면 유익합니다.

예수님 사역 막바지에 이른다. 지금까지 담아두셨던 말씀들을 풀어 놓으시니 반대자들이 시비를 걸어온다. 그들의 이야기를 듣지 않고 말씀을 전하신다. 이번 장에 그 유명한 베드로와 신앙 고백이 나온다. 예수님을 살아계신 하나님의 아들로 그리고 구원자로 보면 된다.

49. 예수님께서 제자들에게 "너희는 나를 누구라 하느냐"고 물으실 때 "주는 그리스도시오. 살아 계신 하나님의 아들이시니이다"라고 대답한 사람은 누구인가? (마 16:15-16)

1) 안드레　2) 새베대의 아들 야고보　3) 시몬 베드로　4) 바돌로매

50. 예수님께서 자신이 좇는 길이 십자가를 지는 길임을 강조하며 누구든지 나를 따라오려거든 자기를 부인하고 자기 이것을 지고 나를 따를 것이니라 하였는데 이것은 무엇인가? (마 16:24)

51. 다음 (　　) 안에 들어갈 말은 무엇인가? (마 17:20)

"진실로 너희에게 이르노니 만일 너희에게 믿음이 (　　　　) 한 알 만큼만 있어도 이 산을 명하여 여기서 저기로 옮겨지라 하면 옮겨질 것이요, 또 너희가 못 할 것이 없으리라"

52. 다음 (　　) 안에 공통으로 들어갈 말은 무엇인가? (마 18:3-4)

"어린아이들과 같이 되지 아니하면 결단코 (　　　　) 에 들어가지 못하리라. 그러므로 누구든지 이 어린아이와 같이 자기를 낮추는 사람이 (　　　　) 에서 큰 자니라."

53. 주님은 범한 형제를 권고할 때 먼저는 개인적으로 권고하고 만일 듣지 않으면 증인을 데리고 가서 권고하며, 그래도 듣지 않으면 교회에 말하고, 교회의 말도 듣지 않으면 이방인과 이것같이 여기라 하였는데 무엇인가? (마 18:15-17)

54. 용서할 줄 모르는 종의 비유에서 만 달란트를 탕감받은 사람이 자기에게 얼마를 빚진 사람을 용서하지 못해 옥졸에게 넘기었는가? (마 18:23-34)

1) 오십 데나 리온　　2) 육십 데나 리온
3) 백 데나 리온　　4) 백오십 데나 리온

55. 무엇이 바늘귀로 들어가는 것이 부자가 하나님의 나라에 들어가는 것보다 쉽다고 하셨는가? (마 19:24)

1) 말　2) 양　3) 염소　4) 낙타

56. 다음 (　　) 안에 들어갈 말은 무엇인가? (마 20:28)

"인자가 온 것은 섬김을 받으려 함이 아니라 도리어 섬기려 하고 자기 (　　　　) 을 많은 사람의 (　　　　) 로 주려 함이니라"

| 실천 사항 |

▶ 오늘의 말씀을 읽으시고 나에게 유익한 말씀이 무엇인지 깨달아봅시다.

▶ 오늘 말씀으로 나의 삶에 적용하며 행동으로 옮겼는지 실천한 것을 적어봅시다.

▶ 오늘 하나님이 보시기에 합당한 삶을 살았으면 감사한 것을 적어 봅시다.

▶ 오늘의 기도 제목을 적어 봅시다.

성만찬과 마지막 한 주간

오늘의 성경 말씀을 읽으시고 묵상한 후 풀어보시면 유익합니다.

예수님의 사역은 한 주간만 남겨 놓고 있다. 이 기간에 하신 말씀이 3년 동안 말씀하신 것보다 더 많다. 성전에 들어가셔서 돈 바꿔 주는 사람, 매매하는 사람들의 상을 둘러 엎으시고 내쫓으셨다. 만민이 기도하는 집인데 강도의 소굴로 만들었기 때문이다.

57. 다음 ( ) 안에 공통으로 들어갈 말은 무엇인가? (마 21:9)

“( ) 다윗의 자손이여 찬송하리로다 주의 이름으로 오시는 이여 가장 높은 곳에서 ( ) 하더라.”

58. 예수님께서 성전을 깨끗하게 하시기 위하여 취한 행동이 아닌 것은 무엇인가? (마 21:12)

1) 성전 입장료 받는 사람을 내쫓음 2) 돈 바꾸는 사람들의 상을 엎음
3) 매매하는 사람을 내쫓음 4) 비둘기 파는 사람들의 의자를 엎음

59. 우리가 자신의 말로 기도하지 않으면 하나님은 우리에게 역사하실 수 없고 하나님은 우리가 기도할 때 능력을 행하신다. 그래서 “너희가 기도할 때 무엇이든지 이렇게 하고 구하는 것은 다 받으리라”고 하셨다. 이것은 무엇인가? (마 21:22)

60. 다음 ( ) 안에 들어갈 말은 무엇인가? (마 21:42)

“건축자들이 버린 돌이 모퉁이의 ( ) 이 되었나니 이것은 주로 말미암아 된 것이요 우리 눈에 기이하도다.”

61. 바리새인들이 예수님의 말에 올무를 걸리게 하려고 세금 문제를 질문했을 때 예수님께서는 가이사의 것은 가이사에게 하나님 것은 누구에게 바치라고 하였는가? (마 22:15-21)

62. 하나님은 죽은 자의 하나님이 아니고 어떤 자의 하나님이시라고 하는가? (마 22:32)

1) 심판받을 자　　2) 구원받을 자　　3) 살아 있는 자　　4) 순종하는 자

63. 다음 (　　) 안에 공통으로 들어갈 말은 무엇인가? (마 22:37-40)

"예수께서 이르시되 네 마음을 다하고 목숨을 다하고 뜻을 다하여 주 너의 하나님을 (　　　) 하라 하셨으니 이것이 크고 첫째 되는 계명이요 둘째도 그와 같으니 네 이웃을 네 자신 같이 (　　　) 하라 하셨으니 이 두 계명이 온 율법과 선지자의 강령이니라."

64. 다음 (　　) 안에 공통적로 들어갈 말은 무엇인가? (마 23:20-22)

"그러므로 제단으로 (　　) 하는 자는 제단과 그 위에 있는 모든 것으로 (　　) 함이요 또 성전으로 (　　) 하는 자는 성전과 그 안에 계신이로 (　　) 함이요 또 하늘로 (　　) 하는 자는 하나님의 보좌와 그 위에 앉으신 이로 맹세함이니라."

| 실천 사항 |

▶ 오늘의 말씀을 읽으시고 나에게 유익한 말씀이 무엇인지 깨달아봅시다.

▶ 오늘 말씀으로 나의 삶에 적용하며 행동으로 옮겼는지 실천한 것을 적어봅시다.

▶ 오늘 하나님이 보시기에 합당한 삶을 살았으면 감사한 것을 적어 봅시다.

▶ 오늘의 기도 제목을 적어 봅시다.

다시 오시는 예수님

오늘의 성경 말씀을 읽으시고 묵상한 후 풀어보시면 유익합니다.

마 24 장은 이스라엘의 멸망과 종말 때에 일어날 징조들에 대하여 25 장은 천국에 관한 비유로 예수님의 재림을 성도들이 어떻게 준비하고 맞이하여야 하는가 비유로 풀어 가르쳐준다. 두 장 모두 주님이 다시 오실 것을 말씀하신다.

65. 예수님께서 재난의 징조에 관하여 말씀하셨는데 아닌 것은 무엇인가? (마 24:3-7)
   1) 난리와 난리의 소문을 들음 2) 민족이 민족을 대적하여 일어남
   3) 곳곳에서 기근과 지진이 일어남 4) 발꿈치가 상함

66. 거짓 그리스도와 거짓 선지자들이 사용하는 무기는 이것인데 이것을 가지고 불신자나 신자들을 매혹하게 넘어지게 하는데 이것은 무엇인가? (마 24:24)
   1) 종말의 징조 2) 큰 표적과 기사 3) 주술 4) 거짓 논쟁

67. 다음 ( ) 안에 공통으로 들어갈 말은 무엇인가? (마 24:30)
   "그때에 ( )의 징조가 하늘에서 보이겠고 그때에 땅의 족속들이 통곡하며 그들이 ( )가 구름을 타고 능력과 큰 영광으로 모든 것을 보리라"

68. 종말의 징조는 그 분이 오심을 알리는 것이지만 그날과 그때는 아무도 모르고 누구만 아는가? (마 24:36)

69. 열 처녀의 비유에서 슬기로운 다섯 처녀는 어디에 기름을 담아 등과 함께 가지고 갔는가? (마 25:4)
   1) 병 2) 항아리 3) 통 4) 그릇

70. 다음 (　　) 안에 들어갈 말은 무엇인가? (마 25:13)

"그런즉 깨어 있으라, 너희는 그 (　　　　) 그 (　　　　) 를 알지 못하느니라."

71. 달란트 비유는 각자가 받은 갖가지 재능들을 최대한 활용 하며 성실히 봉사함으로써 하나님의 뜻을 이루어야 한다는 교훈인데 착하고 충성된 사람에게는 주님의 칭찬과 이것이 주어지는데 무엇인가? (마 25:21)

1) 은사　　2) 기업　　3) 상급　　4) 능력

72. 다음 (　　)안에 들어갈 말은 무엇인가? (마 25:45-46)

"내가 진실로 너희에게 이르노니 이 지극히 작은 자 하나에게 하지 아니한 것이 곧 내게 하지 아니한 것이니라 하시리니, 그들은 (　　　　) 에 의인들은 (　　　　) 에 들어가리라 하시니라."

| 실천 사항 |

▶ 오늘의 말씀을 읽으시고 나에게 유익한 말씀이 무엇인지 깨달아봅시다.

▶ 오늘 말씀으로 나의 삶에 적용하며 행동으로 옮겼는지 실천한 것을 적어봅시다.

▶ 오늘 하나님이 보시기에 합당한 삶을 살았으면 감사한 것을 적어 봅시다.

▶ 오늘의 기도 제목을 적어 봅시다.

천국을 맞이하는 사람들

오늘의 성경 말씀을 읽으시고 묵상한 후 풀어보시면 유익합니다.

이 장은 예수님의 유언적 설교로 십자가 지시기 전 마지막 설교인데 세 가지는 모두 천국을 소개하고 있고 모두 주님의 재림에 초점이 모여 있다. 세 비유는 비유가 아니라 실제로 일어날 일이다. 나는 주어진 사명에 최선을 다하고 작은 일에도 잘 실천하고 있는지 뒤돌아보라.

73. 열 처녀의 비유에서 혼인 잔치에 들어가지 못한 자들은 누구인가? (마 25:10)
   1) 슬기 있는 자 2) 초대받지 못한 자 3) 잔치에 늦은 자 4) 미련한 자

74. 주님의 재림이 언제 있을지 모르니 성도는 항상 어떻게 있어야 하는가? (마 25:13)

75. 무익한 종은 어두운 데서 슬피 울며 무엇을 간다고 하였는가? (마 25:30)
   1) 낫 2) 멧돌 3) 이 4) 칼

76. 주님은 양은 이 편에 두고 내 아버지께 복 받을 자들이여 나아와 창세로부터 너희를 위하여 예비된 나라를 상속받으라 하였는데 이 편은 어느 편인가? (마 25:34)

77. 왼편에 있는 자들에게 이르되 저주를 받은 자들아 나를 떠나 마귀와 그 사자들을 위하여 마련된 어디로 들어가라고 하였는가? (마 25:41)

78. 저주를 받은 사람들이 한 행동이 아닌 것은 무엇인가? (마 25:42-43)

1) 주릴 때 먹을 것을 주지 않았다 2) 나그네 되었을 때 영접하지 않았다

3) 목마를 때 마시게 하지 않았다 4) 헐벗었을 때 옷을 입혔다

79. 다음 ( ) 안에 들어갈 말은 무엇인가? (마 25:40)

"내가 진실로 너희에게 이르노니 너희가 여기 내 형제 중에 지극히 ( ) 자 하나에게 한 것이 곧 내게 한 것이니라"

80. 다음 ( ) 안에 공통으로 들어갈 말은 무엇인가? (마 25:45)

"내가 진실로 너희에게 이르노니 이 지극히 작은 자 하나에게 하지 ( ) 것이 곧 내게 하지 ( ) 것이니라."

| 실천 사항 |

▶ 오늘의 말씀을 읽으시고 나에게 유익한 말씀이 무엇인지 깨달아봅시다.

▶ 오늘 말씀으로 나의 삶에 적용하며 행동으로 옮겼는지 실천한 것을 적어봅시다.

▶ 오늘 하나님이 보시기에 합당한 삶을 살았으면 감사한 것을 적어 봅시다.

▶ 오늘의 기도 제목을 적어 봅시다.

20 . . .(제41주 금요일) **오늘의 말씀: 마 26-27장**

십자가를 짊어지시는 예수님

오늘의 성경 말씀을 읽으시고 묵상한 후 풀어보시면 유익합니다.

마 1-4 장은 예수님이 이 땅에 오시는 배경 5-7 장은 신약시대 사람들이 지킬 산상수훈 , 8-25 장은 3 년 동안 온 몸을 던져 천국 복음을 전파하시는 것이라면 26-28 장은 십자가와 부활을 다룬다 . 복음의 완성이다 . 십자가와 부활 사건은 복음의 진수다 .

81. 예수님을 죽일 계획은 이것 이틀 전부터 대대적으로 세워졌는데 무엇인가? (마 26:2)

1) 수장절　2) 칠칠절　3) 유월절　4) 나팔절

82. 한 여자가 매우 귀한 향유를 예수의 머리에 부으니 제자들이 분개할 때 예수께서 내 몸에 향유를 부은 것은 내 이것을 위함이라 하였는데 무엇인가? (마 26:7-12)

83. 예수님의 열두 제자 중 한 사람인 가룟 유다는 대제사장들에게 예수님은 얼마에 팔았는가? (마 26:14-15)

1) 은 이십　2) 은 삼십　3) 은 사십　4) 은 오십

84. 성찬은 주님께서 우리에게 주신 은혜의 수단이다. "이것은 내 몸이요 언약의 피"라고 하시며 받아먹으라 하셨는데 이것은 그가 세상 죄를 지고 가는 하나님의 어린양이기 때문인데 성찬은 언제부터 유래하였나? (마 26:17-30)

85. 예수님은 고난을 받고 죽기 전에 제자들이 다 나를 버릴 것이라고 예언했지만 이 사람은 주와 함께 죽을지언정 부인하지 않겠다고 해놓고 세 번이나 부인하고 저주했는데 누구인가? (마 26:34-35)

1) 요한　2) 빌립　3) 베드로　4) 다대오

86. 예수님은 겟세마네 동산에서 몇 번의 기도를 하셨는가? (마 26:36-46)
1) 두 번 2) 세 번 3) 네 번 4) 다섯 번

87. 가룟 유다가 대제사장에게 반납한 은 삼십을 가지고 토기장이의 밭을 사서 무엇으로 사용하였는가? (마 27:3-7)
1) 선조들 묘지 2) 제사장 묘지 3) 과부들 묘지 4) 나그네 묘지

88. 빌라도에게 찾아가서 예수의 시체를 달라고 한 아리마대의 사람은 누구인가? (마 27:57-58)

| 실천 사항 |

▶ 오늘의 말씀을 읽으시고 나에게 유익한 말씀이 무엇인지 깨달아봅시다.

▶ 오늘 말씀으로 나의 삶에 적용하며 행동으로 옮겼는지 실천한 것을 적어봅시다.

▶ 오늘 하나님이 보시기에 합당한 삶을 살았으면 감사한 것을 적어 봅시다.

▶ 오늘의 기도 제목을 적어 봅시다.

부활하신 예수님

오늘의 성경 말씀을 읽으시고 묵상한 후 풀어보시면 유익합니다.

세상에 많은 종교들이 있지만, 신이 인간의 몸을 입고 오셔서 인간을 위해 희생하며 죽은 사건은 없다. 더더욱 부활 사건은 우리 기독교에만 존재한다. 예수님의 지상 최후의 명령은 "가서 모든 민족을 제자로 삼으라" 는 것은 땅끝까지, 모든 사람에게 부활하신 예수님을 증거하라는 것이다.

89. 안식 후 첫날 새벽에 예수님의 무덤을 찾아간 두 여인의 이름은 같은데 누구인가? (마 28:1)

90. 주의 천사가 하늘로부터 내려와 돌을 굴려내고 그 위에 앉았는데 그 옷은 눈같이 희고 그 형상은 무엇 같은가? (마 28:3)

91. 무덤을 찾아온 여자들에게 "예수님께서 말씀대로 살아나셨다고 한 것은 누구인가? (마 28:5-6)

1) 경비병　2) 아리마대 사람　3) 천사　4) 선지자

92. 천사가 부활하신 예수께서는 제자들보다 먼저 어디로 가셨다고 하였는가? (마 28:7)

93. 예수께서 뭐라고 말씀하실 때 여자들이 나아가 그 발을 붙잡고 경배하였나? (마 28:9)

94. 대제사장과 장로들과 경비들이 모여 예수의 시체를 누가 와서 도둑질해 갔다고 거짓 모의를 하였나? (마 28:11-1)

1) 가족　　2) 선지자　　3) 제자　　4) 아리마대 사람

95. 다음 (　　) 안에 들어갈 말은 무엇인가? (마 28:19)

"너희는 가서 모든 민족을 (　　　　) 로 삼아 아버지와 아들과 성령의 이름으로 (　　　　) 를 베풀고 내가 너희에게 분부한 모든 것을 (　　　　) 지키게 하라"

96. 볼지어다 내가 언제까지 너희와 항상 함께 있으리라 하셨는가? (마 28:20)

| 실천 사항 |

▶ 오늘의 말씀을 읽으시고 나에게 유익한 말씀이 무엇인지 깨달아봅시다.

▶ 오늘 말씀으로 나의 삶에 적용하며 행동으로 옮겼는지 실천한 것을 적어봅시다.

▶ 오늘 하나님이 보시기에 합당한 삶을 살았으면 감사한 것을 적어 봅시다.

▶ 오늘의 기도 제목을 적어 봅시다.

[마태복음 해답]

1) 아브라함, 다윗 2) 4 3) 밧세바 4) 열네 5) 성령 6) 주의 사자 7) 예수, 죄 8) 임마누엘 9) 1 10) 주의 사자 11) 3 12) 성령 13) 4 14) 떡, 말씀 15) 4 16) 1 17) 3 18) 청결, 하나님 19) 예물 20) 용서 21) 1 22) 비판 23) 생명 24) 4 25) 제사장 26) 3 27) 2 28) 바람, 바다 29) 2 30) 1 31) 긍휼, 죄인 32) 2 33) 3 34) 2 35) 성령 36) 온유, 겸손, 쉼 37) 3 38) 성령 39) 3 40) 4 41) 4 42) 3 43) 겨자씨 44) 헤롯 45) 3 46) 2 47) 4 48) 3 49) 3 50) 십자가 51) 겨자씨 52) 천국 53) 세리 54) 3 55) 4 56) 목숨, 대속물 57) 호산나 58) 1 59) 믿고 60) 머릿돌 61) 하나님 62) 3 63) 사랑 64) 맹세 65) 4 66) 2 67) 인자 68) 하나님 아버지 69) 4 70) 날, 때 71) 3 72) 영벌, 영생 73) 4 74) 깨어 있어라 75) 3 76) 오른편 77) 영원한 불 78) 4 79) 작은 80) 아니한 81) 3 82) 장례 83) 2 84) 유월절 85) 3 86) 2 87) 4 88) 요셉 89) 마리아 90) 번개 91) 3 92) 갈릴리 93) 평안하냐 94) 3 95) 제사, 세례, 가르쳐 96) 세상 끝날까지

2. 마가복음 (MARK)

1. 내용

마가복음은 예수의 생애를 시간 순서대로 기술하기 보다는 하나님의 아들이신 예수 그리스도를 통해 우리가 구원을 받는다는 복음의 핵심 내용을 긴박하게 전하고 있다. 본서는 이 세상에 종의 모습으로 오셔서 자기 백성의 구원을 위하여 쉼 없이 일하시는 예수님의 생생한 활동에 초점을 맞추고 있다. 또 사건들을 주제별로 정리하며 소개하고 있다. 더욱이 내용이 단순명료하고 생기 있고 박진감이 넘친다.

2. 배경

예수님이 요단강에서 세례요한에게 세례를 받는 것으로부터 시작해 갈릴리 사역 두로 · 시돈 · 데가볼리 등 예루살렘 입성, 수난과 십자가 위에서 죽으시고 부활 등을 소개한다.

3. 흐름

종의 출연 · 세례 · 복음 사역 십자가 수난 등의 부활과 영광, 그리고 지상명령으로 이어진다.

4. 목적

기독교 공동체의 신앙에서 생겨난 복음서인 만큼 예수의 말씀과 행위를 자세히 설명함으로써 그들의 신앙을 든든히 다지고 세워주며, 오고가는 세대에게 예수의 삶과 죽음의 의미를 깊이 묵상하게 하고, 그분을 따르는 제자로서의 바른 삶을 이뤄갈 수 있도록 안내하기 위해 기록됐다.

5. 본서에 나타난 하나님의 섭리

하나님의 아들 예수 그리스도의 복음 시작으로 구원의 복음이 무엇인지, 성도의 구원은 어떻게 이루이지는 것인지를 보여주려 한다. 본서에서 예수님의 고난과 박해 십자가 죽음을 다루는 것은 구원이 십자가 죽음으로 부터 시작됨을 말하며, 고난과 죽음 없이는 부활의 영화로움이 있을 수 없음을 보여준다. 그리스도를 언급하며 '즉시' 라는 말이 41회나 사용되는데 이는 우리를 향한 하나님의 구원의 의지가 그만큼 열정적임을 드러낸다.

영혼을 구원하기 위해 오신 예수님

오늘의 성경 말씀을 읽으시고 묵상한 후 풀어보시면 유익합니다.

마태는 구약의 예언을 많이 다루면서 구약을 성취하시는 예수님을 보여 준다면 마가는 구약 성경을 모르는 이방 사람들에게 복음을 전하기 때문에 기사와 이적을 많이 다룬다. 살아계신 하나님을 표적과 기사를 통해 증거한다.

1. 세례 요한은 낙타털 옷을 입고 허리에 가죽 띠를 띠고 메뚜기와 이것을 먹었는데 무엇인가? (막 1:6)

   1) 만나 2) 깟씨 3) 석청 4) 포도주

2. 예수님은 누구에게 이끌림을 받아 광야에서 시험을 당하셨는가? (막 1:12)

   1) 사탄 2) 선지자 3) 세례 요한 4) 성령

3. 예수께서는 바리새인들에게 건강한 자에게는 이것이 필요 없고 병든 자에게 쓸데가 있다고 했는데 무엇인가? (막 2:17)

4. 다음 ( ) 안에 공통으로 들어갈 말은 무엇인가? (막 2:27-28)

   "또 이르시되 ( )이 사람을 위하여 있는 것이요 사람이 ( )을 위하여 있는 것이 아니니 이러므로 인자는 ( )에도 주인이니라."

5. 바리새인들이 누구와 함께 예수를 죽일까 의논하였는가? (막 3:6)

6. "원하는 자들을 부르시니 나아온지라" 주님은 제자를 세우실 때에 당신의 뜻에 어떠한 자를 부르셨는가? (막 3:13)

1) 능력　2) 합당　3) 전능　4) 강한

7. 예수님의 열두 제자 중에서 세배대의 아들 야고보와 요한에게 붙여진 별명은 무엇인가? (막 3:17)

8. 다음 (　　) 안에 공통으로 들어갈 말은 무엇인가? (막 3:27)

"사람이 먼저 강한 자를 결박하지 않고는 그 강한 자의 집에 들어가 세간을 (　　　) 하지 못하리니 결박한 후에야 그 집을 (　　　) 하리라."

| 실천 사항 |

▶ 오늘의 말씀을 읽으시고 나에게 유익한 말씀이 무엇인지 깨달아봅시다.

▶ 오늘 말씀으로 나의 삶에 적용하며 행동으로 옮겼는지 실천한 것을 적어봅시다.

▶ 오늘 하나님이 보시기에 합당한 삶을 살았으면 감사한 것을 적어 봅시다.

▶ 오늘의 기도 제목을 적어 봅시다.

기사와 이적을 향하시는 예수님

오늘의 성경 말씀을 읽으시고 묵상한 후 풀어보시면 유익합니다.

마가는 교리적인 부분보다 예수님이 사람들을 고치시고 회복시키며 영혼을 구원하시는데 관심을 집중시킨다. 예수께서 나사렛에서 여러 가지 가르침과 능력을 행하셨지만, 그들은 그것을 믿지 않았다. 기적과 복은 믿음의 그릇이 준비된 자에게만 임한다.

9. 세상의 염려와 재물의 유혹과 욕심이 들어와 말씀을 막아 결실을 못 하게 하는 것은 어디에 부려진 것인가? (막 4:18–19)
   1) 돌밭 2) 길가 3) 가시 떨기 4) 모래

10. 다음 ( ) 안에 들어갈 말은 무엇인가? (막 4:28)
   "땅이 스스로 열매를 맺되 처음에는 ( ) 이요 다음에는 ( ) 이요 그다음에는 이삭에 충실한 ( ) 이라"

11. 땅에 심길 때에는 땅 위의 모든 씨보다 작으나 심긴 후에는 풀보다 커 공중의 새들이 그 그늘에 깃들 만큼 되는 것은 무엇인가? (막 4:31–32)

12. 군대 귀신은 예수님의 나오라는 명령에 그냥 나오지 않고 어디로 들어가게 해 달라고 요청했는가? (막 4:8–12)

13. 더러운 귀신들이 나와 돼지 몇 마리에게 들어갔는가? (막 5:13)
   1) 약 1 천 마리 2) 약 2 천 마리 3) 약 3 천 마리 4) 약 4 천 마리

14. 어린 딸이 죽게 되자 예수님을 찾아와 고쳐달라고 한 회당장은 누구인가? (막 5:22-23)

15. '달리다굼'의 말을 번역하면 무엇인가? (막 5:41)

16. 예수님께서 제자들에게 이것 외에는 양식이나 배낭이나 전대의 돈이나 신만 신고 두 벌 옷도 입지 말라 했는데 이것은 무엇인가? (막 6:8-9)

| 실천 사항 |

▶ 오늘의 말씀을 읽으시고 나에게 유익한 말씀이 무엇인지 깨달아봅시다.

▶ 오늘 말씀으로 나의 삶에 적용하며 행동으로 옮겼는지 실천한 것을 적어봅시다.

▶ 오늘 하나님이 보시기에 합당한 삶을 살았으면 감사한 것을 적어 봅시다.

▶ 오늘의 기도 제목을 적어 봅시다.

변화산의 그리스도

오늘의 성경 말씀을 읽으시고 묵상한 후 풀어보시면 유익합니다 .

세상에서는 해결될 수 없는 가장 근본적인 문제는 예수그리스도를 알지 못함으로 일어나는 문제다 . 그리스도의 본래 모습은 영광스러운 모습이다 . 땅에 것에 사로잡혀 사는 것은 우리가 신뢰하는 그리스도의 영광을 경험하지 못하고 변화산의 놀라운 은혜를 체험하지 못하고 살기 때문이다 .

17. 모세는 네 부모를 공경하라 하며 아버지나 어머니를 어떻게 하는 자는 죽임 당한다고 하였는가? (막 7:10)

18. 이것은 제사장들이 하나님을 잘 믿는 행위라고 기만하여 자기 배만 채웠다. 이것은 인간의 전통으로 하나님의 말씀을 폐하는 일이며, 수없이 많이 악용되었다고 주님은 책망하셨는데 무엇인가? (막 7:11-13)

19. 두로 지방에서 더러운 귀신들린 어린 딸을 둔 여자가 예수의 소문을 듣고 발 아래 엎드렸는데 그 여인은 어느 족속의 여인인가? (막 7:13)

20. 예수님께서 귀먹고 말 더듬는 사람에게 손가락을 귀에 넣고 그의 혀에 손을 대시며 하늘에 우러러 탄식하시며 '에바다' 하시니 고쳐졌는데, 에바다는 무슨 뜻인가? (막 7:31-35)

21. 예수님이 광야에서 굶주린 사천 명의 사람들과 함께 있을 때 작은 생선 두어 마리와 떡 몇 개를 가지고 이들을 배불리 먹이셨는가? (막 8:1-9)
   1) 다섯 개　　2) 여섯 개　　3) 일곱 개　　4) 여덟 개

22. 제자들이 떡에 대한 것으로 염려할 때 예수님께서는 바리새인들과 헤롯의 이것을 주의하라고 하셨는데 무엇인가? (막 8:14-15)

23. 다음 (   ) 안에 공통으로 들어갈 말은 무엇인가? (막 9:37)
"누구든지 내 이름으로 이런 어린아이 하나를 (   ) 하면 곧 나를 (   ) 함이요 누구든지 나를 (   ) 하면 나를 (   ) 함이 아니요, 나를 보내신 이를 (   ) 함이니라"

24. 다음 (   ) 안에 공통으로 들어갈 말은 무엇인가? (막 9:50)
"(   ) 은 좋은 것이로되 만일 (   ) 이 그 맛을 잃으면 무엇으로 이를 짜게 하리요 너희 속에 (   ) 을 두고 서로 화목하라."

| 실천 사항 |

▶ 오늘의 말씀을 읽으시고 나에게 유익한 말씀이 무엇인지 깨달아봅시다.

▶ 오늘 말씀으로 나의 삶에 적용하며 행동으로 옮겼는지 실천한 것을 적어봅시다.

▶ 오늘 하나님이 보시기에 합당한 삶을 살았으면 감사한 것을 적어 봅시다.

▶ 오늘의 기도 제목을 적어 봅시다.

설교에 온 힘을 쏟으시는 예수님

오늘의 성경 말씀을 읽으시고 묵상한 후 풀어보시면 유익합니다.

주님께서 십자가 지실 때가 가까이 오자 육신의 질병을 치유해주시는 것 보다 말씀을 선포하시는 일에 집중하신다. 왜냐하면 육신은 또다시 병들고 죽지만 영혼 구원은 영원하기 때문에 하나님 나라의 말씀 전파에 집중하신다. 믿음은 하나님의 사랑이 쏟아져 들어오는 영혼의 장이다.

25. 예수께서 한 사람이 달려와 무릎을 꿇고 앉아 선한 선생님이라고 할 때 선한 이는 이 분 밖에 없다 하셨는데 누구인가? (막 10:17-18)

26. 예수께서 "네 믿음이 너를 구원하였느니라" 하여 눈을 뜬 맹인 거지는 누구인가? (막 10:46-52)

1) 야이로　　2) 바디매오　　3) 디매오　　4) 가야바

27. 예수께서 베다니에서 나왔을 때 열매 없는 이것을 보시고 저주하시는데 무엇인가? (막 11:12-14)

28. 다음 (　　) 안에 들어갈 말은 무엇인가? (막 11:17)

"이에 가르쳐 이르시되 기록된바 내 집은 (　　　　　　　　) 이라 칭함을 받으리라고 하지 아니하였느냐. 너희는 강도의 소굴을 만들었도다 하시매."

29. 부활 논쟁을 하면서 부활이 없다고 하는 사람들은 누구입니까? (막 12:18)

1) 바리새인　　2) 사두개인　　3) 제사장　　4) 서기관

30. 가난한 과부의 현금에서 과부가 넣은 이 돈은 모든 사람보다 많이 넣었다 이 사람의 생활비 전부를 넣었다고 하였는데 얼마인가? (막 12:41-44)

1) 한 렙돈 2) 두 렙돈 3) 세 렙돈 4) 네 렙돈

31. 다음 ( ) 안에 들어갈 말은 무엇인가? (막 13:26)

"그때 인자가 구름을 타고 큰 ( ) 과 ( ) 으로 모든 것을 사람들을 보리라."

32. 주님은 아무도 모르게 깨어 있는 사람만이 알게 오시기에 항상 깨어 있으라고 하시며 그 때는 너희가 알지 못하는데 아닌 것은 무엇인가? (막 13:33-37)

1) 밤중 2) 새벽 3) 닭 울 때 4) 대낮

| 실천 사항 |

▶ 오늘의 말씀을 읽으시고 나에게 유익한 말씀이 무엇인지 깨달아봅시다.

▶ 오늘 말씀으로 나의 삶에 적용하며 행동으로 옮겼는지 실천한 것을 적어봅시다.

▶ 오늘 하나님이 보시기에 합당한 삶을 살았으면 감사한 것을 적어 봅시다.

▶ 오늘의 기도 제목을 적어 봅시다.

십자가를 지시는 예수님

오늘의 성경 말씀을 읽으시고 묵상한 후 풀어보시면 유익합니다.

마가복음의 마지막 부분으로 예수님의 십자가 지심과 부활 사건을 조명하고 있다. 예수님이 이 땅에 모신 목적이 우리 인생들의 구원의 길이기에 십자가와 고난에 대한 묵상이 바로 되어야 부활의 영광을 맛 볼 수 있다. 제자들은 막달라 마리아가 부활하신 예수님을 만났다 해도 믿지 않았다.

33. 예수님이 제자들과 함께 유월절 음식을 드신 곳은 어디인가? (막 14:14-15)
 1) 사랑방 2) 객실방 3) 텃마루 4) 큰 다락방

34. 예수께서 제자들과 마지막 만찬을 하시고 어디로 가셨는가? (막 14:22-26)
 1) 나사렛 2) 갈릴리 3) 변화산 4) 감람산

35. 다음 ( ) 안에 들어갈 말은 무엇인가? (막 14:62)
 "인자가 ( ) 의 우편에 앉은 것과 ( ) 을 타고 모든 것을 너희가 보리라"

36. 민란을 꾸미고 민란 중에 살인하고 체포된 자 중에서 예수님을 대신하여 풀어주었는데 누구인가? (막 15:7-11)

37. 예수의 시체를 달라고 한 아리마대 사람 요셉은 유대되고 의결기만 이었던 산헤드린의 이것이었는데 무엇인가? (막 15:43)

38. 다음 ( ) 안에 들어갈 말은 무엇인가? (막 16:46)
 1) 베 홑이불 2) 짚 3) 세마포 4) 양가죽

39. 다음 (　　) 안에 들어갈 말은 무엇인가? (막 16:16)

"믿고 (　　　　　　) 를 받는 사람은 (　　　　　　) 을 얻을 것이요 믿지 않는 사람은 (　　　　　　) 를 받으리라"

40. 예수님께서 말씀을 마치신 후에 하늘로 올려져 어디에 있으셨는가? (막 16:19)

| 실천 사항 |

▶ 오늘의 말씀을 읽으시고 나에게 유익한 말씀이 무엇인지 깨달아봅시다.

▶ 오늘 말씀으로 나의 삶에 적용하며 행동으로 옮겼는지 실천한 것을 적어봅시다.

▶ 오늘 하나님이 보시기에 합당한 삶을 살았으면 감사한 것을 적어 봅시다.

▶ 오늘의 기도 제목을 적어 봅시다.

[마가복음 해답]

1) 3 2) 4 3) 의사 4) 안식일 5) 헤롯당 6) 2 7) 우레의 아들 8) 강탈 9) 3 10) 싹, 이삭, 곡식 11) 겨자씨 12) 돼지 13) 2 14) 야이로 15) 소녀야 일어나라 16) 지팡이 17) 모욕 18) 고르반 19) 수로보니게 20) 열리라 21) 3 22) 누룩 23) 영접 24) 소금 25) 하나님 26) 2 27) 무화과 나무 28) 만민이 기도하는 집 29) 2 30) 2 31) 권능, 영광 32) 4 33) 4 34) 4 35) 권능자, 하늘 구름 36) 바라바 37) 공회원 38) 3 39) 세례, 구원, 정죄 40) 하나님 우편

3. 누가복음 (LUKE)

1. 내용

본서는 복음서 가운데 유일하게 이방인 의사인 누가에 의해 기록되었다. 예수님이 어떻게 태어나셨고, 무엇을 가르쳤으며, 어떻게 활동하다 죽으셨는지, 그리고 어떻게 다시 살아나셔서 하늘로 올라가셨는지 연대기적으로 기술하고 있다.

당대 기득권 세력이 제외시켰던 가난한 자, 병든 자, 소외된 자, 여성, 이방인들에 대한 주님의 사랑과 관심을 수려하고 아름다운 문체로 잘 부각했다. 특히 사람의 아들로 오신 예수님 모습에 초점을 맞추고 구원 사역과 잘 접맥시켰다.

2. 배경

예수님의 공생애 당시 이스라엘은 로마의 식민지 아래 헤롯 대왕의 세 아들에 의해 통치되고 있었다. 이 당시 총독은 본디오 빌라도로 이 시기 주님은 갈릴리를 중심으로 사역했으며, 십자가 죽음 직전에는 예루살렘에서도 무리들을 가르치셨다.

3. 흐름

전체적으로 공생애 이전과 공생애 그리고 공생애 말기로 구성되었다. 탄생 이전 사건과 탄생과 어린 시절, 세례, 갈리리 전도, 각종 이적과 가르침, 제자들 부르심과 양육, 사마리아인, 종교지도자들의 배척, 예루살렘 입성과 사역, 수난과 죽음, 그리고 부활과 승천으로 이어진다.

4. 목적

데오빌로로 대표되는 이방 지성인에게 복음을 증거하고, 이방 선교의 토대를 공고히 하고, 예수가 신성을 갖춘 하나님의 아들인 동시에 인성을 갖춘 온전한 사람임을 가르치며, 복음을 거스르는 여러 문제들을 변증하여 성도들의 믿음을 더욱 굳게 하기 위해서였다.

5. 본서에 나타난 하나님의 섭리

본서는 당시 비주류 계층을 이루는 자들에게 초점이 맞춰졌다. 사마리아에서 복음을 전하였으며, 10명의 나병환자를 치유하시고 백부장의 믿음을 자라게 하셨다. 하지만 주님은 이들 모두 치유의 대상으로 보시지 않고 구원의 대상으로 보셨기에 구속사적 관점으로 보는 게 중요하다.

어린 아기로 오신 예수님

오늘의 성경 말씀을 읽으시고 묵상한 후 풀어보시면 유익합니다.

누가는 예수님의 탄생이 역사적 사실임을 보여준다. 특히 누가는 예수님보다 먼저 와서 예수님을 알리는 역할을 하는 세례 요한의 탄생과정을 통해 이 일이 하나님께로부터 왔음을 말한다. 세례 요한은 나는 예수님의 신발 끈을 풀기도 감당치 못하지만 예수님은 상령과 불로 심판한다고 말한다.

1. 세례 요한의 아버지는 유다 왕 헤롯 때 아비야 반열의 제사장으로 레위인데 이 사람은 누구인가? (눅 1:5)

   1) 엘리　2) 사가랴　3) 아비후　4) 멜기세덱

2. 사가랴와 요셉에게 나타나 현몽의 소식을 전해 준 천사의 이름은 무엇인가? (눅 1:19-26)

3. 다음 (　　) 안에 들어갈 말은 무엇인가? (눅 1:35)

   "천사가 대답하여 이르되 (　　　) 이 네게 임하시고 지극히 높으신 이의 (　　　) 이 너를 덮으시리니 이러므로 나실 바 거룩한 이는 하나님의 (　　　) 이라 일컬어지니라."

4. 아기 예수에게 축복하여준 예루살렘의 의롭고 경건한 자는 누구인가? (눅 2:25-34)

5. 아기 예수가 자라며 강하여지고 이것이 충만해 하나님의 은혜가 그의 위에 있었는데 이것은 무엇인가? (눅 2:40)

1) 권능　2) 진리　3) 지혜　4) 능력

6. 세례 요한에게 하나님의 말씀이 임하여 사역할 때 갈릴리 분봉 왕은 누구인가? (눅 3:1-2)

1) 빌립　2) 헤롯　3) 루사니아　4) 안나스

7. 예수님께서 가르치심을 시작하실 때 나이는 몇 살쯤 되셨는가? (눅 3:23)

1) 20 세　2) 25 세　3) 30 세　4) 35 세

8. 예수의 족보를 따라가다 보면 어디까지 올라가는가? (눅 3:38)

| 실천 사항 |

▶ 오늘의 말씀을 읽으시고 나에게 유익한 말씀이 무엇인지 깨달아봅시다.

▶ 오늘 말씀으로 나의 삶에 적용하며 행동으로 옮겼는지 실천한 것을 적어봅시다.

▶ 오늘 하나님이 보시기에 합당한 삶을 살았으면 감사한 것을 적어 봅시다.

▶ 오늘의 기도 제목을 적어 봅시다.

시험 받으시는 예수님

오늘의 성경 말씀을 읽으시고 묵상한 후 풀어보시면 유익합니다.

먼저 예수님이 마귀에게 시험받으시며 준비하시고 갈릴리 고향에서부터 사역을 시작하며 배우지 못하고 천한 사람들을 제자로 부르셔서 능력을 주시고, 사람을 낚으며, 하나님의 일을 하게 하셨다. 세례 요한은 예수님이 세상을 구원하실 분이라고 분명히 말했다.

9. 가버나움 회당의 더러운 귀신 들린 자가 예수님을 보고 당신이 누군지 안다고 하였는데 무엇인가? (눅 4:31-34)

   1) 하나님　2) 유대인의 왕　3) 하나님의 거룩한 자　4) 구원자

10. 시몬의 장모가 앓고 있던 병은 무엇인가? (눅 4:38)

    1) 혈루증　2) 중풍병　3) 나병　4) 열병

11. 예수님의 첫 번째 제자가 된 사람은 누구인가? (눅 5:4-10)

    1) 안드레　2) 요한　3) 시몬　4) 야고보

12. 예수님의 부름을 받은 마태의 직업은 무엇인가? (눅 5:27)

13. 예수께서 복을 선포하시며 주린 자는 복이 있나니 너희가 배부름을 얻을 것이고 우는 자는 복이 있나니 너희가 어떻게 된다고 하였는가? (눅 6:21)

14. 황금률이라고 불리는 성구이다. 공통으로 들어가는 말은 무엇인가? (눅 6:31)
"남에게 ( ) 을 받고자 하는 대로 너희도 남을 ( ) 하라"

15. 여자가 낳은 자 중에 이 사람보다 큰 자가 없도다. 하나님 나라에서는 극히 작은 자라도 그보다 크다고 했는데 이 사람은 누구인가? (눅 7:33)

16. 사람들은 떡과 포도주를 먹지 않는 세례 요한을 향해 무엇이 들렸다고 하였는가? (눅 7:33)

| 실천 사항 |

▶ 오늘의 말씀을 읽으시고 나에게 유익한 말씀이 무엇인지 깨달아봅시다.

▶ 오늘 말씀으로 나의 삶에 적용하며 행동으로 옮겼는지 실천한 것을 적어봅시다.

▶ 오늘 하나님이 보시기에 합당한 삶을 살았으면 감사한 것을 적어 봅시다.

▶ 오늘의 기도 제목을 적어 봅시다.

기사와 이적을 행하시는 예수님

오늘의 성경 말씀을 읽으시고 묵상한 후 풀어보시면 유익합니다.

예수님은 이스라엘 전역을 친히 걸어 다니시면서 육신의 질병을 치유하시고 귀신을 추방하며 천국 복음을 전한다. 기사와 이적이 말씀과 함께 계속 일어나고 있으며 그 중간 중간 제자들에게 각 동네로 보내시며 하나님 나라를 전파하라고 하신다.

17. 일곱 귀신이 들렸다가 병 고침을 받은 여인은 누구인가? (눅 8:2)
   1) 요안나 2) 수산나 3) 막달라 마리아 4) 수로보니게 여인

18. 씨 뿌리는 비유에서 "마귀들이 가서 그들이 믿어 구원을 얻지 못하게 하려고 말씀을 그 마음에서 빼앗는 것은" 어떤 것인가? (눅 8:12)
   1) 모래 2) 좁은 땅 3) 길 가 4) 바위 위

19. 야이로의 딸이 죽었을 때 예수께서 그 집에 함께 들어가기를 허락한 사람은 누구인가? (눅 8:49-51)
   1) 베드로 2) 안드레 3) 요한 4) 야고보

20. 변화산에서 베드로와 요한과 야고보와 함께 기도하러 올라가실 때 예수와 함께 나타난 두 사람은 누구인가? (눅 9:28-30)
   1) 모세와 엘리사 2) 엘리야와 엘리사
   3) 아론과 모세 4) 모세와 엘리야

21. 예수께서 손에 이것을 잡고 뒤를 돌아보는 자는 하나님의 나라에 합당하지 않다고 했는데 이것은 무엇인가? (눅 9:62)

1) 호미　2) 쟁기　3) 팽이　4) 삽

22. 주님은 "귀신들이 너희에게 항복하는 것으로 기뻐하지 말고 너희 이름이 이곳에 기록된 것으로 기뻐하라" 하였는데 무엇인가? (눅 10:20)

23. 예루살렘에서 여리고로 내려가다가 강도를 만난 사람의 목숨을 구해 준 사람은 누구인가? (눅 10:30-33)

1) 제사장　2) 레위인　3) 사마리아 사람　4) 선지자

24. 율법교사에게 선한사마리아 사람의 비유를 설명하신 후 예수께서 뭐라고 말씀하셨는가? (눅 10:25-37)

| 실천 사항 |

▶ 오늘의 말씀을 읽으시고 나에게 유익한 말씀이 무엇인지 깨달아봅시다.

▶ 오늘 말씀으로 나의 삶에 적용하며 행동으로 옮겼는지 실천한 것을 적어봅시다.

▶ 오늘 하나님이 보시기에 합당한 삶을 살았으면 감사한 것을 적어 봅시다.

▶ 오늘의 기도 제목을 적어 봅시다.

기사와 이적보다는 말씀을

오늘의 성경 말씀을 읽으시고 묵상한 후 풀어보시면 유익합니다.

누가복음에는 기사와 이적이 많이 소개되지만, 사실은 말씀을 가르치시기 위함이다. 그래서 말씀이 점점 깊어진다. 그리고 더 강력해진다. 신앙의 초기에는 신비적인데 영향을 받지만 믿을수록 말씀이 중심이 되어야 성숙해지는 성도가 된다.

25. 예수님께서 친히 제자들에게 가르쳐 주신 기도는 누가복음 11장 몇 절에 기록되어 있는가?

26. 다음 ( ) 안에 공통적으로 들어갈 말은 무엇인가? (눅 11:34)
"네 몸의 등불은 눈이라 네 눈이 성하면 온 ( ) 이 밝을 것이요, 만일 나쁘면 네 ( ) 도 어두우리라."

27. 율법 교사들이 가진 이것은 자기뿐만 아니라 타인도 들어가지 못하게 한다고 예수님이 책망하셨는데 무엇인가? (눅 11:52)

28. 다음 ( ) 안에 들어갈 말은 무엇인가? (눅 12:34)
"너희 ( ) 있는 곳에는 너희 ( ) 도 있으리라."

29. 다음 ( ) 안에 들어갈 말은 무엇인가? (눅 12:51)
"내가 세상에 ( ) 을 주려고 온 줄 아느냐 내가 너희에게 이르노니 아니라 도리어 ( ) 하게 하려 함이로다."

30. 예수님은 천지의 기상은 분간하면서도 어찌하여 무엇을 분간하지 못하느냐고 책망하셨는가? (눅 12:56)

31. 예수님께서 겨자씨와 누룩 비유를 말씀하신 것은 무엇에 대한 비교인가? (눅 13:18-21)

32. 예수께서 "가서 저 여우에게 이르되 오늘과 내일은 내가 귀신을 쫓아내며 병을 고치다가 제삼일에는 완전하여지리라 하라"에서 저 여우는 누구를 가리키는 것인가? (눅 13:32)

1) 총족 2) 선지자 3) 헤롯 4) 복술가

| 실천 사항 |

▶ 오늘의 말씀을 읽으시고 나에게 유익한 말씀이 무엇인지 깨달아봅시다.

▶ 오늘 말씀으로 나의 삶에 적용하며 행동으로 옮겼는지 실천한 것을 적어봅시다.

▶ 오늘 하나님이 보시기에 합당한 삶을 살았으면 감사한 것을 적어 봅시다.

▶ 오늘의 기도 제목을 적어 봅시다.

점점 더 깊어지는 말씀

오늘의 성경 말씀을 읽으시고 묵상한 후 풀어보시면 유익합니다.

예수님의 말씀은 점점 더 깊어진다. 깊어지면 깊어질수록 바리새인과 종교 지도자들의 시기, 질투로 공격을 받는다. 그러나 주님은 깊은 말씀들을 쏟아내신다. 사역 종반으로 가면서 폭발하듯 전하는 메시지를 마음으로 받으면 깊은 신앙으로 성장할 것이다.

33. 사람이 자기를 낮추어 겸손히 행하는 것은 하나님 앞에 귀한 일이다. 그래서 자기를 높이는 자는 낮아지고 자기를 이렇게 하는 자는 높아진다고 하였는데 무엇인가? (눅 14:11)

34. 예수께서는 점심이나 저녁을 베풀어 사람을 초청할 때 형제나 친척이나 부한 이웃을 청하지 말고 어떤 자들을 청하냐고 하셨나? 아닌 것은 무엇인가? (눅 14:12-13)

1) 가난한 자　　2) 저는 자　　3) 맹인들　　4) 아녀자들

35. 다음 (　　) 안에 들어갈 말은 무엇인가? (눅 15:7)

"(　　　　) 한 사람이 회개하면 하늘에서는 회개할 것 없는 (　　　　) 아흔아홉으로 말미암아 기뻐하는 것보다 더하리라"

36. 회개하여 구원에 이르기를 원하시는 사랑의 하나님께서는 이런 사람 하나가 회개할 때 양을 찾으시는 것처럼 기뻐하시는데 누구인가? (눅 15:10)

37. 집 하인이 두 주인을 섬길 수 없듯이 하나님과 이것을 겸하여 섬길 수 없는데 무엇인가? (눅 16:13)

1) 명예　　2) 재물　　3) 권력　　4) 아내

38. 부자와 거지의 비유에서 부자는 죽어 음부에서 고통 중에 있고 거지 나사로는 죽어서 천사들에게 받들려 누구의 품에 들어갔는가? (눅 16:22-23)

1) 모세 2) 아론 3) 엘리야 4) 아브라함

39. 나병환자 중 주님을 만나 깨끗하게 치유되어 이 중 한 사람이 주님께 영광을 돌렸는데 그 사람은 어디 사람인가? (눅 17:14-16)

1) 유다 2) 예루살렘 3) 사마리아 4) 갈릴리

40. 다음 ( ) 안에 들어갈 말은 무엇인가? (눅 17:33)

"무릇 자기 목숨을 (   ) 하고자 하는 자는 잃을 것이요 잃는 자는 살리리라."

| 실천 사항 |

▶ 오늘의 말씀을 읽으시고 나에게 유익한 말씀이 무엇인지 깨달아봅시다.

▶ 오늘 말씀으로 나의 삶에 적용하며 행동으로 옮겼는지 실천한 것을 적어봅시다.

▶ 오늘 하나님이 보시기에 합당한 삶을 살았으면 감사한 것을 적어 봅시다.

▶ 오늘의 기도 제목을 적어 봅시다.

막바지에 쏟아 붓는 말씀들

오늘의 성경 말씀을 읽으시고 묵상한 후 풀어보시면 유익합니다.

전 인류의 종말 즉 예수님의 재림시기와 상황에 대하여 말씀하신다. 예수님이 초림하실 때에는 구원하시기 위해 오시지만 두 번째 오실 때에는 세상을 심판하기 위함이다. 오셔야만 공의의 하나님이 되신다. 우리는 이것을 잘 준비하고 살아야 한다.

41. 하나님께서는 세리의 기도에 응답하시고 그를 의롭다고 하셨는데 그 이유는 세리가 자신을 이것이라고 고백했기 때문인데 무엇인가? (눅 18:13-14)

42. 만족감을 갖지 못한 부자 관리가 예수께 찾아왔을 때 예수께서 그에게 영생의 길을 가르쳐 주었는데 아닌 것은 무엇인가? (눅 18:18-30)
    1) 제사를 드려라　　2) 계명을 지키라
    3) 가난한 자를 구제하라　　4) 예수를 따르라

43. 세리장 삭개오가 예수님을 만난 곳은 어디인가? (눅 19:1-2)
    1) 사마리아　　2) 예루살렘　　3) 나사렛　　4) 여리고

44. 다음 (　　) 안에 들어갈 말은 무엇인가? (눅 19:38)
    "찬송하리로다 주의 이름으로 오시는 왕이여 하늘에는 (　　　　) 요 가장 높은 곳에는 (　　　　) 이로다"

45. 다음 (　　) 안에 들어갈 말은 무엇인가? (눅 20:21)
    "당신은 바로 말씀하시고 가르치시며 사람을 (　　　　) 로 취하지 아니하시고 오직 (　　　　) 로써 하나님의 도를 가르치시나이다."

46. 다음 (　　) 안에 공통으로 들어갈 말은 무엇인가? (눅 20:38)

"(　　　　) 은 죽은 자의 (　　　　) 이 아니요 살아 있는 자의 (　　　　) 이시라 .

(　　　　) 에게는 모든 사람이 살았느니라 하시니 ."

47. 예수께서 '너희 모든 이것들이 날이 이르면 돌 하나도 돌 위에 남지 않고 다 무너뜨려지리라"고 하셨는데 이것은 무엇인가? (눅 21:6)

1) 기둥　　2) 성문　　3) 성전　　4) 망대

48. 재림하실 주님은 모든 사람이 보는 가운데 큰 (　　　　)과 큰 (　　　　)으로 오시는데 무엇인가? (눅 21:27)

| 실천 사항 |

▶ 오늘의 말씀을 읽으시고 나에게 유익한 말씀이 무엇인지 깨달아봅시다 .

▶ 오늘 말씀으로 나의 삶에 적용하며 행동으로 옮겼는지 실천한 것을 적어봅시다 .

▶ 오늘 하나님이 보시기에 합당한 삶을 살았으면 감사한 것을 적어 봅시다 .

▶ 오늘의 기도 제목을 적어 봅시다 .

수난을 준비하시는 예수님과 부활

오늘의 성경 말씀을 읽으시고 묵상한 후 풀어보시면 유익합니다.

예수께서는 유월절 어린 양으로 십자가에 돌아가시기까지 많은 수난의 과정을 겪으셨다. 가룟 유다의 배반은 사탄이 그를 이용하였기 때문이다. 주님의 부활하셔서 엠마오로 가는 두 제자에게 예수님이 나타나시고 예수님을 만난 그들은 놀랍게 변화되었다.

49. 가룟 유다는 대제사장과 성전 경비대장과 함께 누구를 넘겨줄 방도를 의논하였는가? (눅 22:3-4)

50. 예수께서 감람산에서 힘쓰고 애써 간절히 기도하니 땀이 땅에 떨어지는 것이 무엇 같이 되었는가? (눅 22:44)

1) 눈물 2) 빗물방울 3) 물방울 4) 핏방울

51. 베드로는 주를 부인한 후에 이런 일이 있으리라고 하신 주의 말씀을 기억하고 밖에 나가서 어떻게 하였는가? (눅 22:61-62)

1) 웃었다 2) 잊었다 3) 모른 체했다 4) 통곡했다

52. 유대인들은 예수를 무엇으로 고발했는가? 아닌 것은 무엇인가? (눅 23:2)

1) 백성을 미혹케 하는 자 2) 병 고치는 자
3) 세금 바치는 것을 금하는 자 4) 자칭 왕 그리스도

53. 예수님을 대신하여 십자가를 지고 골고다 언덕까지 간 사람은 누구인가? (눅 23:26)

54. 예수님의 십자가 위에 달린 패에 무엇이라고 써 있는가? (눅 23:38)

1) 구원자　　2) 유대인의 왕　　3) 그리스도　　4) 기묘자

55. 안식 후 첫날 예수님의 제자 중 무덤을 찾아간 제자는 누구인가? (눅 24:12)

1) 요한　　2) 빌립　　3) 베드로　　4) 야고보

56. 주님은 제자들에게 최근에 일어난 사건들을 잘 이해할 수 있도록 이것을 풀어 자세하게 가르쳐 주셨는데 이것은 무엇인가? (눅 24:32)

1) 지식　　2) 꿈　　3) 율법　　4) 성경

| 실천 사항 |

▶ 오늘의 말씀을 읽으시고 나에게 유익한 말씀이 무엇인지 깨달아봅시다.

▶ 오늘 말씀으로 나의 삶에 적용하며 행동으로 옮겼는지 실천한 것을 적어봅시다.

▶ 오늘 하나님이 보시기에 합당한 삶을 살았으면 감사한 것을 적어 봅시다.

▶ 오늘의 기도 제목을 적어 봅시다.

[누가복음 해답]

1) 2 2) 가브리엘 3) 성령, 능력, 아들 4) 시므온 5) 3 6) 2 7) 3 8) 하나님 9) 3 10) 4 11) 3 12) 세리 13) 웃을 것이요 14) 대접 15) 요한 16) 귀신 17) 3 18) 3 19) 2 20) 4 21) 2 22) 하늘 23) 3 24) 너도 이와 같이 하라 25) 2-4 절 26) 몸 27) 지식의 열쇠 28) 보물, 마음 29) 화평, 분쟁 30) 시대 31) 하나님의 나라 32) 3 33) 낮추는 자 34) 4 35) 죄인, 의인 36) 죄인 37) 2 38) 4 39) 3 40) 보전 41) 죄인 42) 1 43) 4 44) 평화, 영광 45) 외모, 진리 46) 하나님 47) 3 48) 능력, 영광 49) 예수 50) 4 51) 4 52) 2 53) 구레네 사람 시몬 54) 2 55) 3 56) 4

4. 요한복음 (JDHN)

1. 내용

마태복음은 유대인의 왕으로 오신 예수님, 마가복음은 종으로 오신 예수님, 누가복음은 인자로 오신 예수님을 묘사하고 있다. 본서는 예수그리스도의 신적 성품을 강조한다는 측면에 공관 복음과 차이가 있다.

예수의 행적보다는 그 의미에 더 초점을 두며, 예수 그리스도의 신적 권위를 하나님과의 관계성을 통하여 설명하고 핵심적 내용은 말씀이신 예수가 바로 하나님의 아들이고, 하나님의 자신이라는 사실이다.

2. 배경

세례를 받으신 요단강, 첫 번째 이적을 행하신 가나, 사마리아, 공생애 기간 방문한 예루살렘에서의 사역, 또한 죽은 나사로를 살리신 베다니, 부활 후 제자들에게 사명감을 고취시켜 주신 디베랴 바닷가가 주요 배경이다.

3. 흐름

크게 출생(하나님의 아들의 오심), 공생애(하나님의 아들의 삶, 지상의 삶과 사역, 새계명과 성령 약속), 수난(체포에서 십자가까지), 부활(고난과 승리, 부활과 이후 행적) 등으로 구성됐다.

4. 목적

예수가 하나님의 아들이며 영생을 주시는 분이심을 가르치고, 그리스도의 성육신을 부인하는 영지 주의자들의 잘못된 가르침에 대해 예수의 신성을 입증하며 진리를 사수하기 위해 기록됐다.

5. 본서에 나타난 하나님의 섭리

본서를 기록한 목적은 “예수께서 하나님의 아들 그리스도이심을 믿게 하려함이니라”(요 20:31)는 말씀 가운데 분명히 나타내고 있다.

예수 그리스도의 신성과 인성을 분명하게 가르치고 동시에 예수님이 하나님의 아들이요, 그리스도이심을 증거하여 성도들로 하여금 이단 사설에 미혹되지 않고 영생을 얻게 하기 위해 기록됐다.

요한이 쓴 복음서

오늘의 성경 말씀을 읽으시고 묵상한 후 풀어보시면 유익합니다.

마태, 마가, 누가복음은 공관복음이라고 한다. 서로 공통된 부분이 많기 때문이다. 그러나 요한이 쓴 복음서는 다르다. 요한은 예수를 영원하신 하나님으로 보았고, 예수를 창조주로 보고, 예수를 구원의 주로 보았다. 요한이 깨달은 예수는 영원한 분이요 은혜와 진리가 충만한 분이다.

1. 다음 (　　) 안에 공통으로 들어갈 말은 무엇인가? (요 1:1)
"태초에 (　　　) 이 계시니라 이 (　　　) 이 하나님과 함께 계셨으니 이 (　　　) 은 곧 하나님이시니라"

2. "그가 태초에 하나님과 함께 계셨고"에서 그는 누구를 지칭하는가? (요 1:2)
1) 모세　2) 엘리야　3) 예수그리스도　4) 아담

3. 다음 (　　) 안에 들어갈 말은 무엇인가? (요 1:4-5)
"그 안에 (　　　) 이 있었으니 이 (　　　) 은 사람들의 빛이라 빛이 (　　　) 에 비치되 (　　　) 이 깨닫지 못하더라."

4. 요한이 깨달은 예수는 어떠한 분이신가 아닌 것은 무엇인가? (요 1:5)
1) 영원하신 하나님　2) 창조주　3) 구원주　4) 복술가

5. 다음 (　　) 안에 들어갈 말은 무엇인가? (요 1:12-13)
"(　　　) 하는 자 곧 그 이름을 믿는 자들에게는 하나님의 (　　　) 가 되는 권세를 주셨으니 이는 혈통으로나 육정으로나 사람의 뜻으로 나지 아니하고 오직 (　　　) 께로부터 난 자들이니라"

6. 세상에 빛으로 오실 예수님은 어떤 분이신가. 내용이 아닌 것은 무엇인가? (요 1:14-18)

1) 영원한 분이시다
2) 권력을 가지셨다
3) 은혜와 진리가 충만한 분이시다
4) 하나님 자신을드러내 보이셨다

7. 요한은 하나님의 어린 양이 세상의 이것을 대신 지기 위해 오셨다고 말했는데 무엇인가? (요 1:29)

8. 예수님은 빌립을 제자로 부르셨는데 빌립은 이 사람을 와보라 하여 제자가 되게 하였는데 누구인가? (요 1:43-51)

| 실천 사항 |

▶ 오늘의 말씀을 읽으시고 나에게 유익한 말씀이 무엇인지 깨달아봅시다.

▶ 오늘 말씀으로 나의 삶에 적용하며 행동으로 옮겼는지 실천한 것을 적어봅시다.

▶ 오늘 하나님이 보시기에 합당한 삶을 살았으면 감사한 것을 적어 봅시다.

▶ 오늘의 기도 제목을 적어 봅시다.

예수님의 사역 시작

오늘의 성경 말씀을 읽으시고 묵상한 후 풀어보시면 유익합니다.

가나의 혼인 잔치에서 물로 포도주를 만드는 사건으로 시작한 모든 기적 사건은 모두 하나님의 아들이심을 증언하는 표적이다. 니고데모는 하나님의 실존과 인생의 참된 의미에 대해서 한평생 풀리지 않는 의문을 가졌지만 예수님은 물과 성령으로 거듭나야 한다고 말한다.

9. 예수님은 나다나엘의 고향인 갈릴리 가나의 혼인 잔치에 제자들과 함께 초청되었는데 그곳에서 어머니가 포도주가 떨어졌다고 하자 때가 아직 이르지 못했다고 하다 물로 이것을 만드는 최초의 표적을 보이셨는데 무엇인가? (요 2:1-9)

10. 예루살렘 상전에서 장사하는 사람들을 몰아내고 표적을 구하는 유대인에게 성전을 헐고 며칠 만에 짓겠다고 하셨나? (요 2:13-19)
 1) 하루 2) 이틀 3) 사흘 4) 나흘

11. 위에서 설명하는 것은 예수님의 죽으심과 무엇을 의미하는가? (요 2:22)

12. 사람이 이렇게 되기 전에는 자신과 하나님을 향해서 바로 설 수가 없으며 하나님 나라를 볼 수도 없다. 그리스도 안에서 새로운 피조물이 되지 않으면 영원토록 저주 아래에 있을 뿐인데 어떤 것인가? (요 3:3)

13. 다음 ( ) 안에 들어갈 말은 무엇인가? (요 3:16)
 "하나님이 세상을 이처럼 사랑하사 ( )를 주셨으니 이는 그를 믿는 자마다 멸망하지 않고 ( )을 얻게 하려 하심이라."

14. "그는 흥하여야 하겠고 나는 쇠하여야 하리라" 이 말은 누가 한 것인가? (요 3:30)

15. 다음 (　　) 안에 들어갈 말은 무엇인가? (요 4:14)

"내가 주는 물을 마시는 자는 (　　　　) 목마르지 아니하리니 내가 주는 물은 그 속에서 (　　　　) 하도록 솟아나는 샘물이 되리라"

16. 하나님이 받으시는 예배는 하나님 자신의 본질과 일치하는 영과 이것으로 예배하여야 한다. 이것은 무엇인가? (요 4:24)

| 실천 사항 |

▶ 오늘의 말씀을 읽으시고 나에게 유익한 말씀이 무엇인지 깨달아봅시다.

▶ 오늘 말씀으로 나의 삶에 적용하며 행동으로 옮겼는지 실천한 것을 적어봅시다.

▶ 오늘 하나님이 보시기에 합당한 삶을 살았으면 감사한 것을 적어 봅시다.

▶ 오늘의 기도 제목을 적어 봅시다.

하나님의 아들 예수 그리스도

오늘의 성경 말씀을 읽으시고 묵상한 후 풀어보시면 유익합니다.

예수님은 하나님의 아들의 모습으로 이 땅에 모신 그리스도이다. 종교 지도자들은 거룩한 하나님만 알아 하나님을 아버지라 부르며 병을 고치는 예수님을 이해하지 못하고 대적하지만 예수님은 능력으로 삶으로, 말씀으로 자신이 하나님의 일을 행하신 분임을 믿도록 했다.

17. 서른여덟 해 된 병자와 맹인 다리 저는 사람이 누워있는 예루살렘의 양문 곁에 연못이 있는데 이름은 무엇인가? (요 5:25)

18. 예루살렘 양문 곁에 38년 된 병자에게 예수께서 누운 것을 보시고 하신 말씀은 무엇인가? (요 5:5-6)

    1) 네 믿음이 너를 구했다　　2) 네게 무엇을 해주기를 원하냐
    3) 네가 낫고자 하느냐　　4) 일어나 걸어가라

19. 다음 (　　) 안에 들어갈 말은 무엇인가? (요 5:24)

    "내가 진실로 너희에게 이르노니 내 말을 듣고 또 나 보내신 이를 믿는 자는 (　　　)을 얻었고 심판에 이르지 아니하나니 사망에서 (　　　)으로 옮겼느니라."

20. 하나님의 떡은 하늘에서 내려 세상에 무엇을 주는가? (요 6:33)

    1) 지혜　　2) 생명　　3) 양식　　4) 능력

21. 다음 (　　) 안에 공통으로 들어갈 말은 무엇인가? (요 6:63)

    "살리는 것은 (　　　)이니 육은 무익하리라 내가 너희에게 이른 말은 (　　　)이요 생명이라"

22. 다음 (　　) 안에 공통적으로 들어갈 말은 무엇인가? (요 7:18)

"스스로 말하는 자는 자기 (　　　　) 만 구하되 보내신 이의 (　　　　) 을 구하는 자는 참되니 그 속에 불의가 없느니라."

23. 예수께서 "누구든지 목마르거든 내게도 와서 마시라 나를 믿는 자는 성경에 이름과 같이 이곳에서 생수의 강이 흘러나오리라" 하였는데 이곳은 무엇인가? (요 7:37-38)

24. 예수께서 초막절을 지키려고 예루살렘을 방문한 유대인에게 "내 이것은 내 것이 아니요, 나를 보내신 이의 것"이라 하였는데 무엇인가? (요 7:16)

| 실천 사항 |

▶ 오늘의 말씀을 읽으시고 나에게 유익한 말씀이 무엇인지 깨달아봅시다.

▶ 오늘 말씀으로 나의 삶에 적용하며 행동으로 옮겼는지 실천한 것을 적어봅시다.

▶ 오늘 하나님이 보시기에 합당한 삶을 살았으면 감사한 것을 적어 봅시다.

▶ 오늘의 기도 제목을 적어 봅시다.

영적 비밀을 말씀하시는 예수님

오늘의 성경 말씀을 읽으시고 묵상한 후 풀어보시면 유익합니다.

바리새인들의 눈에 예수님은 신성 모독자이고 안식일을 어기는 사람으로 자신들의 기존 체제를 무너뜨리고 있다고 생각한다. 하나님을 아버지라 부르는 것도 이해하지 못하고 진리가 너희를 자유롭게 한다는 말씀도 이해하지 못한다. 예수님은 우리를 위해 십자가를 대신 지시고 구원하셨다.

25. 모세는 율법에서 간음하다 현장에서 붙잡힌 여자를 어떻게 하라고 명을 하였나? (요 8:4-5)

1) 추방하라 2) 나무에 매달아라 3) 죽이라 4) 돌로 치라

26. 다음 ( ) 안에 공통적으로 들어갈 말은 무엇인가? (요 8:12)

"나는 세상의 ( ) 이니 나를 따르는 자는 어둠에 다니지 아니하고 생명의 ( ) 을 얻으리라"

27. 예수님을 믿는 자에게는 영생을 주시지만 예수님의 이름을 끝까지 믿지 않는 자는 이것 가운데 죽게 되는데 이것은 무엇인가? (요 8:24)

28. 예수께서는 자기를 믿는 유대인에게 무엇이 너희를 자유롭게 한다고 하였는가? (요 8:31-32)

1) 지혜 2) 생명 3) 진리 4) 은총

29. 실로암을 번역하면 무슨 뜻인가? (요 9:7)

30. 하나님은 죄인의 말을 듣지 아니하시고 경건하여 그의 뜻대로 어떻게 하는 자의 말은 들으시는가? (요 9:31)

31. 삯꾼은 목자가 아니기에 전형적인 특징이 있다 이중 아닌 것은 무엇인가? (요 10:12-13)

1) 이리가 오면 양을 버린다 2) 이리가 오면 달아난다
3) 양을 돌보지 아니한다 4) 양을 위해 목숨을 버린다

32. 유대인들이 예수님을 돌도 치려고 한 이유는 무엇인가? (요 10:33)

1) 표적을 행하여 2) 소경을 고쳐서
3) 신성 모독을 하여 4) 율법을 어기어

| 실천 사항 |

▶ 오늘의 말씀을 읽으시고 나에게 유익한 말씀이 무엇인지 깨달아봅시다.

▶ 오늘 말씀으로 나의 삶에 적용하며 행동으로 옮겼는지 실천한 것을 적어봅시다.

▶ 오늘 하나님이 보시기에 합당한 삶을 살았으면 감사한 것을 적어 봅시다.

▶ 오늘의 기도 제목을 적어 봅시다.

나사로를 살리신 예수님

오늘의 성경 말씀을 읽으시고 묵상한 후 풀어보시면 유익합니다.

나사로의 중병의 소식을 들은 예수님은 "그 병은 죽을병이 아니라 하나님의 영광을 위한 병이다" 고 말씀하셨다. 예수께서 제자들에게 나사로를 깨우러 간다고 하셨다. 죽음 건너편의 부활을 바라보시는 주님은 죽은 자를 잠자는 자로 표현하셨다.

33. 마리아와 마르다의 오빠 나사로가 살던 곳은 어디인가? (요 11:1)
 1) 디베랴 2) 벳새다 3) 베다니 4) 나사렛

34. 예수님께 향유를 붓고 주의 발을 닦던 사람은 누구인가? (요 11:2)

35. 다음 ( ) 안에 들어갈 말은 무엇인가? (요 11:25)
 "나는 ( ) 이요 생명이니 나를 믿는 자는 죽어도 살겠고 무릇 살아서 나를 믿는 자는 ( ) 죽지 아니하리니 이것을 네가 믿느냐"

36. 죽은 나사로는 무덤에서 며칠 만에 살아서 나왔는가? (요 11:39-44)
 1) 하루 2) 이틀 3) 사흘 4) 나흘

37. "한 사람이 백성을 위하여 죽어서 온 민족이 망하지 않게 되는 것이 너희에게 유익한 줄을 생각하지 아니하는도다." 이 말은 누가 한 것인가? (요 11:50)

38. 마리아는 나드 몇 근을 가져다가 예수의 발에 붓고 머리털로 닦았는가? (요 12:3)
1) 한 근 2) 두 근 3) 세 근 4) 네 근

39. 다음 ( ) 안에 공통적으로 들어갈 말은 무엇인가? (요 12:25)
"자기의 ( ) 을 사랑하는 자는 잃어버릴 것이요, 이 세상에서 자기의 ( ) 을 미워하는 자는 영생하도록 보전하리라."

40. 다음 ( ) 안에 공통으로 들어갈 말은 무엇인가? (요 12:35-36)
"아직 잠시 동안 ( ) 이 너희 중에 있으니 ( ) 이 있을 동안에 다녀 어둠에 붙잡히지 않게 하라. 어둠에 다니는 자는 그 가는 곳을 알지 못하느니라. 너희에게 아직 ( ) 이 있을 동안에 ( ) 을 믿으라. 그리하면 ( ) 의 아들이 되리라."

| 실천 사항 |

▶ 오늘의 말씀을 읽으시고 나에게 유익한 말씀이 무엇인지 깨달아봅시다.

▶ 오늘 말씀으로 나의 삶에 적용하며 행동으로 옮겼는지 실천한 것을 적어봅시다.

▶ 오늘 하나님이 보시기에 합당한 삶을 살았으면 감사한 것을 적어 봅시다.

▶ 오늘의 기도 제목을 적어 봅시다.

마지막 만찬

오늘의 성경 말씀을 읽으시고 묵상한 후 풀어보시면 유익합니다.

예수님은 제자들과 마지막 유월절 만찬을 하신다. 성만찬을 베푸신 주님은 제자들의 발을 씻어 주심으로 섬기는 자가 큰 자라고 교훈을 보여 주셨다. 당시 문화로는 대단히 충격적이다. 예수님께서 제자의 발을 씻기심으로 자기의 사랑을 나타내셨다.

41. 다음 ( ) 안에 공통으로 들어갈 말은 무엇인가? (요 13:20)
"내가 보낸 자들 ( ) 하는 자는 나를 ( ) 하는 것이요 나를 ( ) 하는 자는 나를 보내신 이들 ( ) 하는 것이니라"

42. 예수님께서 제자들에게 주신 새 계명은 무엇인가? (요 13:34)
1) 이웃을 사랑하라 2) 서로 화목하라
3) 진실로 사랑하라 4) 서로 사랑하라

43. 다음 ( ) 안에 들어갈 말은 무엇인가? (요 14:6)
"내가 곧 ( ) 이요 ( ) 요 ( ) 이니 나로 말미암지 않고는 아버지께로 올 자가 없느니라."

44. 다음 ( ) 안에 공통으로 들어갈 말은 무엇인가? (요 5:1-2)
"나는 참 포도나무요, 내 아버지는 농부라 무릇 내게 붙어 있어 ( ) 를 맺지 아니하는 가지는 아버지께서 그것을 제거해 버리시고 무릇 ( ) 를 맺는 가지는 더 ( ) 를 맺게 하려 하여 그것을 깨끗하게 하시느니라."

45. 사람이 친구들을 위하여 이것을 버리면 이보다 더 큰 사랑이 없다 하신 예수님은 제자를 친구라 부르시고 그 주간에 돌아가심으로 큰 사랑을 보이셨는데 이것은 무엇인가? (요 15:13-16)

1) 약속　　2) 물질　　3) 목숨　　4) 의리

46. 다음 (　　) 안에 들어갈 말은 무엇인가? (요 16:24)

"지금까지는 너희가 내 이름으로 아무것도 구하지 아니하였으나 구하라. 그리하면 받으리니 너희 (　　　) 이 충만하리라."

47. 이것은 유일하신 참 하나님과 그가 보내신 자 예수 그리스도를 아는 것이다. 이것은 무엇인가? (요 17:3)

1) 지혜　　2) 영생　　3) 기도　　4) 복음

48. 예수님께서 제자들을 위한 기도가 아닌 것은 무엇인가? (요 17:15-22)

1) 악으로부터 보전되기를 기도함　　2) 거룩하게 되기를 기도함
3) 하나 되기를 기도함　　4) 전도를 잘하게 기도함

| 실천 사항 |

▶ 오늘의 말씀을 읽으시고 나에게 유익한 말씀이 무엇인지 깨달아봅시다.

▶ 오늘 말씀으로 나의 삶에 적용하며 행동으로 옮겼는지 실천한 것을 적어봅시다.

▶ 오늘 하나님이 보시기에 합당한 삶을 살았으면 감사한 것을 적어 봅시다.

▶ 오늘의 기도 제목을 적어 봅시다.

십자가를 지시고 부활하시는 예수님

오늘의 성경 말씀을 읽으시고 묵상한 후 풀어보시면 유익합니다.

예수님은 가룟 유다의 밀고로 체포되시고 대제사장과 빌라도의 심문 받으시며 십자가에 못 박히시게 된다. 죽음이 예수님을 붙잡고 있을 수가 없었으며 예수님을 부활하신다. 그래서 잠자는 자들의 첫 열매가 되셨고 우리가 영생을 얻게 되었다.

49. 가룟 유다가 대제사장과 바리새인들에게서 얻은 아랫사람들을 데리고 등과 횃불과 무엇을 가지고 왔는가? (요 18:3)
1) 물 2) 나무 3) 무기 4) 기름

50. 시몬 베드로가 칼로 대제사장의 종을 쳐서 귀를 베어 버렸는데 그 종의 이름은 무엇인가? (요 18:10)

51. 천부장과 유대인들이 예수를 결박하여 그 해 대제사장인 가야바의 장인에게로 끌고 갔는데 누구인가? (요 18:12-13)

52. 빌라도가 예수님을 재판할 때 그날은 유월절 준비일이요 몇 시인가? (요 19:14)
1) 5 시 2) 6 시 3) 7 시 4) 8 시

53. 예수님은 고난을 겪으시면서 육신이 목마르기까지의 고통을 당하시면서 그의 백성의 영혼과 육체를 향한 하나님의 사랑을 완성하셨는데 마지막에 이것을 적신 해면을 우슬초에 매어 예수의 입에 대니 다 이루었다 하셨는데 이것은 무엇인가? (요 19:28-30)

54. 예수님의 장례를 위하여 니고데모는 무엇을 준비해서 왔는가? (요 19:39)

1) 몰약과 유향　　2) 백향목관　　3) 향품과 세마포　　4) 몰약과 침향

55. 도마가 예수님의 부활을 믿지 못하자 예수님이 나타나셔서 도마에게 손을 그의 옆구리에 넣어보라고 하니 그때서야 신앙 고백을 하였는데 예수님께서는 보지 못하고 믿는 자들은 무엇이 있다고 하셨는가? (요 20:27-29)

56. 다음 (　　) 안에 공통적으로 들어갈 말은 무엇인가? (요 21:24)

"이 일들을 (　　　) 하고 이 일들을 기록한 제자가 이 사람이라 우리는 그의 (　　　) 이 참된 줄 아노라."

| 실천 사항 |

▶ 오늘의 말씀을 읽으시고 나에게 유익한 말씀이 무엇인지 깨달아봅시다.

▶ 오늘 말씀으로 나의 삶에 적용하며 행동으로 옮겼는지 실천한 것을 적어봅시다.

▶ 오늘 하나님이 보시기에 합당한 삶을 살았으면 감사한 것을 적어 봅시다.

▶ 오늘의 기도 제목을 적어 봅시다.

[요한복음 해답]

1) 말씀 2) 3 3) 생명, 생명, 어둠, 어둠 4) 4 5) 영접, 자녀, 하나님 6) 2 7) 죄 8) 나다나엘 9) 포도주 10) 3 11) 부활 12) 거듭남 13) 독생자, 영생 14) 세례, 요한 15) 영원히, 영생 16) 진리 17) 베데스다 18) 3 19) 영생, 생명 20) 2 21) 영 22) 영광 23) 배 24) 교훈 25) 4 26) 빛 27) 죄 28) 3 29) 보냄을 받았다 30) 행하는 31) 4 32) 3 33) 3 34) 마리아 35) 부활, 영원히 36) 4 37) 대제사장, 가야바 38) 1 39) 생명 40) 빛 41) 영접 42) 4 43) 길, 진리, 생명 44) 열매 45) 3 46) 기쁨 47) 2 48) 4 49) 3 50) 말고 51) 안나스 52) 2 53) 신포도주 54) 4 55) 복 56) 증언

5. 사도행전 (ACTS)

1. 내용

신약 성경 유일의 역사서이다. 복음서와 서신서의 가교 역할을 하는 본서는 종교·정치·문화적으로 변방이던 갈릴리에서 시작된 예수의 구원(복음) 사역이 어떻게 이스라엘의 중심지인 예루살렘을 거쳐 당시 세계의 중심지인 로마로까지 전달되었으며, 어떻게 이방인에게도 구원의 빛을 비출 수 있었는지를 알려준다. 엄청난 역사 이면에 끊임없이 개입하사 이 땅에 교회를 세우시고 교회와 성도를 보존하시는 성령님의 강력한 역사를 생생하게 보여주는 '복음행전', '성령행전'이다.

2. 배경

복음 전파의 중심지인 예루살렘, 이방 선교의 중심지 수리아의 안디옥, 사도 바울의 세차례 선교여행 행선지인 소아시아와 유럽(그리스), 바울의 최종 사역지 로마 등 역사서답게 신약에서 가장 큰 무대를 중심으로 전개되고 있다.

3. 흐름

흐름을 구분하면 예수살렘에서 주의 역사(주의 승천과 교회 시작, 베드로사역 교회의 박해와 성장, 스데반 순교), 유대와 사마리아교회(바울의 박해와 회심, 이방인 선교시작, 교회의 확장과 발전), 선교여행과 주의 역사(바울의 세 차례 선교, 투옥, 로마전도)로 꾸며졌다.

4. 목적

교회의 태동과 복음의 확산 과정을 밝힘으로써 복음의 진실성과 기독교가 하나님을 섬기는 참 종교임을 알리고, 특히 유대인들과 이방인들에게 성령의 충만한 역사를 확인시키며 기독교를 변증하기 위해 기록됐다.

5. 본서에 나타난 하나님의 섭리

본서는 전후반부로 크게 나눠진다. 전반부는 예수 그리스도의 죽음과 부활 승천 이후 성령강림으로 예루살렘 교회 부흥, 박해를 피해 안디옥에 교회를 세우고, 이방교회 선교사 파송과 소아시아·그리스에 교회를 세우고 로마까지 복음을 전파하는 내용이다. 본서는 사도들의 행적 이면에 성령께서 어떻게 역사하시며, 교회를 세우시고 성도를 보호하는지 상세히 보여준다.

성령세례를 받는 제자들

오늘의 성경 말씀을 읽으시고 묵상한 후 풀어보시면 유익합니다.

사도행전은 성령의 능력을 받고 예수 그리스도의 증인이 된 제자들의 삶에 대한 기록으로 부활하신 예수님 제자들과 40 일을 함께 계시면서 성령 받기를 기다리라 하셨고 제자들은 오로지 기도하며 성령을 기다리다가 성령 충만을 체험한다.

1. 사도행전의 수신자는 누구입니까? (행 1:1)

2. 사도행전은 승천하신 예수께서 이것을 보내시고 이것을 통하여 계속 구속 사역을 이루어 나가시는 과정을 기록한 것인데 이것은 무엇인가? (행 1:2)

3. 다음 ( ) 안에 들어갈 말은 무엇인가? (행 1:8)

   "오직 ( ) 이 너희에게 임하시면 너희가 ( ) 을 받고 예루살렘과 온 유대와 사마리아와 땅끝까지 이르러 내 ( ) 이 되리라."

4. 예수님은 가룟 유다를 대신하여 새로 사도를 제비로 뽑았는데 그 사람은 누구인가? (행 1:26)

   1) 바사바 2) 맛디아 3) 유스도 4) 요셉

5. 이날 제자들에게 성령 감림이 임하였는데 이것은 과거의 약속을 성취하고 완성시키기 위한 것인데 이날은 무슨 날인가? (행 2:1-4)

   1) 장막절 2) 나팔절 3) 초실절 4) 오순절

6. 누구든지 주의 이름을 부르는 자는 무엇을 받는가? (행 2:21)

1) 복　　2) 구원　　3) 능력　　4) 권능

7. 다음 (　　) 안에 들어갈 말은 무엇인가? (행 2:38)

"너희가 (　　　　) 하여 각각 예수 그리스도의 이름으로 (　　　　) 를 받고 죄 사함을 받으라. 그리하면 (　　　　) 의 선물을 받으리니"

8. 오순절 베드로의 설교를 듣고 그 결과 제자의 수가 이렇게 증가되었는데 몇 명인가? (행 2:41)

| 실천 사항 |

▶ 오늘의 말씀을 읽으시고 나에게 유익한 말씀이 무엇인지 깨달아봅시다.

▶ 오늘 말씀으로 나의 삶에 적용하며 행동으로 옮겼는지 실천한 것을 적어봅시다.

▶ 오늘 하나님이 보시기에 합당한 삶을 살았으면 감사한 것을 적어 봅시다.

▶ 오늘의 기도 제목을 적어 봅시다.

제자들을 통한 성령의 역사

오늘의 성경 말씀을 읽으시고 묵상한 후 풀어보시면 유익합니다.

제자들은 성령께 붙으려고 표적과 기사가 일어나고 담대히 복음을 전하므로 많은 사람이 회개하고 돌아오게 된다. 이를 본 대제사장과 바리새인들이 제자들을 잡아 위협하지만 아무도 이를 막을 수 없고 그들은 하늘과 땅의 모든 권세를 가진 예수의 이름과 권세도 말했다.

9. 베드로와 요한이 성전에 기도하러 간 시간은 언제인가? (행 3:1)

 1) 5 시 2) 7 시 3) 8 시 4) 9 시

10. 성전 미문 곁에서 구걸하는 걷지 못하는 자를 누구의 이름으로 일어나 걸으라고 하였는가? (행 3:6)

11. 다음 ( ) 안에 들어갈 말은 무엇인가? (행 3:18-20)

 "하나님이 모든 선지자의 입을 통하여 자기의 그리스도께서 ( ) 받으실 일을 미리 알게 하신 것을 이와 같이 이루셨느니라. 그러므로 너희가 ( ) 하고 돌이켜 너희 죄 없이 함을 받으라. 이같이 하면 새롭게 되는 날이 주 앞으로부터 이를 것이요, 또 주께서 너희를 위하여 ( ) 하신 그리스도 곧 예수를 보내시리니."

12. 건축자들의 버린 돌로서 집 모퉁이의 머릿돌이 된 사람은 누구인가? (행 4:11)

 1) 모세 2) 다윗 3) 솔로몬 4) 예수

13. 사도들은 박해와 고난에 직면했을 때 이렇게 기도함으로써 성령으로 충만하게 되고 담대한 증인이 되었는데 어떻게 기도하였는가? (행 4:24)

 1) 합심 2) 개인적으로 3) 한마음 4) 산에서

14. 구브로에서 난 레위 사람으로 요셉인데 사도들이 그를 '바나바'라 하였는데, 이 이름은 무슨 의미를 가졌는가? (행 4:36)

15. 자기 땅을 팔아 그 값에서 얼마를 감추고 나머지 돈을 헌금하였다가 죽임을 당한 부부는 누구인가? (행 5:1-6)

16. 공회 분위기로 인해 사도들은 큰 위기에 처하게 되었다 이 사람이 사도들을 상관 말고 버려두라고 이야기함으로써 사도들이 죽을 위험을 넘기게 되었는데 이 사람은 누구인가? (행 5:34-38)

| 실천 사항 |

▶ 오늘의 말씀을 읽으시고 나에게 유익한 말씀이 무엇인지 깨달아봅시다.

▶ 오늘 말씀으로 나의 삶에 적용하며 행동으로 옮겼는지 실천한 것을 적어봅시다.

▶ 오늘 하나님이 보시기에 합당한 삶을 살았으면 감사한 것을 적어 봅시다.

▶ 오늘의 기도 제목을 적어 봅시다.

스데반의 순교와 복음 확장

오늘의 성경 말씀을 읽으시고 묵상한 후 풀어보시면 유익합니다.

성령의 능력으로 복음의 확장이 활발하게 일어나는데 확장과 더불어 핍박도 격해진다. 스데반 집사가 최초로 순교를 당하지만 오히려 이로 인해서 믿는 이들이 유대 전역으로 흩어져 가는 곳마다 복음이 전파되고 유대인들이 터부시하는 사마리아까지 전해진다.

17. 초대 교회가 믿음과 성령이 충만한 일곱 집사를 택하였는데 일곱 집사가 아닌 사람은 누구인가? (행 6:3-5)
   1) 스데반 2) 빌립 3) 브로고로 4) 니르가노

18. 스데반은 무엇이 충만하여 큰 기적과 표적을 행하였는가? (행 6:8)
   1) 은혜와 지혜 2) 은혜와 권능 3) 공의와 복 4) 지식과 권세

19. 공회 중에 앉은 사람들이 스데반의 얼굴을 보니 스데반의 얼굴이 무엇과 같았는가? (행 6:15)

20. 미디안 땅에서 40년 동안 나그네처럼 살던 모세에게 가시나무 떨기 불꽃에 나타나셔서 그를 이스라엘의 구원자로 세우셨는데 누구인가? (행 7:35)

21. 하나님께서 이스라엘 백성을 구원하신 목적은 하나님을 섬기기 위함인데 모세가 율법을 받으러 시내 산에 올라갔을 때 백성들은 이것을 만들고 기기에 절하며 우상을 섬겼는데 무엇인가? (행 7:41)
   1) 아세라 2) 금송아지 3) 몰렉 4) 드라빔

22. 스데반 집사가 순교할 때 어떻게 하여 죽임을 당했는가? (행 7:58-60)
   1) 나무에 매달았다　　2) 불에 던졌다　　3) 돌로 쳐 죽였다　　4) 굶겨 죽였다

23. 가말리엘의 문하생으로 스데반의 죽임을 당연히 여기고 각 집에 들어가 그리스도인을 잔멸시키려고 한 사람은 누구인가? (행 8:1-3)

24. 박해로 흩어진 빌립은 복음을 예루살렘과 온 유대를 건너 이곳까지 전하였는데 어디인가? (행 8:4-5)

| 실천 사항 |

▶ 오늘의 말씀을 읽으시고 나에게 유익한 말씀이 무엇인지 깨달아봅시다.

▶ 오늘 말씀으로 나의 삶에 적용하며 행동으로 옮겼는지 실천한 것을 적어봅시다.

▶ 오늘 하나님이 보시기에 합당한 삶을 살았으면 감사한 것을 적어 봅시다.

▶ 오늘의 기도 제목을 적어 봅시다.

이방인 전도의 준비

오늘의 성경 말씀을 읽으시고 묵상한 후 풀어보시면 유익합니다.

스데반 순교사건으로 성도들이 사방에 흩어지는데 이방인들에게도 가서 복음을 전한다. 하나님은 이 과정에서 사울을 선택하시고 베드로와 예루살렘 교회의 지도자들의 눈을 열어 이방인에게 복음을 전해야 함을 깨닫게 하므로 복음이 땅끝으로 향한다.

25. "사울아 사울아 네가 어찌하여 나를 박해하느냐"라는 예수님의 음성을 들은 곳은 어디인가? (행 9:3-5)
   1) 가버나움 도상 2) 벳세다 도상 3) 다메섹 도상 4) 나사렛 도상

26. 사울을 찾아가 '형제 사울아'라고 부르며 기도를 해준 사람은 누구인가? 이 사람은 회심한 사울이 만난 최초의 그리스도인이다. (행 9:10-17)

27. 사도행전에는 사울의 회심하는 내용이 세 번 나오는데 회심하는 내용이 담기지 않은 장은 어디인가?
   1) 9 장 2) 15 장 3) 22 장 4) 26 장

28. 이달리아 부대 백부장으로 하나님을 경외하고 백성을 많이 구제하며 하나님께 항상 기도하는 사람인 이 사람은 누구인가? (행 10:12)

29. 고넬료의 기도 시간에 천사를 보내어 이 사람을 초청하게 하시고 복음을 듣게 하셨다. 복음 안에서는 이방인과 유대인의 구별이 무용함을 고넬료를 통해 깨닫게 되는데 이 사람은 누구인가? (행 10:4-5)
   1) 아나니아 2) 베드로 3) 사울 4) 빌립

30. 유대인 그리스도인들이 베드로의 행동을 이해할 수 없었고 할례자들이 베드로를 비난했는데 그 이유는 이 사람들의 집에 가서 함께 음식을 먹었다는 것인데 무엇인가? (행 11:1-3)

31. 스데반의 순교 직후 박해를 받아 해외로 흩어진 성도들이 주후 32년경에 유대인으로만 구성된 이 교회를 세웠는데 어떤 교회인가? (행 11:19-26)

1) 빌립보 교회 2) 서머나 교회
3) 고린도 교회 4) 안디옥 교회

32. 요한의 형제 야고보를 칼로 죽여 유대인들이 기뻐함을 보고 베드로를 잡아 죽이려고 한 왕은 누구인가? (행 12:1-2)

| 실천 사항 |

▶ 오늘의 말씀을 읽으시고 나에게 유익한 말씀이 무엇인지 깨달아봅시다.

▶ 오늘 말씀으로 나의 삶에 적용하며 행동으로 옮겼는지 실천한 것을 적어봅시다.

▶ 오늘 하나님이 보시기에 합당한 삶을 살았으면 감사한 것을 적어 봅시다.

▶ 오늘의 기도 제목을 적어 봅시다.

사울 (바울) 과 바나바의 선교사 파송

오늘의 성경 말씀을 읽으시고 묵상한 후 풀어보시면 유익합니다 .

성령께서는 바나바와 사울을 따로 세우라고 하셨다 . 이방인을 위한 선교가 무르익어 안디옥 교회는 바울과 바나바를 1 호 선교사로 파송한다 . 안디옥 교회가 선교를 위하여 금식하며 성령의 음성을 듣고 순종하는 삶을 산 것을 우리는 본받아야 한다 .

33. 안디옥 교회에서 구브로에 전도하기 위하여 파송된 두 명의 선교사는 누구인가? (행 13:2-7)

34. 총독에게 박수 '엘루마'가 앞일을 예언하고 거짓 선지자 행세를 하며 전도를 막았지만, 이 사람은 성령이 충만하여 박수를 꾸짖고 그의 눈을 멀게 하고 총독이 믿게 하였는데 누구인가? (행 13:8-12)

35. 다음 (   ) 안에 공통으로 들어갈 말은 무엇인가? (행 13:39)
"또 모세의 율법으로 너희가 (   ) 하심을 얻지 못하던 모든 일에도 이 사람을 힘입어 믿는 자마다 (   ) 하심을 얻는 이것이라 ."

36. 바울과 바나바가 이고니온에서 표적과 기사를 행하며 전도할 때 이방인과 유대인과 관리들이 사도들을 모욕하고 무엇으로 치려고 달려들었는가? (행 14:1-5)

37. 바나바와 바울이 루스드라에서 나면서 걷지 못하는 자를 걷게 하자 무리가 사람의 형상으로 우리 가운데 내려오셨다 하며 바나바를 제우스라 하고 바울은 무엇이라 불렀는가? (행 14:8-12)

38. 예루살렘 회의에서 합의한 것과 다른 것은 무엇인가? (행 15:20)

1) 우상승배 2) 음행 3) 목매어 죽인 것 4) 이방인과 혼인

39. 실라와 유다는 예루살렘으로 갔으나 바울과 바나바는 어디에서 말씀을 가르쳤는가? (행 15:30-35)

1) 서머나 2) 에베소 3) 안디옥 4) 마게도냐

40. 바울과 바나바는 누구와의 동행문제로 심히 다투고 헤어졌는가? (행 15:36-40)

| 실천 사항 |

▶ 오늘의 말씀을 읽으시고 나에게 유익한 말씀이 무엇인지 깨달아봅시다.

▶ 오늘 말씀으로 나의 삶에 적용하며 행동으로 옮겼는지 실천한 것을 적어봅시다.

▶ 오늘 하나님이 보시기에 합당한 삶을 살았으면 감사한 것을 적어 봅시다.

▶ 오늘의 기도 제목을 적어 봅시다.

바울 사도의 두 번째 전도여행

오늘의 성경 말씀을 읽으시고 묵상한 후 풀어보시면 유익합니다.

바나바와 바울은 첫 번째 전도여행 중에 포기하고 돌아간 마가를 데리고 가는 문제로 서로 다퉈 결국 갈라져 바나바는 마가를 데리고 가고 바울은 실라를 데리고 각각 이방인 선교지로 간다. 성경에는 바울과 실라의 전도여행이 소상히 기록되어 있다.

41. 어머니는 믿는 유대 여자이고 아버지는 헬라인이며 루스드라와 이고니온에 있는 형제들에게 칭찬받는 이 사람은 누구인가? (행 16:1-2)

1) 마가 2) 실라 3) 디모데 4) 유다

42. 두아디라에 있는 자색 옷감 장사로서 그와 그 집이 다 세례를 받고 바울에게 자기 집에 머물게 한 사람은 누구인가? (행 14:15)

43. 바울과 실라가 옥에 갇히게 된 실제적 이유가 무엇인가? (행 16:16-24)

1) 거짓 예언을 하여서 2) 복음을 전하였기 때문에
3) 자국민을 보호하기 위해서 4) 점치는 여종에게 귀신을 쫓아서

44. 바울과 실라의 기도로 큰 이것이 일어나 옥문이 열렸는데 무엇인가? (행 16:25-26)

1) 태풍 2) 홍수 3) 지진 4) 낙뢰

45. 데살로니가에서 바울은 성경을 가지고 얼마 동안 강론을 하였는가? (행 17:2)

1) 두 안식일 2) 세 안식일 3) 네 안식일 4) 다섯 안식일

46. 베뢰아 사람들은 바울을 트집 잡기 위해서가 아니라 바울이 전한 복을 바로 알고자 하는 마음으로 이것을 날마다 깊이 상고하였는데 무엇인가? (행 17:10-11)

47. 본도 사람으로 유대인인 이 부부와 바울은 고린도 교회를 세우는데 동역하였는데 누구인가? (행 18:1-4)

48. 아볼로는 알렉산드리아 출신으로 언변도 좋고 이것에 능통한데 무엇인가? (행 18:24)

1) 율법 2) 교리 3) 성경 4) 복음

| 실천 사항 |

▶ 오늘의 말씀을 읽으시고 나에게 유익한 말씀이 무엇인지 깨달아봅시다.

▶ 오늘 말씀으로 나의 삶에 적용하며 행동으로 옮겼는지 실천한 것을 적어봅시다.

▶ 오늘 하나님이 보시기에 합당한 삶을 살았으면 감사한 것을 적어 봅시다.

▶ 오늘의 기도 제목을 적어 봅시다.

사도 바울의 세 번째 전도여행

오늘의 성경 말씀을 읽으시고 묵상한 후 풀어보시면 유익합니다.

사도 바울은 이미 두 차례에 걸친 전도여행을 했고, 소아시아를 중심으로 전도하며 교회를 개척하였는데 3차 전도여행은 주로 에베소에 3년간 머물며 두란노 서원을 설립하고 집중적으로 복음을 전하고 예루살렘으로 돌아간다.

49. 에베소 사람들은 지금까지도 성령이 있는지조차도 모르고 지냈다. 바울의 전도를 받고 예수 그리스도를 주라 시인할 때 그들에게 이것이 임했는데 무엇인가? (행 19:2-6)

1) 전능 2) 성령 3) 표적 4) 능력

50. 바울이 고린도에서 하나님의 말씀을 가르치기 위하여 이곳에서 날마다 강론하였는데 어디인가? (행 19:9)

1) 에베소 교회 2) 회당 3) 고린도 교회 4) 두란노 서원

51. 바울이 드로아에서 강론할 때 창에 걸터앉아 졸다가 3층에서 떨어져 죽었는데 바울의 기도로 살아난 이 사람은 누구인가? (행 20:9-12)

52. 다음 ( ) 안에 들어갈 말은 무엇인가? (행 20:24)

"내가 달려갈 ( )과 주 예수께 받은 사명 곧 하나님의 은혜의 ( )을 증언하는 일을 마치려 함에는 나의 ( )조차 조금도 귀한 것으로 여기지 아니하노라."

53. "나는 유대인으로 길리기아 다소에서 났고 가말리엘의 문하에서 조상들의 율법의

엄한 교훈을 받았다." 이 사람은 누구를 지칭하는가? (행 22:3)

1) 디모데 2) 고넬료 3) 아나니아 4) 바울

54. 산헤드린 공회는 의원들 사이에 양분되는 소동이 일어났는데 그 반은 바리새인이고 반은 이 사람들인데 이들은 부활도 없고 천사도 없다고 주장하는데 누구인가? (행 23:1-6)

55. 그날 밤 예수님께서 바울을 격려하시며 예루살렘에서 복음을 증거한 것처럼 이곳에서도 증거하라고 하였는데 이곳은 어디인가? (행 23:11)

56. 바울을 죽이기 전에는 먹지도 마시지도 않겠다고 동맹하며 그를 죽이기 위해 치밀한 계획을 세웠는데 동맹한 자들은 몇 명인가? (행 23:12-13)

1) 10 명 2) 20 명 3) 30 명 4) 40 명

| 실천 사항 |

▶ 오늘의 말씀을 읽으시고 나에게 유익한 말씀이 무엇인지 깨달아봅시다.

▶ 오늘 말씀으로 나의 삶에 적용하며 행동으로 옮겼는지 실천한 것을 적어봅시다.

▶ 오늘 하나님이 보시기에 합당한 삶을 살았으면 감사한 것을 적어 봅시다.

▶ 오늘의 기도 제목을 적어 봅시다.

가이사에게 보내지는 사도 바울

오늘의 성경 말씀을 읽으시고 묵상한 후 풀어보시면 유익합니다.

결국 사도 바울은 법정에 세워지고 지역 관할 총독과 왕들에게 심문받다가 로마 시민권을 가지고 있던 사도 바울이 로마 황제에게 심판받겠다고 하여 호송되고 우여곡절 끝에 로마에 도착하여 순교하기까지 2 년여 기간 동안 군인들에게 복음을 전한다.

57. 대제사장 아나니아를 비롯한 장로와 이 사람이 바울이 유대인을 소요하게 하는 자요, 나사렛 이단의 우두머리라고 하였다. 변호사인 이 사람은 누구인가? (행 24:1-5)

58. 유대인들에 의해 고발된 바울의 죄목이 아닌 것은 무엇인가? (행 24:1-9)
1) 전염병과 같은 자 2) 나사렛 이단의 우두머리
3) 소요하게 하는 자 4) 구원자라 하는 자

59. 죽은 자의 이것은 기독교 신앙의 핵심인데 의인과 악인의 이것이 있다고 하였는데 무엇인가? (행 24:15)

60. 유대인들이 아무리 송사를 해도 악행의 사건은 하나도 없었고 오로지 이것 문제와 예수 부활 문제였다고 하였는데 무엇인가? (행 25:19)

61. 바울이 "그리스도가 고난을 받으실 것과 죽은 자 가운데서 살아나신다"고 하자 총독 베스도가 큰소리로 바울에게 "미쳤다 네 이게 미치게 한다"고 하였는데 무엇인가? (행 26:23-24)
1) 능력 2) 복음 3) 학문 4) 권능

62. 이 사람이 바울을 살리려고 죄수들을 죽이지 못하게 하여 헤엄치는 자를 먼저 육지에 가게 하고 남은 자들은 널판을 이용하여 육지에 이르게 했는데 이 사람은 누구인가? (행 27:43–44)

1) 선지자 2) 백부장 3) 집사 4) 선장

63. 멜기데 섬에서 바울이 불을 쬐다가 이것에 물렸으나 아무렇지도 않자 원주민들이 바울을 신이라 칭했는데 이것은 무엇인가? (행 28:3)

64. 바울은 자기에게로 나아온 많은 유대인에게 아침부터 저녁까지 강론하며 이것에 대해 증언하고 모세의 율법과 선지자의 말을 가지고 예수에 대해 권했는데 이것은 무엇인가? (행 28:23)

| 실천 사항 |

▶ 오늘의 말씀을 읽으시고 나에게 유익한 말씀이 무엇인지 깨달아봅시다.

▶ 오늘 말씀으로 나의 삶에 적용하며 행동으로 옮겼는지 실천한 것을 적어봅시다.

▶ 오늘 하나님이 보시기에 합당한 삶을 살았으면 감사한 것을 적어 봅시다.

▶ 오늘의 기도 제목을 적어 봅시다.

[사도행전 해답]

1) 데오빌로 2) 성령 3) 성령, 권능, 증인 4) 2 5) 4 6) 2 7) 회개, 세례, 성령 8) 삼천 명 9) 4 10) 나사렛 예수 그리스도 11) 고난, 회개, 예정 12) 4 13) 3 14) 위로의 아들 15) 아나니아, 삽비라 16) 가말리엘 17) 4 18) 2 19) 천사 20) 하나님 21) 2 22) 3 23) 사울 24) 사마리아 25) 3 26) 아나니아 27) 2 28) 고넬료 29) 2 30) 무할례자 31) 4 32) 헤롯 33) 바나바와 사울 34) 사울(바울) 35) 의롭다 36) 돌 37) 헤르메스 38) 4 39) 3 40) 마가 41) 3 42) 루디아 43) 4 44) 3 45) 2 46) 성경 47) 아굴라, 브리스 길라 48) 3 49) 2 50) 4 51) 유두고 52) 길, 복음, 생명 53) 4 54) 사두개인 55) 로마 56) 4 57) 더둘로 58) 4 59) 부활 60) 종교 61) 3 62) 2 63) 독사 64) 하나님의 나라

6. 로마서 (ROMANS)

1. 내용

예수 그리스도의 죽음과 부활에 근거하여, 기독교의 중심교리인 선택과 구원과 칭의와 성화 등의 문제를 심도 있게 서술한 교과서로서 구원의 결정판이다.

영원히 죽을 수밖에 없는 존재가 믿음으로 의롭다 함을 받고(칭의), 거룩하신 하나님의 존귀하고 영화로운 존재가 되는 구원여정을 심도 있게 기술했다.

구원의 의미와 구원의 목적을 논증하고 믿음으로 구원받는 성도의 구체적인 삶의 실천을 제시한다.

2. 배경

본 서신의 수신처인 로마와 바울의 궁극적 선교지인 스페인, 고린도 등지가 주요 무대이다.

3. 흐름

크게 하나님의 의의 계시(문안인사, 유다인과 이방인의 죄, 칭의, 성화), 의에 대한 변론(하나님의 의로우심), 의의 실천(구원받은 성도의 삶, 의무, 자유, 작별인사)으로 꾸며졌다.

4. 목적

바울이 3차 선교여행을 하면서 기록한 것이다. 로마방문 계획을 미리 알려 일정을 순조롭게 하고, 서바나 전도의 발판을 마련하며, 구원의 교리를 가르쳐 믿음 가운데에서 서로 격려하고 유대인과 이방인 성도간의 화합을 도모했다.

5. 본서에 나타난 하나님의 섭리

무분별하게 자생적으로 설립된 교회에서 율법주의가 만연하고 전통 풍속을 좇고 있어, 바울은 올바른 복음을 전하려 서신으로 바른 교리와 올바른 구원관을 가르치며, 기독교 핵심 진리인 구원관과 구원받은 성도의 바른 삶에 대해 분명하고도 명쾌하게 제시했다.

사도 바울의 죄론 (罪論)

오늘의 성경 말씀을 읽으시고 묵상한 후 풀어보시면 유익합니다 .

사도 바울은 땅끝까지 복음을 전하기 위해 중간 지점인 로마에 가려는 계획을 가지고 로마에 선교 지원을 받기 위해 편지를 보낸다 . 사도 바울은 자신이 믿고 있는 복음을 소개하여 복음의 대헌장이라 불리는 복음의 핵심을 우리가 쉽게 깨닫게 되었다 .

1. 다음 (　　) 안에 들어갈 말은 무엇인가? (롬 1:2)
   "이 복음은 (　　　　) 이 선지자들을 통하여 그의 (　　　　) 에 관하여 성경에 미리 약속하신 것이라 ."

2. 다음 (　　) 안에 들어갈 말은 무엇인가? (롬 1:4)
   " (　　　　) 으로는 죽은 자들 가운데서 (　　　　) 하사 능력으로 하나님의 아들로 선포되셨으니 곧 우리 주 예수 그리스도시니라 ."

3. 유대인은 남을 이것하면서도 같은 일을 행하므로 핑계할 것이 없다. 근본 죄악에다가 남을 이것하는 죄까지 더불어 행하는 핑계할 수 없는 죄인인데 이것은 무엇인가? (롬 2:1)

4. 다음 (　　) 안에 공통으로 들어갈 말은 무엇인가? (롬 2:12-13)
   "무릇 (　　　　) 없이 범죄한 자는 또한 (　　　　) 없이 망하고 무릇 (　　　　) 이 있고 범죄한 자는 (　　　　) 으로 말미암아 심판을 받으리라 . 하나님 앞에서는 (　　　　) 을 듣는 자가 의인이 아니요 , 오직 (　　　　) 을 행하는 자라야 의롭다 하심을 얻으리니 ."

5. 죄 가운데 있는 우리는 그리스도 예수 안에 있는 이것으로 말미암아 하나님의 은혜로 값 없이 의롭다 하심을 얻는 자가 되는데 이것은 무엇인가? (롬 3:24)

6. 사람이 의롭다 하심을 얻는 것은 율법의 행위에 있지 않고 무엇으로 되는 줄 인정하는가? (롬 3:28)

1) 기도 2) 은사 3) 믿음 4) 복음

7. 일하는 자에게는 그 삯이 은혜로 여겨지지 않고 무엇으로 여겨지는가? (롬 4:4)

1) 상금 2) 보수 3) 대가 4) 권리

8. 다음 ( ) 안에 들어갈 말은 무엇인가? (롬 4:25)

"예수는 우리가 (   ) 한 것 때문에 내줌이 되고 또한 우리를 (   ) 하시기 위하여 살아나셨느니라."

| 실천 사항 |

▶ 오늘의 말씀을 읽으시고 나에게 유익한 말씀이 무엇인지 깨달아봅시다.

▶ 오늘 말씀으로 나의 삶에 적용하며 행동으로 옮겼는지 실천한 것을 적어봅시다.

▶ 오늘 하나님이 보시기에 합당한 삶을 살았으면 감사한 것을 적어 봅시다.

▶ 오늘의 기도 제목을 적어 봅시다.

사도 바울의 성화론

오늘의 성경 말씀을 읽으시고 묵상한 후 풀어보시면 유익합니다.

이제 사도 바울은 이방인과 유대인 모두가 예수님으로 말미암아 구원받았으니 하나님과 함께 화평을 이루어야 하며 죄를 다스리고 하나님의 종이 되어야 한다고 전한다. 비록 우리는 약하지만 성령께서 도우심으로 우리가 하나님의 자녀로 살게 됨을 가르쳐준다.

9. 우리가 죄인 되었을 때에 그리스도께서 우리를 위하여 죽으심으로 하나님께서 우리에 대한 무엇을 확증하셨는가? (롬 5:8)

10. 한 사람으로 말미암아 죄가 세상에 들어오고 죄로 말미암아 무엇이 들어왔는가? (롬 5:12)

1) 고통 2) 악 3) 마귀 4) 사망

11. 우리의 옛 사람이 예수와 함께 십자가 못 박힌 것은 다시는 우리가 무엇에 종노릇 하지 않게 함인가? (롬 6:6)

1) 악 2) 죄 3) 마귀 4) 권세

12. 다음 ( ) 안에 들어갈 말은 무엇인가? (롬 6:23)

"죄의 삯은 ( ) 이요 하나님의 은사는 그리스도 예수 우리 주 안에 있는 ( ) 이니라."

13. 죄가 기회를 타서 계명으로 말미암아 내 속에서 온갖 이것을 이루었는데 무엇인가? (롬 7:8)

1) 교만 2) 탐심 3) 소욕 4) 사망

14. 다음 ( ) 안에 공통으로 들어갈 말은 무엇인가? (롬 7:24-25)

"오호라 나는 곤고한 사람이로다. 이 사망의 몸에서 누가 나를 건져내랴. 우리 주 예수 그리스도로 말미암아 ( ) 께 감사하리로다. 그런즉 내 자신이 마음으로는 ( ) 의 법을 육신으로는 죄의 법을 섬기노라."

15. 육신을 따르는 자는 육신의 일을, 영을 따르는 자는 영의 일을 생각하는데, 육신의 생각은 사망이지만 영의 생각은 무엇인가? (롬 8:5-6)

1) 죽음과 화평 2) 사랑과 선행 3) 생명과 평안 4) 화평과 선행

16. 다음 ( ) 안에 들어갈 말은 무엇인가? (롬 8:28)

"우리가 알거니와 하나님을 사랑하는 자 곧 그의 뜻대로 부르심을 입은 자에게는 모든 것이 ( ) 하여 ( ) 을 이루느니라."

| 실천 사항 |

▶ 오늘의 말씀을 읽으시고 나에게 유익한 말씀이 무엇인지 깨달아봅시다.

▶ 오늘 말씀으로 나의 삶에 적용하며 행동으로 옮겼는지 실천한 것을 적어봅시다.

▶ 오늘 하나님이 보시기에 합당한 삶을 살았으면 감사한 것을 적어 봅시다.

▶ 오늘의 기도 제목을 적어 봅시다.

유대인과 이방인의 관계

오늘의 성경 말씀을 읽으시고 묵상한 후 풀어보시면 유익합니다.

1-8 장까지 죄인이 어떻게 구원받아 성화와 과정을 거치는가를 설명했다면 9-11 장은 유대인과 이방인은 어떤 순서로 구원받는가를 보여준다. 유대인의 거절로 이방인이 구원받고 또 이방인의 구원을 보고 시기하여 유대인도 구원받게 된다는 것이다.

17. 다음 (　　) 안에 들어갈 말은 무엇인가? (롬 9:8)
"(　　　) 의 자녀가 하나님의 자녀가 아니요 오직 (　　　) 의 자녀가 (　　　) 로 여기심을 받느니라."

18. 하나님은 이 사람에게 '큰 자가 어린 자를 섬기리라' 하셨는데 이 사람은 누구인가? (롬 9:12)
1) 라헬　2) 레아　3) 리브가　4) 하갈

19. 사도 바울은 우리의 믿음의 대상은 예수 그리스도요, 믿음의 내용은 주의 죽으심과 부활이며, 믿음의 방법은 인격의 중심인 마음으로 믿고 입으로 고백하면 이것을 얻는다는 참된 길을 우리에게 가르쳐 줬는데 무엇인가? (롬 10:10)

20. 믿음은 들음에서 나고 들음은 어디에서 말미암았는가? (롬 10:17)
1) 율법　2) 그리스도의 은사　3) 그리스도의 권능　4) 그리스도의 말씀

21. 하나님께서는 바알에게 무릎을 꿇지 아니한 자를 몇 명 남겨두셨는가? (롬 11:4)
1) 5 천 명　2) 6 천 명　3) 7 천 명　4) 8 천 명

22. (　　) 안에 공통으로 들어갈 말은 무엇인가? (롬 11:22)

"하나님의 (　　　　　) 하심과 준엄하심을 보라. 넘어지는 자들에게는 준엄하심이 있으니 너희가 만일 하나님의 (　　　　　) 하심에 머물러 있으면 그 (　　　　　) 가 너희에게 있으리라. 그렇지 않으면 너도 찍히는바 되리라."

23. 이스라엘 백성들은 자기들의 선행으로 구원을 얻으려 했고, 하나님은 이것으로 구원하시기를 원했는데 무엇인가? (롬 11:25-32)

24. 다음 (　　) 안에 공통으로 들어갈 말은 무엇인가? (롬 11:36)

"만물이 (　　　　　) 에게서 나오고 (　　　　　) 로 말미암고 (　　　　　) 에게로 돌아감이라. 그에게 영광이 세세에 있을지어다. 아멘"

| 실천 사항 |

▶ 오늘의 말씀을 읽으시고 나에게 유익한 말씀이 무엇인지 깨달아봅시다.

▶ 오늘 말씀으로 나의 삶에 적용하며 행동으로 옮겼는지 실천한 것을 적어봅시다.

▶ 오늘 하나님이 보시기에 합당한 삶을 살았으면 감사한 것을 적어 봅시다.

▶ 오늘의 기도 제목을 적어 봅시다.

구원받은 사람은 어떻게 살아야 하는가?

오늘의 성경 말씀을 읽으시고 묵상한 후 풀어보시면 유익합니다.

이제 12-16 장은 구원받은 사람들 즉 믿음의 사람들은 어떻게 살아야 하는가를 실제적인 예를 들어 보여준다. 구약시대에 동물을 죽여 제물로 드렸으나 이제는 우리가 몸으로 하나님께 예배드리는 삶을 살아야 하며 하나님의 뜻이 무엇인지 구별하고 그것을 이루어 드려야 된다.

25. 다음 (　　) 안에 들어갈 말은 무엇인가? (롬 12:2)
"너희는 이 세대를 본받지 말고 오직 (　　　　) 을 새롭게 함으로 변화를 받아 하나님의 선하시고 기뻐하시고 온전하신 뜻이 무엇인지 (　　　　) 하도록 하라."

26. 바울은 우리를 박해하는 자를 저주하지 말고 어떻게 하라고 하였는가? (롬 12:14)
1) 사랑　　2) 용서　　3) 축복　　4) 기도

27. 바울은 그리스도의 임박한 재림의 시간 구원의 때가 가까지 와 어떻게 하라고 하였는가? 아닌 것은 무엇인가? (롬 13:11-14)
1) 깨어 있으라　　2) 깨끗이 하라
3) 육신의 일을 도모하지 말라　　4) 기도하라

28. 다음 (　　) 안에 공통으로 들어갈 말은 무엇인가? (롬 14:8)
"우리가 살아도 (　　　　) 를 위하여 살고 죽어도 (　　　　) 를 위하여 죽나니 그러므로 사나 죽으나 우리가 (　　　　) 의 것이로다."

29. 하나님의 나라는 먹는 것과 마시는 것이 아니고 성령 안에 있는 의와 평강과 무엇인가? (롬 14:17)

30. 의심하고 먹는 자는 정죄되었는데 이는 무엇을 따라하지 않았기 때문인가? (롬 14:23)

1) 소망　　2) 공의　　3) 사랑　　4) 믿음

31. 다음 (　　) 안에 공통으로 들어갈 말은 무엇인가? (롬 15:13)

"(　　　　) 의 하나님이 모든 기쁨과 평강을 믿음 안에서 너희에게 충만하게 하사 성령의 능력으로 (　　　　) 이 넘치게 하시기를 원하노라."

32. 바울을 위하여 자기들의 목까지도 내놓은 동역자들은 누구인가? (롬 16:3-4)

| 실천 사항 |

▶ 오늘의 말씀을 읽으시고 나에게 유익한 말씀이 무엇인지 깨달아봅시다.

▶ 오늘 말씀으로 나의 삶에 적용하며 행동으로 옮겼는지 실천한 것을 적어봅시다.

▶ 오늘 하나님이 보시기에 합당한 삶을 살았으면 감사한 것을 적어 봅시다.

▶ 오늘의 기도 제목을 적어 봅시다.

[로마서 해답]

1) 하나님 , 아들 2) 성결의 영 , 부활 3) 판단 4) 율법 5) 속량 6) 3 7) 2 8) 범죄 , 의롭다 9) 자기의 사랑 10) 4 11) 2 12) 사망 , 영생 13) 2 14) 하나님 15) 3 16) 합력 , 선 17) 육신 , 약속 , 씨 18) 3 19) 구원 20) 4 21) 3 22) 인자 23) 긍휼 24) 주 25) 마음 , 분별 26) 3 27) 4 28) 주 29) 희락 30) 4 31) 소망 32) 브리스가 , 아굴라

7. 고린도 전서 (1 CORINTHIANS)

1. 내용

물질적으로 번성했지만 우상 숭배와 도덕적 타락이 만연해 그 여파가 교회에 미치자 바울이 고린도교회에 써보낸 첫 번째 편지다.

교회에서 발생하고 있는 분파 소송문제, 독신과 결혼, 은사, 성만찬, 우상 재물을 먹는 문제, 성도의 죽음과 부활 등 모든 제반 문제에 대한 답변들로 원만하게 해결하기 위한 긴 편지이다. 기본원리로서 십자가의 도를 역설하고 또 이 조치는 오늘날 교회에도 모범적인 지침이 된다.

2. 배경

무역과 상업 중심도시 고린도를 중심으로 세워진 교회인데, 사도바울이 에베소에서 체류하며 선편을 통해 고린도 교회 소식을 듣고 그에 대한 답변서를 기록한 곳이다.

3. 흐름

크게 교회의 분열(이유, 오해, 결과, 권면), 타락상(근친상간 문제, 형제송사 문제와 성적부도덕 문제), 교회의 제반 문제점 (혼인, 독신, 재혼, 우상제물, 성만찬 은사, 부활문제) 등을 다뤘다.

4. 목적

이전 편지에서 비롯된 오해를 바로잡고 글로에 집사람에게 들은 고난도 교회의 여러 문제에 답하며 교회내의 분쟁을 바로잡기 위함이다.

5. 본사에 나타난 하나님의 섭리

온갖 분쟁에 대한 문제점을 해결하기 위한 것은 십자가의 도리다. 바울은 우리 위해 온갖 고초를 겪고 십자가를 지신 그리스도의 사랑과 희생정신을 생각한다면 교회문제는 해결될 것이기에 주님께서 우리에게 몸소 보여 주신 사랑장(13장)을 통해 교훈하며, 다시 한 번 "깨어 믿음에 굳게 서서 남자답게 강건하라"(16:13), "사랑으로 행하라"(16:13)는 말씀으로 당부했다. 결론적으로 교회나 성도간 분쟁의 해결 방법은 믿음과 사랑뿐이다.

사분오열된 고린도 교회

오늘의 성경 말씀을 읽으시고 묵상한 후 풀어보시면 유익합니다.

고린도 전후서는 사도 바울이 고린도 교회에 보낸 두 편지를 말한다. 사도 바울은 고린도에 가서 교회를 개척하고 1 년 반이라는 긴 기간 동안 복음을 전했다. 그런데 그 후에 바울파, 아볼로파, 베드로파, 그리스도파로 나뉘어졌다. 바울은 파당을 짓지 말고 복음만 전하라고 한다.

1. 고린도 교회 성도들에게 하나님과 그리스도의 은혜와 평강을 빈 사람은 바울과 누구인가? (고전 1:1-3)

2. 다음 (　　) 안에 들어갈 말은 무엇인가? (고전 1:18)
"십자가의 (　　　　) 가 멸망하는 자들에게는 미련한 것이요 (　　　　) 을 받는 우리에게는 하나님의 능력이라."

3. 사도 바울은 전도할 때 어떤 방법으로 하였는가. 이 중 방법이 아닌 것은 무엇인가? (고전 2:1-5)
1) 지혜의 말로 하지 않았다　2) 능력으로 하였다
3) 성령으로 하였다　4) 기도로 하였다

4. 바울은 심었고 아볼로는 물을 주었는데 이것을 자라게 하는 이는 누구인가? (고전 3:6-7)

5. 각 사람의 공적이 나타나면 어떤 것이 각 사람의 공적을 시험하는가? (고전 3:13)
1) 물　2) 불　3) 바람　4) 사탄

6. 누구든지 이것을 더럽히면 하나님께서 그 사람을 멸하시는데 무엇인가? (고전 3:17)

7. 너희 중에 누구든지 세상에서 지혜 있는 줄로 생각하는 자는 어떻게 해야 지혜로운 자가 되는가? (고전 3:18)

1) 율법을 잘 따르라 2) 말씀을 읽고 묵상해라
3) 어리석은 자가 되라 4) 기도생활을 철저히 한다

8. 바울이 사랑하고 주 안에서 신실한 아들은 누구인가? (고전 4:17)

1) 실라 2) 마가 3) 디모데 4) 유다

| 실천 사항 |

▶ 오늘의 말씀을 읽으시고 나에게 유익한 말씀이 무엇인지 깨달아봅시다.

▶ 오늘 말씀으로 나의 삶에 적용하며 행동으로 옮겼는지 실천한 것을 적어봅시다.

▶ 오늘 하나님이 보시기에 합당한 삶을 살았으면 감사한 것을 적어 봅시다.

▶ 오늘의 기도 제목을 적어 봅시다.

음행 , 세상법정 , 결혼에 대하여

오늘의 성경 말씀을 읽으시고 묵상한 후 풀어보시면 유익합니다 .

고린도 교회 안에 음란과 음행이 있었고 성도들의 문제를 세상 법정에 호소하고 결혼에 대해 분분한 견해들을 가지고 있었으며 우상에게 바쳐진 제물들을 먹는 문제로 교회가 혼란을 겪고 있어서 사도 바울은 이런 문제를 어떻게 하여야 하는지 가르치고 있다 .

9. 다음 (　　) 안에 공통으로 들어갈 말은 무엇인가? (고전 5:1)
"너희 중에 심지어 (　　　　) 이 있다 함을 들으니 그런 (　　　　) 은 이방인 중에서도 없는 것이라 ."

10. 우리가 선을 추구하고 악을 추방하기 위하여 해야 할 것은 무엇인가? 이 중 아닌 것은? (고전 5:9-13)
1) 음행자를 추방하라　　2) 술 취하지 말라
3) 우상을 추방하라　　4) 절기를 잘 지켜라

11. 사람이 범하는 죄마다 몸 밖에 있는데 음행하는 자의 죄는 어디에 있다고 하는가? (고전 6:18)

12. 다음 (　　) 안에 공통으로 들어갈 말은 무엇인가? (고전 6:19-20)
"너희 몸은 너희가 (　　　　) 께로부터 받은바 너희 가운데 계신 성령의 전인 줄 알지 못하느냐 . 너희는 너희 자신의 것이 아니라 값으로 산 것이 되었으니 그런즉 너희 몸으로 (　　　　) 께 영광을 돌리라 ."

13. 음행을 피하기 위해 남자마다 어떻게 해야 하는가? (고전 7:2)

1) 첩을 둔다　　2) 혼자 산다

3) 아내를 둔다　　4) 배필을 구해야 한다

14. 바울이 처녀에게 결혼하지 말고 그냥 지내라고 한 이유는 무엇인가? (고전 7:25-26)

15. 다음 (　　) 안에 공통으로 들어갈 말은 무엇인가? (고전 8:2-3)

"만일 누구든지 무엇을 아는 줄로 생각하면 아직도 마땅히 알 것을 알지 못하는 것이요, 또 누구든지 (　　) 을 사랑하면 그 사람은 (　　) 도 알아 주시느니라."

16. 사도 바울은 "만일 우상 제물을 먹는 행위가 약한 형제들로 실족하게 하는 결과를 빚는다면 나는 영원히 이것을 먹지 않아 내 형제들을 실족하지 않겠다"고 했는데 이것은 무엇인가? (고전 8:12-13)

| 실천 사항 |

▶ 오늘의 말씀을 읽으시고 나에게 유익한 말씀이 무엇인지 깨달아봅시다.

▶ 오늘 말씀으로 나의 삶에 적용하며 행동으로 옮겼는지 실천한 것을 적어봅시다.

▶ 오늘 하나님이 보시기에 합당한 삶을 살았으면 감사한 것을 적어 봅시다.

▶ 오늘의 기도 제목을 적어 봅시다.

사도됨을 변호하는 사도 바울

오늘의 성경 말씀을 읽으시고 묵상한 후 풀어보시면 유익합니다.

9-11 장에서 사도 바울은 자신의 사도 자격에 관한 시시비비에 대하여 자신을 변호한다. 이어 작고 큰 문제들 즉 우상 숭배하는 일, 예배시 여성도들의 머리를 가리는 것, 성만찬을 소홀히 하는 것에 대해 구체적으로 가르친다. 영적 질서를 존중하고 지키며 영적 의미를 소중히 여기라고 한다.

17. 다음 ( ) 안에 공통으로 들어갈 말은 무엇인가? (고전 9:2)
"다른 사람들에게는 내가 ( ) 가 아닐지라도 너희에게는 ( ) 니 나의 ( ) 됨을 주 안에서 인친 것이 너희라."

18. 모세의 율법에 곡식을 밟아 떠는 소에게 이것을 씌우지 말라고 기록되었는데 이것은 무엇인가? (고전 9:9)

19. 바울이 약한 자들에게 약한 자와 같이 된 것은 누구를 얻고자 함이라 하였는가? (고전 9:22)
1) 유대인 2) 율법 아래에 있는 자 3) 율법 없는 자 4) 약한 자

20. 이스라엘 백성들이 신령한 반석으로부터 마셨는데 신령한 반석은 누구인가? (고전 10:4)

21. 다음 ( ) 안에 공통으로 들어갈 말은 무엇인가? (고전 10:13)
"사람이 ( ) 할 시험 밖에는 너희가 당한 것이 없나니 오직 하나님은 미쁘사 너희가 ( ) 하지 못할 시험당함을 허락하지 아니하시고 시험당할 즈음에 또한 피할 길을 내사 너희로 능히 ( ) 하게 하시느니라."

22. 무릇 시장에서 파는 것은 무엇을 위하여 묻지 말고 먹으라고 하였는가? (고전 10:25)

1) 덕 2) 유익 3) 감사 4) 양심

23. 성찬의 목적은 주님의 죽으심과 다시 오심을 기억하며 형제간의 화목과 사랑을 나누는 데 있는데 성만찬을 잘못 지키는 자는 주의 떡이나 잔을 합당하지 않게 먹고 마시므로 결국 이것을 짓는제 무엇인가? (고전 11:27)

24. 다음 ( ) 안에 들어갈 말은 무엇인가? (고전 11:29)

"주의 몸을 분별하지 못하고 먹고 마시는 자는 ( ) 를 먹고 마시는 것이니라."

| 실천 사항 |

▶ 오늘의 말씀을 읽으시고 나에게 유익한 말씀이 무엇인지 깨달아봅시다.

▶ 오늘 말씀으로 나의 삶에 적용하며 행동으로 옮겼는지 실천한 것을 적어봅시다.

▶ 오늘 하나님이 보시기에 합당한 삶을 살았으면 감사한 것을 적어 봅시다.

▶ 오늘의 기도 제목을 적어 봅시다.

신령한 은사와 좋은 은사

오늘의 성경 말씀을 읽으시고 묵상한 후 풀어보시면 유익합니다.

이제 사도 바울은 영적 은사를 다룬다. 고린도 교회는 가장 많은 영적 은사들이 나타났는데 이 은사에 대한 무질서가 교회 안에 있어 이를 깨우치고 가장 좋은 은사가 무엇인지, 어떻게 사용하여야 하는지를 바로 가르쳐주고 있다. 가장 좋은 은사가 사랑이라고 가르쳐준다.

25. 다음 ( ) 안에 공통으로 들어갈 말은 무엇인가? (고전 12:26)
"만일 한 ( ) 가 고통을 받으면 모든 ( ) 가 함께 고통을 받고 한 ( ) 가 영광을 얻으면 모든 ( ) 가 함께 즐거워하느니라."

26. 바울은 예언하는 능력이 있어 모든 지식과 비밀을 알고 산을 옮길 만한 믿음이 있을지라도 이것이 없으면 아무것도 아니라고 하였는데 무엇인가? (고전 13:2)
1) 믿음 2) 소망 3) 사랑 4) 지혜

27. 바울은 믿음, 소망, 사랑 이 세 가지는 항상 있을 것인데 그중에 제일은 무엇이라고 하였는가? (고전 13:13)

28. 바울은 일만 마디의 방언보다도 이런 마음으로 남을 가르치기 위해 다섯 마디의 말을 하는 것이 더 귀하다고 증언하는데 무슨 마음인가? (고전 14:19)
1) 즐거운 마음 2) 기도하는 마음 3) 깨달은 마음 4) 겸손한 마음

29. 다음 ( ) 안에 공통으로 들어갈 말은 무엇인가? (고전 15:13-14)
"만일 죽은 자의 부활이 없으면 ( ) 도 다시 살아나지 못하셨으리라.

(　　　　) 께서 만일 다시 살아나지 못하셨으면 우리가 전파하는 것도 헛것이요 또 너희 믿음도 헛것이며."

30. 그리스도께서 죽은 자 가운데서 다시 살아나셔서 어떤 자들의 첫 열매가 되셨는가? (고전 15:20)

31. 다음 (　　) 안에 들어갈 말은 무엇인가? (고전 16:58)
"내 사랑하는 형제들아 (　　　　) 하며 흔들리지 말고 항상 주의 일에 더욱 힘쓰는 자들이 되라. 이는 너희 수고가 주 안에서 헛되지 않은 줄 앎이라."

32. 다음 (　　) 안에 들어갈 말은 무엇인가? (고전 16:22)
"만일 누구든지 주를 (　　　　) 하지 아니하면 (　　　　) 를 받을지어다."

| 실천 사항 |

▶ 오늘의 말씀을 읽으시고 나에게 유익한 말씀이 무엇인지 깨달아봅시다.

▶ 오늘 말씀으로 나의 삶에 적용하며 행동으로 옮겼는지 실천한 것을 적어봅시다.

▶ 오늘 하나님이 보시기에 합당한 삶을 살았으면 감사한 것을 적어 봅시다.

▶ 오늘의 기도 제목을 적어 봅시다.

[고린도 전서 해답]

1) 소스데네 2) 도 , 구원 3) 4 4) 하나님 5) 2 6) 하나님이 성전 7) 3 8) 3 9) 음행 10) 4 11) 자기 몸 12) 하나님 13) 3 14) 임박한 환란 15) 하나님 16) 고기 17) 사도 18) 망 19) 4 20) 그리스도 21) 감당 22) 4 23) 죄 24) 자기의 죄 25) 지체 26) 3 27) 사랑 28) 3 29) 그리스도 30) 잠자는 자 31) 견실 32) 사랑 , 저주

8. 고린도 후서 (2 CORINTHIANS)

1. 내용

거짓 교사에게 미혹되어 바울의 사도권을 부인하고 지도력을 문제 삼는 고린도교회에 바울이 자신의 사도권과 권위를 변호하며 경거망동하는 일부 성도들을 강하게 질책한다. 본 서신에는 바울의 개인적인 체험과 감정이 생생하게 드러나서 바울의 인간적인 면모와 내면의 세계가 잘 나타나 본서신은 바울의 자서전적인 서신이라 할 수 있다.

2. 배경

사도 바울의 3차 선교여행에 방문한 소아시아와 유럽의 여러 도시들 에베소, 마게도냐, 소아시아와 그리스반도의 여러 성읍들이 중심 무대이다.

3. 흐름

크게 바울의 복음사역과 구제사역, 그리고 사도권의 변호로 구성되어 있다. 복음사역에 대한 변호, 아시아에서 당한 환난, 권면과 훈계, 사도권 변호, 바울의 고난과 체험, 방문 계획과 작별인사로 구성되어 있다.

4. 목적

거짓 교사의 선동에서 오는 고린도교회 성도들의 오해를 막고 자신의 사도권을 변호하며, 예루살렘 교회를 돕기 위한 구제헌금을 모금하기 위함이다.

5. 본서에 나타난 하나님의 섭리

바울의 사도권에 대한 도전에 직면한 것은 바울이 고린도교회의 잘못을 지적하고 회개를 촉구한 데 대한 일부 불만 세력들의 선동 때문이다. 대부분 바울의 편지를 받고 회개하며 돌아섰지만 유대인을 비롯한 일부 거짓 교사들은 바울의 가르침을 비난하며 그의 사도권에 이의를 제기하였다.

바울은 십자가의 도를 전파하기 위해 자신이 당한 고초를 생생하게 소개하고, 하나님께서 오늘날 주님의 일꾼으로 자처하며 교회와 성도를 섬긴다고 자부하는 모든 지도자들에게 원하시는 자격 역시 이런 것이다.

고린도 교회에게 두 번째로 보내는 편지

오늘의 성경 말씀을 읽으시고 묵상한 후 풀어보시면 유익합니다 .

사도 바울은 고린도 교회를 개척하고 바울 사도에게 있어서는 아주 긴 목회인 1 년 반 기간을 모든 것을 바친 교회인데 오히려 불신임을 당하자 이런 근심하는 마음 가지고 가지 않겠다고 한다 . 그래서 사도 바울은 고린도 교회를 방문할 것을 연기하고 보낸 편지다 .

1. 다음 ( ) 안에 공통으로 들어갈 말은 무엇인가? (고후 1:4-5)

   "우리의 모든 환란 중에서 우리를 ( ) 하사 우리로 하여금 하나님께 받는 ( ) 로써 모든 환난 중에 있는 자들을 능히 ( ) 하게 하시는 이시로다 . 그리스도의 고난이 우리에게 넘친 것 같이 우리가 받는 ( ) 도 그리스도로 말미암아 넘치는도다 ."

2. 바울은 자기 목숨을 다해 하나님 말씀을 고린도 교회에 전했다. 그는 항상 '예'라고 한 것은 하나님은 미쁘시기 때문이다. 그래서 바울은 무엇이 그리스도 안에서 '예'가 된다고 하였는가? (고후 1:18-20)

3. 바울이 고린도 교회에 마음에 큰 눌림과 걱정이 있어 편지를 썼는데 무엇으로 썼는가? (고후 2:4)

   1) 먹물 2) 염색물 3) 눈물 4) 색소

4. 다음 ( ) 안에 들어갈 말은 무엇인가? (고후 2:15)

   "우리는 구원받은 자들에게나 망하는 자들에게나 하나님 앞에서 ( ) 니"

5. 율법의 이것은 죽이는 것이요 영은 살리는 것인데 이것은 무엇인가? (고후 3:6)
   1) 직분　　2) 복음　　3) 언약　　4) 조문

6. 주는 영이시니 주의 영이 계신 곳에는 이것이 있는데 무엇인가? (고후 3:17)
   1) 복음　　2) 자유　　3) 은혜　　4) 영광

7. 깨끗한 양심으로 진리를 전하면 그 복음의 광채를 아는 빛을 하나님께서 비춰주신다. 하나님의 영광을 아는 빛을 우리 어디에서 비추셨는가? (고후 4:6)

8. 다음 (　　) 안에 들어갈 말은 무엇인가? (고후 4:18)
   "우리가 주목하는 것은 보이는 것이 아니요 보이지 않는 것이니 보이는 것은 (　　) 이요 보이지 않는 것은 (　　) 이라."

| 실천 사항 |

▶ 오늘의 말씀을 읽으시고 나에게 유익한 말씀이 무엇인지 깨달아봅시다.

▶ 오늘 말씀으로 나의 삶에 적용하며 행동으로 옮겼는지 실천한 것을 적어봅시다.

▶ 오늘 하나님이 보시기에 합당한 삶을 살았으면 감사한 것을 적어 봅시다.

▶ 오늘의 기도 제목을 적어 봅시다.

즐거운 마음으로 준비된 구제 헌금

오늘의 성경 말씀을 읽으시고 묵상한 후 풀어보시면 유익합니다.

사도 바울이 고린도 교회에 두 번째로 편지를 쓴 목적 중의 하나가 바로 구제 헌금을 위해서다. 예루살렘에 기근이 찾아와 고통받을 하늘에 복음을 받은 마게도나 이방인 교회들이 구제 헌금을 준비해 예루살렘에 전하기 위해 준비된 헌금을 드리기를 권고하고 있다.

9. 바울은 세상의 장막 집이 무너지면 하늘에 이런 집이 있음을 알고 있었으므로 고난 중에서도 기뻐할 수 있었는데 이런 집은 어떤 집인가? (고후 5:1)

10. 다음 ( ) 안에 들어갈 말은 무엇인가? (고후 5:17)
"그런즉 누구든지 ( ) 안에 있으면 새로운 ( )이다. 이런 것은 지나갔으니 보다 새 것이 되었도다."

11. 그리스도의 일꾼은 먼저 은혜를 받아야 한다. 일꾼 된 자가 바른 은혜를 받지 못하면 그리스도 일을 바르게 할 수 없고 바른 은혜를 끼칠 수 없다. 그래서 하나님의 무엇을 헛되이 받지 말라고 경고하였나? (고후 6:1)

12. 다음 ( ) 안에 공통으로 들어갈 말은 무엇인가? (고후 7:10)
"하나님의 뜻대로 하는 ( )은 후회할 것이 없는 구원에 이르게 하는 회개를 이루는 것이요 세상 ( )은 사망을 이루는 것이니라."

13. 다음 ( ) 안에 들어갈 말은 무엇인가? (고후 8:7)
"오직 너희는 ( )과 ( )과 모든 간절함과 우리를 사랑하는 이 모든 일에 풍성한 것 같이 이 은혜에도 풍성하게 할지니라."

14. 바울이 “나의 동료요 너희를 위한 나의 동역자”라고 한 사람은 누구인가? (고후 8:23)

1) 마가　　2) 디모데　　3) 실라　　4) 디도

15. 바울이 마게도냐인에게 아가야에서 1년 전부터 준비하였다고 자랑한 것은 무엇인가? (고후 9:2)

16. “흩어 가난한 자들에게 주었으니 그의 이것이 영원토록 있으리라.” 이것은 무엇인가? (고후 9:9)

1) 지혜　　2) 구제　　3) 의　　4) 봉사

| 실천 사항 |

▶ 오늘의 말씀을 읽으시고 나에게 유익한 말씀이 무엇인지 깨달아봅시다.

▶ 오늘 말씀으로 나의 삶에 적용하며 행동으로 옮겼는지 실천한 것을 적어봅시다.

▶ 오늘 하나님이 보시기에 합당한 삶을 살았으면 감사한 것을 적어 봅시다.

▶ 오늘의 기도 제목을 적어 봅시다.

목회자의 마음

오늘의 성경 말씀을 읽으시고 묵상한 후 풀어보시면 유익합니다.

어느 모임이나 단체에도 사람이 모이는 곳이라면 항상 문제 삼고 불평하며 시시비비를 가리는 사람들이 있게 마련이다. 문제를 일으키는 사람은 항상 자기중심적이다. 사도 바울이 헌신하고 섬겼어도 그의 사도 자격과 그의 목회방법에 관해 비판하는 이들도 있다. 이들을 위해 권고하고 있다.

17. 다음 ( ) 안에 들어갈 말은 무엇인가? (고후 10:4)

"우리의 싸우는 무기는 육신에 속한 것이 아니요 오직 어떤 견고한 진도 무너뜨리는 ( )이다."

18. 하나님의 거룩한 사역을 맡은 주의 사역자의 태도가 아닌 것은 무엇인가? (고후 10:12-14)

1) 헤아리거나 비교해서는 안 됨 2) 분수 이상의 자랑을 삼감
3) 오직 주의 복음 전파에 전력해야 함 4) 사람의 말에 귀 기울여야 함

19. 사탄은 자기를 무엇으로 가장하는가? (고후 11:14)

20. 바울은 유대인들에게 사십에서 하나 감한 매를 몇 번 맞았는가? (고후 11:24)

1) 세 번 2) 네 번 3) 다섯 번 4) 일곱 번

21. 사도 바울은 교회에 대한 뜨거운 사랑과 애정이 넘치고 있음을 볼 수 있다. 사도 바울의 환상과 계시에서 말한 것이 아닌 것은 무엇인가? (고후 12:1-10)

1) 영광을 자랑하지 않았다 2) 그리스도를 자랑했다
3) 약한 것을 자랑했다 4) 자기를 높이려 자랑했다

22. 바울은 내 육체의 가시를 무엇으로 표현하였는가? (고후 12:7)

23. 다음 ( ) 안에 들어갈 말은 무엇인가? (고후 12:10)

"내가 그리스도를 위하여 약한 것들과 ( ) 과 궁핍과 ( ) 와 곤고를 기뻐하노니 이는 내가 약한 그때에 강함이라."

24. 자신을 살피는 일과 관련하여 성경은 "그런즉 선 줄로 생각하는 사람은 넘어질까 조심하라"고 했는데 자신을 시험하는 데 관계가 없는 것은 무엇인가? (고후 13:5-10)

1) 믿음이 있는가 시험하라
2) 선을 행하고 있는가 시험하라
3) 온전하게 되었는지 시험하라
4) 형제들과 화목한지 시험하라

| 실천 사항 |

▶ 오늘의 말씀을 읽으시고 나에게 유익한 말씀이 무엇인지 깨달아봅시다.

▶ 오늘 말씀으로 나의 삶에 적용하며 행동으로 옮겼는지 실천한 것을 적어봅시다.

▶ 오늘 하나님이 보시기에 합당한 삶을 살았으면 감사한 것을 적어 봅시다.

▶ 오늘의 기도 제목을 적어 봅시다.

[고린도 후서 해답]

1) 위로 2) 하나님의 약속 3) 3 4) 그리스도의 향기 5) 4 6) 2 7) 마음 8) 잠깐, 영원함 9) 영원한 집 10) 그리스도, 피조물 11) 은혜 12) 근심 13) 믿음, 지식 14) 4 15) 연보 16) 3 17) 하나님의 능력 18) 4 19) 광명의 천사 20) 3 21) 4 22) 사탄의 사자 23) 능욕, 핍박 24) 4

9. 갈라디아서 (GALATIANS)

1. 내용

구원이 율법의 행위로서가 아니라 믿음으로 말미암는다는 이신득의(以信得義) 사상을 명쾌하게 보여주는 교리서신이다. 하지만 율법으로부터의 자유가 곧 율법 폐기를 의미하는 것은 아니다. 율법에서 자유를 얻고 믿음으로 구원받는 자는 어떻게 살아가야 할지 소상하게 가르쳐준다. 본서는 율법으로부터 자유, 진리 안에서 자유를 선포한다. 그래서 믿는 자는 은혜 안에서 자유를 누리는 삶을 살아야 하고 예수 그리스도 안에서 성령의 열매를 맺어야 한다고 가르친다.

2. 배경

갈라디아는 바울의 1차 선교여행지로 비시디아 안디옥, 이고니온, 루스드라, 더베 등이 있다. 로마의 한 주로 편입시켰는데 일찍부터 유대인들이 자리잡고 있던 곳으로 이곳이 갈라디아의 주요배경이다.

3. 흐름

복음의 신적권유(바울의 권위), 율법과 복음의 상관관계(바울이 전한 복음), 성도의 자유로운 삶(바울의 신앙윤리)으로 꾸며졌다.

4. 목적

자신의 사도권을 변증함으로써 복음의 우월함을 입증하고 구원은 율법의 행위가 아닌 믿음으로 얻는 것임을 가르치며, 진리 안에서 자유함을 얻은 성도의 삶을 가르치기 위해 기록됐다.

5. 본서에 나타난 하나님의 섭리

바울은 1차 선교여행 때 유독 고초를 많이 받았다. 비시디아 안디옥에서는 유대인에게 쫓겨 이고니온으로, 이고니온에서 유대인들의 박해를 피해 루스드라로 도망쳐야 했다. 또 루스드라에서는 이곳까지 쫓아온 유대인에게 돌에 맞아 성 밖으로 버려지기까지 할 정도로 박해를 받았다. 끝까지 그리스도를 믿는 믿음으로 의롭게 되는 것이니 "자유로 육체의 기회를 삼지 말고 오직 사랑으로 서로 종노릇하라"고 가르친다. 구원받은 성도의 진정한 자유는 형제를 섬기고 사랑의 종이 됨으로써 완성되는 것이다.

다른 복음은 없다

오늘의 성경 말씀을 읽으시고 묵상한 후 풀어보시면 유익합니다.

사도 바울이 복음을 전하여 세운 교회에 거짓 사도들이 들어와 율법을 지켜야 구원받는다고 가르치며 교회를 혼란케 하므로 사도 바울은 믿음으로 구원받는 복음 외에 다른 복음은 없다면서 율법을 지키는 행위 신앙이 아니라 성령의 인도를 받아야 한다고 외친다.

1. 다음 (　　) 안에 공통으로 들어갈 말은 무엇인가? (갈 1:7)
"다른 (　　　　　) 은 없나니 다만 어떤 사람들이 너희를 교란하여 그리스도의 (　　　　　) 을 변하게 하려 함이라."

2. 다음 (　　) 안에 공통으로 들어갈 말은 무엇인가? (갈 2:20)
"내가 (　　　　) 와 함께 십자가에 못 박혔나니 그런즉 이제는 내가 사는 것이 아니요 오직 내 안에 (　　　　) 께서 사시는 것이라. 이제 내가 육체 가운데 사는 것은 나를 사랑하사 나를 위하여 자기 자신을 버리신 하나님의 아들을 믿는 믿음 안에서 사는 것이라."

3. 율법이 우리를 그리스도께 인도하는 초등교사가 되었으나 이것이 온 후로는 우리가 초등교사 아래에 있지 않는데 이것은 무엇인가? (갈 3:24-25)
1) 사랑　　2) 소망　　3) 평안　　4) 믿음

4. 그리스도와 합하여 세례를 받고 그리스도로 옷 입은 성화(聖化)된 자를 진정한 무엇으로 부르는가? (갈 3:27)

5. 율법 아래 있는 자들, 육체를 따라서 난 자들이 성령을 따라서 난 자들에게 행하는 것은 무엇인가? (갈 4:29)

1) 권면　2) 박해　3) 섬김　4) 희생

6. 다음 중 성령의 열매가 아닌 것은 무엇인가? (갈 5:22)

1) 희락　2) 자비　3) 절제　4) 소욕

7. 그리스도 예수의 사람들은 육체와 함께 그 정욕과 탐심을 어디에 못 박았는가? (갈 5:24)

8. 다음 (　　) 안에 들어갈 말은 무엇인가? (갈 6:8)

"자기의 육체를 위하여 심는 자는 육체로부터 (　　　) 것을 거두고 성령을 위하여 심는 자는 성령으로부터 (　　　) 을 거두리라."

| 실천 사항 |

▶ 오늘의 말씀을 읽으시고 나에게 유익한 말씀이 무엇인지 깨달아봅시다.

▶ 오늘 말씀으로 나의 삶에 적용하며 행동으로 옮겼는지 실천한 것을 적어봅시다.

▶ 오늘 하나님이 보시기에 합당한 삶을 살았으면 감사한 것을 적어 봅시다.

▶ 오늘의 기도 제목을 적어 봅시다.

[갈라디아서 해답]

1) 복음 2) 그리스도 3) 4 4) 그리스도인 5) 2 6) 4 7) 십자가 8) 썩어질 , 영생

10. 에베소서 (EPHESIANS)

1. 내용

에베소서는 하나님의 계획과 그리스도의 구속, 성령의 보증을 통해 세워진 교회의 의미를 설명하고 성령의 인도하심을 따르는 성도의 삶을 권면한다. 교회의 본질(교회론)과 교회와 그리스도와의 관계(기독론)를 아주 차분하면서 조용하게 가르치는 교리서다. 전반부는 하나님의 구원계획과 교회를 통해 이뤄지는 그리스도의 구원사역이, 후반부에는 구원받은 성도들의 올바른 삶의 자세가 소개된다.

2. 배경

에베소는 교통의 요지이며 전략 중심도시, 상업도시, 우상의 도시이다. 지중해 연안의 3대도시로 불렸으며, 지역적 위상과 교회의 중요도를 알고 사도바울이 에베소 교회를 설립하고 2년 3개월 체류하며 전도하고 목회한 것을 배경으로 한다.

3. 흐름

크게 그리스도와 교회(교회론, 기독론), 그리스도 안에서 새 생활(그리스도인의 행위, 성도의 생활)로 구성됐다.

4. 목적

에베소지역 교회 성도들에게 교회의 본심과 사명에 대해 가르치고, 유대인과 이방인 성도 사이에 서로 연합하여 화평을 도모하도록 권면하고, 모든 성도는 유기적으로 연합된 공동체임을 알려주고 그리스도인의 삶에 방향을 제시한다.

5. 본서에 나타난 하나님의 섭리

바울이 에베소 교회를 설립했고, 체류하며 복음을 전한 곳이다. 애착이 갔지만 아데미 신상을 비롯한 온갖 우상의 신전이 범람해 에베소 교회를 위협했다.

바울은 에베소 교인은 하나님께 택함을 받고 자녀가 되어 하늘나라에 신령한 복을 받을 존귀한 자로 상기시키며, 무엇을 하든지 주 안에서 행하며,살아도 주를 위하고 죽어도 주를 위하는 주님 중심의 삶을 살아야 하는 것을 강조한다.

구원의 공동체인 교회

오늘의 성경 말씀을 읽으시고 묵상한 후 풀어보시면 유익합니다.

사도 바울은 세 차례의 전도여행 끝에 예루살렘에서 체포되어 로마로 호송되어 로마 감옥에 갇힌 상태에서 에베소 교회 교인들에게 편지를 보낸다. 1-3 장은 구속의 은총과 교회에 대해 4-6 장은 구원받은 사람들이 살아야 할 삶의 실천적 내용을 담고 있다.

1. 하나님은 그리스도 안에서 하늘에 속한 모든 이것을 우리에게 주셨는데 무엇인가? (엡 1:3)
   1) 신령한 은총　2) 신령한 구원　3) 신령한 복　4) 신령한 권능

2. 우리는 그리스도 안에서 그의 은혜의 충성함을 따라 그의 피로 말미암아 이것 곧 죄 사함을 받았는데 이것은 무엇인가? (엡 1:7)

3. 우리가 그 은혜에 의하여 믿음으로 말미암아 구원받았으나 이것은 너희에게 난 것이 아니고 무엇인가? (엡 2:8)
   1) 하나님의 축복　2) 하나님의 선물
   3) 하나님의 은총　4) 하나님의 권능

4. 그리스도께서 우리의 죄로 인하여 십자가에 못 박혀 죽으셨고 그의 피로 벽이 무너지고 화해가 되었으니 그는 우리의 무엇인가? (엡 2:14)
   1) 구원　2) 선물　3) 화평　4) 평안

5. 이방인들은 복음을 통해서 예수 그리스도 안에서 유대인과 함께 하늘의 풍성함을 상속받게 되었는데 아닌 것은 무엇인가? (엡 3:6)
   1) 상속자　2) 지체　3) 약속에 참여하는 자　4) 하나님의 권속

6. 다음 (　　) 안에 들어갈 말은 무엇인가? (엡 3:9)

"영원부터 (　　　　) 을 창조하신 하나님 속에 감추어졌던 비밀의 (　　　　) 이 어떠한 것을 드러내게 하려 하심이라."

7. 다음 (　　) 안에 들어갈 말은 무엇인가? (엡 3:16)

"그의 (　　　　) 의 풍성함을 따라 그의 성령으로 말미암아 너희 (　　　　) 을 능력으로 강건하게 하시오며"

8. 그 너비와 길이와 높이와 깊이가 어떠함을 깨달아 하나님의 모든 충만하신 것으로 너희에게 충만하게 하시기를 구한 것은 무엇인가? (엡 3:18-19)

1) 그리스도의 은혜　　2) 그리스도의 축복

3) 그리스도의 선물　　4) 그리스도의 사랑

| 실천 사항 |

▶ 오늘의 말씀을 읽으시고 나에게 유익한 말씀이 무엇인지 깨달아봅시다.

▶ 오늘 말씀으로 나의 삶에 적용하며 행동으로 옮겼는지 실천한 것을 적어봅시다.

▶ 오늘 하나님이 보시기에 합당한 삶을 살았으면 감사한 것을 적어 봅시다.

▶ 오늘의 기도 제목을 적어 봅시다.

성도들이 살아야 할 삶의 지침

오늘의 성경 말씀을 읽으시고 묵상한 후 풀어보시면 유익합니다.

엡 1-3 장이 구원과 교회 공동체에 대한 이론을 밝혔다면 4-6 장은 그렇게 구원받고 몸된 교회를 이룬 성도들은 어떤 삶을 살아야 하는가를 구체적으로 다방면에 걸쳐 나누고 있다. 영적 생활과 가정, 사회질서, 영적 전투를 포함한 가르침을 주고 있다.

9. 다음 (   ) 안에 들어갈 말은 무엇인가? (엡 4:1-3)
"너희가 부르심을 받는 일에 합당하게 행하여 모든 (   )과 온유로 하고 오래 참음으로 (   ) 가운데서 서로 용납하고 (   )의 매는 줄로 성령이 하나 되게 하신 것을 힘써 지키라."

10. 다음 (   ) 안에 공통으로 들어갈 말은 무엇인가? (엡 4:6)
"하나님도 한 분이시니 곧 (   )의 아버지시라. (   ) 위에 계시고 (   )를 통일하시고 (   ) 가운데 계시도다."

11. 바울은 분내는 것과 떠드는 것과 비방과 악의를 버리고 우리 구원의 보증이 되시는 누구를 근심하게 하지 말라고 당부하는데 이것은 무엇인가? (엡 4:30-31)
1) 구원 2) 진리 3) 성령 4) 믿음

12. 음행하는 자, 더러운 자, 탐하는 자, 또 우상 숭배자는 그리스도와 하나님의 나라에서 이것을 얻지 못하는데 무엇인가? (엡 5:5)
1) 상급 2) 열매 3) 기업 4) 영광

13. 바울은 열매 없는 어둠의 일에 참여하지 말고 도리어 이것을 하라고 하는데 무엇인가? (엡 5:11)

1) 칭찬 2) 책망 3) 기도 4) 구원

14. 술 취하지 말고 성도는 중심에 오직 누구의 충만을 받아야 되는 데 이것은 무엇인가? (엡 5:18)

15. 다음 중 우리의 씨름 상대를 모두 고르시오? (엡 6:12)

1) 혈과 육 2) 통치자들 3) 권세들 4) 어둠의 세상 주관자들

16. 성도는 모든 기도와 간구를 누구 안에서 기도하고 이를 위하여 깨어 구하기를 힘써야 하는가? (엡 6:18)

| 실천 사항 |

▶ 오늘의 말씀을 읽으시고 나에게 유익한 말씀이 무엇인지 깨달아봅시다.

▶ 오늘 말씀으로 나의 삶에 적용하며 행동으로 옮겼는지 실천한 것을 적어봅시다.

▶ 오늘 하나님이 보시기에 합당한 삶을 살았으면 감사한 것을 적어 봅시다.

▶ 오늘의 기도 제목을 적어 봅시다.

[에베소서 해답]

1) 3 2) 속량 3) 2 4) 3 5) 4 6) 만물 , 경륜 7) 영광 , 속사람 8) 4 9) 겸손 , 사랑 , 평안
10) 만유 11) 3 12) 3 13) 2 14) 성령 15) 2, 3, 4 16) 성령

11. 빌립보서 (PHILIPPIANS)

1. 내용

본서는 에베소서 · 골로새서 · 빌레몬서와 함께 4대 옥중서신 가운데 하나로 그리스도의 성품을 저자가 따뜻한 인간미와 풍성하고 깊이 있는 내면을 신앙심으로 잘 승화시켰다. 고난 중에도 그리스도와 동행함으로써 얻는 기쁨과 행복이 가득 담겨 있다. 옥중에서 기록되었음에도 감사와 찬양, 환희의 기쁨이 넘쳐나며 성도들이 내면의 성숙을 이루기 위해서는 반드시 예수를 본받아야 한다고 가르친다.

2. 배경

로마와 아시아를 연결하는 중요 국제도로 길목에 위치한 교통 · 전략요충지로 중근동의 소로마로 불렸던 빌립보가 본서의 무대다.

3. 흐름

그리스도와 동행(바울의 간증), 그리스도의 마음(성도의 생활양식), 그리스도를 아는 지식(성도의 상급, 이단에 대한 경고), 그리스도의 화평(성도의 평화)으로 구성됐다.

4. 목적

빌립보 교인들이 자신을 물질적으로 가까이 도와준 데 감사의 말을 전하고, 박해받은 교인들을 위로하며, 율법주의와 교회의 분열을 경계하고 자신의 사정과 형편을 알리고, 믿는 자들이 갖추어야 할 성숙한 신앙인의 자세를 제시한다.

5. 본서에 나타난 하나님의 섭리

주님의 성육신 사건과 십자가 죽음을 신학적으로 가장 잘 해설하였고, 옥중에서도 빌립보 교인들을 향해 위로하고 권면하며 주안에서 기뻐하라고 가르치며, 주님의 겸손을 본받으라고 당부한다. 낮아지지 않고 높아질 수 없으며, 죽지 않고는 부활이 없다는 본 서신의 핵심 교훈이야말로 하늘 끝에서 높아지려다 수없이 실패하는 현대인들이 다시 한 번 귀기울여야 할 대목이다.

감옥에서 기뻐하라고 보내는 편지

오늘의 성경 말씀을 읽으시고 묵상한 후 풀어보시면 유익합니다.

사도 바울은 로마 감옥에서 순교당할 것을 직감하면서 빌립보 교회 교인들에게 기뻐하라고 권한다. 자신이 힘들고 괴로우면서도 빌립보서 전체에서 기뻐하라고 여러 번 강조하는 것은 사도 바울이 진정 영적 삶을 살고 있다는 반증이다. 우리도 배워야 한다.

1. 바울이 빌립보 교인들에게 감사한 이유는 빌립보 교인들이 이것을 저버리지 않고 참여하며 이것 안에서 서로 사랑하는 것에 대한 감사한 것인데 이것은 무엇인가? (빌 1:4)

2. 바울은 복음을 전파하다 옥에 갇혔고 어쩌면 죽을지도 모를 상황에 처했어도 내게 사는 것이 이것이니 죽는 것도 유익함이라 하였는데 이것은 무엇인가? (빌 1:12–21)

3. "너희 안에 이 마음을 품으라"고 하였는데 이 마음은 어떤 마음인가? (빌 2:2–5)

4. 그리스도는 하나님과 동등한 영광을 포기하시고 사람의 몸을 입으시고 어떤 형체를 취하시고 우리의 죄를 위해 십자가에 죽으시기까지 복종하셨나? (빌 2:6–7)
   1) 구원자 2) 종 3) 선지자 4) 예언자

5. 다음 ( ) 안에 공통으로 들어갈 말은 무엇인가? (빌 3:9)
   "내가 가진 ( )는 율법에서 난 것이 아니요 오직 그리스도를 믿음으로 말미암은 것이니 곧 믿음으로 하나님께로부터 난 ( )라."

6. 우리는 목표가 분명하지 않으면 목표를 성취할 수 없다. 오직 우리의 푯대이신 이 분을 향해 힘껏 달려야 한다. 이 분은 누구인가? (빌 3:14)

7. 다음 (   ) 안에 들어갈 말은 무엇인가? (빌 4:6)
"아무 것도 염려하지 말고 다만 모든 일에 (   ) 와 (   ) 로 지각에 뛰어난 감사함으로 하나님께 아뢰라. 그리하면 모든 지각에 뛰어난 하나님의 (   ) 이 그리스도 예수 안에서 너희 마음과 생각을 지키시리라."

8. 다음 (   ) 안에 들어갈 말은 무엇인가? (빌 4:13)
"내게 (   ) 주시는 자 안에서 내가 모든 것을 할 수 있느니라."

| 실천 사항 |

▶ 오늘의 말씀을 읽으시고 나에게 유익한 말씀이 무엇인지 깨달아봅시다.

▶ 오늘 말씀으로 나의 삶에 적용하며 행동으로 옮겼는지 실천한 것을 적어봅시다.

▶ 오늘 하나님이 보시기에 합당한 삶을 살았으면 감사한 것을 적어 봅시다.

▶ 오늘의 기도 제목을 적어 봅시다.

[빌립보서 해답]

1) 복음 2) 그리스도 3) 예수의 마음 4) 2 5) 의 6) 그리스도 7) 기도, 간구, 평강
8) 능력

12. 골로새서 (COLOSSIANS)

1. 내용

로마서가 구원론, 에베소서가 교회론을 강조한 서신이라면 본서신은 기독론에 초점을 둔 교리서이다. 본 서신의 기독론은 만유(우주만물)의 머리이신 그리스도라는 우주적 차원에서의 기독론을 말한다. 예수 그리스도를 자신의 삶의 중심으로 삼지 않는 교회의 일부 성도들에게 그리스도가 창조와 구원 사역의 한가운데 계시다는 확신을 가지고 그리스도를 삶의 중심에 모실 것을 냉철한 지성으로 친절하게 설명하며 권면한다.

2. 배경

골로새가 중심무대로 이곳은 일찍부터 이단 사상과 철학 등이 성행했다. 유대인들을 강제 이주시킨 곳이라 유대인의 영향력이 강한 도시로 무역 중심지이다.

3. 흐름

그리스도의 위대하심과 우월성(인생의 푯대이신 그리스도), 그리스도에 대한 순종(그리스도를 본받는 성도의 삶)으로 나눌 수 있다.

4. 목적

골로새 지역에 난무한 혼합주의적 이단들로부터 성도들을 보호하고 올바른 기독론을 정립하여 교회를 진리 가운데 굳건히 하기 위함이다. 죄와 사탄의 권세로부터 해방되어 구원받았음을 알려주고, 믿는 자들이 어떻게 그리스도인의 빛된 삶을 살아가야 하는지 제시해 준다.

5. 본서에 나타난 하나님의 섭리

그리스도는 본질상 하나님이시며 만물의 창조자요, 만물을 보존하시는 분이심을 역설한다. 경배받으실 분은 천사가 아니라 그리스도이시며, 천사 역시 주님으로 말미암아 지음을 받은 존재임을 가르쳤다. 주님을 바르게 섬기는 방법은 주님과 연합된 삶, 사회에서나 가정에서나 주님의 말씀을 좇아 그 말씀대로 살아가는 것임을 가르쳤고, 오로지 그리스도만이 찬양과 경배를 받으실 합당한 분이심을 가르쳤다.

골로새 교회 교인들에게 보내는 편지

오늘의 성경 말씀을 읽으시고 묵상한 후 풀어보시면 유익합니다.

골로새 교회는 사도 바울이 에베소에서 머물 때 전도를 받은 에바브라를 통하여 개척된 가정 교회로서 아름답게 자라나는 교회였는데 이단이 들어와 유대주의, 영지주의 같은 혼합주의가 들어와 복음을 혼란케 하므로 사도 바울이 편지를 보내 바로잡고 있다.

1. 바울은 골로새 교회를 위하여 기도할 때마다 하나님께 감사의 기도를 드리게 되었는데, 그것은 성도들의 무엇 때문인가. 다음 중 아닌 것은 무엇인가? (골 1:8)
 1) 성도들의 믿음 2) 성도들의 사랑 3) 성도들의 소망 4) 성도들의 은혜

2. 바울이 교회의 일꾼이 된 것을 하나님이 자신에게 주신 직분을 따라 하나님의 무엇을 이루려 함이니라. (골 1:25)

3. 다음 ( ) 안에 들어갈 말은 무엇인가? (골 2:6-7)
 "너희가 그리스도 예수를 주로 받았으니 그 안에서 행하되 그 안에 뿌리를 박으며 세움을 받아 ( )을 받은 대로 ( )에 굳게 서서 감사함을 넘치게 하라."

4. 바울이 골로새 교인들에게 이것을 이유로 비판하지 못하게 하였는데 아닌 것은 무엇인가? (골 2:16)
 1) 먹고 마시는 것 2) 절기나 초하루 3) 안식일 4) 천사 숭배

5. 바울은 "땅에 있는 지체를 죽이라."고 하였는데 다음 중 아닌 것은 무엇인가? (골 3:5)
 1) 음란 2) 악한 정욕 3) 탐심 4) 불만

6. 다음 ( ) 안에 들어갈 말은 무엇인가? (골 3:13-14)

"누가 누구에게 불만이 있거든 서로 용납하여 피차 ( ) 하되 주께서 너희를 용서하신 것 같이 너희도 그러하고 이 모든 것 위에 ( ) 를 더하라. 이는 온전하게 매는 띠니라."

7. 바울은 "너희 말을 항상 은혜 가운데서 무엇으로 맛을 냄과 같이 하라"고 하였는데 무엇인가? (골 4:6)

8. 골로새 교회의 창설자로서 사랑과 봉사에 모범적이었고 성령 안에서 기도하는 신실한 모범적인 일꾼으로 주를 위해 봉사한 사람은 누구인가? (골 4:12)

| 실천 사항 |

▶ 오늘의 말씀을 읽으시고 나에게 유익한 말씀이 무엇인지 깨달아봅시다.

▶ 오늘 말씀으로 나의 삶에 적용하며 행동으로 옮겼는지 실천한 것을 적어봅시다.

▶ 오늘 하나님이 보시기에 합당한 삶을 살았으면 감사한 것을 적어 봅시다.

▶ 오늘의 기도 제목을 적어 봅시다.

[골로새서 해답]

1) 4 2) 말씀 3) 교훈, 말씀 4) 4 5) 4 6) 용서, 사랑 7) 소금 8) 에바브라

13. 데살로니가 전서 (1 THESSALONIANS)

1. 내용

데살로니가 교회에서 일어나고 있는 임박한 종말사상으로 신앙의 혼란을 겪고 있는 성도들을 위해 바른 재림관과 종말관을 가르치고 있다. 당시 교회의 관심사였던 그리스도의 재림과 성도의 부활문제를 다룸으로써 교회를 위로하고 하나님께서 예수 안에서 앞으로 행사하실 일을 기대하며 성결하게 살 것을 권면한다.

2. 배경

정치 · 무역 · 군사 · 문화의 중심도시인 데살로니가가 본서신의 주요무대이고, 인구이주정책으로 헬라 · 유대 · 사마리아 · 로마인 등 수많은 민족들이 섞여 살던 다민족 도시가 배경이다.

3. 흐름

두 단락으로 나누면 개인적인 체험(데살로니가 교회를 향한 칭찬과 격려), 실천적 권고(교회를 향한 도덕적 교훈과 권면)로 나눠져 있다.

4. 목적

데살로니가 교회의 교인들에게 자신이 가르쳤던 복음의 진리를 기억할 것을 권면한다. 박해받은 교인들을 위로하고, 바른 부활사상을 가르치며 바른 재림 신앙을 제시하기 위함이 목적이다.

5. 본서에 나타난 하나님의 섭리

재림에 대한 성도들의 불안감이 몰려오자 바울은 재림의 시기는 아무도 알 수 없고, 재림을 기다리는 성도는 자기 일에 충실하면서 끝까지 믿음을 지키며 항상 깨어 있어야 하고, 이미 죽은 성도라도 재림 때는 모두 부활하여 주님의 재림을 맞이하게 된다. 재림이 임박한 시기에 성도들은 주님이 오심을 깨어 준비하고 기다려야 한다.

주님의 재림을 준비하라

오늘의 성경 말씀을 읽으시고 묵상한 후 풀어보시면 유익합니다 .

사도 바울이 두 번째로 선교여행 중 알렉산더의 주 활동무대였던 마게도냐의 주도인 데살로니가 교회를 개척했고 고린도에 가서 체류하며 교회를 개척하던 중 AD 51 년경 보낸 편지로서 격려와 예수님의 재림을 고대하는 성도의 바른 자세에 대하여 가르치고 있다 .

1. 우리는 믿음으로 하나님의 자녀가 되었고 구원의 영역 안에 들게 된 것처럼 데살로니가 교회는 칭찬과 감사가 넘치는 교회이다. 이들은 하나님을 향한 무슨 소문이 각처에 퍼져 있다고 바울이 칭찬하였는가? (살전 1:8)
   1) 믿음 2) 소망 3) 사랑 4) 감사

2. 다음 ( ) 안에 공통으로 들어갈 말은 무엇인가? (살전 2:13)
   "우리가 하나님께 끊임없이 감사함은 너희가 우리에게 들은 바 하나님의 ( ) 을 받을 때 사람의 말로 받지 아니하고 하나님의 ( ) 으로 받음이니 진실로 그러하도다 . 이 ( ) 이 또한 너희 믿는 자 가운데에서 역사하느니라 ."

3. 데살로니가 교인들은 누구에게 고난을 받았는가? (살전 2:14)
   1) 유대인 2) 헬라인 3) 동족 4) 사마리아인

4. 바울이 데살로니가에 박해가 있다는 소식을 듣고 믿음의 아들인 디모데를 보내 교인들을 굳건하게 하고 믿음에 대해 위로함으로 이것에 흔들리지 않게 함인데 무엇인가? (살전 3:2-3)

5. 다음 (　　) 안에 들어갈 말은 무엇인가? (살전 3:13)

"너희 (　　　　) 을 굳건하게 하시고 우리 주 예수께서 그의 모든 성도와 함께 강림 하실 때에 하나님 우리 아버지 앞에서 (　　　　) 에 흠이 없게 하시기를 원하노라."

6. 주님께서 재림하실 때 데살로니가 교인들이 의구심을 갖지만 살아 있는 자보다 이들이 먼저 들어 올려진다고 하였는데 누구인가? (살전 4:16-17)

1) 은혜받은 자　　2) 대제사장　　3) 죽은 자　　4) 선지자

7. 바울은 "우리가 낮에 속하였으나 정신을 차리고 믿음과 사랑의 무엇을 붙이고 구원의 소망의 투구를 쓰자"고 하였는가? (살전 5:8)

1) 우림　　2) 둠밈　　3) 호심경　　4) 흉패

8. 다음 (　　) 안에 들어갈 말은 무엇인가? (살전 5:16-18)

"항상 (　　　　) 하라. 쉬지 말고 (　　　　) 하라. 범사에 (　　　　) 하라. 이것이 그리스도 예수 안에서 너희를 향하신 하나님의 뜻이니라."

| 실천 사항 |

▶ 오늘의 말씀을 읽으시고 나에게 유익한 말씀이 무엇인지 깨달아봅시다.

▶ 오늘 말씀으로 나의 삶에 적용하며 행동으로 옮겼는지 실천한 것을 적어봅시다.

▶ 오늘 하나님이 보시기에 합당한 삶을 살았으면 감사한 것을 적어 봅시다.

▶ 오늘의 기도 제목을 적어 봅시다.

[데살로니가 전서 해답]

1) 1 2) 말씀 3) 3 4) 환난 5) 마음, 거룩함 6) 3 7) 3

14. 데살로니가 후서 (2 THESSALONIANS)

1. 내용

데살로니가 교회에는 편지 내용을 잘못 오해한 자들에게 주님의 재림과 올바른 지식을 가르쳐 주기 위함이다.

전편보다 훨씬 단호한 것은 종말론에 사로잡힌 자들이 사회생활을 게을리하고 성도들끼리 몰려다니며 물의를 빚는 사례가 많아져 주님의 재림을 준비하는 성도의 바른 태도와 생활, 즉 성도는 성실과 성결의 삶으로 인내 하며 주의 날을 기다려야 한다고 강조한다.

2. 배경

사도 바울이 2차 선교여행 때 유럽에 세운 두 번째 교회로, 동서양을 잇는 길목에 있어 교통 · 무역 · 정치 · 군사적 도시로 다민족이 섞여 사는 화려하고 번창한 이 도시가 주요 배경이다.

3. 흐름

원리적 교훈(바울의 감사와 격려, 바울의 교훈과 경고), 실천적 권고(실천적 권면)를 주로 다뤘다.

4. 목적

핍박 중에 있는 데살로니가 교인들로 하여금 인내 가운데 믿음으로 승리를 이루도록 격려하며, 잘못된 재림관으로 헛되게 살아가는 성도들에게 바르고 윤리적인 사회생활을 가르치기 위함이 목적이다.

5. 본서에 나타난 하나님의 섭리

재림 때는 알 수 없지만 성도들이 나타나는데 그 중 하나가 이단과 거짓교사들이 난무할 것이기에 성도는 항시 깨어 경청해야 한다.

그럴수록 건전한 사고방식과 노동, 자기생활에 충실하는 것 역시 종말을 살아가는 성도들의 몫이기에 균형 잡힌 신앙생활을 하며 깨어 준비하는 삶이 될 것을 가르친다.

일하기 싫거든 먹지도 말라

오늘의 성경 말씀을 읽으시고 묵상한 후 풀어보시면 유익합니다.

사도 바울이 데살로니가 교화에 보낸 두 번째 편지는 예수님의 재림이 곧 오신다고 일도 안 하고 혼란케 하는 사람들을 깨우친다. 성도가 핍박이 심하지만 주님의 재림가 심판이 반드시 있기에 흔들리지 말고 믿음에 굳게 서야 함을 권하는 편지다.

1. 환난을 받는 너희에게 우리와 함께 무엇으로 갚으시는 것이 하나님의 공의인가? (살후 1:7)
   1) 평안 2) 안식 3) 은총 4) 소망

2. 사도 바울은 하나님을 모르는 자들과 예수 그리스도의 복음에 복종하지 않는 자들에게 무엇이 내린다고 하는가? (살후 1:8)
   1) 저주 2) 파멸 3) 형벌 4) 죽음

3. 다음 (   ) 안에 공통으로 들어갈 말은 무엇인가? (살후 1:12)
   "우리 하나님과 주 예수 그리스도의 은혜대로 우리 주 예수의 이름이 너희 가운데서 (   )을 받으시고 너희도 그 안에서 (   )을 받게 하려 함이라."

4. 사도 바울이 대항하는 자라고 칭하지 않는 것은 무엇인가? (살후 2:4)
   1) 신이라 불리는 모든 것에 대항하는 자 2) 자기를 높이는 자
   3) 숭배함을 받는 것에 대항하는 자 4) 부르심에 합당한 자

5. 사도 바울은 거짓 가르침에 대한 교훈을 데살로니가 교인들에게 권면하고 있는데

거짓 가르침이 아닌 것은 무엇인가? (살후 2:3-12)

1) 교인들을 미혹시킨다　2) 하나님의 진리에서 멀어지게 한다

3) 거짓 것을 믿게 한다　4) 박해 중에 소망을 갖게 한다

6. 불법한 자가 나타날 때 예수께서 입의 무엇으로 그를 죽이신다고 하였는가? (살후 2:8)

1) 저주　2) 기운　3) 미혹　4) 거짓

7. 바울은 누구든지 일하기 싫어하거든 이것도 말게 하라고 하였는데 이것은 무엇인가? (살후 3:10)

8. 우리에게 합당하지 못하게 행하는 사람들일지라도 우리는 그들을 이것 같이 생각해서는 안 된다. 이것은 무엇인가? (살후 3:13-15)

1) 원수　2) 대적　3) 악인　4) 적 그리스도

| 실천 사항 |

▶ 오늘의 말씀을 읽으시고 나에게 유익한 말씀이 무엇인지 깨달아봅시다.

▶ 오늘 말씀으로 나의 삶에 적용하며 행동으로 옮겼는지 실천한 것을 적어봅시다.

▶ 오늘 하나님이 보시기에 합당한 삶을 살았으면 감사한 것을 적어 봅시다.

▶ 오늘의 기도 제목을 적어 봅시다.

[데살로니가 후서 해답]

1) 2 2) 3 3) 영광 4) 4 5) 4 6) 2 7) 먹지도 8) 1

15. 디모데 전서 (1 TIMDTHY)

1. 내용

디모데 후서, 디도서와 더불어 목회서신으로 나이든 바울이 믿음의 아들이요, 복음의 동역자인 디모데에게 보낸 첫 번째 보낸 옥중서신이다. 바울은 교회의 감독, 이단에 대한 경계, 직분자들의 자격, 교인들의 신앙 성숙 등 목회에 관한 여러가지 사항을 구체적으로 알려줌으로써 디모데로 하여금 주님의 좋은 목회자가 될 수 있도록 안내하며 교회의 질서를 세우는 데 초점을 맞추고 있다.

2. 배경

로마 제국의 3대 도시의 하나인 에베소가 주요 무대로 이곳은 아데미 신전 탓으로 아데미 숭배, 황제 숭배가 만연하였다.

바울이 2차 선교여행 때 교회를 설립하고 신실한 동역자요, 믿음의 아들 디모데에게 목회를 의뢰한 곳이다.

3. 흐름

크게 두 가지로 분류하면 목회원리에 대한 교훈(교리, 예배, 거짓 교사에 대해)과 목회실천에 관한 교훈(교회질서와 목회자 자격에 대해)으로 구성됐다.

4. 목적

디모데에게 올바른 목회 지침을 제시하고 소아시아 지역에 난무하던 이단 시설을 경계하며 교회를 조직하고 성도를 바르게 양육하기 위해 기록됐다.

5. 본서에 나타난 하나님의 섭리

본서는 예배의 질서, 감독이나 남녀 집사 등 직분자의 자격 및 경건생활, 올바른 목회를 위한 교훈, 교회 행정과 교인들의 예우에 관한 문제, 성도의 양육 지침 등 교회질서와 성도의 윤리적 문제를 주로 다룬다.

신앙의 참과 거짓은 하나님이 기뻐하시는 선과 삶의 열매를 맺느냐의 여부로 판명되는 것이다.

주어진 직분에 충실하며, 믿음에 근거한 바른생활 자세만이 거짓 교사와 거짓 교훈을 물리치는 힘임을 분명하게 가르치고 있다.

목회자에게 보내는 편지

오늘의 성경 말씀을 읽으시고 묵상한 후 풀어보시면 유익합니다.

사도 바울은 전도 여행 중에 디모데가 목회하는 교회에 방문하여 그를 돕고자 하였으나 상황이 여의치 못해 먼저 편지로 디모데가 목회자로서 어떻게 성도들을 세우고 섬겨야 하며 목회자로서의 자신은 어떻게 살아야 하는지를 가르쳐주는 편지이다.

1. 바울은 율법은 옳은 사람을 위하여 세운 것이 아니라 누구를 위하여 세웠다고 하였는데 다음 중 아닌 것은 무엇인가? (딤전 1:9)

   1) 죄인과 거룩하지 않은 자　　2) 음행하는 자
   3) 거짓 맹세를 하는 자　　4) 바른 교훈을 듣는 자

2. 바울은 나를 능하게 하신 그리스도 예수께 감사함은 나를 충성되게 여겨 내게 이것을 맡겼다고 고백하였는데 무엇인가? (딤전 1:12)

   1) 사역　2) 전도　3) 직분　4) 사도

3. 다음 (　　) 안에 들어갈 말은 무엇인가? (딤전 2:5)

   "하나님도 한 분이시오 또 하나님과 사람 사이에 (　　　　　　) 도 한 분이시니 곧 사람이신 (　　　　　　) 라."

4. 바울은 내가 전파하는 자와 사도로 세움을 입은 것은 참말이요 거짓이 아니니 믿음과 진리 안에서 무엇이 되었다고 하는가? (딤전 2:7)

   1) 예수의 사도　2) 이방인의 스승　3) 복음의 전파자　4) 믿음의 구원자

5. 다음 (   ) 안에 들어갈 말은 무엇인가? (딤전 3:16)

"그의 (   ) 으로 나타난 바 되시고 (   ) 으로 의롭다 하심을 받으시고 천사들에게 보이시고 만국에서 전파되시고 (   ) 에서 믿은 바 되시고 영광 가운데서 올려지셨느니라."

6. 하나님께서 지으신 모든 것이 선해 감사함으로 받으면 버릴 것도 없고 하나님의 이것으로 거룩하여지는데 이것은 무엇인가? (딤전 4:4-5)

7. 참 과부로서 외로운 자는 하나님께 소망을 두어 주야로 항상 이것을 하라고 하였는데 이것은 무엇인가? (딤전 5:5)

1) 봉사와 인내   2) 구제와 헌신   3) 간구와 기도   4) 경건과 사랑

8. 다음 (   ) 안에 들어갈 말은 무엇인가? (딤전 6:18-19)

"(   ) 을 행하고 선한 사업을 많이 하고 나누어 주기를 좋아하며 너그러운 자가 되게 하라. 이것이 장래에 자기를 위하여 좋은 터를 쌓아 참된 (   ) 을 취하는 것이니라."

| 실천 사항 |

▶ 오늘의 말씀을 읽으시고 나에게 유익한 말씀이 무엇인지 깨달아봅시다.

▶ 오늘 말씀으로 나의 삶에 적용하며 행동으로 옮겼는지 실천한 것을 적어봅시다.

▶ 오늘 하나님이 보시기에 합당한 삶을 살았으면 감사한 것을 적어 봅시다.

▶ 오늘의 기도 제목을 적어 봅시다.

[디모데 전서 해답]

1) 4 2) 3 3) 중보자, 그리스도 예수 4) 2 5) 육신, 영, 세상 6) 말씀과 기도 7) 3 8) 선, 생명

16. 디모데 후서 (2 TIMOTHY)

1. 내용

바울이 쓴 13 서신 중 마지막 서신이다. 죽음을 목전에 둔 자신의 지난 생을 회고하면서 믿음의 아들이며 복음의 동역자인 디모데를 향한 따뜻하고 애틋한 부성애가 담겨 있다.

바울은 복음과 함께 고난을 받으라는 권면과 전도자의 소명을 언급하며 말세에 나타날 현상을 대비하라고 충고한다. 디모데에게 어려운 시기가 닥쳐온다는 사실을 알려주며 적극적인 자세로 믿음의 선한 싸움을 격려한다.

2. 배경

에베소가 중심 무대로 네로의 대박해가 이어지던 시기로 바울은 감옥에 갇혀 죽음 직전에 놓여 있었고, 디모데 또한 목회자로서 믿음의 선한 싸움을 하던 시기이다.

3. 흐름

현재의 고난에 대한 인내(주의 말씀을 지키고 가르치며, 밤낮으로 복음에 충성하라), 미래의 고난에 대한 대비(주의 말씀에 거하고 전파하며, 믿음의 선한 싸움을 싸우라)로 구성됐다.

4. 목적

대박해로부터 교회를 보호하고 성도들을 위로하며, 목회자의 자세를 가르치기 위해, 그리고 개인적으로 디모데를 만나 믿음의 교제를 나누고 필요한 물건을 조달받기 위함이다.

5. 본서에 나타난 하나님의 섭리

그리스도의 재림에 대한 약속이 강조되며, 그리스도께서 다시 오신다는 사실이 부인할 수 없는 분명한 약속이기 때문에 바울은 수많은 고초를 겪으면서도 기쁘게 복음을 전파하고 주님의 교회를 세웠다.

이제 대박해 속에 믿음 가운데 낳은 아들 디모데가 감당하여 믿음의 선한 싸움을 할 것을 당부하며, 주님의 재림에 대한 확신과 믿음이 있을 것이라고 강조했다.

일꾼을 세워라

오늘의 성경 말씀을 읽으시고 묵상한 후 풀어보시면 유익합니다.

사도 바울이 디모데에게 직접 가서 목회를 지도하기 원했지만 갈 형편이 못 되어 편지를 보내 목회자로서의 삶을 어떻게 살아야 하는지, 교회는 일꾼들을 어떻게 세워야 하는지, 성도들을 사랑하고 섬겨야 하는지를 가르쳐주는 목회 서신이다.

1. 하나님이 우리에게 주신 것은 두려워하는 마음이 아니요 오직 능력과 사랑과 무엇하는 마음이라고 하였는가? (딤후 1:7)
   1) 칭찬 2) 절제 3) 경건 4) 평안

2. 바울은 이 복음을 위하여 무엇과 사도와 교사로 세우심을 입었다고 하였는가? (딤후 1:11)
   1) 구원자 2) 선포자 3) 선지자 4) 예언자

3. 다음 ( ) 안에 들어갈 말은 무엇인가? (딤후 2:9)
   "( ) 으로 말미암아 내가 죄인과 같이 매이는 데까지 ( ) 을 받았으나 하나님의 ( ) 은 매이지 아니하리라."

4. 주의 종은 모든 논쟁을 하지 말라는 것이 아니라 어리석고 무식한 변론을 버리라는 말인데 주의 종을 어떻게 하여야 하는가. 종의 자질이 아닌 것은 무엇인가? (딤후 2:23-24)
   1) 제물을 잘 드린다 2) 다투지 않는다
   3) 모든 사람에 대하여 온유하다 4) 잘 가르친다

5. 경건의 모양은 있으나 경건의 이것을 부인하니 이같은 자들에게는 네가 돌아서라고 했는데 이것은 무엇인가? (딤후 3:5)

1) 교훈 2) 대책 3) 능력 4) 고난

6. 다음 ( ) 안에 들어갈 말은 무엇인가? (딤후 3:16)

"모든 성경은 하나님의 감동으로 된 것으로 ( ) 과 ( ) 과 바르게 함과 ( ) 로 교육하기에 유익하니."

7. 다음 ( ) 안에 들어갈 말은 무엇인가? (딤후 4:2)

"너는 ( ) 을 전파하라. 때를 얻든지 못 얻든지 항상 힘쓰라. 범사에 ( ) 과 가르침으로 경책하며 경계하며 권하라."

8. 바울은 선한 싸움을 싸우고 달려갈 길을 마치고 믿음을 지켰으니 이 후로는 자신을 위하여 무엇이 준비되었다고 하였는가? (딤후 4:7-8)

| 실천 사항 |

▶ 오늘의 말씀을 읽으시고 나에게 유익한 말씀이 무엇인지 깨달아봅시다.

▶ 오늘 말씀으로 나의 삶에 적용하며 행동으로 옮겼는지 실천한 것을 적어봅시다.

▶ 오늘 하나님이 보시기에 합당한 삶을 살았으면 감사한 것을 적어 봅시다.

▶ 오늘의 기도 제목을 적어 봅시다.

[디모데 후서 해답]

1) 2 2) 2 3) 복음, 고난, 말씀 4) 1 5) 3 6) 교훈, 책망, 의 7) 말씀, 오래 참음 8) 의의 면류관

17. 디도서 (TITUS)

1. 내용

로마 감옥에서 1차로 석방된 뒤 네 번째 선교여행을 떠나게 되는데 디도와 함께 그레데섬을 방문하여 문제점을 파악하고 목회지침을 기록하며 전달한다. 이 서신은 사신 성격을 띠고 있지만 영생, 구원 등 교리적으로 매우 중요한 신학적 주제들과 장로의 자격, 거짓 교사를 향한 경고, 성도 양육에 필요한 지침, 성도들의 바른 대인관계와 사회생활을 위한 조언 등 실천적 측면이 조화롭게 기록됐다.

2. 배경

일찍부터 유대인들이 거주했던 지중해 해상 교통 · 군사 요충지인 그레데섬이 중요 무대이다. 주민들은 부도덕하고 거짓말 잘하는 자들로 로마 감옥에서 석방된 뒤 디도와 함께 이곳에서 전도사역을 했다.

3. 흐름

바른 교리 수호(교회의 질서에 대하여), 바른 교리의 실천(성도 양육 및 사회생활에 관하여)으로 꾸며졌다.

4. 목적

바른 신앙관을 정립하여 교회의 질서를 세우고, 영지주의를 비롯한 이단 사실들로부터 교회를 보호하며, 올바른 목회지침서를 제공한다. 어떻게 하면 성경 진리의 터전 위에서 주님의 진리를 잘 돌볼 것인가를 말해준다.

5. 본서에 나타난 하나님의 섭리

본 서신에는 선택, 영생, 구원, 예수그리스도의 신성, 그리스도의 재림, 중생, 칭의 등의 교훈들이 나타난다. 직분도 중요하고 교회를 조직하는 기술도 다스리는 능력도 중요하지만 우선시되는 것은 교회의 본질, 곧 교회의 머리 되신 그리스도와 그분의 구속 사역을 분명히 깨닫는 믿음이다. 목회는 바로 이 기초 위에 이루어져야 함을 가르친다.

목회자인 디도에게 보내는 편지

오늘의 성경 말씀을 읽으시고 묵상한 후 풀어보시면 유익합니다.

사도 바울이 그레데라는 지역에서 전도하고 떠나면서 자신이 전도하고 양육하여 목회자가 된 디도를 머물게 하고 이제 시작된 그레데 지역을 튼튼하게 하려고 각 교회에 장로들을 세우고 교회의 조직을 튼튼히 하고 성도들로 굳게 서게 하기 위해 보낸 편지이다.

1. 다음 ( ) 안에 공통으로 들어갈 말은 무엇인가? (딛 1:2-3)

   "이 영생은 거짓이 없으신 하나님이 영원 전부터 약속하신 것인데 자기 때에 자기의 말씀을 ( ) 로 나타내셨으니 이 ( ) 는 우리 구주 하나님이 명하신 대로 내게 맡기신 것이라."

2. 바울이 디도를 그레데에게 남겨둔 이유는 남은 일을 정리하고 각 성에 무엇을 세우는 일을 하기 위함인가? (딛 1:5)

   1) 사역자 2) 선지자 3) 예언자 4) 장로

3. 깨끗한 자에게는 모든 것이 깨끗하나 더럽고 믿지 아니한 자는 깨끗한 것도 없고 그들의 무엇이 더러운가? (딛 1:15)

4. 다음 중 늙은 남자를 위한 권면이 아닌 것은 무엇인가? (딛 2:2)

   1) 절제 2) 경건 3) 신중 4) 구원

5. 다음 중 젊은 여자를 위한 권면이 아닌 것은 무엇인가? (딛 2:4-5)

   1) 남편과 자녀를 사랑하라 2) 자기 남편에게 복종하라

   3) 행실이 거룩하라 4) 신중하며 순전하라

6. 다음 (　　) 안에 들어갈 말은 무엇인가? (딛 2:14)

"그가 우리를 대신하여 자신을 주심은 모든 (　　　　) 에서 우리를 (　　　　) 하시고 우리를 깨끗하게 하사 선한 일을 열심히 하는 자기 백성이 되게 하려 하심이다."

7. 우리로 예수의 은혜를 힘입어 의롭다 하심을 얻어 무엇을 따라 상속자가 되게 하려 하셨는가? (딛 3:7)

8. 사도 바울은 믿음의 아들 디도에게 세 가지를 부탁하였는데 아닌 것은 무엇인가? (딛 3:12-14)

1) 멀리 하라　　2) 내게 오라　　3) 부족함이 없게 하라　　4) 배우게 하라

| 실천 사항 |

▶ 오늘의 말씀을 읽으시고 나에게 유익한 말씀이 무엇인지 깨달아봅시다.

▶ 오늘 말씀으로 나의 삶에 적용하며 행동으로 옮겼는지 실천한 것을 적어봅시다.

▶ 오늘 하나님이 보시기에 합당한 삶을 살았으면 감사한 것을 적어 봅시다.

▶ 오늘의 기도 제목을 적어 봅시다.

[디도서 해답]

1) 전도 2) 4 3) 마음과 양심 4) 4 5) 3 6) 불법 , 속량 7) 영생의 소망 8) 1

18. 빌레몬서 (PHILEMON)

1. 내용

바울 서신 중 가장 짧은 서신으로 주인으로부터 도망쳐 로마법에 의해 사형에 처해질 수밖에 없는 오네시모를 너그럽게 용서하기를 당부하는 내용이다.

노예가 자신의 잘못을 깨닫고 다시 주인에게 돌아가는 노예를 그리스도인의 사랑으로 용서해 주고 형제처럼 받아들여 달라는 사랑과 화해의 메시지가 담겨 있다. 바울의 호소는 사랑만이 모든 허물을 용서할 수 있다는 교훈과 '서로 사랑하라'는 주님의 가르침이 내포되어 있다.

2. 배경

골로새 출신 빌레몬은 사도바울의 복음을 듣고 사역자가 되어 골로새 지역을 토대로 사역한 그 무대이다.

3. 흐름

빌레몬에 대한 칭찬, 오네시모를 위한 부탁, 빌레몬에 대한 약속과 축복으로 내용이 구성됐다.

4. 목적

주인 빌레몬에게서 도망친 노예 오네시모를 돌려보내면서 그를 용서하고 성도와 형제로 받아들이도록 부탁하며, 오네시모가 다시 복음의 일꾼으로 사역할 수 있도록 배려해 줄 것을 당부했다.

5. 본서에 나타난 하나님의 섭리

바울은 주인 빌레몬에게 오네시모를 보내면서 그를 용서하고 형제처럼 받아줄 것을 당부하며 빌레몬을 향해 하나님의 아들이신 그리스도께서 친히 세상에 오셔서 십자가를 지시고 돌아가신 것도 바로 우리와 같은 죄인을 사랑하셨기 때문임을 상기시킨다. 이런 주님의 사랑과 용서를 기억하고 오네시모를 기꺼이 받아들여 달라는 바울의 간청은 오늘날 화해보다는 분쟁이, 사랑보다는 미움이 범람하는 세상에서 우리 성도들이 어떤 정신으로 살아가야 할지 분명하게 보여준다.

빌레몬에게 보낸 편지

오늘의 성경 말씀을 읽으시고 묵상한 후 풀어보시면 유익합니다.

사도 바울이 로마 감옥에 갇혔을 때 빌레몬이라는 사람에게 편지를 보내는데 그 이유는 빌레몬의 종 오네시모가 해를 끼치고 도망갔다가 사도 바울을 만나 예수님을 영접하여 사도 바울을 돕는 자가 되었다. 그래서 빌레몬에 용서를 바라는 내용을 담아 보냈다.

1. 빌레몬의 종으로 바울이 갇혀 있을 때 영적으로 낳은 아들은 누구인가? (몬 1:10)
   1) 디도 2) 디모데 3) 오네시모 4) 실라

2. 바울은 빌레몬의 사랑으로 많은 기쁨과 무엇을 받았는가? (몬 1:7)
   1) 평안 2) 위로 3) 은총 4) 은혜

3. "그가 전에는 무익하였으나 이제는 나와 네게 유익하므로 나와 너는 누구와 누구를 말하는가? (몬 1:11)

4. 다음 ( ) 안에 들어갈 말은 무엇인가? (몬 1:16)
   "이 후로는 ( ) 과 같이 대하지 아니하고 종 이상으로 곧 사랑받는 ( ) 로 둘 자라."

5. 지난날에는 종이었으나 거듭나서 하나님의 자녀가 되었고, 사랑받는 이것이 되었으니 이는 하나님의 은혜요 복인데 이것은 무엇인가? (몬 1:16)

6. 빌레몬은 바울을 동역자로 알 듯 그를 영접하기를 동역자처럼 하라고 하였는데 그는 누구인가? (몬 1:17)

7. 다음 (　　) 안에 들어갈 말은 무엇인가? (몬 1:20)

"나로 주 안에서 너로 말미암아 (　　　　　　) 을 얻게 하고 내 마음이 그리스도 안에서 (　　　　　　) 하게 하라."

8. 다음 (　　) 안에 들어갈 말은 무엇인가? (몬 1:22)

"오직 너는 나를 위하여 (　　　　　　) 를 마련하라. 너희 기도로 내가 너희에게 나아갈 수 있기를 바라노라."

| 실천 사항 |

▶ 오늘의 말씀을 읽으시고 나에게 유익한 말씀이 무엇인지 깨달아봅시다.

▶ 오늘 말씀으로 나의 삶에 적용하며 행동으로 옮겼는지 실천한 것을 적어봅시다.

▶ 오늘 하나님이 보시기에 합당한 삶을 살았으면 감사한 것을 적어 봅시다.

▶ 오늘의 기도 제목을 적어 봅시다.

[빌레몬서 해답]

1) 3 2) 2 3) 빌레몬과 바울 4) 종, 형제 5) 형제 6) 오네시모 7) 기쁨, 평안 8) 숙소

19. 히브리서 (HEBREWS)

1. 내용

본서는 '신약의 레위기', '유대교에 대한 기독교의 변증서'라고 일컬어지며 구약적인 사상에 근거하여 기독교 복음의 우월성을 강조했다.

구약의 제사 제도와 희생제물, 대제사장의 직분을 언급하며 우리가 구원을 얻기 위해서는 오직 예수 그리스도만을 믿고 그분께 순종해야 한다고 가르치고 있다.

2. 배경

본 서신의 수신자는 기독교로 개종한 유대인들로 로마 제국 전역에 흩어져 살며, 도처에서 박해와 위협을 받고 있어 이들을 위로하고 격려할 목적으로 본무대는 로마 전역이다.

3. 흐름

그리스도의 탁월한 품성과 사역, 믿음의 대상이신 그리스도, 성도의 탁월한 믿음으로 구성됐다.

4. 목적

대다수의 유대 출신 성도와 소수의 이방 출신 성도들에게 기독교 신앙의 우수성을 변증하고 박해를 피해 다시 율법주의로 돌아가려는 성도들에게 믿음 안에서 인내하도록 격려하며, 구원을 얻기 위해서는 오직 예수 그리스도만을 믿고 그분께 순종해야 한다고 가르친다.

5. 본서에 나타난 하나님의 섭리

예수 그리스도야말로 구약의 제사와 제도를 완성하신 유일무이하신 대제사장이심을 가르치고 있고, 구약의 희생제물은 바로 십자가를 지시고 인류의 죄를 위해 하나님의 어린양으로 희생당하신 예수 그리스도의 모형이다.

성도는 그리스도를 통해 하나님께 단번에 나아가는 길이 열려 있기에 이제 성도는 구원의 은혜에 감사하는 찬미의 제사를 드릴 분이라고 가르친다. 오늘날 왜 구약 성경이 필요하고 그리스도께서 십자가를 지셔야 했는가를 묻는 성도들에게 참된 해답이 될 것이다.

천사, 모세보다 뛰어나신 예수님

오늘의 성경 말씀을 읽으시고 묵상한 후 풀어보시면 유익합니다.

히브리서는 누가 기록했는지 모른다. 다만 박해받으면서 다시 유대교로 돌아가려는 유대인들을 대상으로 유대교에서 믿고 있는 구약의 모세나 천사보다 뛰어나실 뿐 아니라 구약의 모든 제사와 대제사장의 직분을 완성하신 그리스도를 가르쳐주고 있다.

1. "그가 천사보다 훨씬 뛰어남은 그들보다 더욱 아름다운 이름을 기업으로 얻으심이니"에서 하나님께서 최종적으로 보여주고자 하셨던 것은 무엇인가? (히 1:4)

2. 하나님은 그의 천사들을 바람으로, 그의 사역자들을 무엇으로 삼으시겠다고 하였는가? (히 1:7)

3. 다음 ( ) 안에 공통으로 들어갈 말은 무엇인가? (히 1:9)
"( ) 께서 의를 사랑하시고 불법을 미워하셨으니 그러므로 하나님 곧 ( ) 의 하나님이 즐거움의 기름을 ( ) 께 부어 ( ) 를 동류들보다 뛰어나게 하셨도다."

4. 히브리 기자를 통하여 십자가 사건의 목적을 언급하는 데 언급하는 게 아닌 것은 무엇인가? (히 2:10-18)
1) 마귀를 이기심 2) 종들을 놓아주심
3) 백성들의 죄를 속하심 4) 구원을 베푸심

5. 다음 ( ) 안에 공통으로 들어갈 말은 무엇인가? (히 2:14)

"자녀들은 (　　　　) 에 속하였으매 그도 또한 같은 모양으로 (　　　　) 을 함께 지니심은 죽음을 통하여 죽음의 세력을 잡은 자 곧 마귀를 멸하시며."

6. 광야에서 시험하던 날에 거역하던 것 같이 너희 이것을 완고하게 하지 말라 하셨는데 이것은 무엇인가? (히 3:8)

7. 하나님께서 세상의 창조를 마치고 언제 쉬셨는가. 예수님께서는 이 안식일이 사람을 위해 있는 것이라고 하셨는데 언제인가? (히 4:4)
1) 제오일　　2) 제육일　　3) 제칠일　　4) 제팔일

8. 다음 (　　) 안에 공통으로 들어갈 말은 무엇인가? (히 4:9-10)
"그런즉 (　　　　) 할 때가 하나님의 백성에게 남아 있도다. 이미 그의 (　　　　) 에 들어간 자는 하나님이 자기의 일을 쉬심과 같이 그도 자기의 일을 쉬느니라."

| 실천 사항 |

▶ 오늘의 말씀을 읽으시고 나에게 유익한 말씀이 무엇인지 깨달아봅시다.

▶ 오늘 말씀으로 나의 삶에 적용하며 행동으로 옮겼는지 실천한 것을 적어봅시다.

▶ 오늘 하나님이 보시기에 합당한 삶을 살았으면 감사한 것을 적어 봅시다.

▶ 오늘의 기도 제목을 적어 봅시다.

영원한 안식에 들어가려면

오늘의 성경 말씀을 읽으시고 묵상한 후 풀어보시면 유익합니다.

예수 그리스도를 천사와 모세와 비교한 후에 모세를 통해 출애굽하고 가나안 땅에 들어가지 못한 이스라엘 백성들을 생각하게 한다. 이제 우리는 어떻게 하여야 참된 안식, 영원한 안식에 들어갈 수 있을까? 대제사장이신 예수님을 따라야 한다.

9. 하나님의 말씀은 살아 있고 활력이 있는 능력이다. 이 말씀의 능력이 아닌 것은 무엇인가? (히 4:12)
   1) 혼과 영을 새롭게 함 2) 좌우에 날선 검보다 무뎜
   3) 관절과 골수를 쪼갬 4) 생각과 뜻을 판단함

10. 이것은 우리의 중심을 알고 판단하는 능력이 있고 이것에 비추어 마음의 생각과 뜻을 분별할 줄 알아야 하는데 이것은 무엇인가? (히 4:12)
   1) 율법 2) 마음 3) 말씀 4) 성령

11. 대제사장이신 그리스도는 우리를 위하여 날마다 하나님과 만나시며 우리를 구원의 길로 인도하여 주시는 대제사장인데 그 역할이 아닌 것은 무엇인가? (히 4:14-16)
   1) 승천하신 대제사장이다 2) 연약함을 동정하시는 대제사장이다
   3) 은혜의 보좌로 인도하시는 대제사장이다 4) 안식일의 주인은 아닌 제사장이다

12. 다음 중 하나님의 속한 일에 사람을 위하여 예물과 속죄하는 제사를 드리는 사람은 누구인가? (히 5:1)
   1) 마술사 2) 대제사장 3) 산당지기 4) 선지자

13. 대제사장에게는 진정한 사역자의 자격이 요구되는데 그 자격이 아닌 것은 무엇인가? (히 5:1–10)

1) 참되어야 한다　　2) 멜기세덱의 반차를 따라야 한다

3) 하나님의 부르심을 받아야 한다　　4) 신앙공동체에 속하면 된다

14. 다음 (　　) 안에 들어갈 말은 무엇인가? (히 5:7)

"그는 육체에 계실 때에 자기를 죽음에서 능히 (　　) 하실 이에게 심한 통곡과 눈물로 간구와 소원을 올렸고 그의 (　　) 하심으로 말미암아 들으심을 얻었으니라."

15. 하나님은 약속을 받는 자들에게 그 뜻이 변하지 아니함을 충분히 나타내시려고 그 일을 무엇으로 보증하셨는가? (히 6:17)

16. 누가 멜기세덱의 반차를 따라 영원히 대제사장이 되어 우리를 위하여 들어가셨는가? (히 6:20)

| 실천 사항 |

▶ 오늘의 말씀을 읽으시고 나에게 유익한 말씀이 무엇인지 깨달아봅시다.

▶ 오늘 말씀으로 나의 삶에 적용하며 행동으로 옮겼는지 실천한 것을 적어봅시다.

▶ 오늘 하나님이 보시기에 합당한 삶을 살았으면 감사한 것을 적어 봅시다.

▶ 오늘의 기도 제목을 적어 봅시다.

대제사장이신 예수님

오늘의 성경 말씀을 읽으시고 묵상한 후 풀어보시면 유익합니다.

구약 시대에 모세를 통하여 죄를 속하는 제사 제도를 허락하셨는데 이를 위해 사람 중에서 대제사장을 세웠다. 왜냐하면 모든 사람이 죄인이기 때문이다. 이 제사장은 한계가 있으며 일시적으로 필요했다. 예수님은 완전한 대제사장으로 오셨다.

17. 다음 중 멜기세덱에 대하여 관계가 없는 것은 무엇인가? (히 7:10)

1) 살렘 왕　　2) 지극히 높으신 하나님의 제사장

3) 아브라함에게 복을 빈 자　　4) 이삭에게 십일조 받음

18. 다음 (　　) 안에 들어갈 말은 무엇인가? (히 7:25)

"그러므로 자기를 힘입어 하나님께 나아가는 자들을 (　　　　　) 구원하실 수 없으니 이는 그가 항상 살아계셔서 그들을 위하여 (　　　　　) 하심이라."

19. 대제사장과 새 언약을 맺고 이것을 기록하라고 하였는데 아닌 것은 무엇인가? (히 8:1-13)

1) 성소와 참 장막을 세우시는 기록　　2) 더 아름다운 직분에 대한 기록

3) 유대 집과 더불어 새 언약을 세우는 기록　　4) 애굽 땅에서 건져내던 기록

20. 성소와 참 장막은 사람이 세운 것이 아니라 누가 세운 것인가? (히 8:2)

21. 다음 중 언약궤 안에 담겨 있는 게 아닌 것은 무엇인가? (히 9:4)

1) 만나를 담은 금 항아리　　2) 판결 흉패

3) 아론의 싹난 지팡이　　4) 언약의 돌판

22. 다음 (　　) 안에 공통으로 들어갈 말은 무엇인가? (히 9:15)

"그는 새 (　　　　) 의 중보자시니 이는 첫 (　　　　) 때에 범한 죄에서 속량하려 고 죽으사 부르심을 입은 자로 하여금 영원한 기업을 약속을 얻게 하려 하심이라."

23. 그리스도는 무엇을 위하여 한 영원한 제사를 드리시고 하나님 우편에 앉으셨는가? (히 10:12)

1) 구원　　2) 영광　　3) 죄　　4) 은혜

24. 다음 (　　) 안에 들어갈 말은 무엇인가? (히 10:36)

"너희에게 (　　　　) 가 필요함은 너희가 하나님의 뜻을 행한 후에 (　　　　) 하신 것을 받기 위함이라."

| 실천 사항 |

▶ 오늘의 말씀을 읽으시고 나에게 유익한 말씀이 무엇인지 깨달아봅시다.

▶ 오늘 말씀으로 나의 삶에 적용하며 행동으로 옮겼는지 실천한 것을 적어봅시다.

▶ 오늘 하나님이 보시기에 합당한 삶을 살았으면 감사한 것을 적어 봅시다.

▶ 오늘의 기도 제목을 적어 봅시다.

허다한 믿음의 증인들

오늘의 성경 말씀을 읽으시고 묵상한 후 풀어보시면 유익합니다.

천사와 모세 그리고 제사와 성막, 성전, 대제사장의 제도들은 모두 모형이고 그림자였다. 그리고 그 모형과 그림자의 실물이요 완성자는 예수님이다. 이제 이 예수님을 어떻게 믿고 따라야 할까? 이제는 실물이신 예수님, 완성자 예수님을 온전히 따라야 한다.

25. 이것은 바라는 것들의 실상이요 보이지 않는 것들의 증거라고 했는데 무엇인가? (히 11:1)

1) 율법　2) 복음　3) 믿음　4) 의

26. 아벨은 무엇으로 하나님께 순종하는 제사를 드려 의로운 자라 하는 증거를 얻었는가? (히 11:4)

27. 우리는 고린도 전서 13장을 사랑장이라 하고 히브리서 11장을 무엇이라고 부르는가? (히 11장)

1) 행복장　2) 믿음장　3) 소망장　4) 기쁨장

28. 다음 (　　) 안에 들어갈 말은 무엇인가? (히 12:2)

"믿음의 주요 또 온전하게 하시는 이인 (　　　　) 를 바라보자 그는 그 앞에 있는 기쁨을 위하여 (　　　　) 를 참으사 부끄러움을 개의치 아니하시니 하나님 보좌 우편에 앉으셨느니라."

29. 이것이 없이는 아무도 주를 보지 못한다고 하는데 이것은 거룩함과 무엇인가? (히 12:14)

1) 온유함　2) 화평함　3) 절제함　4) 충성함

30. 다음 (   ) 안에 공통으로 들어갈 말은 무엇인가? (히 12:26)

"그때에는 그 소리가 땅을 (   ) 하였거니와 이제는 약속하여 이르시되 내가 또 한 번 땅만 아니라 하늘도 (   ) 하리라 하셨느니라."

31. 우리의 믿음은 다른 무엇보다 예수님과의 영적 교제에 중심을 두어야 한다. 그 이유는 예수 그리스도가 어제나 오늘이나 영원토록 어떠하기 때문인가? (히 13:8)

32. 다음 (   ) 안에 들어갈 말은 무엇인가? (히 13:16)

"오직 (   ) 을 행함과 서로 나누어 주기를 잊지 말라. 하나님은 이 같은 (   ) 를 기뻐하시느니라."

| 실천 사항 |

▶ 오늘의 말씀을 읽으시고 나에게 유익한 말씀이 무엇인지 깨달아봅시다.

▶ 오늘 말씀으로 나의 삶에 적용하며 행동으로 옮겼는지 실천한 것을 적어봅시다.

▶ 오늘 하나님이 보시기에 합당한 삶을 살았으면 감사한 것을 적어 봅시다.

▶ 오늘의 기도 제목을 적어 봅시다.

[히브리서 해답]

1) 예수 그리스도 2) 불꽃 3) 주 4) 4 5) 혈과 육 6) 마음 7) 3 8) 안식 9) 2 10) 3 11) 4 12) 2 13) 4 14) 구원, 경건 15) 맹세 16) 예수 17) 4 18) 온전히, 간구 19) 4 20) 주 21) 2 22) 언약 23) 3 24) 인내, 약속 25) 3 26) 믿음 27) 2 28) 예수, 십자가 29) 2 30) 진동 31) 동일 32) 선, 제사

20. 야고보서 (JAMES)

1. 내용

믿음으로 구원을 얻는 이신득의 사상에 기초하여 구원받은 자의 행위(삶), 곧 믿음의 실천적 측면을 강조한다. 또 믿음과 행위의 상관관계 곧 행함이 있는 믿음을 가르치고 예수 그리스도를 믿음으로써 구원을 받은 자들이 이 세상에서 믿는 자답게 살아가야 한다며 강조한다. 행함이 없는 자들을 향한 준엄한 경고와 질책도 한다.

2. 배경

예루살렘 교회를 섬기며 교회를 지도하던 야고보가 이스라엘과 로마 전역에 흩어져 살던 모든 유대 성도들에게 바른 신앙과 삶을 가르치기 위한 시대이다.

3. 흐름

그리스도인의 시련(시련당하는 믿음), 믿음과 행함(차별과 편벽금지), 믿음의 승리(소망 중에 인내, 믿음으로 간구, 형제를 돌봄)로 구성되었다.

4. 목적

로마지역에 흩어진 유대인 성도들에게 믿음과 행위의 상관관계와 실천적 삶의 중요성과 교훈적인 경고와 불의에 대한 질타, 공의에 대한 교훈을 가르친다. 가중되는 박해 중에도 믿음을 잃지 않고 인내하며 주의 재림을 대망하도록 격려한다.

5. 본서에 나타난 하나님의 섭리

예루살렘 교회뿐만 아니라 이방지역 어느 곳이라도 박해가 심했고, 황제 숭배가 만연해 늘 배교의 위험이 도사리고 있어 믿음으로 의롭게 된다는 이신칭의 사상은 오해를 불러일으켜 믿음만 강조될 뿐 믿음에 걸맞은 삶은 외면당하고 있었다. 그래서 믿음으로 의롭다 함을 얻고 구원의 은총을 입을 자들이 이 땅에서 어떻게 살아가야 할지를 가르친다.

구원은 믿음으로 받지만 그 믿음은 행위로 나타난다는 사실이다. 그리스도인으로 무늬만 그리스도인의 삶을 살아가고 있는지 다시 한 번 새겨보아야 한다.

아고보의 편지

오늘의 성경 말씀을 읽으시고 묵상한 후 풀어보시면 유익합니다.

예수님의 동생인 야고보는 베드로와 함께 초대 교회를 이끌어간 수장이다. 야고보는 흩어진 모든 성도들에게 편지를 보낸다. 낙타 무릎으로 알려진 기도의 사람 야고보는 특히 믿음이 있는 사람이라면 행동으로 그 믿음을 보여줘야 함을 강조한다.

1. 다음 ( ) 안에 들어갈 말은 무엇인가? (약 1:5)
   "너희 중에 누구든지 ( ) 가 부족하거든 모든 사람에게 후히 주시고 꾸짖지 아니하시는 ( ) 께 구하라. 그리하면 주시리라."

2. 시험을 참는 자는 복이 있고 시련을 견디어낸 자는 주께서 약속하신 무엇을 얻을 것이라 하였는가? (약 1:12)

3. 다음 ( ) 안에 공통으로 들어갈 말은 무엇인가? (약 1:15)
   "욕심이 잉태한즉 ( ) 를 낳고 ( ) 가 장성한즉 사망을 낳느니라."

4. 영혼 없는 몸이 죽은 것 같이 이것이 없는 믿음은 죽은 것인데 이것은 무엇인가? (약 2:26)
   1) 사랑 2) 인내 3) 행함 4) 절제

5. 화평하게 하는 자들은 화평으로 심어 무엇을 거두는가? (약 3:18)
   1) 영광의 열매 2) 의의 열매 3) 평강의 열매 4) 성령의 열매

6. 너희가 얻지 못함은 구하지 아니하기 때문이요 구하여도 받지 못함은 무엇으로 쓰려고 잘못 구하기 때문인가? (약 4:2-3)

7. 다음 ( ) 안에 들어갈 말은 무엇인가? (약 5:13)

"너희 중에 고난당하는 자가 있느냐. 그는 ( ) 할 것이요 즐거워하는 자가 있느냐. 그는 ( ) 할지니라."

8. 병든 자를 구원하여 일으키고 죄를 범하여도 사하심을 얻는 기도는 어떤 기도일까? (약 5:15)

| 실천 사항 |

▶ 오늘의 말씀을 읽으시고 나에게 유익한 말씀이 무엇인지 깨달아봅시다.

▶ 오늘 말씀으로 나의 삶에 적용하며 행동으로 옮겼는지 실천한 것을 적어봅시다.

▶ 오늘 하나님이 보시기에 합당한 삶을 살았으면 감사한 것을 적어 봅시다.

▶ 오늘의 기도 제목을 적어 봅시다.

[야고보서 해답]

1) 지혜 , 하나님 2) 생명의 면류관 3) 죄 4) 3 5) 2 6) 정욕 7) 기도 , 찬송
8) 믿음의 기도

21. 베드로 전서 (1 PETER)

1. 내용

예수 그리스도의 수제자로서 로마 제국에서 시작된 박해의 불길이 소아시아로 번져, 신앙을 지키기 위해 온갖 고난과 박해에 직면해 있는 성도들에게 용기를 북돋워 주고, 끝까지 인내하며 산 소망을 가질 것을 권면하기 위해 썼다. 이런 측면 때문에 '소망의 서신', '격려의 서신'의 별명이 있다.

2. 배경

소아시아의 본도를 비롯하여 갈라디아, 갑바도기아, 아시아, 비두니아 등이 중심 무대로 유대인들의 자손들이 예루살렘을 방문했다가 복음을 들었을 것으로 보고 각자 돌아가 교회를 세우고 섬겼을 것으로 본다.

3. 흐름

고난과 소망의 편지로 구성된 본서는 구원과 성결, 성도의 의무, 고난에 따른 각오와 자세로 꾸며졌다.

4. 목적

소아시아 전역에 흩어져 살고 있던 성도들에게 현재 당하고 있는 고난을 분명히 직시하도록 하고, 장차 닥쳐올 더 큰 고난을 견딜 수 있도록 구원과 영광을 소망케 함으로써 마침내 신앙의 승리를 이룰 수 있도록 하기 위함이다.

5. 본서에 나타난 하나님의 섭리

사도 베드로는 고난은 이 땅에서 나그네와 같은 삶을 살아가는 모든 성도들이 피할 수 없는 과정임을 가르치고, 이 고난과 연단을 통해 능히 믿음과 승리를 이룬 자들만이 하늘 영광을 누리게 될 것을 가르친다.

그러면서 예수께서도 우리 위해 육체의 고난을 겪으셨으며, 이런 고난을 몸소 체험하신 주님께서 주님을 위해 고난당하는 자들의 사정과 형편을 아시고 능히 도와줄 것을 상기시킨다.

박해받고 있는 성도들을 위로하는 베드로

오늘의 성경 말씀을 읽으시고 묵상한 후 풀어보시면 유익합니다.

베드로는 로마 정부가 대대적으로 박해할 때 사방으로 흩어져 어렵게 살고 있는 성도들에게 편지를 보내 이 땅에서는 나그네이니 하늘에 소망을 두고 성도로서 받을 고난을 두려워하지 말고 담대히 극복하고 굳센 믿음을 가지라고 권고한다.

1. 다음 (　　) 안에 공통으로 들어갈 말은 무엇인가? (벧전 1: 15)
   "오직 너희를 부르신 (　　　　) 한 이처럼 너희도 모든 행실에 (　　　　) 한 자가 되라. 기록되었으되 내가 (　　　　) 하니 너희도 (　　　　) 할지어다 하셨느니라."

2. 하나님은 사람을 외모로 보시지 않고 각 사람의 무엇대로 심판하시는가? (벧전 1:17)

3. 다음 (　　) 안에 공통으로 들어갈 말은 무엇인가? (벧전 1:24)
   "모든 육체는 (　　　　) 과 같고 그 모든 영광은 (　　　　) 의 꽃과 같으니 (　　　　) 은 마르고 꽃은 떨어지되 오직 주의 말씀은 세세토록 있도다."

4. 다음 (　　) 안에 공통으로 들어갈 말은 무엇인가? (벧전 2:24)
   "친히 나무에 달려 그 몸으로 우리 (　　　　) 를 담당하셨으니 이는 우리로 (　　　　) 에 대하여 죽고 의에 대하여 살게 하려 하심이라. 그가 채찍에 맞음으로 너희가 나음을 얻었으니."

5. 다음 (　　) 안에 공통으로 들어갈 말은 무엇인가? (벧전 3:9)
"악을 악으로, 욕을 욕으로 갚지 말고 도리어 (　　　　　) 을 빈다. 이를 위하여 너희가 부르심을 받았으니 이는 (　　　　　) 을 이어받게 하려 하심이라."

6. 잘못하면 부끄러운 일이지만 신앙 때문에 예수 때문에 그리스도인으로 고난을 받으면 부끄러워하지 말고 그 이름으로 하나님께 무엇을 돌려야 하는가? (벧전 4:16)

7. 하나님은 교만한 자를 대적하지만 겸손한 자들에게는 무엇을 주시는가? (벧전 5:5)

8. 그리스도인들 중에 이것을 극복하지 못하고 전전긍긍하는 사람들이 많이 있는데 이것을 다 주께 맡기라고 한 것은 주님께서 너희를 돌보심이라 했는데 무엇인가? (벧전 5:7)

| 실천 사항 |

▶ 오늘의 말씀을 읽으시고 나에게 유익한 말씀이 무엇인지 깨달아봅시다.

▶ 오늘 말씀으로 나의 삶에 적용하며 행동으로 옮겼는지 실천한 것을 적어봅시다.

▶ 오늘 하나님이 보시기에 합당한 삶을 살았으면 감사한 것을 적어 봅시다.

▶ 오늘의 기도 제목을 적어 봅시다.

[베드로 전서 해답]

1) 거룩 2) 행위 3) 풀 4) 죄 5) 복 6) 영광 7) 은혜 8) 염려

22. 베드로 후서 (2 PETER)

1. 내용

교회에서 일어나는 거짓 선생들의 위험성을 경고하는 메시지를 담고 있다. 재림의 지연으로 교회 내부에서 선동하는 거짓 교사와 거짓 교훈에 어떻게 대처할지 교훈하고 있다. 재림이 더딘 이유, 재림을 준비하는 자의 바른 삶, 재림에 대한 소망과 확신을 가르치면서 끝까지 믿음 가운데 인내하여 신앙의 승리를 이루도록 추구하며 믿음 위에서 흔들리지 말 것을 권면한다.

2. 배경

본 서신도 전서와 마찬가지로 로마의 박해와 더불어 교회내부의 이단자나 거짓 교사들과 힘겨운 영적 전투를 치러야 하는 소아시아 전역이 무대이다.

3. 흐름

경고와 확신이 담긴 본서는 기독교 진리와 그 보존(성도의 덕목), 거짓 선생에 대한 교훈(이단에 대한 경고), 그리스도의 재림의 확인(약속과 소망)의 주제가 담겨 있다.

4. 목적

당시 교회를 혼란하게 만들던 각종 이단 사상의 실체를 확인하고, 그들의 미혹을 경계시켜 성도들을 믿음의 바른 터 위에 세우며, 기독교 진리의 토대 위에 바른 기독론과 종말론을 확신토록 하기 위함이다.

5. 본서에 나타난 하나님의 섭리

예수그리스도의 성육신과 신성을 부인하고, 윤리 도덕적 삶까지 부정하는 그들의 행태는 성도들의 신앙에 중대한 도전이 되었다.

그리스도의 재림이 지연되어 성도들도 신앙이 흔들리고 있어 베드로는 그리스도의 재림이 아직 이루어지지 않는 것은 모든 사람을 구원하시기 위한 그리스도의 풍성한 사랑 때문임을 상기시키면서, 재림은 갑작스레 이루어지기 때문에 항상 깨어 준비하는 자세로 살 것을 촉구한다.

베드로의 두 번째 보내는 편지

오늘의 성경 말씀을 읽으시고 묵상한 후 풀어보시면 유익합니다.

베드로는 로마 감옥에 있으면서 순교가 임박한 시기에 교회들에 거짓 교사들이 침투하고 도덕적, 교리적으로 흔들리고 있기 때문에 이에 대해 두 번째로 편지를 보내면서 예수님의 재림을 바라보고 흔들리지 말고 심판에 대비하고 살아야 함을 깨우쳐 주고 있다.

1. 성도는 하나님과 우리 주 예수를 알면 은혜와 무엇이 많아지는가? (벧후 1:2)

   1) 영광 2) 은총 3) 평강 4) 사랑

2. 아무리 귀한 보배라도 닦고 꿰어야 보배인 것처럼 믿음도 보배로써 더욱 빛나야 된다. 다음 중 해당되지 않는 것은 무엇인가? (벧후 1:3-7)

   1) 영광과 덕으로써 부르신 하나님을 알고 2) 예수의 성품을 닮아가고
   3) 인애와 경건은 빼어도 된다 4) 열매를 맺어야 함

3. 다음은 무엇에 대한 설명인가? (벧후 1:20-21)

   "이것은 사사로이 풀 것이 아니고 사람의 뜻으로 낸 것이 아니요. 성령의 감동하심을 받은 사람들이 하나님께 받아 말한 것이다."

   1) 방언 2) 꿈 3) 율법 4) 예언

4. 하나님은 경건한 자를 시험에서 건지시고 불의한 자는 형벌 아래에 두어 어떤 날까지 지키시는가? (벧후 2:9)

5. 불의한 자는 발람의 길을 따르는데 그들이 하는 행위가 아닌 것은 무엇인가? (벧후 2:18)

   1) 허탄한 자랑의 말을 토한다 2) 부정한 제물을 바친다
   3) 육체의 정욕으로 음란을 따른다 4) 그릇되게 행한다

6. 거짓 선생들은 만물이 처음 창조될 때와 같이 그냥 있는 것처럼 창조 이후 해가 변함없이 뜨고 그냥 있는데 무슨 심판이 있느냐고 반문하지만, 마지막 때에는 무엇으로 심판하시겠다고 하시는가? (벧후 3:4-7)
   1) 태풍　　2) 물　　3) 벼락　　4) 불

7. 다음 (　　) 안에 들어갈 말은 무엇인가? (벧후 3:9)
   "주의 (　　　) 은 어떤 이들이 더디다고 생각하는 것 같이 더딘 것이 아니라 오직 주께서는 너희를 대하여 오래 참으사 아무도 (　　　) 하지 아니하고 다 (　　　) 하기에 이르기를 원하노라."

8. 주의 날은 무엇 같이 온다고 하였는가? (벧후 3:10)

| 실천 사항 |

▶ 오늘의 말씀을 읽으시고 나에게 유익한 말씀이 무엇인지 깨달아봅시다.

▶ 오늘 말씀으로 나의 삶에 적용하며 행동으로 옮겼는지 실천한 것을 적어봅시다.

▶ 오늘 하나님이 보시기에 합당한 삶을 살았으면 감사한 것을 적어 봅시다.

▶ 오늘의 기도 제목을 적어 봅시다.

[베드로 후서 해답]

1) 3 2) 3 3) 4 4) 심판 5) 2 6) 4 7) 약속, 멸망, 회개 8) 도둑

23. 요한 1서 (1 JOHN)

1. 내용

신학 사상을 체계화한 바울 사상과 믿음의 행실을 강조한 야고보 사상을 그리스도의 사랑으로 조화시킨 서신이다. 일명 '사랑과 변증의 서신'으로 불리며 예수님의 사랑받던 제자 사도요한에 의해 씌어졌다.

이단사상 곧 영지주의 사상을 배격하며, 기독교 사상을 체계 있게 변증하는 동시에 형제 사랑의 실천을 통해 그리스도 교회를 온전히 보전하고, 하나님의 참사랑 정신이야말로 모든 거짓 지식을 극복할 수 있는 참된 지식임을 가르친다.

2. 배경

사도요한이 말년에 에베소에서 목회하면서 영지주의 이단이 난무한 소아시아 일대의 교회를 중심으로 성도들을 지도한 것으로 보인다.

3. 흐름

사랑과 사귐의 편지인 본서는 교제의 근거와 목적(교제의 조건의 유익 이단경계), 교제의 특징과 실천(교제의 특성, 사랑의 실천, 마지막 권면)으로 하나님을 바로 알고 하나님과 바른 교제를 하도록 가르친다.

4. 목적

믿음을 강화시키고 사도적 복음에 머물 것을 권면하므로 교회 내의 참된 신자들을 단련시키는 것이 목적이다.

5. 본서에 나타난 하나님의 섭리

예수 그리스도의 성육신을 부인하는 자는 거짓말하는 자요, 이단이라고 정의한다. 성도는 이단을 경계할 뿐만 아니라 성도 간에, 이웃 간에 피차 사랑하여 그리스도로부터 받은 사랑을 몸소 실천할 것을 당부한다.

주님으로부터 말로 다할 수 없는 사랑을 받았으니 그 사랑을 나누며 살라는 요한의 가르침은 사랑이란 말처럼 흔한 말도 없지만 정작 참사랑을 찾아보기 어려운 이 시대에 다시 한 번 되새겨 보아야 할 소중한 교훈이다.

사도 요한이 보내는 첫 번째 편지

오늘의 성경 말씀을 읽으시고 묵상한 후 풀어보시면 유익합니다.

예수님의 제자 요한이 에베소에서 소아시아 지역에 흩어져 사는 성도들에게 보내는 첫 번째 편지로서 성도들이 어떻게 하나님과 영적 관계를 맺으며 성도들과 교제하며 사랑을 나눌 수 있는가를 구체적으로 가르쳐주고 있다.

1. 다음 ( ) 안에 공통으로 들어갈 말은 무엇인가? (요일 1:9)
   "만일 우리가 우리 (   ) 를 자백하면 그는 미쁘시고 의로우사 우리 (   ) 를 사하시며 우리를 모든 불의에서 깨끗하게 하실 것이요."

2. 누가 죄를 범하여도 우리에게 대언자가 있는데 그는 누구인가? (요일 2:1)

3. 형제의 궁핍함을 보고 도와주는 것이 형제를 사랑하는 것이다. 그래서 말과 혀로만 사랑하지 말고 어떻게 하자고 하는가? (요일 3:18)
   1) 구제하는 마음 2) 행함과 진실함
   3) 긍휼한 마음 4) 사랑하는 마음

4. 요한은 예수 그리스도께서 육체로 오신 것을 시인하지 않는 영마다. 하나님께 속하지 아니하였고 이것이라고 분명하게 가르치는데 이것은 무엇인가? (요일 4:2-3)

5. 하나님은 우리를 사랑하사 우리 죄를 속하기 위해 화목제물로 누구를 보내셨는가? (요일 4:10)

6. 다음 ( ) 안에 공통으로 들어갈 말은 무엇인가? (요일 4:15)

"누구든지 예수를 ( ) 의 아들이라 시인하면 ( ) 이 그의 안에 거하시고 그도 ( ) 안에 거하느니라."

7. 누구든지 하나님을 사랑하고 그 형제를 미워하면 어떤 자라고 하는가? (요일 4:20)

1) 믿음 없는 자 2) 이중인격자 3) 불성실한 자 4) 거짓말하는 자

8. 다음 ( ) 안에 공통으로 들어갈 말은 무엇인가? (요일 5:4)

"무릇 하나님으로부터 난 자마다 ( ) 을 이기느니라. ( ) 을 이기는 승리는 이것이니 우리의 믿음이니라."

| 실천 사항 |

▶ 오늘의 말씀을 읽으시고 나에게 유익한 말씀이 무엇인지 깨달아봅시다.

▶ 오늘 말씀으로 나의 삶에 적용하며 행동으로 옮겼는지 실천한 것을 적어봅시다.

▶ 오늘 하나님이 보시기에 합당한 삶을 살았으면 감사한 것을 적어 봅시다.

▶ 오늘의 기도 제목을 적어 봅시다.

[요한 일서 해답]

1) 죄 2) 예수 그리스도 3) 2 4) 적 그리스도의 영 5) 아들 6) 하나님 7) 4 8) 세상

24. 요한 2서 (2 JOHN)

1. 내용

예수 그리스도의 인성 곧 그분의 완전한 성육신을 강력히 부정하는 영지주의 자들이 교회에서 활동하던 때로, 그들로 인해 사상적 혼란을 겪는 성도들에게 그 위험성을 경고하고 믿음의 형제된 성도들 서로간의 뜨거운 사랑을 권고한다.

2. 배경

요한이 말년에 에베소에서 목회에 전념했음을 볼 때 에베소 주변의 소아시아 일대로 본다. 당시 소아시아 일대에 흩어져 있는 교회와 성도들을 상대로 보낸 것으로 보인다.

3. 흐름

진리와 사랑의 서신인 요한 2서는 계명의 실천(문안인사, 진리를 행함, 사랑의 실천)과 이단의 경계(거짓 교훈, 거짓 선생을 피함, 마지막 인사)로 나눠져 있다.

4. 목적

영지주의 이단 사상을 퍼트리는 순회 거짓 전도자들의 그릇된 가르침을 경계하고 사랑을 실천함으로써 진리 안에 거하도록 하며 자신의 방문을 알리기 위함이다.

5. 본서에 나타난 하나님의 섭리

이단들이 난무하는 상황에서 요한은 성도들에게 '진리와 사랑 가운데 행하라'고 촉구하며, 예수 그리스도의 성육신과 신성이 부인되던 시기에 신앙관을 바로 세우는 게 필요해 '사랑을 진리 가운데 행하라'고 권면했다.

이는 진리는 예수 그리스도의 가르침이요 사랑은 예수 그리스도의 생에 전체를 아우르는 말이기에, 주의 사랑으로 구원받고 주의 말씀으로 가르침을 받고 살아가는 우리들의 자세를 본서를 통해 다시 한 번 새겨 보아야 한다.

25. 요한 3서 (3 JOHN)

1. 내용

순회 전도자를 통해 복음이 전파되는 귀중한 자료 서신으로 진리 안에 거하는 자와 진리를 벗어난 자를 비교함으로써, 성도들이 진리 안에 머무는 것이 얼마나 복되고 가치 있는 일인가 깨우쳐 주고 있다.

본서는 초대교회 당시 땅 끝까지 복음을 확산시키는 데 큰 몫을 담당한 순회 복음 전도자들에 대한 성도들의 자세를 다루고 있다.

2. 배경

에베소와 그 인근에 흩어진 소아시아 지역의 서머나 버가모, 두아디라, 사데, 빌라델비아, 라오디게아 등이 중심 무대로 파송 전도자들과 함께한 이야기로 회람 서신이다.

3. 흐름

진리와 칭찬의 서신으로 문안 인사와 서두(사도의 사랑, 기도, 기쁨), 서신을 기록한 목적(칭찬과 권면, 책망), 끝인사(추천, 작별인사)의 내용으로 구성됐다.

4. 목적

순회 전도자(데메드리오)의 보고를 접한 사도 요한이 가이오의 선한 행정과 진리 안에 거한 사실을 칭찬하고, 그에 비해 순회 전도사를 배척한 디오드레베의 그릇된 행실을 본받지 말도록 권고하기 위함이다.

5. 본서에 나타난 하나님의 섭리

본서에는 가이오라는 사람이 순회전도자를 환영하고 극진히 영접함으로써 복음을 전파하는 데 일조했지만, 디오드레베는 오히려 교회의 지도자 위치에 있으면서도 복음 사역을 방해하고 대적하였다. 지금도 헌신적으로 복음 사역을 하는 자가 있는 반면 복음 사역에 해를 끼치는 자도 있다. 우리가 어떤 신앙인으로 살아야 하는지 단적으로 잘 보여준다.

사도 요한의 두세 번째 편지

오늘의 성경 말씀을 읽으시고 묵상한 후 풀어보시면 유익합니다.

사도 요한은 요한 1 서와 마찬가지로 에베소에서 소아시아에 흩어져 신앙생활을 하고 있는 성도들에게 편지를 보낸다. 이단으로부터 성도를 보호하고 그 사랑을 실천하며 주안에서 주님과 깊은 교제를 나누며 깊은 신앙생활을 할 것을 권고한다.

1. 예수 안에 있는 사람들이 얻는 존귀가 아닌 것은 무엇인가? (요이 1:1-3)
   1) 택하심을 입은 자가 됨 2) 참으로 사랑받는 자가 됨
   3) 은혜와 긍휼과 평강이 함께함 4) 세상의 존귀는 똑같이 주어짐

2. 우리가 아버지께 받은 계명대로 이것을 행하는 자를 보니 심히 기쁘다고 하였는데 이것은 무엇인가? (요이 1:4)
   1) 율법 2) 교훈 3) 진리 4) 사랑

3. 미혹하는 자들의 특징은 예수 그리스도께서 무엇으로 오심을 부인하는가? (요이 1:7)
   1) 메시아 2) 구원주 3) 심판주 4) 육체

4. 다음 (　　) 안에 공통으로 들어갈 말은 무엇인가? (요이 1:9)
   "지나쳐 그리스도의 (　　　　) 안에 거하지 아니하는 자는 다 하나님을 모시지 못하되 (　　　　) 안에 거하는 그 사람은 아버지와 아들을 모시느니라."

5. 요한 3서의 수신자는 누구인가? (요삼 1:1)
   1) 택하심을 받은 부녀 2) 가이오 3) 베드로 4) 유다

6. 다음 (　　) 안에 들어갈 말은 무엇인가? (요삼 1:2)

"사랑하는 자여, 네 (　　　　　) 이 잘됨 같이 네가 (　　　　　) 에 잘되고 (　　　　　) 하기를 　내가 간구하노라."

7. 교만한 자들은 언제든지 으뜸 되기를 좋아한다. 성도들은 주님을 본받아 섬김을 받기보다 섬기는 일에 힘써야 한다. 으뜸 되기를 좋아하는 이 사람은 누구인가? (요삼 1:9)

8. 다음 (　　) 안에 공통으로 들어갈 말은 무엇인가? (요삼 1:11)

"사랑하는 자여 악한 것을 본받지 말고 선한 것을 본받으라. 선을 행하는 자는 (　　　　　) 께 속하고 악을 행하는 자는 (　　　　　) 을 뵈옵지 못하였느니라."

| 실천 사항 |

▶ 오늘의 말씀을 읽으시고 나에게 유익한 말씀이 무엇인지 깨달아봅시다.

▶ 오늘 말씀으로 나의 삶에 적용하며 행동으로 옮겼는지 실천한 것을 적어봅시다.

▶ 오늘 하나님이 보시기에 합당한 삶을 살았으면 감사한 것을 적어 봅시다.

▶ 오늘의 기도 제목을 적어 봅시다.

[요한 이삼서 해답]

1) 4 2) 3 3) 4 4) 교훈 5) 2 6) 영혼 , 범사 , 강건 7) 디오드레베 8) 하나님

26. 유다서 (JUDE) 71

1. 내용

요한 서신이 이단의 거짓 교훈을 경계하도록 촉구한다면 본 서신은 이보다 훨씬 강렬하게 이단의 행동을 책망한다. 초기교회에 나타난 이단들의 그릇된 가르침에 대해 책망하며 비극적 결말을 경고한다. 이러한 경고는 성도들로 하여금 바른 교훈에 굳게 설 것을 권면하며, 믿는 자들에게 올바른 진리의 터 위에 굳게 서서 경건한 믿음의 삶을 살며, 영적 나태함이 얼마나 위험한지, 그리고 매일 무엇을 선택하며 또 무엇을 위해 싸워야 하는지 일깨워준다.

2. 배경

당시 구원의 은총을 입고 살아가는 하나님의 백성과 각 지역에 흩어진 교회들로 예루살렘, 이스라엘, 그리고 소아시아 유럽 등 복음이 전파된 팔레스타인 주변 지역들이 본서의 주요 무대이다.

3. 흐름

짧지만 이단을 경고하고 책망하는 수준은 거의 규탄 수준에 이를 만큼 강도가 높은 배교에 대한 심판의 서신으로 편지의 대상과 목적, 배교에 대한 경고와 권고, 성도에 대한 권면으로 구성됐다.

4. 목적

당시 이단사상을 퍼뜨려 교회를 혼란하게 만들던 거짓 선생들의 활동상을 고발 · 경고함으로써 성도들에게 바른 교훈에 서도록 하고, 배교의 역사를 들춰냄으로써 배교의 실상을 파악하며, 배교자의 말로를 소개함으로써 배교가 지닌 위험성을 깨우쳐 준다.

5. 본서에 나타난 하나님의 섭리

영지주의자들은 영혼을 거룩하나 육신은 부정하다는 이원론적 사상을 가진 부도덕한 자들도 많았다. 유다는 이들을 가리켜 '짐승 같은 자'로 규정하고 과거 육체의 쾌락을 즐기다 멸망한 자들과 같은 심판, 곧 무시무시한 불심판에 처해질 것이라 경고하고 이전 악한 시대를 살아가는 성도들에게 날마다 깨어 있으라며 진리 가운데 굳게 서기를 촉구한다.

예수님의 동생 유다의 편지

오늘의 성경 말씀을 읽으시고 묵상한 후 풀어보시면 유익합니다 .

예수님의 육신적 동생들은 야고보 , 요셉 , 시몬 , 유다 4 명이 있는데 이들은 예수님이 십자가 지시고 부활하신 후 예수님을 주로 받아들인다 . 그중에 유다가 보낸 편지가 유다서이다 . 성도들을 이단으로부터 보호하고 영적 무장을 시키는 내용이다 .

1. 유다서의 저자는 예수 그리스도의 종이요 누구와 형제인가? (유 1:1)

2. 성도들은 힘써 싸우되 무엇을 위해 싸워야 하는가? (유 1:3)
   1) 사랑의 도 2) 믿음의 도 3) 소망의 도 4) 절제의 도

3. 가만히 들어온 자들은 이단들의 특징이다. 다음 중 이단의 특징이 아닌 것은 무엇인가? (유 1:4)
   1) 경건하지 않다 2) 하나님의 은혜를 방탕한 것으로 바꾼다
   3) 예수 그리스도를 부인한다 4) 말씀을 잘 읽고 깨어 있다

4. 유다서에 나오는 천사장은 누구인가? (유 1:9)

5. 거짓 교사들은 성도들을 미혹하게 하고 멸망으로 이끄는 자들이다. 거짓 교사의 특징이 아닌 것은 무엇인가? (유 1:8-10)
   1) 꿈꾸는 사람들이다 2) 비방하는 사람들이다
   3) 이성 없는 짐승과 같은 사람들이다 4) 무상을 잘하는 사람들이다

6. 가인의 길에 행하였으며 이것을 위하여 발람의 어그러진 길로 몰려갔으며 고라의 패역을 따라 멸망을 받았는데 이것은 무엇인가? (유 1:11)

7. 음란하여 다른 육체를 따라가다가 영원한 불의 형벌을 받음으로 거울이 된 도시들의 이름은 무엇인가? (유 1:7)

8. 다음 ( ) 안에 들어갈 말은 무엇인가? (유 1:20-21)
"사랑하는 자들아 너희는 너희의 지극히 거룩한 ( ) 위에 자신을 세우며 ( ) 으로 기도하며 하나님의 사랑 안에서 자신을 지키며 ( ) 에 이르도록 우리 주 예수 그리스도의 ( ) 을 기다리라."

| 실천 사항 |

▶ 오늘의 말씀을 읽으시고 나에게 유익한 말씀이 무엇인지 깨달아봅시다.

▶ 오늘 말씀으로 나의 삶에 적용하며 행동으로 옮겼는지 실천한 것을 적어봅시다.

▶ 오늘 하나님이 보시기에 합당한 삶을 살았으면 감사한 것을 적어 봅시다.

▶ 오늘의 기도 제목을 적어 봅시다.

[유다서 해답]

1) 야고보 2) 2 3) 4 4) 미가엘 5) 4 6) 삯 7) 소돔과 고모라 8) 믿음, 성령, 영생, 긍휼

27. 요한 계시록 (REVELATION)

1. 내용

유대 묵시묵학적 기법과 전형적인 상징주의를 활용한 본서는 인간과 온 우주의 과거 · 현재 · 미래를 담고 있다. 예수 그리스도께서 재림하실 때에 발생할 인류 미래의 사건들을 보여주는 신약성경 유일의 예언서이다.

세상의 마지막 때까지 하늘과 땅에서 무슨 일이 일어날 것인지를 많은 상징적 숫자들과 환상적 역할을 하고 구원역사의 찬란한 종말을 예견해주는 소망의 책이자 복된 미래가 언급된 은혜의 책이다.

2. 배경

사도 요한이 밧모섬에서 환상을 보고 기록한 계시의 말씀을 적어 보낸 소아시아의 일곱 교회. 에베소, 서머나, 버가모, 두아디라, 사데, 빌라델비아, 라오디게아 지역의 주요 무대이다.

3. 흐름

영광과 승리를 담은 책으로 과거(주예수), 현재(일곱교회), 미래(심판의 주, 일곱인, 나팔, 일곱 대접, 다시 오심, 새 예루살렘) 3단락으로 구성됐다.

4. 목적

로마제국의 기독교 박해가 한창이던 상황에서 예수 그리스도의 영광스러운 통치와 최종 승리를 확신시켜 줌으로써 신앙의 정절을 지켜나가고 주예수의 재림을 끝까지 소망하기 위함이다.

5. 본서에 나타난 하나님의 섭리

위기 상황에 놓인 교회와 성도들을 위해 하나님은 계시를 통해 악인의 영원한 파멸과 종말을 보여주며, 시험을 참고 견딘 신앙의 선배들이 거하는 영화롭고 존귀한 새 예루살렘의 모습도 보여준다. 불같은 고통을 이기고 승리한 자들이 참여하게 될 영원한 새 예루살렘의 영광은 현재의 고난과는 비교할 수 없으며 위로와 격려, 넘치는 은혜와 소망이 본 서신의 주제이다.

요한이 받은 계시

오늘의 성경 말씀을 읽으시고 묵상한 후 풀어보시면 유익합니다.

예수님의 제자 요한이 밧모 섬에 유배되어 종말에 될 일을 환상으로 보고 기록한 것이 요한계시록이다. 세상에 고난받고 있는 성도들에게 소망을 주고 고난을 이기고 영원한 하나님의 나라를 마침내 얻게 하시려는 하나님의 마음이다.

1. 예수 그리스도께서 신실한 요한에게 창세 전부터 영원까지 다 보여주시며 이 말씀을 어떻게 행하는 자가 복이 있다고 하는가. 맞는 것을 모두 고르시오. (계 1:3)
   1) 묵상하는 자 2) 읽는 자 3) 듣는 자 4) 지키는 자

2. 다음 ( ) 안에 들어갈 말은 무엇인가? (계 1:8)
   "주 하나님이 이르시되 나는 ( )와 ( )라. 이제도 있고 전에도 있었고 장차 올 자요 전능한 자라 하시더라."

3. 다음 중 아시아에 있는 일곱 교회가 아닌 것은 무엇인가? (계 1:11)
   1) 에베소 2) 두아디라 3) 라오게니아 4) 고린도

4. 하나님은 승리자에게 상을 주신다. 그 상은 하나님의 예비하신 낙원에서 생명의 나무의 이것을 먹고 영생하는데 이것은 무엇인가? (계 2:7)

5. 발람의 교훈을 지키는 자들이 있다고 책망받는 교회는 어떤 교회인가? (계 2:14)
   1) 에베소 교회 2) 서머나 교회 3) 버가모 교회 4) 두아디라 교회

6. 예수께서 이기는 자에게는 만국을 다스리는 권세와 무엇을 주셨는가?
(계 2:26-28)

7. "살았다 하는 이름을 가졌으나 죽은 자로다". 이 말은 어느 교회에 대한 책망인가?
(계 3:1)

1) 버가모 교회 2) 사데 교회 3) 빌라델비아 교회 4) 라오디게아 교회

8. 다음 ( ) 안에 들어갈 말은 무엇인가? (계 3:20)

"볼지어다 내가 문밖에 서서 두드리노니 누구든지 내 ( )을 듣고 문을 열면 내가 그에게로 들어가 그와 더불어 먹고 그는 나와 더불어 먹으리라."

| 실천 사항 |

▶ 오늘의 말씀을 읽으시고 나에게 유익한 말씀이 무엇인지 깨달아봅시다.

▶ 오늘 말씀으로 나의 삶에 적용하며 행동으로 옮겼는지 실천한 것을 적어봅시다.

▶ 오늘 하나님이 보시기에 합당한 삶을 살았으면 감사한 것을 적어 봅시다.

▶ 오늘의 기도 제목을 적어 봅시다.

하나님의 보좌와 두루마리

오늘의 성경 말씀을 읽으시고 묵상한 후 풀어보시면 유익합니다.

4-16 장까지는 종말의 최종적 심판의 내용을 다루고 있는데 일곱 인, 일곱 나팔, 일곱 대접을 떼고 불며 쏟을 때마다 심판이 이루어진다. 이 일곱은 다시 지상의 심판 네 가지와 하늘 세계와 하늘 심판 세 가지를 행하심으로 구성되어 있다.

9. 하나님의 보좌는 벽옥과 홍보석 같고 이것이 둘렀는데 그 모양이 녹보석 같다고 하였는데 이것은 무엇인가? (계 4:3)

10. 성자 예수 그리스도는 흰 옷을 입은 이십사 장로들에게 둘러싸이셨는데 장로들의 머리에는 무엇을 썼는가? (계 4:4)

11. 네 생물은 일반적으로 스랍이나 그룹을 가리키고 있는데 셋째 생물은 어떻게 생겼는가? (계 4:7)

1) 사자 2) 송아지 3) 사람 4) 독수리

12. 이십사 장로들이 보좌에 앉으신 이 앞에 엎드려 경배하고 자기의 이것을 보좌 앞에 드렸는가? (계 4:10)

13. 하나님의 오른손에 들려 있는 이것은 하나님의 계획과 미래가 담겨 있는데 이것은 무엇인가? (계 5:1)

14. 계시를 본 자마다 영원한 은혜가 있는데 이 계시를 본 순간 울었던 사람은 누구인가? (계 5:4)

15. 성경은 유다 지파의 사자 다윗의 뿌리가 이겼다고 하였는데 두루마리와 이것을 떼겠다고 하였는데 무엇인가? (계 5:5)

1) 다섯 인 2) 여섯 인 3) 일곱 인 4) 여덟 인

16. 다음 ( ) 안에 들어갈 말은 무엇인가? (계 5:12)

"죽임을 당하신 어린 ( )은 능력과 부와 지혜와 힘과 ( )와 ( )과 찬송을 받으시기에 합당하도다."

| 실천 사항 |

▶ 오늘의 말씀을 읽으시고 나에게 유익한 말씀이 무엇인지 깨달아봅시다.

▶ 오늘 말씀으로 나의 삶에 적용하며 행동으로 옮겼는지 실천한 것을 적어봅시다.

▶ 오늘 하나님이 보시기에 합당한 삶을 살았으면 감사한 것을 적어 봅시다.

▶ 오늘의 기도 제목을 적어 봅시다.

일곱 인과 일곱 나팔의 심판

오늘의 성경 말씀을 읽으시고 묵상한 후 풀어보시면 유익합니다.

하나님의 심판은 일곱 인과 나팔, 대접의 과정으로 전개된다. 삼중으로 완전한 재앙이 임한다. 먼저 일곱 인을 하나하나 떼고 나서 일곱째 인을 뗄 때 일곱 나팔로 연결되며 다시 나팔이 하나씩 울리게 되고 그때마다 어마어마한 재앙이 임한다.

17. 둘째 인을 떼실 때 이 말이 나왔는데 이 말은 전쟁의 상징적인 표상으로 피비린내를 몰고 오는 말인데 어떤 색 말인가? (계 6:3-4)

 1) 흰 말 2) 붉은 말 3) 검은 말 4) 청황색 말

18. 넷째 인을 뗄 때 나타난 것은 사망과 음부의 깊은 관계를 표현하는데 어떤 색 말인가? (계 6:8)

 1) 흰 말 2) 검은 말 3) 청황색 말 4) 붉은 말

19. 참 그리스도인은 성령의 인을 맞아야 되는데 인 맞는 자가 거룩한 교리에 연합된 자가 볼 수 있는데 하나님의 종들이 인치기를 하였는가? (계 7:3)

20. 이스라엘 각 지파에서 인치심을 받은 사람들은 모두 몇 명인가? (계 7:4)

 1) 122,000 명 2) 133,000 명 3) 144,000 명 4) 155,000 명

21. 이것은 보좌 앞 금 제단에 드려지는 향이다. 그만큼 성도가 얼마나 이것을 귀히 여겨야 하며, 이것 생활을 힘써야 되는가를 교훈하는데 이것은 무엇인가? (계 8:3)

22. 다음 ( ) 안에 들어갈 말은 무엇인가? (계 8:8)

"둘째 천사가 나팔을 부니 불 붙는 큰 산과 같은 것이 바다에 던져지매 삼 분의 일이 ( ) 가 되고."

23. 히브리어로 그 이름이 아바돈이요 헬라어로 아볼루온은 누구인가? (계 9:11)

1) 천국의 사자 2) 지옥의 사자 3) 심판의 사자 4) 무저갱의 사자

24. 이만 만이나 되는 엄청난 이들에게 하나님의 정하신 시간에 사람 삼분의 일이 죽임을 당하는 끔찍한 재앙이 있게 되는데 이들은 누구인가? (계 9:16)

| 실천 사항 |

▶ 오늘의 말씀을 읽으시고 나에게 유익한 말씀이 무엇인지 깨달아봅시다.

▶ 오늘 말씀으로 나의 삶에 적용하며 행동으로 옮겼는지 실천한 것을 적어봅시다.

▶ 오늘 하나님이 보시기에 합당한 삶을 살았으면 감사한 것을 적어 봅시다.

▶ 오늘의 기도 제목을 적어 봅시다.

심판 중에도 회개의 복음이 전파됨

오늘의 성경 말씀을 읽으시고 묵상한 후 풀어보시면 유익합니다.

이제 심판이 한복판에 와 있다. 여섯 째 나팔을 불고 나서 잠시 영적 세계를 보여주고 있다. 마지막 심판이 진행되는 과정에서 교회는 회개의 복음을 전한다. 그러나 세상과 사단의 그 저항 또한 대단하지만 최종적 심판을 받는다.

25. 천사의 모습은 힘세고, 구름을 입고 하늘에서 내려왔는데 그 머리 위에는 무지개가 있고 얼굴이 해 같이 빛나며 발이 불기둥 같은 천사인데 만민에게 미칠 복음을 뜻하는 이것을 천사가 들고 있는데 무엇인가? (계 10:1-2)

26. "하늘에서 나서 내게 들리던 음성이 또 내게 말하며 이르되 네가 가서 바다와 땅을 밟고 서 있는 천사의 손에 펴 놓인 두루마리를 가지라" 하였는데 이 두루마리는 무엇인가? (계 10:8)

1) 천사의 말씀 2) 선지자의 말씀 3) 하나님의 말씀 4) 율법사의 말씀

27. 사도 요한은 "작은 두루마리를 갖다 먹어 버리라"는 명령에 순종하였는데 이 말은 양식을 삼으라는 뜻인데 그리스도인의 주식은 무엇인가? (계 10:10)

1) 선지자의 말씀 2) 하나님의 말씀

3) 천사의 말씀 4) 율법사의 말씀

28. 사도 요한은 명령대로 하나님의 성전과 제단을 측량하였지만 성전 바깥마당은 이 사람들에게 주었으니 측량하지 말라고 하였는데 이 사람은 누구인가? (계 11:1-2)

29. 다음 (　　) 안에 공통으로 들어갈 말은 무엇인가? (계 11:13)

"그때에 큰 (　　　　) 이 나서 성 십분의 일이 무너지고 (　　　　) 에 죽은 사람이 칠천이라. 그 남은 자들이 두려워하며 영광을 하늘의 하나님께 돌리더라."

30. 일곱째 천사의 나팔은 그리스도의 나라가 서며 이십사 장로가 주께 이것하며 심판이 있음을 예고하는데 이것은 무엇인가? (계 11:16)

1) 찬양　　2) 경외　　3) 경배　　4) 복종

31. 다음 (　　) 안에 공통으로 들어갈 말은 무엇인가? (계 12:5)

"여자가 아들은 낳으니 이는 장차 철장으로 (　　　　) 을 다스릴 남자라. 그 아이를 하나님 앞과 그 (　　　　) 앞으로 올라가더라."

32. 하늘의 전쟁에서 용과 그의 사자들을 물리쳐 쫓아버린 용사들은 누구인가? (계 12:7-8)

| 실천 사항 |

▶ 오늘의 말씀을 읽으시고 나에게 유익한 말씀이 무엇인지 깨달아봅시다.

▶ 오늘 말씀으로 나의 삶에 적용하며 행동으로 옮겼는지 실천한 것을 적어봅시다.

▶ 오늘 하나님이 보시기에 합당한 삶을 살았으면 감사한 것을 적어 봅시다.

▶ 오늘의 기도 제목을 적어 봅시다.

적 그리스도의 출현과 지배

오늘의 성경 말씀을 읽으시고 묵상한 후 풀어보시면 유익합니다.

이제 심판 때가 막바지에 왔다. 교회를 핍박하는 마귀는 적 그리스도에게 막강한 능력을 주어 참된, 진정한 성도들을 제외하고 모두 적 그리스도에게 굴복되어 인을 받게 될 것이다. 그러나 주님께서 재림하시고 영혼을 추수하게 된다.

33. 바다에서 한 짐승이 나오는데 뿔이 열, 머리가 일곱인데 그 뿔에는 열 왕관이 있고, 그 머리에는 무엇을 하는 이름들이 있는가? (계 13:1)

34. 다음 (　　) 안에 들어갈 말은 무엇인가? (계 13:10)
"사로잡힌 자는 사로잡혀 갈 것이요, 칼에 죽을 자는 마땅히 칼에 죽을 것이니 성도들의 (　　　　) 와 (　　　　) 이 여기 있느니라."

35. "내가 보니 보다 어린 양이 시온산에 섰고"에서 어린 양은 누구를 가리키는가? (계 14:1)
1) 선지자　2) 사사　3) 예수 그리스도　4) 구원자

36. 시온산에 선 십사만 사천 명은 거룩한 이것을 상징하는데 무엇인가? (계 14:1)
1) 천국 백성　2) 천사　3) 하나님의 사자　4) 심판주

37. 다음 (　　) 안에 들어갈 말은 무엇인가? (계 14:12)
"성도들의 인내가 여기 있나니 그들은 하나님의 (　　　　) 과 예수에 대한 (　　　　) 을 지키는 자니라."

38. 왜 주 안에서 죽은 자들이 복이 있는가. 그것은 죽은 자들이 영원한 이것을 누리기 때문인데 무엇인가? (계 14:13)

1) 평안 2) 희락 3) 안식 4) 기쁨

39. 일곱 천사가 일곱 대접 재앙을 쏟기 전에 하늘로부터 새로운 노래 소리가 들렸는데 어떤 노래인가? (계 15:1-3)

1) 사자들의 노래 2) 천사들의 노래 3) 요한의 노래 4) 어린양의 노래

40. 다음 (   ) 안에 들어갈 말은 무엇인가? (계 15:3)

"주 하나님 곧 전능하신 이시여. 하시는 일이 크고 놀라우시도다. 만국의 왕이시여 주의 길이 (   ) 참되시도다."

| 실천 사항 |

▶ 오늘의 말씀을 읽으시고 나에게 유익한 말씀이 무엇인지 깨달아봅시다.

▶ 오늘 말씀으로 나의 삶에 적용하며 행동으로 옮겼는지 실천한 것을 적어봅시다.

▶ 오늘 하나님이 보시기에 합당한 삶을 살았으면 감사한 것을 적어 봅시다.

▶ 오늘의 기도 제목을 적어 봅시다.

큰 음녀 , 바벨론성의 심판과 멸망

오늘의 성경 말씀을 읽으시고 묵상한 후 풀어보시면 유익합니다 .

음녀란 음란한 여인 곧 하나님을 떠난 세상 문화를 가리킨다 . 시날 땅에 쌓은 바벨탑은 하나님을 대적한 세상 문화와 세상 나라를 가리킨다 . 그러므로 세상의 모든 왕과 문화가 하나님의 마지막 심판에 무너지고 망하며 심판받게 된다 .

41. 아마겟돈 전쟁은 어디에서 시작되는가? (계 16:12)
   1) 힛데겔 2) 유브라데 3) 비손 4) 기혼

42. 이 전쟁은 여섯째 천사의 대접을 쏟을 때 일어나는 전쟁으로 사상 최대의 격전지가 되어 수많은 사람이 죽는 세계 최대의 살인 장소가 되는데, 이 전쟁은 무엇인가? (계 16:12-16)

43. "큰 음녀가 받을 심판을 네게 보이리다"고 하였는데 여기서 큰 음녀는 이 나라의 가증할 모습으로 심판을 의미하는데 어디인가? (계 17:1)
   1) 아람 2) 앗수르 3) 바벨론 4) 두로

44. "그들이 어린 양과 더불어 싸우려니와 어린 양은 만주의 주시오, 만왕의 왕이시므로"에서 어린 양은 누구를 가리키고 있는가? (계 17:14)

45. 바벨론은 소돔과 고모라처럼 멸망하게 되는데 멸망의 원인이 아닌 것은 무엇인가? (계 18:1-3)
   1) 다른 나라를 침공했기 때문이다 2) 악한 영들의 지배 때문이다
   3) 종교적 타락 때문이다 4) 교만과 방종 때문이다

46. 바벨론을 심판하시는 하나님의 공의로우심이 아닌 것은 무엇인가? (계 18:4-10)

1) 택한 백성을 구원하심을 통해 나타난다
2) 행한 대로 갚으심을 통해 나타난다
3) 불가항력적으로 나타난다
4) 선한 자가 악한 자 보응이 똑같이 나타난다

47. 한 시간에 심판이 이르러 땅의 상인들이 울고 애통해 하는 크고 견고한 성은 어디를 말한는가? (계 18:10)

1) 앗수르　2) 바밸론　3) 아람　4) 예루살렘

48. 힘센 천사가 큰 이것을 들어 바다에 던져 이르며 "큰 성 바벨론은 결코 다시 보이지 않으리" 하였는데 천사가 던진 이것은 무엇인가? (계 18:21)

| 실천 사항 |

▶ 오늘의 말씀을 읽으시고 나에게 유익한 말씀이 무엇인지 깨달아봅시다.

▶ 오늘 말씀으로 나의 삶에 적용하며 행동으로 옮겼는지 실천한 것을 적어봅시다.

▶ 오늘 하나님이 보시기에 합당한 삶을 살았으면 감사한 것을 적어 봅시다.

▶ 오늘의 기도 제목을 적어 봅시다.

영원한 하나님 나라

오늘의 성경 말씀을 읽으시고 묵상한 후 풀어보시면 유익합니다.

이제 핍박과 고난 속에서 믿음을 지키며 예수님을 기다리던 사람들은 신랑 되신 예수님께로 두 번째로 오셔서 데리고 주의 나라로 올라가 혼인 잔치를 할 것이다. 그리고 영원히 주님을 모시고 환상적인 삶을 살게 될 것이다. 이 일은 반드시 성취된다.

49. 하나님의 약속, 하나님의 복은 어떤 자들에게 임하는가? (계 19:5)

1) 하나님을 경외하는 자 2) 하나님께 소망을 둔 자

3) 하나님을 찬양하는 자 4) 하나님께 감사하는 자

50. 우상에게 경배하던 자들을 표적으로 미혹하던 자 둘은 산 채로 어디에 던져졌는가? (계 19:20)

51. 그리스도와 더불어 천 년 동안 왕 노릇할 사람들이 아닌 사람은 누구인가? (계 20:4)

1) 예수를 증언한 사람 2) 이마와 손에 표를 받은 사람

3) 짐승에게 경배하지 않은 사람 4) 하나님 말씀 때문에 목 베임 당한 사람

52. 다음 ( ) 안에 들어갈 말은 무엇인가? (계 20:13)

"바다가 그 가운데에서 죽은 자들을 내주고 또 사망과 음부도 그 가운데에서 죽은 자들을 내주매 각 사람이 자기의 행위대로 ( ) 을 받고"

53. 다음 ( ) 안에 들어갈 말은 무엇인가? (계 21:6-7)

"나는 알파와 오메가요 처음과 마지막이라. ( ) 샘물을 목마른 자에게 값없

이 주리니 이기는 자는 이것들을 (   ) 으로 받으라. 나는 그의 하나님이 되고 그는 내 아들이 되리라."

54. 거룩한 성 예루살렘 성곽에는 열두 기초석이 있고 그 위에는 어린 양의 열두 사도의 열두 무엇이 있는가? (계 21:14)

55. 하나님과 인간의 중보자요 대속 제물이신 예수님께서 함께 계시니 이제는 영생 복락을 잃어버릴 염려가 없다. 그 이유를 모두 고르시오. (계 22:3-4)

1) 그의 종들이 그를 섬긴다　　　2) 그의 얼굴을 본다

3) 그의 이름이 그들의 이마에 있다　　　4) 그의 이름을 찬양한다

56. 다음 (   ) 안에 들어갈 말은 무엇인가? (계 22:16)

"나 (   )는 교회들을 위하여 내 사자를 보내어 이것들을 너희에게 증언하게 하였노라. 나는 (   ) 의 뿌리요 자손이니 곧 광명한 새벽 별이라 하시더라."

| 실천 사항 |

▶ 오늘의 말씀을 읽으시고 나에게 유익한 말씀이 무엇인지 깨달아봅시다.

▶ 오늘 말씀으로 나의 삶에 적용하며 행동으로 옮겼는지 실천한 것을 적어봅시다.

▶ 오늘 하나님이 보시기에 합당한 삶을 살았으면 감사한 것을 적어 봅시다.

▶ 오늘의 기도 제목을 적어 봅시다.

[요한계시록 해답]

1) 2, 3, 4 2) 알파, 오메가 3) 4 4) 열매 5) 3 6) 새벽 별 7) 2 8) 음성 9) 무지개 10) 금관 11) 3 12) 관 13) 두루마리 14) 사도 요한 15) 3 16) 양, 존귀, 영광 17) 2 18) 3 19) 이마 20) 3 21) 성도의 기도 22) 피 23) 4 24) 마병대 25) 두루마리 26) 3 27) 2 28) 이방인 29) 지진 30) 3 31) 만국 보좌 32) 미가엘과 그의 사자 33) 신성 모독 34) 인내, 믿음 35) 3 36) 1 37) 계명, 인내 38) 3 39) 4 40) 의롭고 41) 2 42) 아마겟돈 43) 3 44) 예수 45) 1 46) 4 47) 2 48) 맷돌 49) 1 50) 유황불 51) 2 52) 심판 53) 생명수, 상속 54) 이름 55) 1, 2, 3 56) 예수, 다윗